Jörgen Schäfer • Pop-Literatur

Jörgen Schäfer

Pop-Literatur

Rolf Dieter Brinkmann und das Verhältnis zur Populärkultur in der Literatur der sechziger Jahre

M&P
VERLAG FÜR WISSENSCHAFT
UND FORSCHUNG

Die Deutsche Bibliothek – CIP-Einheitsaufnahme

Schäfer, Jörgen:
Pop-Literatur : Rolf Dieter Brinkmann und das Verhältnis zur Populärkultur in der Literatur der sechziger Jahre / Jörgen Schäfer.-
Zugl.: Siegen, Univ., Diss., 1997
ISBN 978-3-476-45193-4

ISBN 978-3-476-45193-4
ISBN 978-3-476-04288-0 (eBook)
DOI 10.1007/978-3-476-04288-0

M & P Verlag für Wissenschaft und Forschung
ein Verlag der J.B. Metzlerschen Verlagsbuchhandlung
und Carl Ernst Poeschel Verlag GmbH in Stuttgart

Inhalt

Vorwort

Meinen Eltern und Claudia gewidmet

Die folgende Untersuchung wurde im Sommer 1997 an der Universität-Gesamthochschule Siegen als Dissertation im Fach Allgemeine Literaturwissenschaft/Neuere deutsche Literaturwissenschaft eingereicht.

Gerade während der Arbeit an einer Dissertation sind Hinweise und Kritik, Ermutigungen und Fragen unverzichtbar. Ich kann hier nicht alle nennen, die sich meine Überlegungen angehört und mit meinen Thesen auseinandergesetzt haben. Mein besonderer Dank gilt Prof. Dr. Karl Riha, der die Arbeit betreut und immer wieder wichtige Anregungen gegeben hat. Darüber hinaus hat er sich weit über das übliche Maß hinaus für die Finanzierung der Drucklegung engagiert.

Außerdem danke ich Prof. Dr. Peter Gendolla und Martin Rass, die verschiedene Fassungen des Textes mit zahlreichen Verbesserungsvorschlägen kommentiert haben. Die Mitglieder diverser Doktorandenkolloquien sowie die Kollegiatinnen und Kollegiaten des Siegener Graduiertenkollegs »Intermedialität« halfen mit ihrer konstruktiven Kritik, manche Sackgassen zu vermeiden.

Für ihre Genauigkeit beim Korrekturlesen des fertigen Manuskripts danke ich meiner Mutter Annelie Schäfer.

Cardiff, im April 1998 — Jörgen Schäfer

Einleitung

»Schlagzeilen und Schlager sind aus unserem Wahrnehmungsfilm nicht wegzudenken, und bevor ich die Einflüsse leugne und sie dann – von mir nicht bemerkt – heimlich aufsteigen, rund um meinen herrlichen schön-literarischen Bau, gebe ich lieber zu, daß ich Pop-Musik und Junk und Trash höre und lese.«[1]

Seit den achtziger Jahren sorgt es kaum noch für Verwunderung, wenn sich eine Schriftstellerin wie Sabine Scholl zu ihrer Pop-Begeisterung bekennt. Selbst wenn Rainald Goetz die Popmusiker für wesentlich kreativer hält als die zeitgenössischen Schriftsteller (»voll mit der bläöden Sensibilität und der Phantasie«[2]), so provoziert er damit keinen Aufschrei in den Feuilletons der meinungsbildenden Tages- und Wochenzeitungen; es ändert nicht einmal etwas daran, daß er als einer der bedeutendsten Vertreter der deutschsprachigen Gegenwartsliteratur anerkannt wird. Genauso gehört es heute zum Alltag des Literaturbetriebs, daß – um nur einige zu nennen – Musikerinnen und Musiker wie Patti Smith, Henry Rollins und Nick Cave oder in Deutschland Blixa Bargeld *(Einstürzende Neubauten)*, Thomas Meinecke *(F.S.K.)* und Katrin Achinger *(Kastrierte Philosophen)* ambitionierte Prosa- und Lyrikbände vorlegen.

»Literatur und Pop«, schreiben die Herausgeber einer aktuellen Anthologie mit Texten der ›Pop-Fraktion‹, »hatten es im deutschsprachigen Raum die meiste Zeit schwer miteinander«.[3] Dies jedoch, so ihr Fazit, scheine sich in den achtziger und neunziger Jahren zu ändern. Und tatsächlich – so verschiedenartig die Texte von jungen, in den fünfziger und sechziger Jahren geborenen Autoren wie z.B. Scholl und Goetz, Bodo Morshäuser und Peter Glaser, Andreas Neumeister und Albert Ostermaier auch sein mögen: Es fällt doch auf, daß die unterschiedlichsten Pop-Referenzen mehr und mehr in die literarischen Texte eindringen, ja daß dies weithin als legitime und rele-

---

1 Sabine Scholl: *Wie komme ich dazu?* Graz, Wien: Droschl 1994, S. 72.

2 Rainald Goetz: *Hirn*. Frankfurt/M.: Suhrkamp 1986, S. 15.

3 Andreas Neumeister / Marcel Hartges: »Tecstasy«. In: dies. (Hrsg.), *Poetry!* Slam! *Texte der Pop-Fraktion*. Reinbek: Rowohlt 1996, S. 13-15, hier: S. 15. – Zum neuerlichen Boom von sog. ›Pop-Literatur‹ vgl. auch Heiner Link (Hrsg.): *Trash-Piloten. Texte für die 90er*. Leipzig: Reclam 1997.

vante Bezugnahme für die deutsche Literatur geradezu vorausgesetzt wird. So hat Hubert Winkels, einer der genauesten Beobachter der gegenwärtigen Literaturszene, zu Recht darauf hingewiesen, der Autor der achtziger Jahre sei als ein »die gegenwärtigen Sprech- und Bildmuster verarbeitender Pop-Bastler wider Willen dem gemiedenen Typus des historisch und philologisch Streunenden vergleichbar«. Er beziehe sich lediglich auf eine andere Zeitebene: »Was dem einen die tradierte abendländische, ist dem anderen die populäre Kultur.«[4]

Das war einmal anders: Was uns in den neunziger Jahren fast schon selbstverständlich erscheint, war in den späten sechziger Jahren für Autoren wie Rolf Dieter Brinkmann, Uwe Brandner, Paul Gerhard Hübsch, Elfriede Jelinek, Jürgen Ploog, Wolf Wondratschek u.a., die erstmals in der deutschsprachigen Nachkriegsliteratur die Auseinandersetzung mit der – vor allem amerikanischen – Populärkultur suchten, noch hart umkämpft. Pop-Phänomene waren zwar zu einem der Dreh- und Angelpunkte eines ›alternativen‹ Lebensgefühls geworden. Ihre Auswirkungen wurden jedoch im Kunst- und Literatursystem vielfach als Bedrohung wahrgenommen. Hans Robert Jauß etwa hat schon damals den weit verbreiteten Verdacht geäußert, die Literatur könne sich im Alltag kaum noch gegen die Herausforderung durch die technischen ›Massenmedien‹ behaupten – wobei sich die Vorbehalte in der Regel weniger gegen die Medien als vielmehr gegen die Wirkung der in ihnen transportierten nicht-kanonischen Künste richteten:

> »Die Literatur tritt in der Lebenspraxis völlig hinter dem zurück, was der Fernsehapparat vor Augen stellt, was sich der Normalverbraucher am Kiosk kauft, was uns alle in den ästhetisch oft raffinierten Formen der Werbung überflutet.«[5]

Diese Diagnose über die Expansion von ›trivialer‹ bzw. ›populärer‹ Kultur in den technischen Reproduktionsmedien war seinerzeit weitgehend unumstritten, und ebenso verbreitet waren die Ängste über die Zukunft der tradierten Kulturformen. Die Weichen für die Verdrängung der Hochkultur schienen gestellt. Und gerade weil diese Entwicklung als unabwendbar angesehen wurde, verursachte sie eine tiefe Verunsicherung über den künftigen Status

[4] Hubert Winkels: *Einschnitte. Zur Literatur der 80er Jahre.* Köln: Kiepenheuer & Witsch 1988, S. 220.

[5] Hans Robert Jauß: »Paradigmawechsel in der Literaturwissenschaft« (1969). Zit. nach Joachim Paech: *Literatur und Film.* Stuttgart: Metzler 1988, S. VI.

von Kunst und Literatur. In Deutschland wurde dies beispielhaft in den vehementen Literaturdebatten des Jahres 1968 im *Kursbuch*, in der *Zeit* und besonders in der Diskussion um die Thesen des amerikanischen Literaturkritikers Leslie A. Fiedler in *Christ und Welt* ausgetragen.

Bei diesen Auseinandersetzungen um den Status von verschiedenen kulturellen Hierarchie-Ebenen, um wechselseitige Beeinflussungen und Bedrohungen, handelt es sich jedoch strenggenommen um den Widerstreit zwischen ideologischen *Konstrukten*. Denn der so weitreichende Begriff der ›Kultur‹ bezeichnet keine realen Entitäten im Sinne von genau klassifizierbaren Gegenständen, die sich aufgrund von eindeutigen Kriterien problemlos in ›hohe‹ und ›niedere‹ Formen hierarchisieren lassen, sondern lediglich wandelbare Deutungsmuster und deren Effekte.

Wenn wir im folgenden von Auseinandersetzungen zwischen Hoch- und Populärkultur sprechen, dann geht es genaugenommen immer nur um Konflikte zwischen solchen konstruierten Wirklichkeiten, und auch alle terminologischen Ausdifferenzierungen des Kulturbegriffs erscheinen ebenfalls nur als Konstruktionen, in denen sich freilich soziale, ökonomische, geschlechts- und altersspezifische, ethnische, regionale etc. Differenzen und Interessen niederschlagen. Von einem solchen Standort aus lassen sich Hoch- und Populärkultur als die beiden konstruierten Seiten einer Medaille beschreiben, zwischen denen immer auch ein Zusammenspiel, ein Austausch von Signifikanten, wirksam ist.

In diesen Austauschprozessen werden auch die ›populären‹ Signifikanten zum Material für Kunst- und Literaturproduzenten. Für uns ist in diesem Zusammenhang von Interesse, daß sich dabei die strengen Gegensätze zwischen hohen und populären Kulturformen in einem »kontrollierten Schwanken« auflösen, »das verschiedene, mehr oder weniger voneinander entfernte Positionen berührt«.[6] Pop-Literatur ist in diesem Sinne das Resultat einer Transformation der Literatur im Zeichen von Pop, sie entsteht an der Schnittstelle, an der die Pop-Signifikanten im literarischen Text neu kodiert werden.

Entscheidend ist dabei, daß alle Pop-Phänomene – und zwar gilt dies sowohl für die Popmusik mit allen ihren jugendkulturellen Begleiterscheinungen als auch für Meta-Phänomene wie Pop Art oder Pop-Literatur – in Deutschland zunächst kulturelle Importe aus Amerika waren und – mal mit

---

[6] Paolo Bianchi: »Subversion der Selbstbestimmung. Assoziationen im Spiegel von Kunst, Subkultur, Pop und Realwelt«. In: Kunstforum international 134/1996: *Art & Pop & Crossover*, S. 56-75, hier: S. 70.

positiven, mal mit negativen Akzentuierungen – auch als solche wahrgenommen wurden. Zwar kamen sie erstaunlich rasch über den Atlantik, konnten aber trotz alledem in doppelter Hinsicht nur eine Kultur zweiter Ordnung etablieren: Zum einen als ›populäre‹ bzw. ›triviale‹ Kultur, die mit der tradierten ›Hochkultur‹ unvereinbar schien, zum anderen als ›fremde‹ Kultur, die einen Bruch mit europäischen und deutschen Kulturtraditionen markierte. Allerdings ließ sich diese Zeitverzögerung auch produktiv wenden, brachen doch die Pop-Impulse in Deutschland in die besondere Situation der gesellschaftlichen und kulturellen Auseinandersetzungen um 1968 ein. Popmusik und Pop Art übernahmen seinerzeit auch hierzulande einen festen Platz im breiten kulturellen Spektrum der antiautoritären Bewegung – zumal in Deutschland die Rezeption der diversen amerikanischen und britischen Pop-Manifestationen mit dem Höhepunkt der Studentenbewegung zusammenfiel, während etwa die Pop Art in den USA bereits einige Jahre *vor* den ersten Aktionen der dortigen Studentenbewegung hervorgetreten war.[7]

Dabei wurden Popmusik und Pop Art in Deutschland zunächst sogar häufig als zusammengehörende Phänomene wahrgenommen, die überdies oftmals im engen Zusammenhang mit Kunstrichtungen wie Fluxus, dem Nouveau Réalisme, der Aktionskunst, dem französischen Situationismus, den Happenings und weiteren Filiationen der Kunst der sechziger Jahre gesehen wurden. Betrachtet man die wohl bedeutendste Dokumentation, durch die diese Strömungen einem breiteren Publikum bekannt gemacht wurden, den 1965 von Jürgen Becker und Wolf Vostell bei Rowohlt herausgegebenen Band *Happenings. Fluxus, Pop Art, Nouveau Réalisme,* so entsteht der Eindruck einer zwar heterogenen, dennoch aber durch die gemeinsame Leitperspektive der Annäherung von Kunst und ›Lebenspraxis‹ verbundenen Neo-Avantgarde.[8]

›Pop‹ wurde in Deutschland zu einer noch recht unbestimmten Chiffre für einen veränderten Lebensstil der *jungen* Generation, der sich in unterschiedlichen Kunstformen und schließlich auch in der Literatur niederschlug – in Brinkmanns Worten: für eine Bewegung, »die nicht mehr hauptsächlich durch Literarisierung bestimmt wird, doch auch keineswegs Literarisches

---

7 Vgl. Andreas Huyssen: »The Cultural Politics of Pop: Reception and Critique of US Pop Art in the Federal Republic of Germany«. In: New German Critique 4 (1975), S. 77-97.

8 Jürgen Becker / Wolf Vostell (Hrsg.): *Happenings. Fluxus – Pop Art – Nouveau Réalisme. Eine Dokumentation.* Reinbek: Rowohlt 1965. – Auch Heinz Ohffs *Pop und die Folgen!,* eine andere weit verbreitete Dokumentation, gibt einen ähnlich weitgespannten Überblick. Vgl. Heinz Ohff: *Pop und die Folgen! oder die Kunst, Kunst auf der Straße zu finden.* Düsseldorf: Droste 1969.

ausschließt« (*FiW*, S. 384).[9] Pop hatte also teil an der Emanzipationseuphorie der späten sechziger Jahre. Allen unterm Pop-Begriff subsumierten Strömungen war dabei gemeinsam, daß sie den Bruch mit den als Last empfundenen künstlerischen und literarischen Traditionen über ein affirmatives Verhältnis zum alltäglichen Material betrieben haben - und daß sie dadurch dieses Material neu kodiert und in andere kulturelle Kontexte gestellt haben: »Pop ist immer Transformation, im Sinne einer dynamischen Bewegung, bei der kulturelles Material und seine sozialen Umgebungen sich gegenseitig neu gestalten und bis dahin fixe Grenzen überschreiten.«[10]

Gerade in Deutschland avancierte der aus Amerika importierte ›Pop‹-Begriff in den späten sechziger Jahren - mit den in Akkulturationsprozessen unvermeidlichen Fehl- und Überinterpretationen - auch im Literatursystem zum schillernden, wenngleich umstrittenen Etikett für eben solche literarischen Texte, welche die strikte Dichotomisierung der Kultur durch Bezugnahmen auf die als trivial stigmatisierte Populärkultur zu unterlaufen versuchten. Rolf Dieter Brinkmann z.B. akzeptierte ›Pop‹ als vorläufigen Terminus für eine noch offene literarische Entwicklung. Während also einige junge Autoren in den Pop-Referenzen eine Zukunftsperspektive für die in ihren Augen esoterisch gewordene Literatur erblickten, war ›Pop‹ für die Gralshüter der tradierten ›Höhenkammliteratur‹ ein Reizwort, das die Verdrängungsängste vor dem ›Niederen‹ gebündelt und einen massiven Abwehrkomplex aktiviert hat.

Diese Vorbehalte gegen Pop-Phänomene gehen im deutschen Kultur- und Literaturbetrieb vor allem auf die Kritische Theorie der Populärkultur zurück. Adorno und andere haben die Manipulation der ›wahren‹ Rezipientenbedürfnisse als unausweichliches Resultat der Aktivitäten der ›Kulturindustrie‹ unterstellt und unterschiedslos für alle Formen der populären Kultur vermutet. Literaturkritiker und Literaturwissenschaftler übertrugen diese Verdikte in den ersten, überraschend schnell veröffentlichten Aufsätzen häufig ungebrochen auf jene literarischen Texte, die sich auf populäre Kultur beziehen. Dadurch wurden bisweilen angedeutete Definitionsansätze für die Pop-Literatur vielfach in einem polemischen, stellenweise sogar unverhohlen diffamierenden Jargon abgetan.[11] Dies gilt besonders für die umfangreiche

---

[9] Für häufig zitierte Texte von Rolf Dieter Brinkmann werden im folgenden Siglen verwendet, vgl. S. 260f.

[10] Diedrich Diederichsen: »Pop - deskriptiv, normativ, emphatisch«. In: Literaturmagazin 37/ 1996: *Pop Technik Poesie. Die nächste Generation*, S. 36-44, hier: S. 38f.

[11] Vgl. Walther Huder: »Die Pop-, Beat-, Hippie- und Underground-Generation und ihre Literatur. Frage, Antwort und Bericht«. In: Welt und Wort 24 (1969), S. 139-145. - Paul

Monographie von Jost Hermand, der schon im Vorwort verräterisch darauf hinweist, es sei das Ziel seiner Arbeit, nicht nur zur wissenschaftlichen Erkenntnis, sondern auch zur »dialektischen Überwindung einer Bewegung beizutragen, deren pseudorevolutionärer Charakter von Jahr zu Jahr immer deutlicher wird«.[12] Zudem fehlt ihm offensichtlich das begriffliche Instrumentarium, um zu stichhaltigen Kategorisierungen und Wertungen zu gelangen. Statt dessen werden recht verschiedene subkulturelle, avantgardistische und agitatorische Kunstformen der späten sechziger Jahre unter dem pejorativ verwendeten Etikett des ›Pop‹ zusammengezwungen. Ohne den unverkennbaren Einfluß von Horkheimers und Adornos Kulturindustrie-Thesen ausdrücklich zu erwähnen, reiht er sich unter jene Kritiker, die in Pop lediglich eine »massive Verdummungs- und Verwirrungskampagne« sehen, gegen die sich die »echten Revolutionäre« (!) verwahren müßten.[13] Da eine gesellschaftspolitische Konsequenz, Hermands zentrales Kriterium für die Bedeutung von künstlerischen Äußerungen, ausbleibe bzw. gar nicht anvisiert werde, stabilisiere eine solche Revolte das bestehende politische System und die Macht der Bewußtseinsindustrie. Hermand empfiehlt folglich, von der »falschen Verpopung, die zwangsläufig auf eine hanebüchene Kindlichkeit und Banalität hinausläuft« Abschied zu nehmen und eine »echte Dichtung der uns alle verwirrenden Wirklichkeit« zu initiieren[14] – ohne jedoch zu konkretisieren, was an Pop ›falsch‹ sei und wie eine ›echte‹ Literatur auszusehen habe.

Konrad Kurz: »Beat – Pop – Underground«. In: ders., *Über moderne Literatur III. Standorte und Deutungen.* Frankfurt/M.: Knecht 1971, S. 233-279. – Harald Hartung: »Pop als ›postmoderne‹ Literatur. Die deutsche Szene: Brinkmann und andere«. In: Neue Rundschau 82 (1971), S. 723-742. – Klaus Peter Dencker: »Sprache als ornamentaler Protest. Drei Kapitel zum Vorverständnis der Pop-Literatur unter besonderer Berücksichtigung von Rolf Dieter Brinkmanns Gedichten«. In: Hermann Glaser (Hrsg.), *Jugend-Stil. Stil der Jugend.* München: Manz 1971, S. 79-101

12 Jost Hermand: *Pop International. Eine kritische Analyse.* Frankfurt/M.: Athenäum 1971, S. 6. – Bei aller m.E. angebrachten Kritik ist Hermands Monographie dank ihrer Materialfülle nach wie vor eine unverzichtbare Quelle. Auch Brinkmann hat dieses Buch in einem Brief an Hartmut Schnell ähnlich ambivalent beurteilt: »in dem Buch gibts eine Menge Beschreibungen über meine Arbeiten, vielleicht interessiert Dich das, und Du schaust mal in das Buch auch rein? Ich finde es sehr informativ und gut gesammelt obwohl wie alles akademisch gewertete hirnvernagelt. [...] (Das Buch gibt eine Menge Quellen und Material über die Bewegungen von 1965 bis 1970).« Rolf Dieter Brinkmann: Brief an Hartmut Schnell, 3.6.1974. In: Literaturmagazin 36/1995, S. 124-144, hier: S. 132.

13 Jost Hermand: *Pop International,* a.a.O., S. 148.

14 Ebd., S. 178.

Bei aller Kritik mußte allerdings selbst ein skeptischer Beobachter wie Harald Hartung zumindest die Tatsache zur Kenntnis nehmen, daß seit 1968 eine deutsche Pop-Literatur entstanden war bzw. »ein nicht geringer Teil unserer jüngeren Autoren Methoden und Tendenzen übernommen« hatte, »mit denen die amerikanische Literatur auf zivilisatorische Phänomene und die Ikonographie der Pop-art reagiert.«[15]

Hinter dem weit verbreiteten Unverständnis gegenüber den literarischen Texten, die sich mit der populären Kultur auseinandersetzen, stand das Desinteresse der Kritiker am Stellenwert des Pop in jugend- und subkulturellen Kontexten, so daß etwa Brinkmanns Zielgruppenvorstellung auf wenig Anklang hoffen konnte. Brinkmann zielte auf einen Leserkreis, dem der Kanon der ›hohen‹ Literatur wegen seiner »Lustfeindlichkeit und Unsinnlichkeit« (*FiW*, S. 398) ohnehin eher fremd war und der statt dessen in der Regel die Produkte der populären Unterhaltungsmedien rezipierte. Er sprach diese Zielgruppe als jene an, »die sich immer wieder von neuem gern auf den billigen Plätzen vor einer Leinwand zurücksinken lassen« (*P*, S. 9); ihm schwebte ein jugendliches Idealpublikum vor, das der Distanz der »überanstrengten Reflexion« (*FiW*, S. 398) über Werke der ›hohen‹ Literatur die kontemplative Versenkung in die Bilderwelt des Films vorzieht.

Ein solches Publikum ist geprägt vom Prozeß der ›Massenbohemisierung‹, den Tobia Bezzola beschrieben hat. Seit den sechziger Jahren orientieren sich gesellschaftliche Großgruppen an Lebensformen und Semantiken der ehemals marginalen künstlerischen Boheme. Nur weil es sich um ein ›Massenpublikum‹ handelt – so Bezzolas Schluß, der sich mit Brinkmanns Forderung deckt – heißt dies noch lange nicht, daß es sich nur für ›triviale‹ Kulturformen interessiert.[16] Denn auch die populäre Kultur selbst hat sich in ein heterogenes Konglomerat von ästhetischen Produkten, zugleich aber auch der Umgangsweisen mit ihnen, ausdifferenziert. Seit den sechziger Jahren ist Populärkultur unwiderruflich nicht mehr Volkskultur im Sinne einer von den Rezipienten selbstproduzierten Kultur, aber auch nicht mehr die von einem recht homogenen Publikum rezipierte Trivialkultur der Heftromane, Schlagermusik und Heimatfilme. Schon in den späten fünfziger Jahren hatte sich aus dem breiten Spektrum der Populärkultur eine neue Jugendkultur herausgelöst, die als ›Pop‹ von Amerika aus um die Welt ging. Das eingängige, aber semantisch vieldeutige Palindrom ›Pop‹ hatte die besten Voraussetzungen, zu

---

15 Harald Hartung: »Pop als ›postmoderne‹ Literatur«, a.a.O., S. 723.

16 Vgl. Tobia Bezzola: »Massenboheme. Das Lachen der Beatles und das Schweigen von Marcel Duchamp«. In: Kunstforum international 134/1996, S. 177-182.

einem internationalen Schlagwort zu werden, zumal sich seine Herkunft vom englischen Adjektiv ›popular‹ in nahezu allen anderen Sprachen nachvollziehen läßt (›populär‹ [*deutsch*], ›populaire‹ [*französisch*], ›popular‹ [*spanisch*] etc.) – auch wenn es im Lichte der jeweiligen kulturellen Traditionen unterschiedlich bewertet wird.[17] Pop ist daher von Anfang an und bis heute nur als labile kulturelle Formation von Jugendlichen zu beschreiben, als »ästhetisch-soziologisches Modul in einem gesamtgesellschaftlichen Getriebe«[18], das sich als ein variierender Verbund aus Popmusik, Kleidung, Filmen, bestimmten (Selbst-)Inszenierungspraktiken, subkulturellen Ideologien etc. in wechselnden Filiationen immer wieder von neuem konstituiert und der Hochkultur – dies gilt in besonderem Maße für die sechziger Jahre – gegenüberstellt.

Auch wenn Pop stets mehr war als ein musikalisches Phänomen, so stand doch – und steht bis heute – die *Popmusik* in seinem Zentrum. Daher ist es recht einfach, im Rock'n'Roll, der ab 1954/55 erst zum amerikanischen, dann zum weltweit prägenden Musikstil wurde, die Geburtsstunde des Pop als Jugendkultur auszumachen. Um sich zur globalen Popkultur auszuweiten, bedurfte es jedoch eines ganzen Bündels von technologischen sowie sozial- und kulturhistorischen Faktoren. So mußten technologische Entwicklungen wie die elektrisch verstärkten Musikinstrumente und die technischen Reproduktionsmedien massenhaft verfügbar sein. Außerdem mußte sich die angedeutete ›Amerikanisierung‹ der europäischen Kultur durchsetzen, denn damit waren die Pluralisierung von Lebensstilen, die Entdeckung der Jugendlichen als kaufkräftige Konsumenten sowie – umgekehrt – die Verbindung des jugendlichen Freiheitsbegehrens mit dem Zeichenmaterial, das die Kulturindustrie bereitstellte, verbunden.[19]

---

17 Vgl. zur Etymologie von ›Pop‹ Jon Savage: »The simple things you see are all complicated«. In: Hanif Kureishi / Jon Savage (Hrsg.), *The Faber Book of Pop*. London: Faber & Faber 1995, S. xxi-xxxiii.

18 Christian Höller: »Widerstandsrituale und Pop-Plateaus. Birmingham School, Deleuze/Guattari und Popkultur heute«. In: Tom Holert / Mark Terkessidis (Hrsg.), *Mainstream der Minderheiten. Pop in der Kontrollgesellschaft*. Berlin: Edition ID-Archiv 1996, S. 55-71, hier:
S. 57.

19 Was in den Vereinigten Staaten das Resultat einer musikalischen Symbiose der ›weißen‹ Countrymusik mit dem ›schwarzen‹ Rhythm'n'Blues war, konnte in Europa nur als kultureller *Import* eingeführt werden. Selbst in Großbritannien, das in den sechziger Jahren zu einem zweiten Mutterland des Pop zu werden schien, war Pop zunächst ein Importartikel. Noch drastischer galt dies für Deutschland, wo man auch nach dem Ende des Dritten Reiches noch von vielen internationalen kulturellen Entwicklungen weitgehend ab-

Literatur hatte mit Pop also ursprünglich recht wenig zu tun. In den Augen der meisten Literaturkritiker schien ihre diskursive Form sie den Pop-Einwirkungen weitgehend zu entziehen. Lange hatte es den Anschein, als sperrte sie sich erfolgreich gegen den ›Sound‹ der Rockmusik, gegen die Ikonographie der ›Massenkultur‹ und die symbolische Subversion der Subkulturen. Der britische Autor Hanif Kureishi hat daher gar nicht Unrecht, wenn er bemerkt, Pop sei im wesentlichen ein körperliches und emotionales Phänomen, über das im Grunde nicht angemessen geschrieben werden könne.

Dennoch zeigt schon ein flüchtiger Blick auf die Literatur der letzten dreißig Jahre, daß zahlreiche Autoren dies reichlich getan haben. Allen Zweifeln zum Trotz hat sich auch die Literatur der Faszination der Populärkultur nicht entziehen können. Kureishi betont denn auch andererseits, die Geschichte des Pop sei von Anfang an von einer enormen Textproduktion begleitet gewesen. Erst durch die Erfahrung des Pop seien auch Schriftsteller auf neue Themen und Gegenstände aufmerksam geworden, und außerdem habe Pop eine veränderte Sprache, angereichert durch Slangs und obszöne Vokabeln, überhaupt erst literaturfähig gemacht.[20]

Auch in der deutschsprachigen Literatur stößt man in den sechziger Jahren auf erste Reflexe auf die durch Pop veränderte soziokulturelle Wirklichkeit. Als einer der ersten hat dies 1964 H.C. Artmann bemerkt – ein Autor, dessen Werk sich durchweg der Adaption von unterströmigen literarischen Traditionen wie dem Dialekt, Jahrmarkts- und Kinderliedern, dem Kasperltheater oder amerikanischen Soap-operas verdankt. In seinem Tagebuchro-

---

geschnitten war und mit der populären Kultur zwangsläufig eher die heile Welt der Schlager und der Heimatfilme verband. In den sechziger Jahren war es dann jedoch – neben Bob Dylans Folk-Rock – gerade der britische Einfluß, der entscheidend zur weiteren Ausdifferenzierung des Pop beigetragen hat. Eine diachrone Analyse belegt, daß sich populäre Musik eben nicht – wie etwa Theodor W. Adorno meint – in der unablässigen »Umkleidung eines Immergleichen« erschöpft (Theodor W. Adorno: »Résumé über Kulturindustrie« [1963]. In: ders., *Gesammelte Schriften,* Bd. 10/1: *Kulturkritik und Gesellschaft I.* Hrsg. von Rolf Tiedemann. Frankfurt/M.: Suhrkamp 1977, S. 337-345, hier: S. 339). Vielmehr ist im Gegenteil seit den fünfziger Jahren im Bereich der Popmusik eine regelrechte Akzeleration des Wandels zu beobachten. Spätestens in den sechziger Jahren läßt sich ein Auseinanderdriften von künstlerischer Ambition und kommerziellem Erfolg beobachten, an dessen Ende die »Aufsplitterung in verschiedene Niveaus popmusikalischer Rezeptionsbreite und -tiefe« steht (Johannes Ullmaier: *Pop Shoot Pop. Über Historisierung und Kanonbildung in der Popmusik.* Rüsselsheim: Verlag Frank Hofmann 1995, S. 21).

20 Vgl. Hanif Kureishi: »That's how good it was«. In: ders. / Jon Savage (Hrsg.), *The Faber Book of Pop,* a.a.O., S. xvii-xx.

man *Das suchen nach dem gestrigen tag oder schnee auf einem heißen brotwecken* charakterisiert sich Artmann u.a. als »ein großer kinogeher, ein liebhaber des twist« und betont, »Mickey Spillane gelesen, Goethe verworfen« zu haben.[21] Außerdem plädiert er für die Anerkennung des Comics als legitime künstlerisch-literarische Gattung und fordert unter dem Schlagwort ›Pop-Literatur‹ eine Literatur, die diese zeitgenössische Trivialkultur in den Blick nimmt:

> »Es wäre heute immerhin an der zeit, sich bei uns zu bequemen, Comic Writing als das anzuerkennen, was es schon längst geworden ist, nämlich Literatur. Gelesen wird sie von den 97 %, die keine ahnung von Joyce und Musil haben [sei's drum], doch wäre es meiner meinung überaus wichtig, daß sich die 3 %, die Joyce und Musil [seit wann tun sie's überhaupt?] zu lesen vorgeben, auch über Comic Writing informieren wollten. Was geschieht indes aber tatsächlich? Der intellektuelle [sic!] lächelt bei solch einer zumutung nachsichtig, kommt sich für derartige kindereien zu gut vor &c. &c. [...] Ich aber sage: Pop-literatur ist einer der wege [wenn auch nicht der einzige], der gegenwärtigen literaturmisere zu entlaufen. Anzeichen sind bereits überall zu merken...«[22]

Die Anzeichen, von denen Artmann spricht, beziehen sich vor allem auf die ersten Kenntnisse der Pop Art eines Andy Warhol oder Roy Lichtenstein, in denen die Ikonographie der amerikanischen Comics verarbeitet wurde. Artmanns Anregung wurde jedoch zunächst nicht aufgegriffen. Selbst in der bildenden Kunst kristallisierte sich erst um 1968 mit den Arbeiten der ›Kapitalistischen Realisten‹ Sigmar Polke, Gerhard Richter und Konrad Lueg oder auch von Gernot Bubenik, Sine Hansen, Bruno Gronen und Werner Berges eine *deutsche* Variante der Pop Art heraus. Die Pop-Rezeption in der deutschen Literatur setzte in etwa zeitgleich mit Brinkmanns Gedichtbänden *Godzilla* und *Die Piloten* (beide 1968), den Anthologien *Acid* und *Silverscreen* (beide 1969) sowie den Texten von Brandner, Chotjewitz, Hübsch, Jelinek, Wondratschek u.a. ein – allesamt um 1940 geboren und in der ›Trümmer‹- und ›Wirtschaftswunder‹-Zeit aufgewachsen:

---

[21] H.C. Artmann: *Das suchen nach dem gestrigen tag oder schnee auf einem heißen brotwecken.* Olten: Walter 1964, S. 7.

[22] Ebd., S. 41.

»Die Trivialisierung bei gleichzeitiger Auflösung des kunstimmanenten autoritären Musters ist ein nicht zu verachtender Effekt, der im Vergleich zu anderen Bereichen in der Literatur so sehr verspätet angestrebt wird, und es ist ein mehr als bloß notwendiger, rein kontemporärer Effekt, bedenkt man, daß der Widerstand dagegen in den Autoren selber liegt, die ihrem eigenen Klischee aufgesessen sind...« (*OH*, S. 68)

Brinkmann avancierte mit seinen Veröffentlichungen zum Wortführer einer regelrechten Bewegung von jungen Autoren, die versuchten, die ›Verspätung‹ der Literatur durch gezielte Pop-Bezugnahmen auszugleichen. Gegen den Widerstand einer gleich von mehreren Seiten über sie hereinbrechenden, häufig diffamierenden Kritik suchten sie dabei entweder nach Wegen, auch der Literatur einen Platz im Spektrum des Pop zu geben, oder sie vertieften sich – darin dem Beispiel der amerikanischen Pop Artisten folgend – auf einer Meta-Ebene in das Material der populären Kultur, um so die strikte Dichotomisierung in ›hohe‹ und ›niedere‹ Kulturformen zu thematisieren und in Frage zu stellen. ›Pop‹ wurde für Brinkmann und andere zeitweilig zum Schlagwort für radikale Änderungen der Produktion, Distribution und Rezeption von Kunst und Literatur.

Nur durch die »Hereinnahme populären Materials«, so Brinkmann, »das von vornherein zwar ›ausgezehrt‹ ist, jedoch noch nicht mit einer hohen ›kulturellen‹ Bedeutung aufgefüllt« (*FiW*, S. 391) sei, könne die Erstarrung der deutschen Literatur aufgebrochen werden. Dies richtete sich gegen jene Autoren, die noch den selbstreferentiellen Tendenzen des Modernismus[23] verbunden waren und sich gegen die Einsicht sperrten, daß sich das Individuum – in Brinkmanns Worten – »von anderen, aus technischem Bewußtsein entwickelten Kommunikationsmitteln umgeben sieht und schnellstens begreifen muß«, daß die Literatur »dadurch nicht nur hinsichtlich ihrer verfügbaren Stile, sondern ebenso in ihren inhaltlichen Momenten entscheidend verändert worden ist«. (*OH*, S. 70)

Brinkmann zog daraus die Konsequenz, daß auch die Literatur sich der »Überfülle an Material« (*FiW*, S. 387) stellen müsse. Ansonsten, so seine Prognose, werde sie »in der Schmollecke liegenbleiben als ein loser Haufen alter, abgetragener Kleider, aus dem die Stimme Frank Sinatras oder Udo Jürgens' kommt« (*FiW*, S. 387). Daher zog er in den späten sechziger Jahren immer wieder wortgewaltig gegen die Literatur des Modernismus vom Leder. Vor

[23] Zur Verwendung der Begriffe ›Modernismus‹ und ›Postmodernismus‹ vgl. S. 47ff.

allem in der ›Fiedler-Debatte‹ ergriff er Partei für die unter den Schlagwörtern ›Pop‹ und ›Postmoderne‹ vorgetragenen Forderungen nach einer *post*modernistischen Literatur, die sich gerade dadurch auszeichne, daß sie die Grenze zur populären Kultur überquere.

Brinkmanns Parteinahme blieb im Rahmen dieser Debatte eine singuläre Position. Die anderen Debattenteilnehmer wie Jürgen Becker, Helmut Heißenbüttel, Reinhard Baumgart oder Martin Walser begegneten Fiedlers Thesen teils mit moderater Distanz, teils mit brüsker Zurückweisung. Für Brinkmann war dies jedoch lediglich ein Symptom für die weit verbreitete Ignoranz gegenüber den Entwicklungen in der zeitgenössischen Popularkultur und gegenüber den aktuellen Strömungen in der amerikanischen Beat-, Pop- und Underground-Literatur.[24] Statt dessen, so sein Standpunkt, blokkierten die ästhetizistischen Traditionen der autonomen Literatur die ›Neue Sensibilität‹ für das aufregende neue Material, das die Populärkultur in den sechziger Jahren bereitstellte:

> »Die Voraussetzung für eine Lyrik, die das [Banale, J.S.] aufzunehmen im Stande ist, ist nicht eine mehr oder weniger raffinierte Sprachtheorie, die mit Gedichten nur Belege für sich schafft, [...] einer dem ergriffenen Material übergeordneten ›höheren‹ Absicht und Idee wird kein Raum gegeben.« (*OH*, S. 63)

Ähnliche Einwände brachte Brinkmann auch gegen die Versuche vor, die Literatur für politische Zwecke zu instrumentalisieren. So lehnte er sowohl

---

[24] Das unklare terminologische Nebeneinander von Begriffen wie ›Beat‹-, ›Pop‹- und ›Underground‹-Literatur – oder auch von ›Literatur der Subkultur‹ oder gar der ›Neuesten Stimmung im Westen‹ (Martin Walser) – definitorisch zu ordnen, ist zugegebenermaßen bislang nicht geschehen. Eine präzisierende Klärung der Dimensionen von ›Pop-Literatur‹ kann ohnehin erst die Untersuchung selbst erbringen. Für unsere Untersuchung soll dennoch bereits vorab zumindest eine heuristische Abgrenzung helfen, den Gang der Argumentation durchsichtiger zu gestalten. Wenn im folgenden von *›Beat‹-Literatur* die Rede sein wird, so soll damit genaugenommen nur die Literatur der amerikanischen Beat Generation gemeint sein. Die Begriffe *›Underground-Literatur‹* oder ›literarischer Underground‹ hingegen bezeichnen weniger eine ästhetische Qualität der Texte, sondern benennen den soziologischen Ort im Literatursystem, an dem diese Texte produziert, distribuiert und rezipiert werden. Unter dem Begriff *›Pop-Literatur‹* schließlich sollen in einem präzisen Sinne nur solche Texte subsumiert werden, die sich ausdrücklich auf populärkulturelle Prätexte beziehen. Dabei wird sowohl die Thematisierung von Pop-Sujets als auch die (zumindest versuchte) Adaption von formalen Verfahren aus Film, Fernsehen, Rockmusik oder Werbung in den Blick genommen.

die inhaltliche Politisierung als auch die ›Todeserklärungen‹ der Literatur ab, die Hans Magnus Enzensberger und andere im *Kursbuch 15* formuliert hatten. Statt dessen sollte sich die emanzipative Wirkung der Literatur, auf die auch Brinkmann durchaus zielte, im Schreibakt entfalten, in dem die subjektiven Wahrnehmungskonstrukte des Verfassers fixiert werden.

Dabei muß sich der Autor in den sechziger Jahren zwangsläufig mit der ›zweiten‹ Wirklichkeit auseinandersetzen, welche die technischen Medien wie Film, Fernsehen, Schallplatte, Radio oder Fotografie produzieren. Brinkmann hat sich in dieser Situation der »Bilderhäufung« (*FiW*, S. 396) und des »Verkehrslärms« (*OH*, S. 67) nicht in die kulturpessimistische ›Schmollecke‹ zurückgezogen, sondern diese kulturelle Konstellation als regelrechte Befreiung erlebt und für sein Schreiben fruchtbar zu machen versucht. Er orientierte sich dabei am Vorbild der ›neuen amerikanischen Szene‹, die er in *Acid* sowie weiteren Editionen und Übersetzungen in Deutschland bekannt gemacht hat. In den literarischen Arbeiten von Frank O'Hara, William S. Burroughs, Ted Berrigan, Ron Padgett, John Giorno u.a. und den theoretischen Begründungen des frühen amerikanischen Postmodernismus durch Fiedler und Susan Sontag sah er in Amerika Tendenzen vorweggenommen, die sich ausdrücklich auf die veränderte alltägliche Wirklichkeit der Massenmedien und der Populärkultur einließen. Für Brinkmann etwa waren die intermedialen Grenzüberschreitungen der wesentliche formale Impuls, den er den Arbeiten seiner amerikanischen Vorbilder entnommen hat:

> »Die Genres wurden von den einzelnen Autoren gewechselt. Der Typus Schriftsteller selber veränderte sich: Vielseitigkeit wurde zu einem erstrebenswerteren Ideal als Einsichtigkeit [...]. Warum irgendwo haltmachen? Warum sich beschränken? Warum sich nicht der vorhandenen Gattungen bedienen wie überhaupt der Großgebiete, so wie es einem selber gefällt, anstatt eine Gattung oder ein Gebiet zu bedienen, so wie es dem Verlag und ›offiziell‹ dem Publikum gefällt?« (*FiW*, S. 386)

Auch andere deutsche Autoren haben zeitgleich zu eigenen Reaktionen auf die amerikanischen Einflüsse aus literarischem Underground, Pop- und Rockmusik, Pop Art, Postmodernismus etc. gefunden. Auch wenn in der vorliegenden Arbeit das Augenmerk vornehmlich auf Brinkmann gerichtet wird, so ist sein Werk also keineswegs eine singuläre Erscheinung. Die Verarbeitung von Pop-Einflüssen der unterschiedlichsten Art findet sich auch – um nur einige Beispiele zu nennen – in größtenteils unabhängig von Brinkmanns direktem Einfluß entstandenen Romanen und Erzählungen von Elfriede Jelinek (*bukolit*, 1968/79; *wir sind lockvögel baby!*, 1970), Uwe Brandner (*Innerungen*, 1968; *Drei Uhr Angst*, 1969), Urs Widmer (*Alois*, 1968), Heinz von Cramer (*Der Parallеldenker*, 1968), Peter O. Chotjewitz (*Die Insel*, 1968; *Vom Leben und Lernen*, 1969), Jürgen Ploog (*Cola Hinterland*, 1969) oder Wolf Wondratschek (*Früher begann der Tag mit einer Schußwunde*, 1969; *Ein Bauer zeugt mit einer Bäuerin einen Bauernjungen, der unbedingt Knecht werden will*, 1970; *Omnibus*, 1972) sowie in Gedichten von Paul Gerhard Hübsch (*mach was du willst*, 1969; *ausgeflippt*, 1971), Peter Handke (*Die Innenwelt der Außenwelt der Innenwelt*, 1969), Friedemann Hahn (*Fick in Gotham-City*, 1970) und vielen anderen.

Selbst im Theater bei Wolfgang Bauer (*Magic Afternoon; Change*, beide 1969) oder in Bazon Brocks ›Theater der Position‹ (1966), in Hörspielen von Wondratschek (*Paul oder die Zerstörung eines Hörbeispiels*, 1969), Alfred Behrens (*John Lennon, Du mußt sterben*, 1971) oder Ferdinand Kriwet (*One Two Two*, 1968), im Drehbuch zu Gerd Winklers Fernsehspiel *Mike Blaubart* (1968) – oder auch in Kriwets visuellen Texten (*Apollo Amerika*, 1969), in Rosa von Praunheims Fotoroman *Oh Muvie* (1969) und in den Comics von Alfred von Meysenbug (*Glamour Girl; Mini-Faust*, beide 1968; *Super-Mädchen*, 1969; *Lucy's Lustbuch*, 1971) stößt man auf zahllose Pop-Referenzen. Außerdem wurden in Anthologien wie der von Vagelis Tsakiridis herausgegebenen *Supergarde* (1969), den *März Texten 1* (1969), den von Renate Matthaei betreuten Sammlungen *Grenzverschiebung* und *Trivialmythen* (beide 1970), in *Wir Kinder von Marx und Coca-Cola* (1971) oder in Benno Käsmayrs *Selfmade* (1971) zahlreiche Beispiele einer deutschen Pop- und Underground-Literatur zusammengetragen.

Doch keiner von all diesen Autoren – den etwas anders gelagerten Sonderfall Handke einmal ausgenommen – hat den deutschen Literaturbetrieb um 1968 ähnlich polarisiert wie Brinkmann. Seine Texte haben schon kurz nach ihrem Erscheinen ein besonders starkes, wenn auch äußerst ambivalentes Echo hervorgerufen. Dies galt bereits für seinen autobiographisch gefärbten, 1968 erstveröffentlichten Roman *Keiner weiß mehr* und den Pop-Gedichtband *Die Piloten*. Brinkmann wurde im bürgerlichen Feuilleton als *Enfant terrible* der deutschen Nachwuchsautoren wahrgenommen – teils scharf kritisiert, bisweilen aber auch wohlwollend besprochen. Dennoch manövrierte er sich durch sein brüskes Auftreten und den antikünstlerischen Duktus einiger seiner literarischen Arbeiten zusehends ins Abseits. Den einen galt er als »gesetzter Gesinnungsunrasierter mit schlaksigem Mundwerk«[25], als »Oswalt Kolle für Literaten«[26] oder als »Vorgartenzwerg der US-Pop-Szene«[27], der lediglich ein mit amerikanischem ›New Romanticism‹ befrachtetes, »nachstotterndes Pop-writing«[28] anzubieten habe. Andere Kritiker hingegen lobten die »Intensität, Präzision im Detail, Wortgewalt und literarische Präsenz«[29] von Brinkmanns Texten und erklärten ihn zum wichtigsten literarischen Repräsentanten der deutschen Beat- und Pop-Generation.

Dieses Urteil wird noch dadurch erhärtet, daß kein anderer Autor ähnlich intensiv wie Brinkmann die Veränderungen des Schreibens, welche die neuen amerikanischen Texte angezeigt und auch für die deutsche Gegenwartsliteratur nahegelegt haben, theoretisch reflektiert hat. Brinkmann hat den von ihm (mit-) verantworteten Textsammlungen umfangreiche eigene Essays beigegeben, die geradezu zu Manifesten des zeitweiligen Beat-, Pop- und Underground-Booms in Deutschland avancierten. Von Bedeutung für seine Arbeiten der späten sechziger Jahre waren vor allem sein *Angriff aufs Monopol* in der ›Fiedler-Debatte‹, daneben mit *Die Lyrik Frank O'Haras, Der Film in Worten* und *Notizen 1969 zu amerikanischen Gedichten und zu dieser Anthologie* seine Nachworte zur O'Hara-Ausgabe, zu *Acid* und zu *Silverscreen* sowie der Aufsatz *Über Lyrik und Sexualität* und sein Radioessay *Einübung einer neuen Sensibilität.* Eine vom Verlag Kiepenheuer & Witsch angekündigte »Sammlung seiner Essays über die ›Fugs‹, neue amerikanische Lyrik, die Literarisierung des Comics und das New American Cinema«, die im Frühjahr 1969 unter dem Titel *Das Modell, das für Buick 69 Modell steht. Über moderne amerikanische Lyrik* erscheinen sollte, ist jedoch nie veröffentlicht worden[30], und auch im postum herausgegebenen Reader *Der Film in Worten* (1982) feh-

---

[25] Anonym: »Brinkmann. So im Gange«. In: Der Spiegel 25/1968, S. 126.

[26] Helmut Salzinger: »Oswalt Kolle für Literaten. Rolf Dieter Brinkmanns ›Keiner weiß mehr‹«. In: Der Tagesspiegel, 11.8.1968.

[27] Yaak Karsunke: »Ins Gras gebissen. Rolf Dieter Brinkmanns neuer Gedichtband«. In: Frankfurter Rundschau, 27.6.1970.

[28] Karl Heinz Bohrer: »Dem Teufel folgt Beelzebub. Rolf Dieter Brinkmann, seine neuen Gedichte ›Die Piloten‹ und amerikanische Romantizismen«. In: Frankfurter Allgemeine Zeitung, 15.10.1968.

[29] Werner Schulze-Reimpell: »Kampfplatz Ehe. Der Roman einer neuen literarischen Generation«. In: Christ und Welt, 5.4.1968.

[30] Vgl. die Annoncen in der Hauszeitschrift des Verlags, Lit 1/1968-69, S. 15 und Lit 2/1969, S. 17. – In der Anthologie *Supergarde* wurde der gleiche Band unter dem Titel *Peace, Pot & Pussy. Essays zur neuen amerikanischen Szene* angekündigt. Vgl. Vagelis Tsakiridis (Hrsg.): *Supergarde. Prosa der Beat- und Pop-Generation.* Düsseldorf: Droste 1969, S. 219.

len zwei weitere vom Autor nicht mehr vollständig ausgeführte Essays über die Fotografie und die Texte des Rock'n'Roll.[31]

Als Gegenstand für eine propädeutische Studie zum Verhältnis von Literatur und Populärkultur in der deutschsprachigen Literatur ist Brinkmann daher geradezu prädestiniert, eben weil er die in seinen Augen notwendigen Veränderungen der Literatur nicht nur praktiziert, sondern zugleich auch in den genannten Essays reflektiert hat. Die intermedialen Austauschprozesse zwischen literarischen Texten und populärkulturellen Vor-Bildern können am Beispiel seiner Texte auf einer vergleichsweise umfangreichen und theoretisch durchdrungenen Materialbasis analysiert werden. Zugleich sind dabei Ergebnisse zu erwarten, die über sein Werk hinausweisen und damit zur Profilierung und Systematisierung eines noch weitgehend offenen Forschungsfeldes beitragen.

Die Analyse nimmt ihren Ausgang bei der erwähnten ›Fiedler-Debatte‹ vom Herbst 1968. Dabei werden sowohl Fiedlers Thesen zu Pop und Postmodernismus als auch die Stellungnahmen seiner deutschen Kritiker ausführlich dargestellt. Diese Debatte kann uns als wegweisendes Exempel für das bessere Verständnis der teils offenen, teils eher versteckten Konflikte im deutschen Literaturbetrieb der sechziger Jahre dienen. Die Indizien sollen anschließend aus einer weiter gefaßten Perspektive auf die deutsche Literatur dieser Jahre systematisiert werden. Dabei wird die doppelte Konfrontation deutlich, in die Brinkmanns Programm gegenüber dem weit verbreiteten Beharren auf den neoästhetizistischen Spielarten des Modernismus sowie dem Streben nach einer rigiden Politisierung der Literatur eintrat. Im Kontext seiner Rezeption des amerikanischen Postmodernismus hat Brinkmann auch Elemente der historischen Avantgardebewegungen reaktualisiert.

Noch ein anderer Aspekt, der bereits angesprochen wurde, ist jedoch in diesem Zusammenhang von Bedeutung: Durch die ausführliche Darstellung der ›Fiedler-Debatte‹ wird der interkulturelle Impuls herausgestellt, der für Autoren wie Brinkmann nötig war, um eine literarische Bewegung, die sich in den USA formiert hatte, auch nach Deutschland zu tragen. Zwar war die Sensibilität für die Wahrnehmung des Alltäglichen auch schon im französischen Nouveau roman und in Dieter Wellershoffs Programm des ›Neuen Realismus‹ angelegt, an denen sich Brinkmann bis 1968 orientierte. Zum Übergang vom ›Neuen Realismus‹ zum Pop bedurfte es jedoch noch der spe-

---

[31] Vgl. Maleen Brinkmanns editorische Notiz in: Rolf Dieter Brinkmann, *Der Film in Worten. Prosa, Erzählungen, Essays, Hörspiele, Fotos, Collagen, 1965-1974.* Reinbek: Rowohlt 1982, S. 309-312, hier: S. 312.

zifischen Konzentration auf das Zeichenmaterial von Massenmedien und Populärkultur. Entscheidend waren dafür die Einflüsse aus der ›neuen amerikanischen (Literatur-)Szene‹. Daher beschreibt das zweite Kapitel ausführlich die Voraussetzungen und Stationen von Brinkmanns Amerika-Rezeption. Vor allem die Herausgabe von *Acid* und *Silverscreen* hat Brinkmann zum wichtigsten Vermittler der amerikanischen Beat-, Pop- und Underground-Literatur werden lassen.

Daß Pop in erster Linie kein literarisches Phänomen ist, haben wir bereits mehrfach betont. Um dennoch deutlich machen zu können, warum die populäre Kultur in den Texten von Brinkmann (und anderen) einen solchen breiten Raum einnimmt, muß die Pop-Faszination, die sich in den sechziger Jahren breitmachte, erklärt werden. Dabei rückt vor allem der Wandel der sozialen und kulturellen Rahmenbedingungen ins Blickfeld. Erst in den ›Selbstverwirklichungsmilieus‹ (Gerhard Schulze), die sich seinerzeit allerorten formierten, konnte das Zeichenmaterial der Populärkultur eine Schlüsselrolle für die Ästhetisierung des Alltags gewinnen. Damit kam ihm eine unerwartete Bedeutung zu: Pop war nicht mehr nur Ausdruck einer durchgreifenden Manipulation seitens der Kulturindustrie, sondern avancierte im Gegenteil zum symbolischen Medium der (gegen-)kulturellen Angriffe auf die tradierte Hochkultur.

Brinkmanns Literatur zeichnet sich gerade dadurch aus, daß sie dies im Medium des literarischen Textes nach- und mitzuvollziehen versucht. Denn für Brinkmann ist die Wirklichkeit ohnehin in wachsendem Maße nur noch als flüchtige und subjektive Konstruktion aus den medialen Oberflächeneffekten zu verstehen. Dabei erscheinen ihm alle Momente »gleichwertig, und ohne weiteres kann man sagen: banal, oberflächlich, also tief« (*OH*, S. 64). Statt dies jedoch kulturkritisch anzuprangern, fordert Brinkmann vom literarischen Text, er müsse die subjektiven Dekodierungen der medialen Oberflächen festhalten.

Im Anschluß daran wird die Perspektive im theoretischen Schlüsselkapitel dieser Arbeit noch einmal über Brinkmann hinaus erweitert, um ein Analyseschema für die literarische Dekodierung von Populärkultur zu entwickeln. Diesem Vorhaben stehen einige ausgesprochen wirkungsmächtige theoretische Ansätze entgegen. So kann Adornos ästhetische Theorie stellvertretend für die Ausschließungsdiskurse stehen, welche die Möglichkeit einer solchen produktiven Dekodierung in Abrede stellen. Für Adorno etwa gibt es grundsätzlich keine legitimen Bezugnahmen der Literatur auf die populäre Kultur. Selbst auf einer Meta-Ebene ist kein Platz für deren Stoffe und künstlerische Verfahren. Übertrüge man dieses tiefverwurzelte Mißtrauen gegen alles

›Populäre‹ auch auf die literarische Auseinandersetzung mit populärkulturellen Vorlagen, so wäre damit auch unsere Untersuchung von vornherein zum Scheitern verurteilt. Um diese Denkblockaden der Kritischen Theorie zu überwinden, müssen wir daher zur Erklärung der literarischen Dekodierung zunächst einmal von anderen Theorien der Populärkultur ausgehen. Denn eine wichtige Voraussetzung für das Verständnis der Dekodierung ist, daß wir den Autor eines literarischen Textes zunächst einmal als Rezipienten von Populärkultur verstehen.

In den letzten Jahren sind – vor allem im Kontext der Cultural Studies – theoretische Ansätze für die Auseinandersetzung mit der Populärkultur entwickelt worden, die sich auch für die Analyse des *literarischen* ›Crossovers‹ nutzbar machen lassen. Kulturtheoretiker wie Michel de Certeau, Stuart Hall und John Fiske haben – nicht zuletzt im Anschluß an Michail Bachtin – weniger die ästhetischen Qualitäten von populärkulturellen Produkten, sondern vielmehr deren *produktive Rezeption* in den Mittelpunkt ihrer Analysen gestellt. Sie wollen vor allem zeigen, daß die Rezipienten von populärer Kultur die von der Kulturindustrie bereitgestellten Signifikanten auf höchst subjektive – und damit zumindest potentiell auch subversive – Weise dekodieren und umfunktionieren können.

Ein populärkultureller Prätext ist dann auch für den Schriftsteller ein ›produzierbarer Text‹ (Fiske), den er, so Brinkmann, als »Absprungbasis« (*FiW*, S. 389) für seine subjektive Bedeutungsproduktion nutzen kann. Und Pop-Literatur läßt sich demnach, so eine zentrale These der vorliegenden Arbeit, als eine Literatur über präfabrizierte Zeichensysteme beschreiben, als ein Arsenal von ›sekundären Texten‹ (Fiske). Es ist eine Literatur, die keine kulturkritische Anklage gegen die ausufernde Zeichenproduktion der populären Kultur erhebt, sondern diese als Ausgangsmaterial des literarischen Schreibens nutzt.

In diesem Zusammenhang darf jedoch nicht vergessen werden, daß die populäre Kultur auch in den sechziger Jahren nur noch in Ausnahmefällen im Medium der Schrift, vorrangig jedoch in den ›neuen‹ technischen Medien verbreitet worden ist. Um die literarischen Bezugnahmen zu untersuchen, müssen wir daher unser Augenmerk auf die intermedialen Brückenschläge von der Literatur zu Film, Fernsehen, Popmusik, Werbung etc. richten. Dabei ist es durchaus von Vorteil, daß das Intermedialitätskonzept noch lange nicht zu einem ›harten‹ Wissenschaftsparadigma ausgearbeitet ist. Denn dies läßt uns den Freiraum, um die Dimensionen der Intermedialität auf einen überschaubaren Textkorpus zu fokussieren. So zeigt das konkrete Beispiel von Brinkmanns Poetik, daß in literarischen Texten zumeist die *intentionale*

Intermedialität als künstlerische Strategie dominiert. Sein Schreiben dreht sich stets um die Frage: »was schreibe ich auf das leere Blatt Papier?« (*ES*, S. 151)

Es geht uns in unserer Untersuchung der Pop-Texte von Rolf Dieter Brinkmann (sowie einigen anderen von Fall zu Fall herangezogenen Autoren) also um den Nachweis von konkreten intermedialen Auswirkungen der populären Kultur auf die Literatur. Dazu werden im Anschluß an Überlegungen von Aage A. Hansen-Löve zwei Dimensionen der Intermedialität entworfen: einerseits die *Thematisierung* von Populärkultur im literarischen Text, die vor allem die vielfältigen semantischen Bezugnahmen in Brinkmanns Gedichtbänden *Godzilla, Die Piloten* und *Gras* aus den Jahren 1968 bis 1970 umfaßt, und andererseits die *Realisierung*, welche die – versuchte und tatsächliche – Übernahme von strukturellen Prinzipien beschreibt, und zwar besonders die literarischen ›Momentaufnahmen‹ und die ›Filme in Worten‹.

Einen kurzen Epilog müssen wir unserer Brinkmann-Untersuchung jedoch noch anhängen: Wenn uns seine Texte als Beispiel für die produktive Verbindung von Literatur und Populärkultur dienen, so darf doch nicht verschwiegen werden, daß wir uns genaugenommen nur auf *eine* bestimmte Werkphase konzentrieren. In der Forschung herrscht ein breiter Konsens, daß sich seine Texte nach 1970 qualitativ verändern. Dies ändert nichts an der Richtigkeit von Thomas Groß' These, wonach im Wirklichkeitsbezug ein durchgängiges Charakteristikum von Brinkmanns Werk zu sehen ist. Im Gegenteil: Gerade der ›Vorzeichenwechsel‹ in der Bewertung der populären Kultur – vom positiv bewerteten Medium einer Neuen Sensibilität zum Instrument einer behavioristischen Fernsteuerung des Individuums – zeigt, daß Brinkmann auch nach seiner Abwendung vom Pop noch an einem alltagsbezogenen Schreiben festhalten wollte. Allerdings zielt seine Produktion in den Materialbänden *Rom, Blicke, Erkundungen für die Präzisierung des Gefühls für einen Aufstand* und *Schnitte* auf die Gesetzmäßigkeiten, die sich *hinter* den attraktiven Oberflächen verbergen. Brinkmann ging nun zu seiner vorherigen Euphorie für die amerikanischen Pop-Importe auf Distanz:

»Wenn ich daran denke, wie jetzt hier und da eine Art chicer US-Literatur im Gefolge von Acid kommt, wird mir übel, ebenso übel und ebenso stumpfsinnig verfolgte man einen einzigen Trend damals, als der nouveau roman aktuell war. So kann man hier nicht lernen, denn es fehlt eine korrigierende Lektüre, die Ausweitungen ermöglicht.«[32]

---

[32] Rolf Dieter Brinkmann.: Brief an Hermann Peter Piwitt, 22.7.1972. In: Literaturmagazin 36/1995: *Sonderheft Rolf Dieter Brinkmann*, S. 92-101, hier: S. 100.

»Überquert die Grenze, schließt den Graben«
Pop, Postmoderne und die Literatur der sechziger Jahre

Wie gesagt: Das intensive Interesse für die ›neue amerikanische Szene‹ und die diversen Formen der Populärkultur führte Autoren wie Brinkmann im ›offiziellen‹ deutschen Literaturbetrieb rasch ins Abseits. Brinkmann selbst war sich des doppelten Widerstands bewußt, den einerseits die neoästhetizistische Tradition des Modernismus, andererseits die Politisierungstendenzen der antiautoritären Bewegung für sein Schreiben bedeuteten. Besonders in seinen Essays der Jahre 1968/69 hat er dies wiederholt explizit ausgesprochen, ja sie sind geradezu als Stellungnahme bzw. als ›Anschreiben‹ gegen diese beiden Positionen zu verstehen.

»Angriff aufs Monopol«: Die ›Fiedler-Debatte‹

»Involvement ist dieser Generation fremd.«
(*FiW*, S. 383)

Erstmals ging Brinkmann in seinem Beitrag zu dem vehement geführten Literaturstreit um die Thesen des amerikanischen Literaturwissenschaftlers und -kritikers Leslie A. Fiedler, der im Oktober und November 1968 in der Wochenzeitung *Christ und Welt* ausgetragen wurde, zu den überkommenen literarischen Formen des Modernismus sowie zu den herkömmlichen Bewertungskriterien der Literaturkritik auf Distanz. Dabei offenbarte sich ein Generationskonflikt, der wesentlich durch die Entwicklung der Populärkultur begründet ist. ›Involvement‹ als unbefangene Auseinandersetzung mit dem alltäglichen Material der zeitgenössischen ›Massenkultur‹, so argumentiert Brinkmann immer wieder, sei der Generation jener Schriftsteller fremd, deren kulturelle Sozialisation sich ohne den prägenden Einfluß der amerikanischen und britischen Populärkultur und der daraus folgenden Massenbohemisierung vollzogen hat. In ihren Arbeiten habe sich infolgedessen – und damit liegen sie ganz auf der Linie von Horkheimers und Adornos These, die Wahrheit des Kunstwerks liege in seiner »Freiheit von den Zwecken der falschen Allgemeinheit«[1] – eine »ausdrückliche Denkakrobatik« verselbständigt, die »für Lebensersatz statt für Lebenserweiterung« (*FiW*, S. 383) stehe.

Mit Fiedler plädiert Brinkmann dagegen für eine antiseriöse Literatur, die eine Brücke zur ›Massenkultur‹ schlägt. Im Hintergrund dieser Überlegungen, aus denen ein seinerzeit noch ungewöhnliches ›Vertrauen‹ in die ›Neue Sensibilität‹ des Pop spricht, steht unausgesprochen die Hoffnung auf die postmodernistische Aktualisierung von Teilaspekten des avantgardistischen Projekts, das jedoch nach der Bohemisierung des Pop weniger von kleinen Künstlerzirkeln als vielmehr von wesentlich breiteren gegen- und jugendkulturellen Formationen getragen werden müsse.

In diesem Zusammenhang hat Brinkmann frühzeitig in die Diskussion um die sogenannte ›Postmoderne‹ eingegriffen, die in den späten sechziger Jahren auch in Deutschland in Gang kam. Für eine breitere Öffentlichkeit sorgte der Begriff erstmals in der erwähnten ›Fiedler-Debatte‹ für Aufsehen, mit der eine in den USA bereits in den späten fünfziger und frühen sechziger Jahren begonnene Auseinandersetzung über den Atlantik getragen wurde.[2] Fiedlers

---

1 Max Horkheimer / Theodor W. Adorno: *Gesammelte Schriften*, Bd. 3: *Dialektik der Aufklärung. Philosophische Fragmente.* Hrsg. von Rolf Tiedemann. Frankfurt/M.: Suhrkamp 1969, S. 157.

2 In der amerikanischen Diskussion war es – nach einigen frühen, wenngleich folgenlosen Prägungen des Begriffs der ›Postmoderne‹ bei John Watkins Chapman, Rudolf Pannwitz, Federico de Oniz oder Arnold Toynbee (vgl. Michael Köhler: »›Postmodernismus‹: Ein begriffsgeschichtlicher Überblick«. In: Amerikastudien 22 (1977), S. 8-18. – Wolfgang Welsch: *Unsere postmoderne Moderne.* 3. Aufl., Weinheim: VCH, Acta humaniora 1991, S. 9-43) – zu ersten Überlegungen über Veränderungen der zeitgenössischen Kultur gekommen, die sich als ›postmodern‹ bezeichnen ließen. Für Irving Howe und Harry Levin war die ›Postmoderne‹ jedoch am Ende der fünfziger Jahre noch mit eindeutig negativen Konnotationen behaftet. Sie bezeichnete einen mit resignativem Unterton zur Kenntnis genommenen Qualitätsverlust der zeitgenössischen Literatur gegenüber den Klassikern des angloamerikanischen Modernismus wie T.S. Eliot, James Joyce oder Ezra Pound. Die als ›postmodern‹ klassifizierte Literatur von Autoren wie Saul Bellow, J.D. Salinger oder der ›Beat Generation‹, so das einhellige Urteil, beschränke sich darauf, die experimentellen Errungenschaften der Modernisten auszubeuten, ohne jedoch deren Niveau zu erreichen. Howe und Levin konzedierten zwar, daß dies auf die nivellierenden Tendenzen der Massengesellschaft und den daraus resultierenden Legitimitätsverlust der traditionellen Autoritäten sowie der kulturellen und intellektuellen Standards, nicht aber auf einen generellen Talentschwund der zeitgenössischen Schriftsteller zurückzuführen sei. Dennoch trug der literarische ›Postmodernismus‹ eindeutig das Odium des kulturellen Verfalls, der mit dem Bedeutungsverlust traditioneller Normen und Autoritäten in der zeitgenössischen ›Massengesellschaft‹ korrespondierte (vgl. Irving Howe: »Mass Society and Post-Modern Fiction«. In: Partisan Review 26 (1959), S. 420-436. – Harry Levin: »What Was Modernism?«. In: Massachusetts Review 1 (1960), S. 609-630).

Essay *Cross the Border – Close the Gap* avancierte zum wohl bedeutendsten ›Schlüsseltext‹ der Postmoderne der sechziger Jahre. Erste Versionen seiner Überlegungen hatte Fiedler in Deutschland vorgestellt, wo seine Thesen die erwähnte Debatte über Aufgaben und Möglichkeiten der Literatur entfachten. Zunächst hatte er im Juni 1968 auf dem Freiburger Symposium *Für und wider die zeitgenössische Literatur in Europa und Amerika* einen Stegreifvortrag unter dem Titel *The Case for Post-Modernism* gehalten, dessen schriftliche Ausarbeitung im November 1968 in zwei Folgen unter dem Titel *Das Zeitalter der neuen Literatur* in der Wochenzeitschrift *Christ und Welt* erschien.[3*] Die abermals überarbeitete und präzisierte, seitdem ›kanonisierte‹ Fassung wurde erst im Dezember 1969 erstveröffentlicht – bezeichnenderweise nicht in einer literaturwissenschaftlichen Zeitschrift, sondern im *Playboy*.[4]

Für unsere Untersuchung ist die Debatte um Fiedlers Thesen von zentraler Bedeutung, weil sie belegt, daß die Kontroverse um den Postmodernismus zunächst vorrangig als Streit über den Rang und die Funktionen der ›populären‹ Kultur sowie über den Stellenwert der Pop-Einflüsse auf die tradierte ›hohe‹ Literatur geführt worden ist. Mit Blick auf die teilweise diffamierende Kritik, die Autoren wie Brinkmann, Uwe Brandner oder Peter Handke von seiten der konservativen, aber auch der ›linken‹ Literaturkritik entgegengebracht wurde, hat Reinhard Baumgart rückblickend konstatiert: »Post galt als Pop und dieser als ästhetischer Populismus, genauso anrüchig wie der politische.«[5] Unabhängig von solchen Bewertungen, mit denen die deutschen

---

3 Leslie A. Fiedler: »Das Zeitalter der neuen Literatur. Die Wiedergeburt der Kritik«. In: Christ und Welt, 13.9.1968, S. 9-10. – »Das Zeitalter der neuen Literatur. Indianer, Science Fiction und Pornographie: die Zukunft des Romans hat schon begonnen«. In: Christ und Welt, 20.9.1968, S. 14-16. – Um im Hinblick auf die Reaktionen von deutschen Schriftstellern und Literaturkritikern den Debattenkontext nicht zu verlassen, zitiere ich Fiedlers Aussagen aus diesen Texten und nicht aus der umfangreicheren und zugegebenermaßen präziseren Version (vgl. Anm. 4).

4 Leslie A. Fiedler: »Cross the Border – Close the Gap« (1969). In: ders., *Cross the Border – Close the Gap.* New York: Stein and Day 1971, S. 61-85. – Eine deutsche Übersetzung findet sich unter dem Titel: »Überquert die Grenze, schließt den Graben!«. In: Jörg Schröder (Hrsg.), *Mammut. März-Texte 1&2.* Herbstein: März 1984, S. 673-697. – Leicht greifbare Nachdrucke sind enthalten in: Wolfgang Welsch (Hrsg.), *Wege aus der Moderne. Schlüsseltexte der Postmoderne-Diskussion.* Weinheim: VCH, Acta humaniora 1988, S. 57-74. – Uwe Wittstock (Hrsg.): *Roman oder Leben. Postmoderne in der deutschen Literatur.* Leipzig: Reclam 1994, S. 14-39.

5 Reinhard Baumgart: »Postmoderne Literatur – auf deutsch? Über eine lange verschleppte, leergedroschene Frage«. In: ders., *Deutsche Literatur der Gegenwart. Kritiken – Essays – Kommentare.* München, Wien: Hanser 1994, S. 532-540, hier: S. 535.

Kontrahenten auf Fiedlers Attacke reagierten – einzig Brinkmann identifizierte sich vorbehaltlos mit Fiedler, die anderen Autoren nahmen entweder skeptische oder gar unverhohlen ablehnende Positionen ein –, ist hier erstmals der enge Zusammenhang zwischen Postmodernismus und Pop thematisiert worden, der in der Folgezeit zu einem der favorisierten Themen der postmodernistischen Theoriebildung avancierte.[6]

Jedenfalls richteten sich die postmodernistischen Attacken gegen die Literatur der ›klassischen Moderne‹, und dabei nahmen sie insbesondere die rigide Dichotomie zwischen ›hohen‹ und ›niederen‹ kulturellen Ausdrucksweisen ins Visier. Fiedler hatte bereits 1964 den ›Tod der avantgardistischen Literatur‹ verkündet. Allerdings richtete sich seine Absage weniger gegen die historischen europäischen Avantgardebewegungen der zehner und zwanziger Jahre, sondern bereits in dieser ersten Fiedler'schen Attacke war der angelsächsische ›Modernismus‹ die Zielscheibe der Kritik. Fiedlers Definition der Avantgarde ist für den europäischen Leser in der Tat unpräzise und mißverständlich – wie Fiedler überhaupt in allen seinen Essays der Verve seiner Polemik den Vorzug gegenüber der terminologischen Genauigkeit gibt. Genaugenommen richtet sich Fiedlers Kritik gar nicht gegen die Avantgarde, sondern gegen die dominanten neoästhetizistischen Tendenzen des Modernismus.

Allerdings geht es Fiedler gar nicht vorrangig darum, einen unwiderruflichen Endpunkt der Moderne zu behaupten, mit dem ja auch die Spuren der historischen Avantgarde verloren gegangen wären. Vielmehr hebt er gerade auf den Mechanismus der »rapid transformation of *avant-garde* art to everybody's entertainment«[7] ab – genau jenen Aspekt, der den Postmodernismus mit der Avantgarde verbindet und deren Einlösung in exoterischen Alltagsformen begründet. Fiedler konstatiert, daß es in der Gegenwartsliteratur unmöglich geworden sei, das bürgerliche Lesepublikum noch mit den Mitteln der historischen Avantgarde zu schockieren, weil sowohl die einstmals

[6] Dies hat mit Ihab Hassan auch ein weiterer Vertreter des amerikanischen Postmodernismus hervorgehoben: »Die ›offene‹ Tendenz der post-modernen Literatur [...] gibt tatsächlich sogar vor, die Idee intellektueller oder elitärer Kunst jeglicher Art abzulehnen. [...] Sie macht in Pop, vor allem in Amerika; sie verbündet sich mit Science-fiction, Kriminalromanen, mit Reportage und Pornographie; sie spürt andere Medien aus, wie Film, Fernsehen, Tonband, Rockmusik; und manchmal geht sie mit Mystizismus und Okkultismus eine Verbindung ein.« – Ihab Hassan: »Joyce, Beckett und die post-moderne Imagination«. In: Hans Mayer / Uwe Johnson (Hrsg.), *Das Werk von Samuel Beckett. Berliner Colloquium.* Frankfurt/M.: Suhrkamp 1975, S. 1-24, hier: S. 19.

[7] Leslie A. Fiedler: »The Death of Avant-Garde Literature« (1964). In: ders., *Cross the Border – Close the Gap,* a.a.O., S. 54-60, hier: S. 60.

richtungweisenden Verfahren als auch die Inhalte dieser Literatur rasch zu Allgemeinplätzen geworden seien, die sich mühelos in den Kanon des Modernismus hätten reintegrieren lassen.

Fiedlers Überlegungen kreisen daher um die Frage, wie nach dem proklamierten Ende des Modernismus und dem Scheitern der historischen Avantgarde eine zeitgenössische Literatur aussehen könne, die gleichwohl an das Schockpotential der Avantgarden anzuknüpfen vermag. In seinem Essay verschärft er zunächst seinen Abgesang auf die Literatur des Modernismus:

> »Wir leben nun schon seit zwei Jahrzehnten – und sind uns dessen mindestens seit 1955 voll bewußt – in einer Zeit der Todesagonie der Moderne und der Geburtswehen einer nach-modernen Epoche. Die Literatur, die den Namen ›Die Moderne‹ für sich in Anspruch nahm – womit sie die Auffassung verband, daß sie die ultima ratio an Sensibilität und Form darstellte, daß über sie hinaus nichts Neues mehr möglich sei – und deren Triumph von kurz vor dem Ersten bis kurz nach dem Zweiten Weltkrieg dauerte, diese Literatur ist tot, das heißt, sie gehört der Geschichte und nicht mehr der Gegenwart an. Auf dem Sektor des Romans bedeutet das das Ende des Zeitalters von Proust, Mann und Joyce; analog liegt in der Lyrik die Ära T.S. Eliots, Paul Valérys, Montales, Seferis' und anderer hinter uns.«[8]

Fiedler kritisiert damit die *Domestizierung* und *Dogmatisierung* des ›Modernismus‹, der zum Gegenstand von kritischen Analysen und zum kanonisierten Lehrstoff des akademischen Betriebs und damit zu einem zentralen Bestandteil des hochkulturellen Standards geworden war. An seine Stelle soll eine Literatur treten, welche die Grenze zwischen Hoch- und Populärkultur überquert und den Graben zwischen ›belles-lettres‹ und ›pop art‹ schließt. Es kommt dabei zu unterschiedlichen Formen der Hybridisierung von Hoch- und Populärkultur. So arbeiten zahlreiche ›Doppelbegabungen‹ sowohl als Schriftsteller als auch als Rockmusiker. Bekannte Beispiele der sechziger Jahre, deren Einfluß auch für Brinkmanns Arbeiten von Bedeutung ist, sind etwa Leonard Cohen, John Lennon, Frank Zappa sowie Tuli Kupferberg und Ed Sanders, die gemeinsam die Rockgruppe *The Fugs* gründeten, zugleich aber sehr aktiv an verschiedenen literarischen Underground-Zeitschriften – u.a. an der von Sanders herausgegebenen *Fuck You* – mitarbeiteten sowie eigene Gedicht- und Prosabände veröffentlichten.

---

8 Ders.: »Das Zeitalter der neuen Literatur. Die Wiedergeburt der Kritik«, a.a.O., S. 9.

Für Fiedler sind derartige Künstler die exemplarischen Verkörperungen eines neuen Typus des Künstlers bzw. Schriftstellers, der als ›Doppelagent‹ sowohl in den traditionellen Gattungen der ›hohen‹ als auch in den spezifischen Genres der ›populären‹ Kultur arbeitet; er überwindet die Kluft zu den trivialen Formen der Unterhaltungsliteratur und wendet sich gerade jenen Genres zu, die von den (amerikanischen) Massenmedien am intensivsten ausgebeutet werden: dem Western, der Science-fiction und der Pornographie. So bezeichnet Fiedler einen Roman, der diese Bezugnahmen realisiert, als ›Pop-Roman‹.

Durch diesen Rekurs, so hofft Fiedler, könne die Literatur ihren ›antikünstlerischen‹, ›anti-seriösen‹ Impetus zurückgewinnen, den sie als Legitimationsmedium der Hochkultur in der amerikanischen Nachkriegsgesellschaft verloren habe. Diese mit positiven Vorzeichen versehene Anti-Seriosität verwirklicht die Literatur in seinem Programm u.a. dadurch, daß sie sich vom Rationalismus distanziert und dem Mythos zuwendet. Folglich muß der von Fiedler anvisierte literarische Postmodernismus die Grenze zwischen dem ›Wahrscheinlichen‹ und dem ›Wunderbaren‹, zwischen Rationalität und Mythos überschreiten. Es geht dabei weniger um die Restitution von archaischen Mythen als vielmehr darum, die (trivial-)mythischen Potentiale der fortgeschrittenen Industriegesellschaften für die zeitgenössische Literatur zu entdecken. Die postmodernistischen Schriftsteller, so Fiedler, hätten erkannt, daß im Zeitalter der technischen audiovisuellen Medien die Mythenbildung den Bedingungen dieser Medien unterliegt:

> »Die neuen Anti-Götter, Anti-Helden, Nach-Götter und Nach-Helden entsteigen den Welten des Jazz, des Rock, der Schlagzeilen und der Comics, der alten Filme und der Kinderbücher und des obszönen Zeichenstifts.«[9]

Fiktive Western- oder Comichelden wie die ›Übermenschen‹ Superman, Batman und Captain Marvel, Filmstars wie Humphrey Bogart, James Dean, Jean Harlow und Marilyn Monroe, Rock- und Jazzmusiker wie Elvis Presley, Charlie Parker und John Lennon oder auch Polit-›Stars‹ wie John F. Kennedy füllten, so Fiedler, das mythologische Vakuum, das der modernistische Rationalismus hinterlassen habe. Sie fungierten als Projektionsflächen

9 Ders.: »Das Zeitalter der neuen Literatur. Indianer, Science Fiction und Pornographie«, a.a.O., S. 16.

für die kollektiven Phantasien und ›Träume‹ der spätkapitalistischen Industriegesellschaft und etablierten so ein ›Imaginary America‹.

Roland Barthes hat darauf hingewiesen, daß im Mythos das sinnhafte Zeichen zur leeren Form wird. Der Mythos definiert sich nach Barthes durch das »unablässige Versteckspiel von Sinn und Form«[10], durch die Ablagerung von ›Sinn‹ bzw. von vergangener Wirklichkeit in diskursiven und präsentativen Symbolformen. In diesem Sinne sind die populären Mythen aus Film, Fernsehen, Werbung etc. symbolische Objektivationen, in denen sich ganz reale soziale Erfahrungen der Rezipienten niederschlagen.

Zugleich sind populäre Mythen auch Teil eines intermedialen kulturellen Referenzsystems, das die Sinnpotentiale des mythischen Systems in die unterschiedlichsten Funktions- und Bedeutungskontexte einbindet. Für Fiedler stellen sie den Ausgangspunkt für die angestrebte ›postmodernistische‹ Erneuerung der Literatur dar, weil die populärkulturellen Genres wie Western, Science-fiction und Pornographie nie als ›Hochkultur‹ wahrgenommen worden seien und in ihnen daher die ›mythologische Unschuld‹ der amerikanischen Gesellschaft habe überdauern können:

> »Die diesen Schriftstellern kongenialste Form stellt der ›Western‹ dar, eben weil er so viele Jahrzehnte lang im Bereich der Groschenliteratur, der billigen Fernsehserien und des zweitrangigen Films zu Hause war.«[11]

Eine solche Literatur ist nicht mehr nur an den Normen der überkommenen Literaturgeschichte und Literaturkritik orientiert, sondern reagiert zusätzlich verstärkt auf Entwicklungen von Film und Fernsehen, Werbung und Popmusik – zumal es parallel in den sechziger Jahren zu einer Literarisierung der Texte von Rock- und Popsongs kommt, die auf die literarischen Arbeiten junger Autoren zurückwirken, ja zum Teil geradezu Vorbildfunktionen übernehmen.

Im Zentrum von Fiedlers Programm eines literarischen ›Postmodernismus‹ steht also die Forderung nach einer *Enthierarchisierung* der Literatur. Allerdings soll dies nicht heißen, daß eine schlichte Nivellierung von ›High‹ und ›Low‹ auf dem kleinsten gemeinsamen Nenner anvisiert wird, sondern Fiedler plädiert ausdrücklich für eine Verbindung, für eine Hybridisierung

---

10 Roland Barthes: *Mythen des Alltags.* Frankfurt/M.: Suhrkamp 1964, S. 98.

11 Leslie A. Fiedler: »Das Zeitalter der neuen Literatur. Die Wiedergeburt der Kritik«, a.a.O., S. 10.

von ›hoher‹ und ›niederer‹ Literatur. Was zunächst wie eine strikte Polarisierung erscheint, ist genauso für eine neue Integration offen, in deren Mittelpunkt die Anerkennung der Mehrfachkodierung von Texten steht. Der literarische Postmodernismus schlägt somit im semantischen *und* im soziologischen Sinne eine Brücke zwischen dem elitären und dem populären Geschmack.

Gerade hier findet der literarische ›Doppelagent‹ sein Betätigungsfeld, indem er sich der ästhetischen Vielfalt und Mehrdimensionalität stellt. Wie die Pop Art, die in der bildenden Kunst die Sujets der Alltagsikonographie und die Verfahren bzw. Techniken der ›populären Künste‹ aufgreift, diesen Rekurs jedoch auf einer Meta-Ebene (mit-)reflektiert, identifiziert sich auch Fiedler nicht bedenkenlos mit den trivialen Formen der Unterhaltungsliteratur. Es geht ihm vielmehr um den *Brückenschlag* zur ›pop art‹, um die Erweiterung des Formen- und Themeninventars der Literatur.

Für Umberto Eco, der mit dem Bestseller-Roman *Der Name der Rose* (1980) selbst eine weitere Variante im Spektrum des postmodernistischen Schreibens vertritt, liegt hierin jenseits der offenen Provokation die Pointe von Fiedlers Essay. Fiedler wolle, so Eco, »ganz einfach die Schranke niederreißen, die zwischen Kunst und Vergnügen errichtet worden ist«, um ein breites Publikum für die Literatur zurückzugewinnen. Unter postmodernen Bedingungen könne für einen Schriftsteller gerade ein solches Projekt den Anspruch des Avantgardistischen erfüllen, zumal es keineswegs ausgemacht sei, daß eine Literatur, die Elemente aus der ›niederen‹ Literatur aufgreift, zwangsläufig eine ›besänftigende‹ Wirkung auf die Leser habe: »Es kann auch heißen, sie aufzuschrecken: mit Alpträumen, Obsessionen.«[12]

Zugleich hat Fiedlers Hinwendung zum Publikum eine weitere Qualität, welche die antimodernistische Polemik teilweise entschärft. Anders als in den diversen medieneschatologischen Theorien, welche die bevorstehende Verdrängung des Buches ankündigen, verwahrt sich Fiedler gegen die These vom Untergang der Buchkultur. Tatsächlich verdrängen die neuen technischen Medien das ältere Medium Buch nicht etwa vollständig. Im Gegenteil eröffnet ihre Expansion der Literatur zum einen die Chance, gerade die kognitiven Dilemmata der audiovisuellen Übermittlung zu kompensieren, vor allem aber ermöglicht der intermediale Rekurs auf die vornehmlich in den technischen Medien verbreitete zeitgenössische Populärkultur ein literarisches Kombinations- und Reflexionsspiel, in dem Intermedialität als künstlerische Strategie auch die Grenzen zwischen den tradierten Medien der

[12] Umberto Eco: *Nachschrift zum ›Namen der Rose‹*. München, Wien: Hanser 1984, S. 82.

Hochkultur und den technischen Medien der Populärkultur überschreitet. So diffus sie auch daherzukommen scheinen: Fiedlers Überlegungen stellen einen Versuch dar, offensiv gegen den Bedeutungsverlust des Buches als Leitmedium, als das es den klassischen Modernisten galt, anzugehen. Dazu jedoch verlangt er eine Literatur, die weniger seriös und statt dessen unterhaltsamer sein müsse.

Unter den deutschen Autoren, die auf Fiedlers Attacke im Wochenblatt *Christ und Welt* reagierten, wurde das Plädoyer für einen literarischen Postmodernismus bzw. eine Pop-Literatur – mit der Ausnahme Rolf Dieter Brinkmanns –, jedoch ablehnend aufgenommen, ja zum Teil sogar als Affront empfunden, denn Fiedlers Positionen waren weder mit den ästhetischen Maximen des Modernismus noch mit der zunehmenden Politisierung der Literatur im Kontext der 68er-Revolte zur Deckung zu bringen. Will man Brinkmanns Stellenwert für die Entwicklung der deutschen Gegenwartsliteratur ermessen, und will man überdies seine Position im Literaturbetrieb der sechziger Jahre lokalisieren, so gibt die Debatte um Fiedlers Thesen wichtige Hinweise – zumal Brinkmann sich hier erstmals auch in einem ›theoretischen‹ Text zu seinen Pop-Vorlieben bekannte und vehement forderte, diese Impulse auch für die Literatur fruchtbar zu machen.[13]

Die ersten Antworten auf Fiedlers Vorlage fielen noch ambivalent aus. So stimmten Jürgen Becker, Helmut Heißenbüttel, Reinhard Baumgart und Hans Egon Holthusen der Fiedler'schen Absage an den Modernismus zwar durchaus zu, ja sie forderten ebenfalls eine ›Kulturrevolution‹, in deren Kontext eine nach-moderne Literatur entworfen werden müsse, zogen aus diesen Befunden jedoch völlig andere Konsequenzen. Vor allem die Bedeutung und die Funktion, die Fiedler den literarischen Bezugnahmen auf die populäre Kultur und der Adaption von Trivialmythen beimißt, wird von seinen Kontrahenten nicht anerkannt. Heißenbüttel etwa leugnet die Spezifik, die Fiedler diesem Phänomen für den Übergang vom Modernismus zum Postmodernismus zuspricht. Die Definition einer nachmodernistischen ›Nach-Kunst-Kunst‹ lasse sich, so Heißenbüttel, nicht einfach durch den Rekurs auf bis dato gering geachtete populäre Genres leisten, denn das »Aufsteigen von Po-

[13] Die Reaktionen von Jürgen Becker, Helmut Heißenbüttel, Reinhard Baumgart, Wolfgang Hädecke, Martin Walser, Hans Egon Holthusen, Robert Neumann, Peter O. Chotjewitz und Rolf Dieter Brinkmann erschienen vom 4.10. bis 15.11.1968 ebenfalls in *Christ und Welt*. Vgl. auch den Nachdruck der Beiträge von Fiedler, Becker, Heißenbüttel, Baumgart, Walser, Holthusen und Brinkmann in: Uwe Wittstock (Hrsg.), *Roman oder Leben*, a.a.O.

pularformen und das Absteigen von Exklusivformen spielte immer eine Rolle in den epochalen Wendungen der Künste«.[14] Auch Reinhard Baumgart betont, die Überwindung der Trennung von ›hoher‹ und ›niederer‹ Literatur sei »am Rande der Prestige- und Elite-Literatur immer schon vorbereitet« gewesen.[15] Zwar fordert er ein postmodernistisches Kombinationsspiel mit den Restbeständen des Modernismus; aus diesem Spiel jedoch soll das Material der Populärkultur herausgehalten werden. Vor allem das Fehlen von spezifisch deutschen Pop-Mythen scheint dies zu verhindern, denn das nicht zuletzt durch die nationalsozialistische Mythenbildung verursachte ›mythische Vakuum‹ in der deutschen Nachkriegsliteratur, lasse sich, so Baumgart, nicht durch den Transfer amerikanischer Trivialmythen schließen. Auch Jürgen Becker meint, in der deutschen Literatur könne der Rekurs auf solche Trivialmythen »nur marktgerechte Formalismen erzeugen«.[16]

Allerdings übersehen Baumgart und Becker dabei die faktisch bereits weit fortgeschrittene ›Amerikanisierung‹ der deutschen Populär- und Alltagskultur. Dabei verkennen sie offensichtlich, daß gerade die interkulturelle Adaption des Materials der amerikanischen Populärkultur, wie er in den symbolischen Revolten der Jugend- bzw. Subkulturen mit der emphatischen Übernahme der amerikanischen und britischen Rock- und Popmusik sowie der dazugehörigen generationsspezifischen Kleidungs- und Verhaltenskodes in den späten fünfziger und frühen sechziger Jahren vorexerziert wurde, für zahlreiche jüngere Autoren eine zentrale Sozialisationsinstanz war und damit überhaupt erst die Grundlage für eine antimodernistische Literatur bereitgestellt hat.

Fielen die Urteile von Becker, Heißenbüttel, Baumgart und Holthusen bei allen Vorbehalten noch ambivalent aus, so formulierte Martin Walser eine eindeutig mißbilligende, politisch motivierte Gegenposition zu Fiedlers Thesen. Während etwa Baumgart noch an der durchschlagenden Wirkung des kulturellen Transfers der amerikanischen Populärkultur zweifelt, befürchtet Walser gerade die kulturimperialistische Hegemonialisierung und Trivialisierung der deutschen und europäischen Kultur durch Importe aus Amerika,

---

[14] Helmut Heißenbüttel: »Tote Aura«. In: Christ und Welt, 4.10.1968, S. 11.

[15] Reinhard Baumgart: »Die Fünfte Kolonne der Literatur. Der Prediger Leslie A. Fiedler streichelt die Furien der Nach-Moderne«. In: Christ und Welt, 11.10.1968, S. 16f. – Eine überarbeitete Fassung findet sich u.d.T. »Die Enkel von Thomas Proust und Marcel Mann. Zehn Anmerkungen zu Thesen von Leslie Fiedler«. In: ders., *Die verdrängte Phantasie. 20 Essays über Kunst und Gesellschaft.* Darmstadt, Neuwied: Luchterhand 1973, S. 130-141.

[16] Jürgen Becker: »Der Schrei«. In: Christ und Welt, 4.10.1968, S. 11.

jenem Land, das »seit Jahren dabei ist, die westliche Lebensart und -chance zu verderben«.[17]

Doch fällt auch Walsers Fiedler-Kritik in diesem Debattenbeitrag noch recht moderat aus. Er begrüßt Fiedler »als Kaputtmacher der alten Tafeln«, der zu Recht den artifiziellen Modernismus kritisiere, und sieht »der nachmodernistischen Zeit mit Sehnsucht und Hoffnung entgegen«.[18] Erst nachdem Fiedlers Vorschläge in den folgenden beiden Jahren von einigen jungen deutschen Autoren wie Brinkmann, Handke oder Brandner aufgegriffen worden waren, radikalisierte Walser – in Kenntnis von Brinkmanns und Rygullas inzwischen erschienener *Acid*-Edition – seine Kritik im 1970 veröffentlichten *Kursbuch*-Aufsatz *Über die Neueste Stimmung im Westen* zu einem barschen Rundumschlag gegen eine Literatur, die sich zum einen der Politisierung verweigere, zum anderen vermeintlich leichtfertig dem hegemonialen Druck der amerikanischen Populärkultur erliege und dadurch gar einem neuen Faschismus den Boden bereite.[19]

Walser hat in der ›Neuesten Stimmung‹ eine Asozialisierung der Literatur gesehen, die durch den Verzicht auf politisches Engagement ihre gesellschaftliche Funktion verloren habe. Statt auf die sozioökonomische Transformation der kapitalistischen Gesellschaft zum Sozialismus zu dringen, beschäftigten sich Autoren wie Brinkmann, so Walsers Vorwurf, mit der psychedelischen Erweiterung ihres Bewußtseins und der Inszenierung einer ›narzißtischen Gestik‹: »Der Autor ist die Botschaft.«[20] Damit lieferten sie die Apologie der politischen Bedürfnislosigkeit, ja stellten ungewollt sogar »die Bewußtseinspräparate für die neueste Form des Faschismus« her:

---

17 Martin Walser: »Mythen, Milch und Mut«. In: Christ und Welt, 18.10.1968, S. 17.

18 Ebd.

19 Ders.: »Über die Neueste Stimmung im Westen«. In: Kursbuch 20/1970, S. 19-41. – In der ›Fiedler-Debatte‹ wurde dieses Argument schon einmal von Wolfgang Hädecke vorweggenommen. Auch Hädecke begründet seine Einschätzung der postmodernistischen Literatur als ›präfaschistisch‹ mit seinen Bedenken gegen Fiedlers Programm einer postmodernen Mythenbildung, an deren Ende nur ein »mythisch-magisch-mystisch-pornographisch-indianischer Kuddelmuddel« stehen könne. An der Notwendigkeit einer ›Literaturrevolution‹, welche die Vermischung von verschiedenen Textgattungen realisiert und sich auch für subkulturelle Einflüsse öffnet, zweifelt indes auch er nicht. Wolfgang Hädecke: »Fossil mit Vernunft«. In: Christ und Welt, 18.10.1968, S. 17.

20 Martin Walser: »Über die Neueste Stimmung im Westen«, a.a.O., S. 23.

»Sie sind besonders fortgeschrittene Produkte einer spätkapitalistischen Gesellschaft amerikanischer Spielart. Sie zeigen, wo dieser Prozeß hin will: zu einer Gesellschaft, in der jeder seine eigene Befreiung auf dem Weg nach innen sucht, mit Hilfe von Drogen, mit Hilfe einer Literatur, die sich auf Mythen und verfälschte Trivialitäten kapriziert, oder auch mit Hilfe einer Literatur, die als Droge die chemische Droge begleitet. Befreiung des Menschen von der Gesellschaft, in der irrsinning hoffnungslosen Hoffnung, daß da in uns neuro-physiologische Kapazitäten schlummern, die uns für alles gesellschaftliche Ärgernis entschädigen. Eine solche Gesellschaft ist nicht schwer zu haben. In ihr stirbt mit jedem Ausflug ins Innere eine demokratische Möglichkeit ab und die Möglichkeit zum Gegenteil – und das heißt Faschismus – nimmt zu.«[21]

Diese Angriffe relativieren sich jedoch, wenn man den Kontext des ›Richtungsstreits‹ in der deutschen Literatur berücksichtigt. Von Walsers Faschismusvorwurf bleibt bei genauerer Betrachtung wenig mehr als die Feststellung eines vermeintlichen Mangels an ›linker‹ Gesinnung bei Autoren wie Brinkmann und Handke. In seiner Stellungnahme werden exemplarisch die Fronten innerhalb der antiautoritären Bewegungen der späten sechziger Jahre deutlich. Ästhetische Subversion und politische Radikalopposition sind, so ein gängiges (Vor-)Urteil der Zeit, nicht miteinander zu vereinbaren: »die Kunst ist tot, es lebe aber nicht die Antikunst (denn das ist doch nur ein ästhetischer Trick), sondern die demokratische Literatur.«[22]

Wenn Walser die »mutmachende Schreibe« einfordert, so spricht er sich damit implizit gegen kultur- bzw. literaturrevolutionäre Varianten der antiautoritären Bewegung aus. Vor allem mit der Fortschreibung seines Ansatzes in seinem Angriff auf die ›Neueste Stimmung im Westen‹ desavouiert er die literarische Auseinandersetzung mit den subversiven Potenzen des Pop, konterkariert dadurch aber zugleich die Entstehung einer *literarischen Dimension* der Revolte. In diesem Sinne hat Klaus Briegleb betont, die politische Dimension von Pop und Postmodernismus habe um 1968 gerade in der diesen Phänomenen entgegengebrachten Rezeptionsverweigerung gelegen: »Zwar die Botschaft war zurechtgestutzt, und die Sache – das Zukunftsversprechen einer jugendkulturellen Eigensinnigkeit und Subversivität, die ohne Berüh-

---

21 Ebd., S. 36.

22 Ders.: »Mythen, Milch und Mut«, a.a.O.

rungsängste dem Kapitalismus die anarchischen Potenzen seiner Freiheiten abgewinnt –, sie wurde unter einem strengen politischen Blick entwertet.«[23]

In diesem Kontext überrascht die vehemente Absage an den Begriff des ›Pop‹, die Peter O. Chotjewitz, der ja selbst in der ›Fiedler-Debatte‹ von Baumgart in einem Atemzug mit Uwe Brandner, Urs Widmer u.a. der Pop-Literatur zugerechnet worden ist, formuliert hat:

> »Ich kann dieses Modewort POP nun nicht mehr hören. Was hier und seitens der meisten Künstler unter POP verstanden wird, stinkt und ist bürgerlich.«[24]

Chotjewitz vermag in Fiedlers Thesen nicht mehr als einen scheinhaften und auf die Literatur beschränkten Verbalradikalismus zu erblicken, der die Bindung der Literatur an gesellschaftliche Entwicklungen leugne. Fiedlers Programm einer postmodernistischen Pop-Literatur erscheint ihm hingegen als Instrument der Integration in den Kanon der bürgerlichen Literaturgeschichte. Literatur müsse jedoch, so Chotjewitz, an der »Befreiung der Menschen von der Herrschaft durch Menschen« mitwirken, indem der Schriftsteller bestehende Kommunikationsbarrieren überwinde und so seine Solidarität mit den ›Massen‹ zum Ausdruck bringe. Dies sei allerdings nicht durch Fiedlers »schlicht subjektivistischen« Ansatz zu realisieren, sondern lediglich dadurch, daß der Autor den »richtigen Klassenstandpunkt« einnehme und so der enormen Absorptionskraft des bürgerlichen Kulturbetriebs zumindest ansatzweise widerstehe. Indes sind die Möglichkeiten des Schriftstellers in einer solchen Situation begrenzt:

> »In ein bestimmtes politisches und gesellschaftliches System geworfen, das immer noch stark genug ist, das, was ich tue (und schreibe) zu integrieren und zu assimilieren, kann ich nur das hoffen, daß einiges von dem, was ich tue, dieses System doch zu unterminieren und auszuhöhlen hilft. Ich kann – stets nur im Kollektiv – den notwendigen Sittenverfall beschleunigen helfen, kann unmerklich formale und inhaltliche

[23] Klaus Briegleb: *1968 – Literatur in der antiautoritären Bewegung.* Frankfurt/M.: Suhrkamp 1993, S. 18f.

[24] Peter O. Chotjewitz: »Feuerlöscher für Aufgebratenes. Was Fiedler ›dufte‹ findet, stinkt und ist bürgerlich«. In: Christ und Welt, 8.11.1968, S. 15+21, hier: S. 15.

Tabus anrühren, Beispiele geben, Parabeln von Möglichem bieten, und hoffen, daß ich nicht allein bin.«[25]

Ähnliche Ziele visiert letztlich auch Rolf Dieter Brinkmann in seinen Texten der späten sechziger Jahre an. Allerdings verweigert er sich Chotjewitz' Option für die kollektive Veränderung der bestehenden Gesellschaft und strebt statt dessen eine ›Befreiung‹ der subjektiven Wahrnehmung an. Im Rahmen der ›Fiedler-Debatte‹ skizziert er in seinem lange nur wenig beachteten Essay *Angriff aufs Monopol: Ich hasse alte Dichter* erstmals (abgesehen von der knappen editorischen Notiz zu seinem Lyrik-Band *Die Piloten*) die Umrisse seiner Pop-Poetik, die er schließlich in den vielzitierten Essays des folgenden Jahres konkretisieren sollte.[26] Schon sein unvermittelter Einstieg in die Auseinandersetzung mit den zuvor veröffentlichten Beiträgen zeigt, daß Brinkmann keineswegs eine sachlich-nüchterne Kritik intendiert, sondern auch persönliche Antipathien und generationsspezifische Ressentiments nicht ausblendet. So rückt er gleich zu Beginn den Generationskonflikt zwischen einer ›jungen‹ Autoren-Generation und den ›alten‹ Vertretern des literarischen ›Establishments‹ ins Zentrum seiner Argumentation und übernimmt damit den jugendkulturellen Gestus des Beharrens auf unüberbrückbaren generationstypischen Präferenzen in der Beurteilung von literarischen Texten:

»Vorweg: Ich komme mir komisch vor unter all diesen ›alten‹ Leuten, die je nach individuellem Bewußtseinsvolumen mehr oder weniger differenzieren, mit dem Kopf bedenklich hin und her wackeln, abwägen, scheinbar forsche Überschriften bosseln [...], da sind sie wieder angetreten und verteidigen... ja, was denn eigentlich? Wohl nur sich selbst! Und das ist aber auch verständlich, denn wem schwimmen schon gerne die Felle weg?« (*AM*, S. 14)

---

25 Ebd., S. 21.

26 Dieser Essay ist weitgehend in Vergessenheit geraten, weil Brinkmann ihn nicht für den noch von ihm konzipierten Band *Der Film in Worten* vorgesehen hat, der die meisten anderen zu Lebzeiten publizierten Essays versammelt. Ein Nachdruck findet sich erst in Uwe Wittstock (Hrsg.): *Roman oder Leben*, a.a.O., S. 65-77. Außerdem verhindert die undurchsichtige Veröffentlichungspraxis des Rowohlt-Verlages sowie der Witwe und Nachlaßverwalterin Maleen Brinkmann, daß das Gesamtwerk Brinkmanns zugänglich gemacht wird (vgl. dazu Wolfgang Rüger: *Brinkmann: Der Dichter im elektrischen Versuchslabyrinth der Städte.* Frankfurt/M.: Paria 1990, S. 11ff. – Gunter Geduldig: »Rolf Dieter Brinkmann – auch eine Rezeptionsgeschichte«. In: Joachim Kuropka / Willigis Eckermann [Hrsg.], *Oldenburger Profile.* Cloppenburg: Runge 1989, S. 209-234, hier: S. 229ff.).

Schon formal knüpft Brinkmann damit an Fiedler an. Seine Essays sind prototypische Realisationen jener von Fiedler eingeforderten ›Neuen Kritik‹, die in literarischen Texten die Verknüpfungen von verschiedenen Kontexten aufzuspüren versucht und dabei selbst zu einer Art von Literatur wird. Fiedler spricht von einer »Kritik, die die Kunst für tot hält«[27] und verwendet dabei ebenfalls eine Variante des Topos vom ›Tod‹ der Literatur. Allerdings meint Fiedler - und mit ihm Brinkmann - nicht etwa jene ›Todeserklärung‹ an die Literatur, wie sie von Hans Magnus Enzensberger und anderen im *Kursbuch 15* formuliert worden ist, sondern eine im präzisen Wortsinne post*modernistische* Überwindung des literarischen Modernismus und des institutionellen Apparats, der sich im Literaturbetrieb um ihn gebildet hat. In diesem Sinne verwendet Brinkmann den Topos auch in seiner Polemik gegen seine älteren Kollegen.

Die moderaten Bekenntnisse von Becker und Heißenbüttel, Baumgart und Walser, Hädecke und Holthusen zu einer Erneuerung der Literatur werden von Brinkmann als zynisch entlarvt. Brinkmann konfrontiert diese Äußerungen mit der Ignoranz ihrer Verfasser gegenüber den für sein eigenes Schreiben essentiellen Entwicklungen in der zeitgenössischen amerikanischen Literatur. Er beklagt eine »enorme Uninformiertheit« über Autoren wie William S. Burroughs, Frank O'Hara, Donald Barthelme oder John Giorno und Theoretiker wie Marshall McLuhan, Norman O. Brown oder Buckminster Fuller. Dies sei, so Brinkmanns doppelter Vorwurf, nicht nur auf die Unkenntnis des ›voroffiziellen‹ Literaturbetriebs der kleinen Pressen und Szene-Magazine, in denen diese vom ›offiziellen‹ Literaturbetrieb weitgehend ignorierten Autoren neue literarische Formen zu entwickeln versuchten, sondern zugleich auf eine spezifisch europäische Arroganz gegenüber der amerikanischen Kultur zurückzuführen. Brinkmann hält die nationalen Kategorisierungen von kulturellen Phänomenen für überlebt; er plädiert dafür, diese Einteilungen fallenzulassen und zudem von der Vorstellung eines »europäisch-abendländischen Kulturmonopols« (*AM*, S. 14) Abschied zu nehmen:

> »Es herrscht eine generelle, tiefverwurzelte Abneigung gegen alles ›artfremde‹. Und wenn nun Fiedler daherkommt und etwas von den Bewegungen in den USA erzählt, dann stößt das auf prinzipielle Blindheit. Aber Fiedler erzählt nicht nur, diesmal ist etwas anderes passiert: Er greift das Kulturmonopol des Abendlandes an.« (*AM*, S. 14)

---

[27] Leslie A. Fiedler: »Das Zeitalter der neuen Literatur. Die Wiedergeburt der Kritik«, a.a.O., S. 9.

In Brinkmanns Kritik korrelieren zwei Momente, aus deren Umkehrung er erste Ansätze einer Literatur entwickelt, die sich zum Einfluß der amerikanischen Populärkultur bekennt: Zum einen erhofft er sich vom Transfer der ›Neuen amerikanischen Szene‹, den er mit seinen beiden Anthologien *Acid* und *Silverscreen* maßgeblich befördert hat, innovative Impulse für die deutsche Gegenwartsliteratur. Insbesondere fordert er die Entgrenzung der Literatur im *intermedialen* Austausch mit dem »amerikanischen Material und den darin eingelagerten Signalen« in Rockmusik, Film, Fernsehen, Werbung etc. nach den amerikanischen Mustern auch für die deutsche Literatur ein: »Die BRD hinkt gegenüber den USA nach, aber befindet sich bereits auf dem Weg.« (*AM*, S. 15) Zum anderen setzt er auf den Aufbau eines ›alternativen‹ Literaturbetriebs im literarischen Underground. Dieses Bekenntnis zu den gegenkulturellen Strömungen in der amerikanischen Popkultur ist für Brinkmann das Fundament einer explizit *›jungen‹* Literatur, die sich vom ›kastrierenden‹ Einfluß der arrivierten Autoren befreit hat:

> »...was gar nicht verwunderlich ist, bedenkt man, daß seit Anfang der sechziger Jahre New York sich zum beherrschenden Kulturzentrum gewandelt hat, vergleichbar Paris nach der Jahrhundertwende und in der Zeit zwischen dem Ersten und dem Zweiten Weltkrieg, eine Metropole, in der sich die verschiedensten Tendenzen und Impulse, die unterschiedlichsten Kunstbereiche überlagern, vermischen und so etwas wie einen allgemeinen Stil ausprägen, für den die Bezeichnung ›POP‹ nur vorläufig gilt, und zwar ist unter Pop hier nicht die seinerzeitig aufgekommene Arbeitsrichtung der Malerei eines Wesselmann, Warhol etc. zu verstehen, vielmehr jene Sensibilität, die den schöpferischen Produkten jeder Kunstart – Schreiben, Malen, Filmen, Musik machen – die billigen gedanklichen Alternativen verweigert: hier Natur – da Kunst und hier Natur – da Gesellschaft, woraus bisher alle Problematik genommen wurde.« (*AM*, S. 15)

Wie die amerikanischen Gegenkulturen, so akzeptiert auch Brinkmann die urbane, technisierte Umwelt als die gleichsam ›natürliche‹ Umwelt. Die gängigen Entfremdungsdiagnosen, die in der Regel an den Symptomen einer forcierten Urbanisierung festgemacht werden, treten bei Brinkmann hinter die ästhetischen Möglichkeiten zurück, die sie für eine veränderte Kunst- und Literaturpraxis und – damit zusammenhängend – für eine veränderte ›Lebenspraxis‹ eröffnen. Der unbefangene Umgang mit dem amerikanischen Material aus Filmbildern, Comics, Illustrierten etc., der in den Jugendkulturen bereits praktiziert worden ist, belegt für Brinkmann, daß diese Veränderungen bereits alltäglich eingelöst worden sind, bevor die deutsche Gegenwartsliteratur sie überhaupt wahrgenommen hat.

Den Pop-Begriff übernimmt Brinkmann als Sammelbegriff für einen internationalen ›Epochenstil‹, in dem eine junge Generation in allen künstlerischen Gattungen auf die Veränderungen reagiert, welche die Entwicklung der Unterhaltungs- und Kommunikationstechnologien – der Hardware wie der Software – losgetreten haben. Schon zuvor hatte er auch eigene Texte als ›Pop‹ beschrieben, und zwar berichtete er bereits in einem Brief an den Berliner *Oberbaumpressen*-Verleger Hartmut Sander vom 16. April 1966, er habe »eine sehr verpoppte Adenauergeschichte und eine nicht minder poppartige Mordgeschichte, dann nebenbei laufend Popp-Gedichte« geschrieben, die er unter dem Titel *Musikbox* zu veröffentlichen gedenke.[28] Im *Angriff aufs Monopol* weist Brinkmann in diesem Kontext ausdrücklich darauf hin, daß sich seine vorläufige Anerkennung des Pop-Begriffs für den Bereich der Literatur *nicht* einem einfachen Analogieschluß zur Pop Art in der bildenden Kunst verdankt. ›Pop‹ steht vielmehr als *vorläufige* Chiffre für eine ›einheitliche Sensibilität‹ (Susan Sontag) im Sinne der vorbehaltlosen Akzeptanz der technisierten Umwelt und der kulturindustriellen Warenangebote, deren Dynamik im Hinblick auf die Formierung des ›Selbstverwirklichungsmilieus‹ (Gerhard Schulze) mit seinen spezifischen – noch näher zu beschreibenden – kulturellen Praktiken in den sechziger Jahren als gesellschaftsverändernde Kraft begrüßt wird.

Ein Unterschied zu Fiedler, der hinter Brinkmanns leidenschaftlicher Parteinahme leicht übersehen werden kann, tritt jedoch in diesem Zusammenhang deutlich zutage. Während Fiedler letztlich eine erneuerte ›Volksliteratur‹ anstrebt, welche die unterschiedlichsten Publikumsschichten – Männer und Frauen, Kinder und Erwachsene, Gebildete und Ungebildete – verbindet, steht Brinkmanns Brückenschlag zur amerikanischen Populärkultur gerade im Kontext der Konstitution eines subkulturellen Underground. Auch wenn Brinkmann oder ein Altersgenosse wie Peter Handke, der im übrigen in der zeitgenössischen Kritik als rebellischer ›Literatur-Beatle‹ häufig in einem Atemzug mit Brinkmann genannt worden ist, in ihren frühen Arbeiten hatten erproben wollen, »ob ich so schreiben kann, daß nicht nur hochgeistige Leute wissen, was da vor sich geht, und es nicht nur wissen,

[28] Rolf Dieter Brinkmann: Brief an Hartmut Sander. In: *Oberbaum Linkeck Almanach 1965-1968*. Berlin: RKL Presse 1968, o.P.

sondern auch erfühlen und begreifen oder sonst was«[29], so wird damit weniger eine allgemeinverständliche Literatur für ein homogenes Massenpublikum anvisiert als vielmehr eine spezifische Literatur für ein zwar ›großes‹, dennoch aber partikulares Publikum, das im wesentlichen im ›Selbstverwirklichungsmilieu‹ zu finden ist.[30]

In der ›Fiedler-Debatte‹ war dies bereits von Hans Egon Holthusen bemerkt worden. Völlig zu Recht verweist er auf den Unterschied der zeitgenössischen medialen zur traditionellen volkstümlichen Populärkultur:

> »Ein dritter Widerspruch scheint mir darin zu liegen, daß F[iedler] einerseits zwischen ›Pop‹ und ›volkstümlich‹ streng unterscheidet, andererseits aber erwartet, daß die Pop-Kunst, nachdem sie die Eliotsche Elitekultur hinweggefegt haben wird, sich allgemeiner Volkstümlichkeit erfreuen wird. Die Pop-Kunst mag sich volkstümlicher Elemente bedienen – etwa der Comics, der Science-fiction, der Pornographie und des Western –, aber sie verarbeitet diese Elemente auf eine Art und Weise, von der man nicht ohne weiteres annehmen kann, daß sie volkstümlich sein wird. Pop ist das durch die intellektuelle Brille gesehene, mit neo-dadaistischen Methoden ›umfunktionierte‹ Volkstümliche.«[31]

Holthusens Einwand unterstreicht, daß das – wenn auch noch vage – Programm einer neuartigen Pop-Literatur im Kontext der besonderen jugendkulturellen Ausdifferenzierung der Populärkultur zu betrachten ist, und nicht etwa – jedenfalls nicht vorrangig – als das einer im strikten Wortsinne populären, ›volkstümlichen‹ Unterhaltungsliteratur. Seine Beobachtung verweist auf die Tatsache, daß die veränderten sozialen Bedingungen, mit denen der Aufstieg der jugendkulturellen Popkultur in den sechziger Jahren verbunden ist, eine Form der populären Kultur etabliert hat, die gerade nicht mit der ›volkstümlichen‹ Populärkultur im tradierten Sinne identisch ist. Dabei wird deutlich, daß Pop seine gewachsene Bedeutung einer veränderten Segmentierung der kulturellen Präferenzen und ihrer gesellschaftlichen Trägermilieus verdankt, in denen gerade eine solche ›intellektuelle‹ Pop-Kunst bzw. Pop-Literatur auf Interesse stößt.

---

29 Zit. nach Adolf Haslinger: *Peter Handke. Jugend eines Schriftstellers.* Salzburg, Wien: Residenz 1992, S. 92f.

30 Zum Begriff des ›Selbstverwirklichungsmilieus‹ vgl. Gerhard Schulze: *Die Erlebnisgesellschaft. Kultursoziologie der Gegenwart.* Frankfurt/M., New York: Campus 1992.

31 Hans Egon Holthusen: »Anti-Helden gegen Troja. Leslie A. Fiedlers seltsame Katzensprünge«. In: Christ und Welt, 25.10.1968, S. 15.

Doch gerade weil dieses Mißverständnis in der Auseinandersetzung nur am Rande thematisiert worden ist, konnten sich in der ›Fiedler-Debatte‹ überhaupt erst die ästhetischen und politischen Fronten der deutschen Literatur im Umkreis der antiautoritären Revolte(n) des Jahres 1968 herauskristallisieren. Während es in den zeitgleich vorgetragenen ›Todeserklärungen‹ von Enzensberger und Michel im *Kursbuch 15* darum ging, die Literatur für aktuelle sozialpolitische Auseinandersetzungen nutzbar zu machen, so provozierten Fiedlers Thesen wie auch Brinkmanns Apologie eben dadurch, daß sie der Literatur - um im Bild zu bleiben - ein Leben nach diesem Tod zu eröffnen versuchten.

Grenzverschiebungen: Die deutsche Literatur der fünfziger und sechziger Jahre

> »Das Bewußtsein der auf jene arrivierten Autoren folgenden Generation wird ja andauernd kastriert.« (*AM*, S. 14)

Bislang ist noch nicht hinreichend geklärt worden, was unter bereits mehrfach erwähnten Epochen- und Stilbegriffen wie ›Modernismus‹, ›Postmodernismus‹ oder ›Avantgarde‹ zu verstehen ist. Um der Gefahr zu entgehen, in der Auseinandersetzung mit der Diskussion um den amerikanischen Postmodernismus, die für das Verständnis der deutschen Pop-Literatur der späten sechziger Jahre von großer Bedeutung ist, lediglich mit vagen Leerformeln von ›Moderne‹ und ›Postmoderne‹ zu hantieren, empfiehlt es sich in unserem Zusammenhang, das Augenmerk nicht allzusehr von der *literatur*historischen Entwicklung zur sogenannten ›Postmoderne‹ abschweifen zu lassen. Nur so kann verhindert werden, daß sowohl der besondere Problemdruck als auch die weitreichenden ästhetischen Wirkungen des Postmodernismus aus dem Blick verloren zu gehen drohen. Dazu werden wir vorab auf Gerhard Plumpes Überlegungen zu einer Systemgeschichte der Literatur zurückgreifen, die hilfreich sein können, um einen groben analytischen Rahmen für unsere Untersuchung abzustecken. Anschließend werden wir versuchen, dieses Modell mit den konkreten Tendenzen der deutschen Literaturgeschichte seit den fünfziger Jahren zu veranschaulichen.[32]

[32] Vgl. zum folgenden Gerhard Plumpe: *Epochen moderner Literatur. Ein systemtheoretischer Entwurf.* Opladen: Westdeutscher Verlag 1995.

Plumpes systemtheoretischer Entwurf ist deshalb so interessant, weil er sich ausdrücklich um die Entwicklung von einheitlich referentialisierten Epochenbegriffen für die Geschichte der modernen Literatur bemüht. Die literarische Moderne beschreibt Plumpe als eine ›Makroepoche‹, die um 1770 einsetzt, weil zu diesem Zeitpunkt erstmals ein autonomes gesellschaftliches Funktionssystem ›Kunst‹ mit dem Subsystem ›Literatur‹ entstanden ist, innerhalb dessen eine Dynamik von Traditionsbruch und stetiger Innovation wirkt – wobei der Innovationsbegriff in den ästhetischen Teil- und Subsystemen ›Kunst‹ bzw. ›Literatur‹ nicht ein qualitatives Fortschrittsdenken inauguriert, sondern lediglich an die Stelle der unablässigen Kopie ›klassischer‹ Ideale die permanente Suche nach originellen ästhetischen Überwindungen des Konventionalisierten setzt, letztlich also eine temporale Differenz etabliert.[33]

[33] Es kann uns hier nicht darum gehen, die systemtheoretischen Grundlagen von Plumpes Entwurf detailliert auszubreiten. Entscheidend ist jedoch, daß in der Systemtheorie, wie sie vor allem Niklas Luhmann entwickelt hat, ein ›System‹ als die eine Seite einer Differenz gedacht wird, deren andere Seite die ›Umwelt‹ ist. Dabei geht ein System stets als Resultat von Selektionen aus der Umwelt hervor. Um in diesem Zusammenhang das Subsystem ›Kunst‹ bzw. ›Literatur‹ beschreiben zu können, sind vorab noch drei Aspekte zu klären. Erstens gilt es ein ›symbolisch generalisiertes Kommunikationsmedium‹ (Luhmann) auszumachen, das die systemspezifischen Selektionen organisiert und auf ein Symbol fokussiert. Nach Plumpe ist im Literatursystem das *Werk* ein solches Kommunikationsmedium, das genaugenommen – und dies wird für unsere folgenden Ausführungen noch von Bedeutung sein – als Differenz zwischen einem ›Medium‹ (hier verstanden als ›lockere‹ Relationierung von Elementen) und einer ›Form‹ (hier verstanden als ›dichte‹ Kopplung der Elemente) zu verstehen ist. Dazu ein Beispiel: Als Medien können in diesem Sinne z.B. die Natur, die Gesellschaft, die Literatur selbst oder auch – um auf unser Thema zu kommen – die Populärkultur fungieren, die nun im literarischen Werk formiert werden können: »Artikulierte Form ist immer ›Formierung eines Mediums‹ – Selektion aus einem ›woraus‹« (ebd., S. 48). Zweitens muß eine binäre Kodierung als systemspezifische *Leitdifferenz* angegeben werden, die wiederum durch historisch wechselnde Theorien programmiert wird. Diese stabile Leitdifferenz vermuten wir mit Plumpe nicht im Gegensatz ›schön‹ versus ›häßlich‹, der strenggenommen dem Subsystem der Philosophie zuzurechnen ist, sondern in der Unterscheidung ›interessant‹ versus ›uninteressant‹. Eine solche Leitdifferenz kann entweder von Autoren – vor allem in den historischen Avantgardebewegungen – für die Kennzeichnung der eigenen literarischen Praxis formuliert werden oder aber von seiten der Literaturkritik und der Literaturwissenschaft auf literaturhistorische Strömungen appliziert werden (vgl. ebd., S. 52f.). Drittens schließlich rücken die *Referenzen* bzw. die Außenbeziehungen des Literatursystems ins Blickfeld. Für unsere Fragestellung ist vor allem die gesellschaftliche Funktion der Literatur von Bedeutung. Nach Plumpe liegt sie vorrangig in der Unterhaltung, wobei im Hinblick auf die Beziehungen der Literatur zur populären Kultur zu bedenken ist, daß

Unter dieser Leitperspektive betrachtet Plumpe die »interne Evolution des ausdifferenzierten Funktionssystems ›Literatur‹«[34] und gelangt so zu einer Gliederung der Literaturgeschichte der Moderne in fünf markante Epochen. Der Begriff der *›Romantik‹* beschreibt jene Epoche, in der in einem Prozeß der Selbstreflexion der Literatur ein ausdifferenziertes und autonomes Literatursystem entstanden ist. In der Folge bieten sich dem Literatursystem prinzipiell zwei Anknüpfungsmöglichkeiten, die zunächst im 19. Jahrhundert – gleichsam in ›Reinform‹ – aufeinanderfolgten, seither aber als prototypische Optionen der Literatur immer wieder in Konfrontation zueinander getreten sind und dadurch die literaturhistorische Entwicklung wesentlich beeinflußt haben. Im *›Realismus‹* tritt die Umweltreferenz in den Vordergrund, d.h. die ›Umwelt‹ wird als Medium für die Formbildung genutzt. Im Gegensatz dazu dominiert im *›Ästhetizismus‹* die hermetische Selbstreferenz des Literatursystems, d.h. das Medium für den Formgewinn ist hier die Literatur selbst bzw. ihre Sprachlichkeit. Auf systemexterne Referenzen hingegen wird verzichtet. In der *›Avantgarde‹* schließlich wird die Ausdifferenzierung der Literatur bzw. ihr Systemstatus offen in Frage gestellt. Wichtigstes Charakteristikum ist also nicht der Traditionsbruch, der letztlich ein Merkmal der gesamten literarischen Moderne ist. In der Avantgarde wird vor allem die Autonomie der Literatur widerrufen; sie soll statt dessen in vielfältige soziale und politische Funktionszusammenhänge – was gemeinhin unter ›Lebenspraxis‹ verstanden wird – integriert werden. Ziel ist dabei das Zusammenfallen von Medium und Form.

Für unsere Überlegungen zu einer konkreten Entwicklung in der deutschen Nachkriegsliteratur ist jedoch vor allem die Epoche des *›Postismus‹* (Hans Robert Jauß) von Interesse. In dieser bislang letzten Epoche des Literatursystems sind alle seine originären Optionen bereits durchgespielt worden, so daß jede weitere Literaturproduktion zwangsläufig von theoretischen und praktischen *Reprisen* auf die vorangegangenen Epochen abhängig ist (*Neo*-Realismus, *Neo*-Ästhetizismus, *Neo*-Avantgarde).

Der ›Postismus‹ ist damit immer noch der ›Makroepoche‹ der Moderne zuzuordnen, und dies relativiert auch die grassierenden Mißverständnisse über Gehalt und Tragweite des Begriffs der ›Postmoderne‹, die in erster Linie

---

außerordentlich unterschiedliche Werke von differenzierten Publikumsschichten mit höchst unterschiedlichen ästhetischen Ansprüchen rezipiert und legitimerweise für unterhaltsam gehalten werden. Daneben muß außerdem die spezifische ›Leistung‹ der Literatur für andere Subsysteme sowie die selbstreferentielle Reflexion der Literatur berücksichtigt werden (vgl. ebd., S. 57f.)

[34] Ebd., S. 60.

auf das ›negative Selbstverständnis‹ (Ferenc Fehér) zurückzuführen sind, das die Konnotationen des Präfixes ›post‹ nahelegen. Das gängige Urteil, der Begriff der ›Postmoderne‹ suggeriere, die Moderne sei beendet und werde durch eine ›Anti‹- oder ›Transmoderne‹ ersetzt, erweist sich damit als vorschnell. Plumpes grobe Differenzierung ist daher für unsere Fragestellung hilfreich, weil sie die Reichweite des Begriffs des ›Postmodernismus‹ auf die Bezeichnung eines spezifischen literaturhistorischen Phänomens einschränkt. Dadurch macht sie es möglich, die Auseinandersetzungen, die in den sechziger Jahren um eine Standortbestimmung der deutschen Literatur geführt worden sind, vor dem Hintergrund konkurrierender Reprisen zu analysieren. Vorweg lassen sich damit bereits die Grundzüge der postmodernistischen Attakken auf die Moderne bzw. den Modernismus abstecken. Auch wenn bis heute umstritten ist, was unter den Begriffsfiliationen des ›Postmodernen‹ eigentlich zu verstehen ist, und sich der Verdacht der begrifflichen Scharlatanerie tatsächlich häufig nicht von der Hand weisen läßt, so lassen sich zumindest in den für uns interessanten theoretischen Überlegungen zum Postmodernismus – seien es nun die frühen amerikanischen ›Schlüsseltexte‹ von Leslie A. Fiedler, Susan Sontag und Ihab Hassan oder die deutschen Aktualisierungen, wie sie z.B. Rolf Dieter Brinkmann vorgenommen hat – ähnliche Argumentationsmuster mit einer nahezu identischen Terminologie finden.

Gerade in den amerikanischen Debatten der sechziger Jahren ist – nach den scharfen anfänglichen Zurückweisungen des literarischen Postmodernismus – mit den Parteinahmen von Fiedler, Sontag und Hassan die Auflösung der modernistischen Paradigmen als uneingeschränkt *positive* Entwicklung begrüßt worden, weil sie den elitären Habitus der Autoren der ›klassischen Moderne‹ hinter sich zu lassen versprach. Die Gegenwartsliteratur wurde in den Augen dieser Kritiker nicht mehr als Tiefpunkt nach den Höhenflügen des Modernismus, sondern als kritische Infragestellung seiner Prinzipien verstanden. Aus ihr sollte eine ›Neue Sensibilität‹ begründet und dadurch einer jungen Autoren-Generation ein unvoreingenommener künstlerischer Neubeginn ermöglicht werden. Im Kontext der Aufbruchstimmung der sechziger Jahre legte der ›Postmodernismus‹ den »nostalgischen Beigeschmack des Zu-spät-gekommen-Seins« ab. Statt dessen, so Michael Köhler, »klang in ihm von dieser Zeit an etwas vom Verheissungsvollen, Zukunftsträchtigen des veränderten Epochengefühls mit«.[35] Im Zentrum dieser frühen

[35] Michael Köhler: »›Postmodernismus‹: Ein begriffsgeschichtlicher Überblick«, a.a.O., S. 12f.

Modernismus-Kritik steht dabei in der Regel die als hermetisch empfundene Selbstreferentialität der als ›modern‹ bezeichneten Literatur.

Vor dem Hintergrund von Plumpes systemtheoretischem Modell der literarischen Moderne läßt sich bereits jetzt absehen, daß die postmodernistischen Absagen an die ›Moderne‹ strenggenommen lediglich auf die selbstreferentiellen Spielarten des (Neo-)Ästhetizismus sowie auf die Tendenzen zur Politisierung der Literatur zielen. Damit bestätigt sich unser Verdacht, daß es im Kern der vielfältigen Auseinandersetzungen zwischen ›Postmodernen‹ und ›Modernen‹, zwischen Pop und Politik oder um die Thesen vom ›Tod der Literatur‹ gar nicht um einen radikalen Bruch in der Kultur- und Literaturgeschichte gegangen ist. Es erscheint daher ratsam, die polemische Schärfe der 68er-Kontroversen um die Funktion der Literatur rückblickend nicht zu übernehmen. Vor allem muß so weit wie möglich vermieden werden, den Begriff der ›Postmoderne‹ als Analysekategorie zu verwenden.[36] Als solche ist er lediglich geeignet, im Sinne von Jean-François Lyotard die Ablehnung von Totalitätssemantiken zugunsten einer radikalen Pluralität von differenten Lebensformen und subkulturellen Ästhetiken zu begründen, in deren Rahmen auch die diversen Formen der populären Kultur ihre ästhetische Legitimität haben.

Dennoch läßt sich damit der Problemdruck, den die vehementen Diskussionen um die ›Postmoderne‹ anzeigen, keineswegs als wechselseitiges Mißverständnis der Kontrahenten abtun. Allerdings muß bei der weiteren Analyse im Auge behalten werden, daß es sich literaturhistorisch eben lediglich um Debatten über die zeitgemäße *Programmierung* der Literatur handelt, in denen ›Postmoderne‹ und ›Moderne‹ zu vagen, daher aber möglicherweise umso wirkungsmächtigeren Schlagworten haben werden können. Tatsächlich scheint es vielmehr um die Konkurrenz verschiedener Reprisen gegangen zu sein, welche die Literatur des ›Postismus‹ keinesfalls unwiderruflich aus der ›Makroepoche‹ Moderne verabschiedet.

Mit Plumpes weitgefaßten Kategorien lassen sich die tieferliegenden Oppositionen rekonstruieren, die hinter den zumeist polemischen und in der

[36] Gerhard Plumpe hat zu Recht darauf hingewiesen, daß ›Postmoderne‹ nur dann als Epochenbegriff tauglich wäre, wenn er tatsächlich einen Abschied von der funktionalen Differenzierung der modernen Gesellschaft erklären könnte: »Diese Voraussetzung ist aber mit den größten Beweislasten verbunden, die wohl kaum jemand auf sich nehmen wird. Man wäre ja gezwungen darzulegen, daß die Codierung systemreferentieller Kommunikation implodiert und durch polyfunktionale, entcodierte Kommunikationsformen abgelöst worden sei, eine Behauptung, deren Vergeblichkeit im Scheitern der Avantgarden ersichtlich wurde.« – Gerhard Plumpe: *Epochen moderner Literatur,* a.a.O., S. 252.

Regel vagen Abgrenzungen zwischen ›Postmoderne‹ und ›Moderne‹ oder zwischen einer ›subjektiven‹ Auseinandersetzung mit der gesellschaftlichen Realität und der politischen Instrumentalisierung der Literatur für einen ›objektiven‹ politischen Systemwandel im Verborgenen bleiben. Gerade die Aufmerksamkeit für programmatische und praktische Bezugnahmen auf die Traditionen der Literatur- und Kunstgeschichte kann dann die Grenzziehungen zwischen den unterschiedlichen Tendenzen in der Literatur der sechziger Jahre verdeutlichen.

Wenn im folgenden vom ›Postmodernismus‹ die Rede sein wird, so sind damit in einem präzisen Sinne lediglich die theoretischen Konzeptionen und die literarischen Produkte *einer* noch näher zu beschreibenden Variante der ›postistischen‹ Literatur gemeint. Unter ›Modernismus‹ verstehen wir hingegen einen Sammelbegriff, der die beschriebenen ästhetischen Konzeptionen der Moderne bündelt. Wenn von ›Ismen‹ gesprochen wird, so soll damit bereits die verringerte Reichweite der Begriffe mitreflektiert werden, die eben nicht mehr den Status von umfassenden historischen ›Makroepochen‹ beanspruchen. Statt die feinen Verästelungen der philosophischen Debatten um die Postmoderne bzw. den Postmodernismus zu verfolgen, werden wir versuchen, die realen Veränderungen der lebensweltlichen Erfahrung und der ästhetischen Sensibilität anzudeuten, die der Begriff des ›Postmodernismus‹ in den sechziger Jahren indiziert hat und die sich für eine Veränderung der literarischen Produktion haben nutzbar machen lassen. Dies deckt sich dann auch mit Wolfgang Welschs Verständnis der Postmoderne, das er in die Formel der ›postmodernen Moderne‹ gekleidet hat: »Sie führt die Moderne fort, aber sie verabschiedet den Modernismus. Sie läßt die Ideologie der Potenzierung, der Innovation, der Überholung und Überwindung, sie läßt die Dynamik der Ismen und ihrer Akzeleration hinter sich.«[37]

Es wird also im folgenden vor allem darum gehen zu zeigen, wie sich im produktiven Rückgriff auf das historische Potential der modernen Literatur sowie durch den Rekurs auf Phänomene einer vor allem für das europäische Publikum neuartigen amerikanischen Populär- und Jugendkultur in den sechziger Jahren eine mit eigenen Akzentsetzungen profilierte *Fortsetzung* – und nicht etwa nur eine bloße Wiederholung – von Teil-Projekten der Moderne initiieren ließ.

So wird sich die Brinkmanns Pop-Literatur als *eine* mögliche Programmierung einer solchen postistischen Literatur beschreiben lassen, bei der ein Amalgam aus neorealistischen und einer Variante neoavantgardistischer Re-

[37] Wolfgang Welsch: *Unsere postmoderne Moderne*, a.a.O., S. 6f.

prisen in eine doppelte Konfrontation eintritt: Sie geht zur »Sakralisierung der Form« (*Sex*, S. 66) in den abstrakten Tendenzen des Neo-Ästhetizismus, wie sie z.B. in der Konkreten Poesie, zuvor aber auch in Gottfried Benns ›absoluter Lyrik‹ oder in der hermetischen Lyrik Paul Celans praktiziert worden sind, ebenso auf Distanz wie zur politisch motivierten Absage an eine ausdifferenzierte Literatur, wie sie z.B. im *Kursbuch 15* von Hans Magnus Enzensberger und anderen – ganz in der Tradition des avantgardistischen Programms einer Entdifferenzierung von Kunst und ›Lebenspraxis‹ zu Zwecken der politischen Aktion – eingefordert worden ist. Beide Strömungen sind in Brinkmanns Augen durch ein geradezu »zwanghaftes Verbalisieren« gekennzeichnet, das sich jedoch als Rückzug der Literatur aus der Auseinandersetzung mit dem Alltäglichen erweise: »sei es auf die Propagierung einer irgendwie sozialistischen Gesellschaftsordnung, oder auf Kunst«. (*NB*, S. 286)

Außerdem wandten sich Autoren wie Brinkmann vehement gegen das Fortwirken der literarischen Restaurationsversuche aus der unmittelbaren Nachkriegszeit, als sich z.B. tradierte Formen der Naturlyrik erneut etablierten, die sich selbst gegen die Dominanz der *Gruppe 47* im Literaturbetrieb der sechziger Jahre noch zu behaupten vermochten: »das nachdrückliche Ausspielen von ›Naturprodukten‹ gegen die Produkte der ›Zivilisation‹ wird nicht mehr verstanden...« (*FiW*, S. 393).[38]

Im Zentrum der Angriffe auf vorhergehende und parallele Tendenzen in der deutschsprachigen Gegenwartsliteratur standen jedoch die unter dem Schlagwort ›Moderne‹ bzw. ›Modernismus‹ zusammengefaßten neoästhetizistischen Strömungen. Kritisiert wurde vor allem, daß durch die immanenten Mechanismen des Literaturbetriebs in den fünfziger und frühen sechziger Jahren die ›esoterisch‹ gewordenen Kodes einer autonomen Literatur verallgemeinert worden seien. Wenn Brinkmann etwa fordert, die Literatur müsse die Paradigmen des Modernismus überwinden, so gesteht er zwar den »großen Modernen« durchaus zu, daß ihr literaturhistorischer Rang dadurch nicht geschmälert werde: »sie bleiben ›groß‹ für eine Zeit, die sich nicht einfach mit der Hand zurückspulen läßt wie ein Film« (*FiW*, S. 389). Er kritisiert jedoch, das Erbe des Modernismus sei zu einer Bürde für die Gegenwartsliteratur geworden, da es zum einen die Sensibilität der Leserschaft für die Rezeption von Gedichten bzw. von Literatur im allgemeinen habe ver-

[38] In Brinkmanns Gedicht *Ein einziger Satz* heißt es dazu: »Blumen, die / Wurzeln treiben – / zu fragen bliebe / wofür« – Rolf Dieter Brinkmann: »Ein einziger Satz«. In: ders., *Ohne Neger*. Hommerich: Collispress 1966.

kommen lassen und zum anderen den formalen Spielraum für die literarische Auseinandersetzung mit der zeitgenössischen Realität einenge:

> »Denn besetzt von dem verschwommenen Wissen von einer sogenannten ›Modernen Lyrik‹ und deren abstrakt-theoretischen Implikationen, ist die Sensibilität der Aufnahme von Gedichten abgestumpft. Immer ist da theoretisch an der Schraube gedreht worden, und jetzt dreht sich die Schraube leer im Gewinde auf derselben Stelle. *Wir sehen durch Theorien auf Gedichte und erblicken dann nichts anderes als Belege für unsere Theorie.* Das ist sehr langweilig.« (*N*, S. 8)

Brinkmanns Verdruß über die allzu stark von theoretischen Prämissen bestimmte Literatur des Modernismus, über jenes »theoretische Geschwätz, das nicht mehr abreißt« (*Sex*, S. 65) und die Literatur aus »jeglichen realen Zusammenhängen« herausgelöst und »gegenüber konkreter Aktualität« abgeriegelt habe (*Sex*, S. 65), kam das Plädoyer der amerikanischen Postmodernisten für die ›Freigabe‹ aller stilistischen Möglichkeiten entgegen. In seinem Radioessay *Einübung einer neuen Sensibilität* spricht er sich beispielsweise ausdrücklich für den Verzicht auf die tradierten literarischen Stile aus: »alle Stile sind verfügbar geworden, und so kann auf einen Stil verzichtet werden.« (*ES*, S. 152)

Hinter Brinkmanns Vorwurf steht die Ablehnung einer selbstreferentiellen Literatur, die als ihr Medium (im Sinne Plumpes) immer nur das Literatursystem selbst genutzt und dadurch ihr ehemals zugestandenermaßen vorhandenes Irritationspotential eingebüßt hat: »Die Sprache ist zum Hauptbeschäftigungsgegenstand des Schriftstellers geworden.« (*NB*, S. 277) Für Brinkmann hat sich die Literatur dadurch in einen Teufelskreis begeben, in dem sie nur noch eine »kulturelle Gewohnheit« (*NB*, S. 277) ist, die jenseits der poetologischen Selbstreflexion über keinen Gegenstand mehr verfügt:

> »Der nachdrückliche Hinweis auf Sprache macht aber vergessen, welches Ziel überhaupt intendiert ist. Es scheint ganz so, daß jemand seine Instrumente prüft, ohne zu wissen, was er damit anfangen soll, wozu er sie benutzen will. [...] Frage ich nach der Zielrichtung dieser so und so arrangierten Wörter, werde ich zurückverwiesen auf das Blatt Papier, die aufgeschlagene Seite des Buches.« (*NB*, S. 278)

Am deutlichsten läßt sich dies in der Entwicklung der deutschsprachigen Lyrik, der in Brinkmanns Augen »wohl ›unaufgeklärtesten‹ literarischen

Gattung im deutschsprachigen Raum« (*Sex*, S. 65), in den fünfziger und sechziger Jahren beschreiben. Das wohl bedeutendste lyrische Werk der Zeit hat Gottfried Benn geschaffen. Nicht zuletzt wegen seiner theoretischen Überlegungen zu einer Poetik des ›absoluten Gedichts‹ wurde Benn zur wichtigsten literarischen Orientierungsfigur, zumal er den Wiederanschluß der deutschen Literatur an den internationalen Modernismus sowie an die deutsche Literatur der zehner und zwanziger Jahre repräsentierte. Zwar ist Benns Werk äußerst vielschichtig, und seine Rezeptionsgeschichte zeigt, daß es Anknüpfungspunkte für recht unterschiedliche Autoren geboten hat – so hat auch Brinkmann seine frühen Gedichtbände noch unter dem Eindruck von Benns Poetik geschrieben.

Doch dies kann nicht darüber hinwegtäuschen, daß Benns Lyrik sich wesentlich der Selbstreferentialität der Literatur verdankt. So hat er das Schreiben von Gedichten in seiner berühmten Marburger Rede über *Probleme der Lyrik* (1951) ausdrücklich als ›Artistik‹ beschrieben, als »Versuch der Kunst, innerhalb des allgemeinen Verfalls der Inhalte sich selber als Inhalt zu erleben und aus diesem Erlebnis einen neuen Stil zu bilden«.[39] Das autonome Gedicht ist vor allem durch seine formale Gestaltung ausgezeichnet, ja aus einem Sujet, so Benn, könne überhaupt nur dann ein Gedicht werden, »wenn es in eine Form gerät, die diesen Inhalt autochthon macht.«[40] Einen vergleichbaren Stellenwert hat die Selbstreferentialität der Literatur in der Lyrik Paul Celans. Vor allem die extensive Metaphorik von Celans späten Gedichten schirmt das Gedicht hermetisch von Einflüssen aus der zeitgenössischen außerliterarischen Realität ab.

Eine andere Dimension des Neo-Ästhetizismus markiert die Konkrete Poesie, die zwar jedes metaphorische Sprechen strikt verweigert, sich statt dessen jedoch auf die Materialität der Sprache konzentriert und sich dadurch ebenfalls durch Selbstreferentialität definiert. Der Vorgang der ästhetischen Konkretion ist durch das möglichst vollständige Ausschalten der Umweltreferenz gekennzeichnet, die noch die abstrakte Kunst – wenn auch in reduzierter Form – prägt. Von der äußersten sprachlichen Reduktion erhofften sich die Konkreten Poeten eine ›Reinigung‹ der Literatur. Dazu zerstörten sie z.B. die tradierte Syntax und etablierten statt dessen eine Flächensyntax als offenes Beziehungsgefüge der Worte, oder sie konterkarierten die Sinnbedürfnisse der Rezipienten dadurch, daß das Sprachmaterial aus seinem funktionalen Kommunikationszusammenhang herausgelöst wird.

[39] Gottfried Benn: *Probleme der Lyrik*. Wiesbaden: Limes 1951, S. 12.
[40] Ebd., S. 20.

In diesem Sinne hat Ernst Jandl die Konkrete Poesie als »Dichtung mit den Elementen der Sprache« beschrieben.[41] An die Stelle der Repräsentationsfunktion, welche die Sprache üblicherweise hat, solange sie sich auf eine ›Umwelt‹ bezieht, tritt die Präsentation von Materialqualitäten der Sprache als Graphem oder als Phonem. Konkrete Poesie führt daher entweder zur visuellen Poesie oder zur Lautdichtung. Die lyrische Subjektivität des Autors spielt in der Konkreten Poesie keine Rolle mehr. Der Dichter ist lediglich noch eine Art ›Sprachdirigent‹ (Gomringer) bzw. ein Spracharrangeur. Eine Pragmatisierung des Materials findet nur durch den Leser statt.

Zwar entwickelte sich die Konkrete Poesie in den sechziger Jahren über den Sprachpurismus der Anfangsjahre hinaus. Besonders durch die Integration von außersprachlichen Wahrnehmungen, wie sie neben den Autoren der *Wiener Gruppe* etwa Ernst Jandl, Franz Mon, Ludwig Harig oder Ror Wolf durchgeführt haben, aber auch durch Helmut Heißenbüttels ›Sprachrealismus‹ (»die Sprache, in der ich lebe, bedeutet die Welt, in der ich lebe«[42]), kam es zu ›Öffnungen‹ der Konkreten Poesie, die jedoch im Kern eine selbstreferentielle Literatur geblieben ist. Für Brinkmann sind all diese lyrischen Konzeptionen Ausdruck der *»verinnerlichten Konvention: Lyrik ist verdrehte Sprache«* (*Sex*, S. 67); sie belegen jenes »Vorurteil, das Alexander Kluge in seinem Bilderfrikassee ›Die Artisten etc.‹ verbraten hat: Angesichts der unmenschlichen Situation bleibt dem Künstler nur übrig, den Schwierigkeitsgrad seiner Künste weiter zu erhöhen! Was auch den Hintergrund für ausdrückliche Denkakrobatik abgibt.« (*FiW*, S. 383)

Pop-Literatur und literarischer Postmodernismus verweigerten sich in den späten sechziger Jahren jedoch nicht nur einem formalistischen Neo-Ästhetizismus, sondern ebenso der Politisierung der Literatur, die gerade in diesen Jahren, in denen sich in Deutschland die außerparlamentarische Opposition formierte, vehement gefordert wurde. Die Kritik wandte sich also gegen eine Literatur, die – um abermals systemtheoretisch zu argumentieren – an die Stelle der Selbstreferentialität eine politisch programmierte Umweltreferenz setzt und dadurch aktiv an den aktuellen politischen Auseinandersetzungen teilnehmen will. Zwar gab es auch zuvor schon politische Literatur – z.B. im Zuge der Brecht-Rezeption in den Gedichten von Hans Magnus Enzensberger, in den Dramen von Friedrich Dürrenmatt, Max

---

[41] Ernst Jandl:. »Voraussetzungen, Beispiele und Ziele einer poetischen Arbeitsweise« (1969). In: Thomas Kopfermann (Hrsg.), *Theoretische Positionen zur konkreten Poesie.* Tübingen: Niemeyer 1974, S. 41-59, hier: S. 47.

[42] Helmut Heißenbüttel: *Über Literatur. Texte und Dokumente zur Literatur.* Olten, Freiburg i. Br.: Walter 1966, S. 92.

Frisch, Rolf Hochhuth –, und außerdem hatten sich in den Adenauer-Jahren immer wieder namhafte Schriftsteller neben ihrem literarischen Schaffen in politische Debatten eingeschaltet (z.B. in die Wiederbewaffnungsdebatte oder in die ›Spiegel-Affäre‹). Doch erst durch die Studentenbewegung mit den Auseinandersetzungen um die nationalsozialistische Vergangenheit, um die gesellschaftlichen Erstarrungen in der deutschen Gesellschaft, um die Defizite im Bildungssystem, um den Vietnamkrieg etc. rückte das Verhältnis zur Politik ins Zentrum der Überlegungen über die Funktion der zeitgenössischen Literatur.[43] Auch unter den arrivierten Autoren aus dem Umkreis der *Gruppe 47* läßt sich ab Mitte der sechziger Jahre eine merkliche Radikalisierung beobachten, am deutlichsten in dem Bekenntnis zum Sozialismus, das Peter Weiss in seinen *10 Punkten eines Autors in der geteilten Welt* (1965) abgelegt hat.

Von größerer Bedeutung für unseren Kontext sind jedoch die Debatten um die Funktion der Literatur, die im Herbst und Winter 1968/69 in deutschen Zeitschriften geführt worden sind. Neben der ›Fiedler-Debatte‹ gab es in diesen Monaten zwei weitere Literaturstreite, in denen diametral entgegengesetzte Grundlagentexte diskutiert wurden. Im November 1968 lancierte Enzensberger im *Kursbuch 15* seine berühmten *Gemeinplätze, die Neueste Literatur betreffend*, denen Karl Markus Michel im gleichen Heft einen *Kranz für die Literatur* zur Seite stellte und Peter Schneider im *Kursbuch 16* seine Überlegungen zur *Phantasie im Spätkapitalismus und die Kulturrevolution* folgen ließ.[44] Obendrein erörterten namhafte Schriftsteller und Literaturkritiker in der Wochenzeitung *Die Zeit* von November 1968 bis Januar 1969 die

---

[43] Der Vergleich beider Positionen veranschaulicht die Bandbreite der Äußerungen der antiautoritären Revolte, die weit mehr war als eine rein politische Studentenbewegung. Die Literatur im Kontext von ›'68‹ ist vielmehr durch ein ambivalentes Verhältnis zwischen den Ansätzen einer politisch radikalisierten Literatur und der subversiven Pop-Literatur charakterisiert. Gemeinsam ist beiden eine radikale Kritik am überkommenen Wertekanon der bürgerlichen Gesellschaft. So herrschte ein breiter Konsens über die Opposition gegen die traditionelle Sexualmoral, die protestantische Askese und die hohe Bedeutung, die den ›Sekundärtugenden‹ wie Ordnung, Sauberkeit und Fleiß in der deutschen Nachkriegsgesellschaft beigemessen wurde. Überdies wandten sich beide Richtungen gegen die traditionelle Kunst, wobei die autonome Kunst des Modernismus, von der sich Adorno noch die einzig mögliche Form der Kritik durch Kunst versprochen hatte, in der Regel eingeschlossen wurde.

[44] Hans Magnus Enzensberger: »Gemeinplätze, die Neueste Literatur betreffend«. In: Kursbuch 15/1968, S. 187-197. – Karl Markus Michel: »Ein Kranz für die Literatur. Fünf Variationen über eine These«, ebd., S. 169-186. – Peter Schneider: »Die Phantasie im Spätkapitalismus und die Kulturrevolution«. In: Kursbuch 16/1969, S. 1-37.

Thesen der Berliner SDS-Gruppe ›Kultur und Revolution‹ zur *Kunst als Ware der Bewußtseinsindustrie.*[45]

In der literaturgeschichtlichen Nachwirkung dieser Aufsätze ist häufig das Mißverständnis zu finden, in ihnen sei der ›Tod der Literatur‹ behauptet und festgeschrieben worden. Genaugenommen wurde jedoch nicht etwa das unwiderrufliche Ende, sondern lediglich ein unumgänglicher Funktionswandel der Literatur eingefordert, denn, so Enzensberger, für »literarische Kunstwerke läßt sich eine wesentliche gesellschaftliche Funktion in unserer Lage nicht angeben.«[46] Enzensberger geht davon aus, daß die ›Bewußtseinsindustrie‹ bislang noch alle aufklärerischen Intentionen hat absorbieren können und die kulturelle Hegemonie des Bürgertums jede politische Infragestellung überdauert hat. Auch der deutschen Nachkriegsliteratur, deren politische Kritik im wesentlichen auf den Nachweis von moralischer Integrität beschränkt geblieben sei und daher nicht mehr erreicht habe, als die politische Regression zu kompensieren, weist er nur noch die Funktion eines harmlosen »Alibis im Überbau« zu.[47] Daher rückt er den Gebrauchswert des literarischen Textes in den Vordergrund. Die Aufgabe des Schriftstellers sei es, so Enzensberger, sich an der »politischen Alphabetisierung Deutschlands«[48] zu beteiligen, und dazu müsse er die Fiktionalität seiner Texte aufgeben. Ein Funktionsgewinn für die Literatur ist also in der konkreten Situation ›'68‹ für Enzensberger nur durch eine Formveränderung zu erzielen.[49]

---

45 ›Kultur und Revolution‹: »Kunst als Ware der Bewußtseinsindustrie«. In: Die Zeit, 29.11.1968, S. 22. – An der *Zeit*-Debatte beteiligten sich nach dem Eröffnungsbeitrag der SDS-Gruppe ›Kultur und Revolution‹ – in der Reihenfolge ihrer Beiträge – Hellmuth Karasek, Peter Handke, Dieter E. Zimmer (6.12.1968), Peter Hamm (13.12.1968), Rudolf Walter Leonhardt, ›Kultur und Revolution‹ in einer Replik sowie Hellmuth Karasek (20.12.1968), Bazon Brock (27.12.1968), Dieter Wellershoff (3.1.1969), Uwe Nettelbeck (10.1.1969), Erich Fried (17.1.1969), Helmut Reichel und Gert Schäfer (24.1.1969) sowie Rudolf Walter Leonhardt und Michael Buselmeier (31.1.1969).

46 Hans Magnus Enzensberger: »Gemeinplätze, die Neueste Literatur betreffend«, a.a.O., S. 195.

47 Ebd., S. 189. – Enzensberger schreibt: »Die Literatur sollte eintreten für das, was in der Bundesrepublik nicht vorhanden war, ein genuin politisches Leben. So wurde die Restauration bekämpft, als wäre sie ein literarisches Phänomen, nämlich mit literarischen Mitteln; Opposition ließ sich abdrängen auf die Feuilletonseiten; Umwälzungen in der Poetik sollten einstehen für die ausgebliebene Revolutionierung der sozialen Strukturen; künstlerische Avantgarde die politische Regression kaschieren.« (Ebd., S. 190).

48 Ebd., S. 197.

49 Erste Ansätze einer solchen literarischen Praxis erblickt er in operativen Literaturformen wie »Wallraffs Reportagen aus deutschen Fabriken, Bahman Nirumands Persien-Buch,

Karl Markus Michel konzentriert sich auf die Suche nach solchen neuen Ausdrucksformen, in denen ›Medium‹ und ›Form‹ zusammenfallen und die nicht mehr notgedrungen ans Medium des Buches gebunden sein müssen. Als Vorbild dienen ihm die Wandinschriften der Pariser Studenten vom Mai 1968: »Literatur? ›La poésie est dans la rue‹ – bei Barrikaden, roten Fahnen und Mauerlosungen.«[50] Wie die Literatur jedoch auf diese Situation reagieren sollte, bleibt bei Michel letztlich unklar – und dies wird auch gar nicht geleugnet: Sicher ist er sich nur, »daß unsere Welt sich nicht mehr poetisieren läßt, nur noch verändern – diesen Weg erprobten die Studenten in Paris.«[51]

Weiter verschärft wurde diese Absage an die tradierte Literatur durch Peter Schneider, für den jede Form von Literatur und Kunst nur noch Teil der »gigantischen Manipulationsmaschine«[52] der Kulturindustrie ist. Deren Angebote, so Schneider, ließen nur eine regressive Erfüllung der Rezipientenwünsche zu und führten dadurch zum Verlust der ›progredienten‹ Phantasie, die »im Spätkapitalismus überhaupt nicht mehr in der Kunst zu Hause« sei, »sondern dort, wo sie ihre Befriedigung, statt in der eingebildeten, in der revolutionären Veränderung der Gesellschaft sucht«.[53] Deutlicher als Michel formuliert Schneider damit den Anspruch auf eine ›Kulturrevolution‹, die auf die neoavantgardistische Ästhetisierung des Politischen durch den Künstler-Kulturrevolutionär hinausläuft:

> »Die Kulturrevolution ist die Eroberung der Wirklichkeit durch die Phantasie. [...] Wenn aber die Phantasie aus der Gesellschaft so vollständig vertrieben ist, daß die Kunst zur Vertretung der Bürokratie im Reich der Sinnlichkeit wird, dann müssen die Wünsche und Phantasien ihre Form als Kunst sprengen und sich die politische Form suchen.«[54]

Um die affirmative Verformung der menschlichen Phantasie und Bedürfnisse durch die Kulturindustrie zu verhindern, zielt Schneider zwar in letzter Konsequenz auf eine ästhetische Lebensweise, in der jeder ein ›Künstler‹ sein könne. Damit aktualisiert er – schärfer noch als Enzensberger – den avant-

---

Ulrike Meinhofs Kolumnen, Georg Alsheimers Bericht aus Vietnam«, darüber hinaus aber auch in der Ästhetisierung des Alltags in den Aktionen Fritz Teufels. – Ebd., S. 196.

50 Karl Markus Michel: »Ein Kranz für die Literatur«, a.a.O., S. 173.

51 Ebd., S. 185..

52 Peter Schneider: »Die Phantasie im Spätkapitalismus und die Kulturrevolution«, a.a.O., S. 23.

53 Ebd., S. 21.

54 Ebd., S. 27.

gardistischen Anspruch auf eine durchgreifende Entdifferenzierung der Funktionssysteme bzw. auf eine Überführung von Kunst in die alltägliche ›Lebenspraxis‹. Da dies jedoch lediglich der Endpunkt einer kulturrevolutionären Strategie sein kann, veregt sich Schneider vorerst auf die Politisierung der Literatur zu einem Agitationsmedium.

Zum regelrechten Debatteneinsatz war diese Position bereits kurz zuvor in einem Thesenpapier der SDS-Gruppe ›Kultur und Revolution‹ geworden, an dem Schneider vermutlich mitgearbeitet hat.[55] Dieses Papier ist in unserem Kontext insofern von Interesse, als es das Modell einer rigiden *Politisierung* der Literatur, das im Rahmen der antiautoritären Bewegungen des Jahres 1968 die Gegenposition zur ästhetisch-subversiven Revolte der Pop-Literatur markiert, in der *Zeit* zur Diskussion stellt. Die Autoren übertragen das Theorem der umfassenden Manipulation, durch die das spätkapitalistische System in der Theoriebildung der antiautoritären Bewegung charakterisiert war, auf den ästhetischen Bereich. Dabei verhindere die gesellschaftliche Determination der Kunst, so der Tenor des Artikels, daß die aufklärerisch-kritische Funktion der Kunst zum Tragen kommen könne.

In dieser Logik gerät der Künstler zwangsläufig in die Fänge der ›Kulturindustrie‹, auf deren Vertriebsmechanismen er angewiesen ist. Sein Kunstwerk wird somit unvermeidlich zu einer Ware, und er liefert sich einer Branche aus, die in das ökonomische System der kapitalistischen Gesellschaft integriert ist, ja dort sogar einen prominenten Platz einnimmt. Denn die ›Kulturindustrie‹ hat, so das Argument, gegenüber anderen Industriezweigen den Vorteil einer wirksamen Verschleierungsstrategie, weil sich der Warencharakter von kulturellen Produkten wirksam verbergen lasse – »nicht zuletzt auf Grund der Bereitschaft der Konsumenten, geistig-ästhetische Produkte von ihrer schnöden kommerziellen Fessel zu befreien«.[56]

Daher stehe auch die Kunstrezeption im Zeichen der kulturindustriellen Dynamik; die Rezipienten unterlägen einem ›Diktat des Angebots‹, das sie letztlich entmündige. Kunst übernimmt in dieser Perspektive handfeste re-

---

[55] Ulla Hahn erinnert sich, der Gruppe ›Kultur und Revolution‹ hätten die Autoren Peter Schneider, Nicolas Born, Volker von Törne und F.C. Delius angehört bzw. zumindest nahegestanden (vgl. Ulla Hahn: *Literatur in der Aktion. Zur Entwicklung operativer Literaturformen in der Bundesrepublik.* Wiesbaden: Athenaion 1978, S. 64). Rudolf Walter Leonhardt, seinerzeit Feuilletonchef der *Zeit*, benennt hingegen den unbekannten Christian Deutschmann als Wortführer der Gruppe (vgl. Rudolf Walter Leonhardt: »Zur Geschäftsordnung«. In: Die Zeit, 20.12.1968, S. 17.).

[56] ›Kultur und Revolution‹: »Kunst als Ware der Bewußtseinsindustrie«, a.a.O.

pressive Funktionen[57], ja sie erscheint regelrecht an ihre soziale und politische Funktion gekoppelt und ist damit Teil einer herrschaftsstabilisierenden Ästhetisierung der Politik. Für die SDS-Arbeitsgruppe erfüllen die ›hohe‹ und die ›niedere‹ Kunst im Rahmen dieser Strategie komplementäre Funktionen, die auf einen gemeinsamen Zielpunkt zulaufen: die Einschüchterung des Publikums. Die ›hohe‹ Kunst leiste dies, indem sie im ästhetischen Bereich einer Elitebildung zuarbeite, welche die im gesellschaftlichen Bereich zu beobachtende Klassenstruktur zu legitimieren helfe. Ergänzt werde dies durch eine ›niedere‹ Massenkultur, die zum einen kurzweilige Unterhaltung verspreche, zum anderen positive Leitbilder entwerfe, welche den Konsumenten scheinbare Bedürfnisse oktroyierten und dadurch »den Einblick in die tatsächlichen Zusammenhänge«[58] verhinderten.

Auffallend ist, daß in diesem Ansatz – anders als in der Theorie von Horkheimer und Adorno – auch die autonome ›hohe‹ Kunst den Mechanismen der ›Kulturindustrie‹ folgt. Kunst erscheint daher in *allen* ihren gegenwärtigen Formen lediglich noch als ein Instrument zur ästhetischen Camouflage der tatsächlichen Herrschaftsverhältnisse, dessen einstmals kritische Funktion sich in ihr Gegenteil verkehrt hat. Gleichwohl wird sie nicht für überflüssig erklärt, ja ihr wird sogar die besondere Aufgabe zugesprochen, das »Bewußtsein der Unterdrückung« zu artikulieren.[59]

Martin Hubert hat jedoch deutlich gemacht, daß die SDS-Arbeitsgruppe der auf der Hand liegenden Schlußfolgerung ausweicht, es gelte nun auf die funktionslos gewordene Kunst ganz zu verzichten.[60] Diesen Schluß zog in der *Zeit*-Debatte erst Michael Buselmeier, der im Namen des Heidelberger

---

57 Dazu, so die Autoren, habe die ›Kulturindustrie‹ von der tradierten bürgerlichen Ästhetik (die damit ihren Widerstand gegen die Vereinnahmung seitens der ›Kulturindustrie‹ aufgibt) ein auf drei Säulen ruhendes Fundament übernommen, das bestens mit ihren ökonomischen Mechanismen korreliere. Die ›Originalität‹ als erste Säule konstituiere eine Dynamik des Immer-Neuen, die eine nur am äußeren Reizwert orientierte Abfolge von Moden in Kraft setze. Als zweites Phänomen entziehe die positiv konnotierte ›Spontaneität‹ das Kunstwerk der rationalen Kritik des Rezipienten, da es »als unvermittelte Eingebung des schöpferischen Genius [...] seine irrationale Berechtigung von der Berechtigung der subjektiven Existenz her« habe. Und schließlich mache die ›Virtuosität‹ »das Kunstwerk zur meßbaren Größe, die entscheidendes zur Bestimmung des Tauschwertes vermittelt« (ebd.).

58 Ebd.

59 Ebd.

60 Vgl. Martin Hubert: *Politisierung der Literatur – Ästhetisierung der Politik. Eine Studie zur literaturgeschichtlichen Bedeutung der 68er Bewegung in der Bundesrepublik Deutschland.* Frankfurt/M., Bern, New York, Paris: Lang 1992, S. 162.

SDS-›Arbeitskreises Kulturrevolution‹ für den Übergang zur ›gesellschaftlichen Arbeit‹ plädierte.[61] Da Buselmeiers Beitrag die *Zeit*-Debatte jedoch Ende Januar 1969 abschloß, blieben Reaktionen auf seine Thesen aus. Die eigentliche *Zeit*-Debatte beschränkte sich somit auf die Diskussion des ›Kultur und Revolution‹-Manifests. Deren Argumentation fand indes lediglich in bezug auf vereinzelte Symptome die Zustimmung der Debattenteilnehmer, die zentralen Thesen der SDS-Gruppe jedoch wurden abgelehnt.[62]

Für uns ist Dieter Wellershoffs Antwort von besonderem Interesse, weil er die Brücke zur Pop-Literatur eines Rolf Dieter Brinkmann schlägt, dessen Lektor und Förderer er zu diesem Zeitpunkt im Verlag Kiepenheuer & Witsch war – wenn auch ohne hier dessen Namen zu erwähnen oder das Signet ›Pop‹ zu gebrauchen. Wellershoff argumentiert – ähnlich wie Brinkmann – für einen veränderten Umgang mit dem Warencharakter der alltäglichen Umwelt, für eine souveräne Praxis von Mitspielern, »die die Regeln und Symbole des Spiels begriffen haben« und sich daher »gegenüber dem Werbe-

---

61 Vgl. Michael Buselmeier (für den ›Arbeitskreis Kulturrevolution‹ Heidelberg): »Gesellschaftliche Arbeit statt Kunst. Schluß der Diskussion«. In: Die Zeit, 31.1.1969, S. 11f. – Buselmeier schätzt die Bedeutung der Kunst zur Herrschaftsstabilisierung weitaus geringer ein als die Berliner SDS-Gruppe. Umgekehrt fällt der Veränderung der Kunst auch im Rahmen der umfassenderen gesellschaftsverändernden Praxis keine zentrale Rolle zu. Statt dessen empfiehlt Buselmeier, »die Kunst rechts liegen« zu lassen, um an konkreten Projekten mit ›unterdrückten Minderheiten‹ zu arbeiten, etwa durch die Unterstützung von Schülerfilmgruppen oder Arbeiterzeitungen. In den Aufsätzen der SDS-Arbeitsgruppen aus Berlin und Heidelberg wurden die beiden Alternativen einer *politisierten* Literatur skizziert, auf die sich Autoren im Kontext der antiautoritären Revolte beziehen konnten. Die Berliner strebten noch eine *künstlerische* Gegenproduktion an, die freilich von der Unterordnung der formalen Qualitäten des Textes unter seinen politischen Inhalt geprägt sein sollte. In der Folgezeit wurde dies etwa in der Agitprop-Lyrik von Autoren wie F.C. Delius, Peter Schütt, Uwe Timm, Volker von Törne oder Uwe Wandrey sowie im Agitationstheater zu realisieren versucht. Hingegen setzten die Heidelberger auf eine eher *politische* Gegenproduktion, die selbst die rudimentäre Agitprop-Ästhetik hinter sich ließ. Allerdings ging auch die Agitprop-Literatur letztlich in einer solchen bloß politischen Gegenproduktion auf, für welche die literarische Form nur noch ein strategisches Vehikel der politischen Argumentation war.

62 So wandte etwa Peter Handke die Ansicht der SDS-Arbeitsgruppe, die Kunstwerke seien zu Waren degradiert worden, gegen deren eigenes Manifest und behauptete in einem ebenfalls apodiktischen Gestus, auch die SDS-Thesen seien lediglich »Sätze, die sich verdinglicht haben« und blieben daher auf ihren Tauschwert beschränkt. – Peter Handke: »Totgeborene Sätze«. In: Die Zeit, 6.12.1968, S. 17f., hier: S. 17.

motiv so neutral wie ein Kunstkenner gegenüber dem sakralen Appell einer gemalten Madonna«[63] verhalten:

> »Nehmen wir an, eine neue, weniger unterdrückte Sinnlichkeit verlangte mehr als bloße buchstäbliche Information, sie verlangte Reizangebote, spielerisch luxurierende Veränderungen und Überbietungen des bloß Zweckmäßigen, sie verstünde deshalb auch aus der Mode einen durchaus humanen Lebensreiz zu machen, und sie verfiele dem ausgestellten Luxus nicht als einer den Mangel verdeckenden Täuschung, sondern schärfte daran den Wunsch nach einer vom Mangel und Triebverzicht befreiten Welt – unterstellen wir einmal eine solche Tendenz, müßten dann nicht Kategorien wie Entfremdung, affirmativer Schein und Repression an ihr überprüft werden?«[64]

Gegen die SDS-Thesen beharrt Wellershoff darauf, daß Literatur ein »Versuchsfeld prospektiver Phantasie«[65] bleiben müsse, das Irritationen der Leser provoziere, die nur jenseits des politischen Kalküls möglich seien. Genauso lehnt Wellershoff aber auch die Selbstreferentialität von Literatur prinzipiell ab: »Daß Literatur als Literatur ein Wert sein soll, habe ich nie verstehen können.«[66] Statt dessen setzt er auf eine Umweltreferenz, die jedoch nicht politisch programmiert werden soll. Er bezieht sich damit auf sein Programm eines ›Neuen Realismus‹, das er seit Mitte der sechziger Jahre unter dem Eindruck des französischen *Nouveau roman* entworfen hat. Aus dem Bewußtsein heraus, daß der Status von ›Wirklichkeit‹ im Zeitalter der technischen Medien unsicher geworden ist und sich daher im literarischen Text bestenfalls noch vielfältige Realitätspartikel widerspiegeln lassen, definiert Wellershoff den Realismus durch die »Aufmerksamkeit für die Störungen, Abweichungen, das Unauffällige, die Umwege, also den Widerstand der Realität gegen das vorschnelle Sinnbedürfnis«.[67]

---

[63] Dieter Wellershoff: »Puritaner, Konsumenten und die Kritik«. In: Die Zeit, 3.1.1969, S. 9-11, hier: S. 9.

[64] Ebd.

[65] Ebd., S. 11.

[66] Ders.: *Literatur und Veränderung. Versuche zu einer Metakritik der Literatur.* Köln: Kiepenheuer & Witsch 1969, S. 180.

[67] Ders.: »Neuer Realismus« (1965). In: Eike H. Vollmuth, *Dieter Wellershoff – Romanproduktion und anthropologische Literaturtheorie. Zu den Romanen ›Ein schöner Tag‹ und ›Die Schattengrenze‹*. München: Fink 1979, S. 22-23, hier: S. 22.

Es kann also nur noch darum gehen, im literarischen Text alltägliche Erfahrungsausschnitte möglichst präzise zu fixieren. Sein Realismus-Konzept ist in diesem Sinne konstruktivistisch angelegt, denn wenn ›Wirklichkeit‹ nur noch als hochselektive subjektive Konstruktion gedacht werden kann, die sich ihrer Kontingenz bewußt ist, dann kann auch eine ›realistische‹ Literatur lediglich aus »subjektiven, begrenzten, momentanen und bewegten Perspektiven« heraus solche Realitätskonstruktionen entwerfen:

> »Das menschliche Bewußtsein ist nicht nur eine Widerspiegelung der Realität, sondern es ist deren Widerspiegelung in Form einer Konstruktion. Es ist Bild und Entwurf, es ist rezeptiv und aktiv zugleich.«[68]

Wellershoffs ›Neuer Realismus‹ wurde zeitweise zum programmatischen Schwerpunkt der Gegenwartsliteratur des Verlags Kiepenheuer & Witsch, so daß im Literaturbetrieb sogar von einer ›Kölner Schule‹ gesprochen wurde. Die prominentesten der jungen Autoren, die unter Wellershoffs Lektorat veröffentlichten, waren Günter Herburger (*Eine gleichmäßige Landschaft,* 1964; *Die Messe,* 1969), Nicolas Born (*Der zweite Tag,* 1965), Günter Seuren (*Das Gatter,* 1964; *Lebeck,* 1968) – und eben Rolf Dieter Brinkmann mit seinen frühen Erzählungsbänden *Die Umarmung* (1965) und *Raupenbahn* (1966).

Der Übergang vom ›Neuen Realismus‹ zur Pop-Literatur ist fließend, und er hat sich nicht zufällig im Umkreis des Kiepenheuer-&-Witsch-Autors Brinkmann vollzogen. Wellershoffs Programm ist damit ein zentrales Bindeglied, durch das überhaupt erst eine neorealistische Tendenz der deutschsprachigen Literatur in den sechziger Jahren mit dem amerikanischen literarischen Postmodernismus bzw. der dortigen Pop- und Underground-Literatur in Verbindung gebracht werden konnte.

Brinkmann hatte 1962 in Wellershoffs Anthologie *Ein Tag in der Stadt* mit der Erzählung *In der Grube* debütiert, einem geradezu exemplarischen Text des ›Neuen Realismus‹. Er beschreibt einen Tag im Leben eines jungen Mannes, der eine Bahnfahrt in seiner Heimatstadt unterbricht: »eine kleine Sentimentalität vielleicht, die ihn überkommen hatte, was er gar nicht vorhatte,

---

[68] Ders.: »Realistisch schreiben«. In: Peter Laemmle (Hrsg.), *Realismus – welcher? Sechzehn Autoren auf der Suche nach einem literarischen Begriff.* München: edition text + kritik 1976, S. 13-18, hier: S. 13.

hier auszusteigen«.[69] Der Erzähler hält sich dort nur wenige Stunden auf; in diesem Erzählzeitraum jedoch lösen die genauen Beobachtungen der zwar vertrauten, aber fremd gewordenen Umgebung einen unablässigen Erinnerungsstrom aus – an seine Kindheit und Jugendzeit, an die Ex-Freundin Manon, die Eltern, an Partys im Freundeskreis (»Schallplatten, immer Art Blakkey and His Jazzmessengers, Hardbob, der Bluestrain«[70]). Der Versuch, aus den erinnerten Fragmenten eine Art individuelle Standortbestimmung zu gewinnen, scheitert jedoch. Was bleibt, ist nicht mehr als die Bilanzierung von Verlusten: »Er hatte nichts wiederaufgefunden, er trieb wieder fern, trieb ab, alle einstigen Gesichter waren zerfallen...«[71]

Brinkmann hat dieser Erzählung einen kurzen Kommentar beigegeben, in dem er den Zustand seines Protagonisten als den einer »wachen Ohnmacht« beschreibt, die »durch die Anonymität und Gleichgültigkeit der Stadt« hervorgerufen werde. Der Text ist denn auch weniger die Entfaltung einer epischen Handlung als vielmehr in erster Linie die »Fixierung eines Erinnerungsstroms« – oder genauer: die präzise Verschriftung von momentanen Wahrnehmungen, von visuellen Eindrücken *und* den dadurch assoziativ ausgelösten Erinnerungen und Vorstellungsbildern:

> »Ich hatte beim Schreiben die Vorstellung eines Ineinander- und Umeinanderkreisens, die Vorstellung von einem großen Wortgeflecht, das die wechselseitige Durchdringung von Bewußtsein und passiver Aufnahme, von Gegenwart und Erinnerung deutlich machen sollte.«[72]

Im Umkreis von Wellershoffs ›Kölner Schule‹ hatte sich Brinkmann in den französischen *Nouveau roman* vertieft, der für seine Arbeiten bis 1967 zum wichtigsten Vorbild avancierte.[73] Für die Texte von Alain Robbe-Grillet, Nathalie Sarraute u.a. sind Begriffe wie ›Beschreibungsstil‹ oder ›Dingroman‹

---

[69] Rolf Dieter Brinkmann: »In der Grube«. In: Dieter Wellershoff (Hrsg.), *Ein Tag in der Stadt. Sechs Autoren variieren ein Thema.* Köln: Kiepenheuer & Witsch 1962, S. 205-276 (333f.), hier: S. 208.

[70] Ebd., S. 228.

[71] Ebd., S. 276.

[72] Ebd., S. 334.

[73] Wellershoff hat in seinem Nachruf auf Brinkmann darauf hingewiesen, während der Arbeit an den Erzählungen und am Roman *Keiner weiß mehr* seien es »vor allem Robbe-Grillet und Céline« gewesen, »die kalte Deskription und die rücksichtslose persönliche Exaltation, von denen er sich stimuliert fühlte.« – Dieter Wellershoff: »Destruktion als Befreiungsversuch. Über Rolf Dieter Brinkmann«. In: Akzente 23 (1976), S. 277-286, hier: S. 283.

geprägt worden. Allerdings sind solche Etiketten zu eng gefaßt, um den *Nouveau roman* hinreichend zu beschreiben, erwecken sie doch den Eindruck, diese Literatur realisiere eine ›objektive‹ Beschreibung der äußeren Wirklichkeit. Darüber jedoch gehen sowohl die französischen Vorbilder als auch Brinkmanns Erzählungen hinaus. Es geht in diesen Texten nämlich nicht um eine bloße Wirklichkeitsabbildung, sondern sie verdeutlichen, daß – ganz so, wie es heute die Theorien des Radikalen Konstruktivismus beschreiben – so etwas wie ›Wirklichkeit‹ immer erst im Kopf des Wahrnehmenden konstruiert wird.

Brinkmanns frühe Erzählungen bleiben in diesem Sinne auf die eingeschränkte Perspektive von subjektiven Realitätsausschnitten beschränkt, ja sie werden zu Medien der subjektiven Wahrnehmungsarbeit des Erzählers. Dies deckt sich mit Robbe-Grillets programmatischer Forderung, das Ziel des *Nouveau roman* sei die »totale Subjektivität.«[74] Zwar wecken solche Texte auf den ersten Blick Assoziationen an die technische Präzision von fotografischen Abbildungen. Bei genauerem Hinsehen verdeutlichen sie aber auch, daß jede bildliche Wahrnehmung durch subjektive Imprägnierungen in Spannung gehalten wird. Es handelt sich um eine Literatur, die um das *Innere* des Erzählers kursiert – eines Erzählers jedoch, der sich selbst als ein passives Registrationsinstrument des Äußeren, d.h. seiner alltäglichen Umgebung versteht. Michael Zeller hat darauf hingewiesen, Brinkmanns Texte seien das Resultat des »Fest-Schreibens einer isolierten Wahrnehmung, die, auftreffend auf einen alltäglich-banalen Gegenstand, zur einzig möglichen Quelle von Selbsterfahrung wird«.[75]

Schon in den frühen Erzählungen ist also Brinkmanns Faszination für die ›Oberflächen‹ des Realen spürbar, die er dann vor allem in den Texten der späten sechziger Jahre auf die Gegenstände der Populärkultur ausdehnte. Anders als in der tradierten ›realistischen‹ Literatur, in der an die sprachlichen Zeichen vermeintlich objektivierbare Sinnzuweisungen geknüpft werden, ist der Text im *Nouveau roman* wie auch in Brinkmanns Erzählungen eine äußerst fragile Konstruktion von letztlich arbiträren Vorstellungs-›Bildern‹, welche die sprachlichen Assoziationsketten überhaupt erst freisetzen. Hier offenbart sich auch in den frühen Erzählungen eine Konstante von Brinkmanns Gesamtwerk, die Versprachlichung bzw. Verschriftung von

---

[74] Alain Robbe-Grillet: »Neuer Roman, neuer Mensch«. In: ders., *Argumente für einen neuen Roman. Essays.* München: Hanser 1965, S. 81-91, hier: S. 86.

[75] Michael Zeller: *Gedichte haben Zeit. Aufriß einer zeitgenössischen Poetik.* Stuttgart: Klett 1982, S. 198.

Sinnesdaten, auf die er im übrigen in seinem Aufsatz *Der Film in Worten* explizit hinweist:

»Ein ›übergeordneter‹ Sinn ist schwerlich festzustellen. Die Erzählung weitet sich von einem Augenblickseinfall zum anderen aus und die Verknüpfungen, die sich im Lauf der Ausweitung ergeben, besitzen keinerlei Notwendigkeit.« (*FiW*, S. 391)

Stärker noch als in den Erzählungen hat sich diese Poetik auch schon in Brinkmanns Gedichten der Jahre 1962 bis 1967 niedergeschlagen. Bei seinem Versuch, die Dominanz der neoästhetizistischen Tendenzen in der deutschen Nachkriegslyrik zu überwinden, ist neben den Einfluß von Robbe-Grillet schon früh die Rezeption von amerikanischer Lyrik getreten, etwa von Charles Olson oder William Carlos Williams, auf den Enzensberger bereits den späteren Brinkmann'schen Schlüsselbegriff der literarischen *Momentaufnahme* bezogen hatte.[76] Außerdem hat Brinkmann sich auf die Alltagslyrik von Peter Rühmkorf bezogen, dem er sogar seinen ersten Gedichtband *Ihr nennt es Sprache* (1962) gewidmet hat. Dieser Band enthält auch das Gedicht *Kulturgüter*, in dem sich bereits Brinkmanns zunächst vorsichtige Distanzierung von der deutschen Gegenwartskultur andeutet:

»Eine Sonate von Stockhausen
drei Preise für Böll
das Dementi von Andersch
zwei Schmierzettel von Faßbender
Marylin Monroe ist tot
ihre roten Morgenröcke
das Vermächtnis von Borchert
von Bense die Theorie
ein Jahr die Frankfurter
Ohrenschmalz von Enzensberger
die Lyrik Heißenbüttels
ein Fötus in Spiritus«[77]

---

[76] Vgl. Hans Magnus Enzensberger: »Nachwort«. In: William Carlos Williams, *Gedichte*. Frankfurt/M.: Suhrkamp 1962, S. 172-199, hier: S. 184.

[77] Rolf Dieter Brinkmann: »Kulturgüter«. In: ders., *Ihr nennt es Sprache*. Leverkusen: Willbrand 1962, S. 11.

Schon vor seiner Neuorientierung durch die Kenntnis der ›neuen amerikanischen Szene‹ deutet sich also sowohl in den frühen Erzählungs- als auch in den Gedichtbänden ein Schreibprogramm an, das sich von der Literatur seiner Zeit abzuwenden und statt dessen die subjektive Erfahrungsproduktion aus dem Umgang mit dem alltäglichen Material zu rekonstruieren versucht. Ein Gedicht versteht Brinkmann als Reaktion auf die sinnlichen Reize und Wahrnehmungsimpulse aus der Außenwelt, die sich gegen metaphorischen Ausdruck sperren. So heißt es exemplarisch in dem Gedicht *Wechselt die Jahreszeit* unter dem Eindruck der »straffen Brüste / siebzehnjähriger / pullovertragender Mädchen«:

> »[...] Wer denkt
> dann noch an
> gewagte Metaphern
> angesichts so vieler
> Ausdrucksmöglichkeiten
> für einunddasselbe
> Bild?«[78]

Ganz im Sinne Wellershoffs dienen diese Texte als fiktive »Probebühnen«, auf denen alternative Denk- und Verhaltensweisen durchgespielt werden könnnen. Auf dieser Ebene kann die Literatur dann auf Umwegen auch politische Konsequenzen haben, ja gerade durch ihre Unabhängigkeit von der politischen Praxis wird sie zu einem kritischen Medium, in dem neue Wahrnehmungs-, Verhaltens- und Denkweisen ohne jeden unmittelbaren politischen Realisierungsdruck erprobt werden können:

> »Der neue Realismus kritisiert sie [die Gesellschaft, J.S.] immanent durch genaues Hinsehen. Es ist eine Kritik, die nicht von Meinungen ausgeht, sondern im Produzieren der Erfahrungen entsteht.«[79]

Diese Poetik hat frühzeitig auch Brinkmanns Leitvorstellung des 68er-Rebellen geprägt. Er ist weniger der politische Agitator und revolutionäre Aktivist, sondern vielmehr der bohemische Schriftsteller, der dem bürgerli-

---

[78] Ders.: »Wechselt die Jahreszeit«. In: ders., *Le Chant du Monde. Gedichte 1963-1964.* Olef: Olefer Hagarpresse 1964, [S. 48].

[79] Dieter Wellershoff: »Neuer Realismus«, a.a.O., S. 23.

chen Tugendkatalog den »ästhetischen Putschismus«[80], die provokative Subjektivität seines Schreibens entgegensetzt. Zur politischen ›Linken‹ ging Brinkmann schon 1966 in einem Leserbrief an die Zeitschrift *konkret* auf Distanz:

> »Mit bloßer linker rechtschaffener Überzeugung ist's nicht allein getan, das humanistische Geschwafel, der Rekurs auf die alten trauten Worte, gewiß in der konkret verschleierter als anderswo, sind dennoch hartnäckig am Leben, mies, mies.«[81]

Gerhard Lampe hat hervorgehoben, daß dies keineswegs als Rückzug Brinkmanns aus der Auseinandersetzung mit den gesellschaftlichen Vorgängen seiner Zeit zu interpretieren ist, sondern vielmehr eine komplementäre Position im Spektrum der umfassenden antiautoritären Bewegung der späten sechziger Jahre markiert.[82] Will man Brinkmanns Position zu den gesellschaftlichen und kulturellen Vorgängen der späten sechziger Jahre verstehen, so muß von einem differenzierteren Bild der ›Studentenbewegung‹ ausgegangen werden, das die Gesamtbewegung nicht mit dem SDS identifiziert, sondern auch die verschiedenen Tendenzen im subkulturellen Underground und die ›sprachlose Opposition‹ (Dieter Baacke) der Beat-Bewegung einschließt. Unter den prominenten Formationen der antiautoritären Bewegung sympathisierte Brinkmann denn auch weniger mit Rudi Dutschkes SDS als etwa mit der spontanistischen Berliner *Kommune I* um Fritz Teufel, Dieter Kunzelmann und Rainer Langhans, »dieser sogenannten Berliner Horrorkommune, die mir persönlich viel sympathischer ist, in ihren Aktionen, wie sie ihr Bewußtsein repräsentieren, nach außen hin projizieren, das würde ich eher als Underground-Verhalten annehmen und sehen und akzeptieren, als eben dann dieses starr theoretisch durchformulierte Programm von Rudi Dutschke.«[83]

Brinkmann verweigerte sich somit der strikten Dichotomisierung von politischer und (sub-)kultureller Bewegung, die sich einer einseitigen Interpretation der antiautoritären Revolte verdankt. Denn *vor* der Redogmatisierung

---

80 Thomas Groß: *Alltagserkundungen. Empirisches Schreiben in der Ästhetik und in den späten Materialbänden Rolf Dieter Brinkmanns.* Stuttgart, Weimar: Metzler 1993, S. 105.

81 Rolf Dieter Brinkmann: »Sex und Politik« [Leserbrief]. In: konkret 6/1966.

82 Vgl. Gerhard Lampe: *Ohne Subjektivität. Interpretationen zur Lyrik Rolf Dieter Brinkmanns vor dem Hintergrund der ›Studentenbewegung‹.* Tübingen: Niemeyer 1983.

83 Zit. nach *Als ich ohne Wörter im Kopf war, begann ich zu sehen. Zur Aktualität Rolf Dieter Brinkmanns.* Fernsehfilm von Ludwig Brundiers. WDR 1988.

der Bewegung, die sich 1968/69 im Vorrang der politisch-ökonomischen Theorieansätze über die eher kulturkritischen Zielsetzungen der Frühphase offenbarte, war die Emanzipation des Individuums von den gesellschaftlichen Zwängen das oberste Ziel aller oppositionellen Gruppen. Zugleich war sie das Bindeglied, das die heterogenen politischen und kulturellen Gruppierungen über ihre strategischen Differenzen hinweg verband, die dadurch trotz ihres ›Zerfalls‹ in diverse Fraktionen und den gegenseitigen Angriffen komplementär aufeinander bezogen geblieben sind. Die ›Studentenbewegung‹ erscheint in diesem Lichte als ein *integrales* Phänomen, das in vielfältigen Spielarten auf subjektive Entfremdungserfahrungen – auf Zerstörungen der Identität wie auf verweigerte (Selbst-)Verwirklichungsoptionen – reagiert.[84] Unter dem Einfluß der marxistischen Geschichtsteleologie, die diese Erfahrungen unter dem Theorem von der Geschichte als Klassenkampf systematisiert und damit die individuellen Erfahrungen zu objektivieren versucht, trat dieser primäre Emanzipationsimpuls zurück.

Hingegen verteidigte Brinkmann in seinen literarischen Texten, seinen Lesungen und seinen experimentellen Filmen das Programm einer Rückgewinnung von Subjektivität durch subversive Aktionen. Gegen die Orientierung an marxistischen Theorien, die ›linke‹ Autoren erfaßt hatte, sperrte er sich teils mit drastischen Attacken, teils mit subtiler Polemik: »es besteht nicht der *Zwang*, mit dem Gedicht politische Bekenntnisse abzugeben« (*N*, S. 14). Die Rezeption der Schriften von Karl Marx erschien ihm geradezu als Flucht aus der gesellschaftlichen Realität, und die ›Todeserklärungen‹ der Literatur im *Kursbuch 15* waren für ihn nicht mehr als die »verkleidete Bankrotterklärung einer Generation der 40 bis 50jährigen« (*ES*, S. 147):

> »Abfall, der sich häuft, Prospekte, Hauswurfsendungen – Laufmaschen, breiten sich aus und verschwinden unterm Rock, Rentner in langen Mänteln stehen vor den Kaufhäusern und verteilen Reklame für Hantelgymnastik und Karate-Kurse... was verteilen literarische Rentner? Marxzitate? Gemeinplätze?... Ist Walt Disney fortschrittlicher? Als ob es um Fortschritt ginge! Aber ist nicht das gedankliche Fortschreiten

[84] Selbst Peter Schneider hat dies rückblickend – und sich selbst darin teilweise korrigierend – bestätigt: »Die persönlichen und die politischen Bedürfnisse, die sich später in feindliche Lager aufspalteten, waren nicht voneinander getrennt, und darin lag die Kraft dieses Ausbruchs. [...] Ohne das Pathos, alles was bislang innen war, nach außen zu werfen, hätte die Bewegung nicht ihre politische Durchschlagskraft gehabt.« – Peter Schneider: »Die Beseitigung der ersten Klarheit«. In: ders., *Atempause. Versuch, meine Gedanken über Literatur und Kunst zu ordnen.* Reinbek: Rowohlt 1977, S. 207-243, hier: S. 226.

der Revolutionstheoretiker wie das ruckweise Fortschreiten in einem Zeichentrickfilm von Walt Disney, z.B. Das Dschungelbuch?... Bereits die dritte Variante eines Marx-Satzes ist lediglich Philologie wie der süßliche Schmelz des Technicolors mit der Musik Henry Mancinis oder der Soundtrack von Dr. Schiwago im 3. Jahr hier in Köln...« (*FiW*, S. 384)

Für Brinkmann war auch diese Debatte lediglich ein Symptom für den »entsetzlichen Abrichtungscharakter« (*ES*, S. 147), mit dem die ›Enzensberger-Generation‹ der Literatur und dem Literaturbetrieb ihren Stempel aufzudrücken und damit auch das literarische Schreiben der jüngeren Autoren zu präformieren versuchte. Hingegen sah er in den weltweiten Studentenrevolten der späten sechziger Jahre eine »globale Empfindsamkeit«, wie sie in den Essays der amerikanischen Postmodernisten theoretisch konturiert und im amerikanischen (nicht nur literarischen) Underground praktisch vorgeführt worden war. Als Aufstände *»gegen die dreckigen Bilder, die andere dreckige Bilder nach sich ziehen* und so lange als einzig ›wahre‹ Bilder verstanden wurden: gegen den mörderischen Wettlauf, konkurrenzfähig zu sein, gegen die besinnungslos hingenommenen Gewaltakte, gegen das Auslöschen des Einzelnen in dem alltäglichen Terror« (*N*, S. 11) sollen seine Texte die Fixierung auf die Vollendung der Geschichte in einer herrschaftsfreien Gesellschaft hinter sich lassen und statt dessen die ›Befreiung‹ des individuellen Alltags anvisieren: »alles wird zu einem Anlaß zu handeln, etwas zu tun [...] nicht morgen, jetzt, jetzt, heute« (*FiW*, S. 383). Brinkmann verzichtet auf politische Aufklärung durch literarische Texte; für ihn ist Literatur ein Medium, in dem das Individuum seine Wahrnehmung der aktuellen Wirklichkeit kritisch überprüfen kann. Realitätsveränderndes Verhalten indes kann – und soll – daraus erst in einem zweiten Schritt angestoßen werden.

Diese Alternative zur Politisierung der Literatur hat Wellershoff in einem knappen Statement konkretisiert, das er beinahe zeitgleich zu seinem Beitrag zur *Zeit*-Debatte im von Brinkmann herausgegebenen *Gummibaum* veröffentlicht hat. In der Veränderung der Literatur sieht er bereits ein realisiertes Moment von persönlicher Freiheit. Im Akt des Schreibens sollen, so seine Vision, subjektive Sprechweisen erprobt werden, wodurch sich auch unabhängig von offenkundig politischen Inhalten eine emanzipative Wirkung entfalten könne. Dazu fordert er, die Literatur vom Ballast der traditionellen Formen zu befreien und sie als Medium der Verständigung über eine veränderte gesellschaftliche Praxis zu nutzen. Für die Gattung der Lyrik schreibt er:

»Stattdessen schlage ich vor, davon auszugehen, daß Schreiben, auch Gedichteschreiben zu den möglichen Fähigkeiten aller Menschen gehört wie Schwimmen, Nachdenken und Tanzen, und nur in einer Gesellschaft, die die Spontaneität der meisten zugrunderichtet, die Fähigkeit sich auszudrücken etwas Seltenes ist. Gerade deshalb sollte an jede literarische Äußerung der Anspruch gestellt werden, etwas von dieser möglichen allgemeinen Freiheit schon zu zeigen. Das Gedicht als exklusiver Kultgegenstand ist unglaubhaft geworden bis zur Peinlichkeit. Ich sehe es als die leichteste, beweglichste Äußerungsform, als Einübung in ein freies individuelles Sprechen, das es anders noch nicht gibt.«[85]

In der Logik dieses Programms liegt es auch, daß sich die Autoren vom metaphorischen Sprechen distanzieren und statt dessen der Alltagssprache zuwenden, um so sowohl die Textproduktion als auch die Textrezeption zu ›vereinfachen‹. Doch nicht nur dieses antimetaphorische Schreiben, sondern auch die absolute Gegenwartsfixierung, die Konzentration auf die subjektiven Erlebnisse des Autors, das Zulassen des Disparaten sind Momente, die im ›Neuen Realismus‹ bereits auf die Pop-Literatur vorausweisen. Allerdings fehlt ihm noch der prägende Einfluß der amerikanischen Populärkultur, d.h. es mußte erst noch eine Verschiebung dessen stattfinden, was als ›Umwelt‹ der Literatur wahrgenommen wird:

»Der ›Stoff‹ ist das, was alltäglich abfällt und nicht die großen Werte dessen, was wir ›Kultur‹ nennen...« (*ES*, S. 148)

[85] Dieter Wellershoff: »Sind das überhaupt noch Gedichte?«. In: Der Gummibaum. Hauszeitschrift für neue Dichtung 1/1969, S. 18-19, hier: S. 19.

Crossing all over: Postmodernismus und Avantgarde

> »Die *künstlich* geschaffenen psychischen Landschaften surrealistischer Gedichte sind heute zu gewöhnlichen, realen Landschaften geworden.« (*N*, S. 24)

Die steigende Bedeutung der Populärkultur ist – wie wir gesehen haben – am Ausgangspunkt der amerikanischen Postmodernismus-Diskussion der sechziger Jahre und ihrer mit der ›Fiedler-Debatte‹ einsetzenden Rezeption in Deutschland thematisiert worden. Andreas Huyssen hat in Erinnerung gerufen, daß der Postmodernismus im Kontext der amerikanischen ›Gegenkulturen‹ der sechziger Jahre entstanden ist. Dort war der Modernismus, ganz entgegen seiner programmatischen Verweigerung gegen alle Institutionalisierungsversuche, seit den fünfziger Jahren zu einem repräsentativen Bestandteil der amerikanischen Kultur geworden. Die Rebellion der Postmodernisten richtete sich jedoch nicht generell gegen den Modernismus. Vielmehr zielte sie auf eine klassisch gewordene und dogmatisierte ›Hochmoderne‹, d.h. auf das *Bild* eines Modernismus, der seinen Status als ›adversary culture‹ verloren hatte. Sie entsprang »also direkt dem ›Erfolg‹ des Modernismus, der Eingemeindung einer ursprünglich kritischen Kunstbewegung in die affirmative hegemoniale Kultur des Westens.«[86]

Auch Brinkmann ging es in diesem Sinne in den späten sechziger Jahren nicht mehr darum, die modernistische Literatur fortzuführen. Er suchte ausdrücklich den Anschluß an literarische Konzepte, welche die Literatur in ein umfassenderes künstlerisches Projekt einzubinden versuchen. Dabei verweist seine Stellungnahme in der ›Fiedler-Debatte‹ auf einen wichtigen Zusammenhang der Kultur- und Literaturgeschichte des 20. Jahrhunderts: die Verbindungen zwischen dem amerikanischen Postmodernismus der sechziger Jahre und den europäischen Avantgardebewegungen der zehner und zwanziger Jahre. Obwohl Fiedlers ›Populismus‹, wie Huyssen eingewandt hat, vordergründig bloß auf einer positiven Verkehrung der Dichotomie von Kunst und Massenkultur beruht, hat seine polemische antielitäre und antiintellektuelle Opposition gegen die tradierte ›hohe‹ Kultur eine neue produktive Beziehung zwischen ›hoher‹ und trivialer Alltagskultur ermöglicht und somit

---

[86] Andreas Huyssen: »Postmoderne – eine amerikanische Internationale?«. In: ders. / Klaus R. Scherpe (Hrsg.), *Postmoderne. Zeichen eines kulturellen Wandels.* Reinbek: Rowohlt 1986, S. 13-44, hier: S. 18.

die ›versteckte Dialektik‹ (Huyssen) von Avantgarde und Populärkultur reaktualisiert.

Nach Wolfgang Welsch kennzeichnet das Bekenntnis zu einer radikalen Pluralität die Grundverfassung des Postmodernismus. Er ist jedoch keineswegs bloß die Zersetzung von Normen des Modernismus, sondern stellt eine positive Vision dar, die eben nicht anti- oder transmodern ist, sondern vielmehr eine bereits dem Modernismus immanente Ambivalenz aufgreift. Die Krise des von den ›Meta-Erzählungen‹ (Lyotard) getragenen modernistischen Ganzheitsdenkens wurde schon um die Jahrhundertwende vielfach bemerkt, allerdings seinerzeit noch nahezu einhellig als Verlust beklagt. Jedenfalls waren Pluralität und Partikularität schon im frühen 20. Jahrhundert zu zentralen Charakteristika der zeitgenössischen künstlerischen Avantgarden wie Futurismus, Dada und Surrealismus geworden. Peter Bürger hat in seiner *Theorie der Avantgarde* betont, daß durch die Avantgarden die Gleichzeitigkeit von verschiedenen künstlerischen Verfahrensweisen und Stilen an die Stelle der historischen Aufeinanderfolge getreten sei. Daher, so Bürgers These, könne seither keine künstlerische Bewegung mehr in Anspruch nehmen, »*als Kunst* historisch fortgeschrittener zu sein als andere Bewegungen.«[87]

Auch im Postmodernismus wird die Absage an Totalitätssemantiken vorbehaltlos als Überwindung hegemonialen Hochmuts begrüßt und als Chance verstanden, jenseits von einseitigen Verabsolutierungen verschiedene partikulare Diskurse zu etablieren. Unter diesen Bedingungen können daher zahllose Subkulturen bzw. Mikrogruppierungen mit differenten Lebensentwürfen und Ästhetiken zeitgleich in Erscheinung treten: »Die Postmoderne ist von der Erkenntnis durchdrungen, daß Totalität nur durch die Verabsolutierung eines Partikularen entspringen kann und daher unweigerlich mit der Unterdrückung anderer Partikularitäten verbunden ist. [...] Ihr Evidenzpunkt ist das unüberschreitbare Recht differenter Konzeptionen und Ansprüche. Ihre Vision gilt der prinzipiellen Anerkennung der Differenz und Vielheit.«[88]

Der Postmodernismus ist also eine radikale Einlösung von pluralen Tendenzen, die dem Modernismus im Spiegel der künstlerischen Manifestationen der Avantgarden bereits eingeschrieben waren. Im Zeitalter der Allgegenwart von technischen Medien sind die von den künstlerischen Avantgarden vielfach vorexerzierten Erfahrungen von Simultaneität und Heterogenität, von Partikularität und Pluralität zu einer für jedermann alltäglich erfahrbaren Realität geworden. Im strikten Wortsinne ist der Postmodernismus *nach*mo-

87 Peter Bürger: *Theorie der Avantgarde.* Frankfurt/M.: Suhrkamp 1974, S. 86.
88 Wolfgang Welsch: *Unsere postmoderne Moderne*, a.a.O., S. 181f.

dern bestenfalls gegenüber der Moderne im Sinne des neuzeitlichen Rationalismus – gegenüber den künstlerischen Strömungen des Modernismus jedoch ist er *radikal*-modern.

Während die Diskurse des Modernismus weitgehend von eindeutigen Dichotomien geprägt sind – in Kunst und Literatur etwa durch den Gegensatz von Hoch- und Populärkultur –, zeichnet sich der Postmodernismus durch ein Denken in nicht-hierarchischen Differenzen aus. Pluralität hat sich nun in allen gesellschaftlichen Systemen etabliert, so daß verschiedene künstlerische Ausdrucksformen, Wissensformen und Lebensstile legitimerweise koexistieren. ›Wirklichkeit‹ gibt es dann nur noch als ein Netz von unhierarchischen Differenzen, das sich nicht mehr auf ein stabiles Ordnungsschema zurückführen läßt. Gilles Deleuze und Félix Guattari haben für dieses instabile Netz die Metapher des ›Rhizoms‹ eingeführt, des Wurzelstocks, der beliebige Punkte mit anderen verbindet und dadurch die unterschiedlichsten Zeichensysteme zueinander in Beziehung setzt. Das Rhizom schafft transversale Verbindungen zwischen verschiedenen ›Intensitätszonen‹, es »ist nicht monadisch, sondern nomadisch; es erzeugt unsystematische und unerwartete Differenzen; es spaltet und öffnet; es verläßt und verbindet; es differenziert und synthetisiert zugleich.«[89]

Die Diskussionen um den Postmodernismus – vor allem die im deutschen Sprachraum geführten – kranken häufig daran, eben dies nicht hinreichend zu berücksichtigen und statt dessen an den überkommenen Dichotomien von Konservativismus und Progressivität, von Rationalismus und Irrationalismus oder von Hoch- und Populärkultur festzuhalten. Dabei geht häufig auch das Augenmerk für die durchaus fortbestehende Wirkung der Kunst der ›klassischen Moderne‹ verloren. Versteht man jedoch Postmodernismus als einen *relationalen* Begriff, so wird gerade deutlich, daß er nicht einen radikalen Bruch mit der ›modernistischen‹ Vergangenheit anzeigt, sondern in der Regel als reflexive Variation auf sie bezogen bleibt. Wenn es also zutrifft, daß es sich bei der avantgardistischen wie bei der postmodernistischen Kritik am Modernismus letztlich um eine *immanente* Kritik handelt, dann kann es auch hier nicht darum gehen, einen unüberbrückbaren Bruch zwischen Modernismus und Postmodernismus zu postulieren. Statt dessen müssen wir von einem komplexen Verhältnis der gleichzeitigen Kontinuität und Diskontinuität ausgehen, über das wir aus dem Vergleich zwischen Postmodernismus und Avantgarde genauere Einblicke gewinnen können. Für Welsch ist der philosophische Postmodernismus »die entschiedene Praxis und theoretische

[89] Ebd., S. 142. – Vgl. Gilles Deleuze / Félix Guattari: *Rhizom*. Berlin: Merve 1977, S. 34.

Reflexion des Pluralismus, der die Grundverfassung unserer Moderne, der Moderne des 20. Jahrhunderts, ausmacht«.[90] Und der literarische Postmodernismus läßt sich dann als eine im Einzelfall zu konkretisierende Mischung aus neorealistischen und neoavantgardistischen Reprisen beschreiben, wobei gerade dem Verhältnis zur massenmedialen Populärkultur eine hohe Bedeutung zukommt.

Auch das Entstehen der Populärkultur ist ein Phänomen des bürgerlichen Zeitalters. Es ist gewissermaßen eine komplementäre Erscheinung zur Ausbildung der Autonomieästhetik, wobei die ›alte‹ Dichotomie von ›hoher‹ Feudalkultur und ›niederer‹ Volkskultur in der Dichotomie von autonomer und populärer Kunst aufgegriffen worden ist. Allerdings hat sich die Autonomieästhetik – was Peter Bürger wiederholt festgestellt hat – nur um den Preis der Trennung von Kunst und alltäglicher Lebenspraxis bzw. – systemtheoretisch gesprochen – durch die Etablierung des Kunstwerks als Differenz von ›Medium‹ und ›Form‹ realisieren lassen. Erst von den historischen Avantgardebewegungen ist diese Trennung in den zehner und zwanziger Jahren wieder in Frage gestellt worden. Dieses Vorhaben war bekanntlich nicht allzu erfolgreich; zumindest war der Versuch, die Kunst wieder vollständig in der Lebenspraxis aufgehen zu lassen, zum Scheitern verurteilt. Was blieb, war ein weiterer – wenn auch radikaler – Schritt in der permanenten Abfolge von Kunstrevolutionen.

Es ist aber sicher richtig, daß die Autonomieästhetik des Modernismus nicht erst im Postmodernismus in der Kritik steht, sondern ihre Dominanz bereits gegenüber den Angriffen der Avantgardebewegungen nur dadurch behaupten konnte, daß sie diese ignorierte oder bekämpfte. Denn gerade die strikten Autonomieforderungen sowie die rigide Trennung von allen Formen der populären Unterhaltungskultur waren von den Avantgarden massiv unterlaufen worden. Eine historische und theoretische Analyse der Kunst und Literatur unter postmodernen Bedingungen ist daher nur zu leisten, wenn man diesen Bezug auf die historischen Avantgardebewegungen, die gleichsam im Vorgriff auf ihre theoretische Einlösung versucht haben, »die gegenseitige Inkommensurabilität der Spracharten aufzudecken«, ernst nimmt.[91]

Eine Wiederholung dieses Projekts wurde erst in den sechziger Jahren wieder in den Blick genommen – zum einen in der Ästhetisierung der Politik, wie sie etwa im *Kursbuch 15* gefordert wurde, zum anderen ist es im

---

[90] Wolfgang Welsch: *Unsere postmoderne Moderne*, a.a.O., S. 79.
[91] Jean-François Lyotard: *Grabmal des Intellektuellen.* Graz, Wien: Böhlau 1985, S. 86.

Kontext der neuartigen Formen einer jugendkulturell geprägten Populärkultur mit spezifischen Akzentsetzungen zugespitzt worden. Kunst und Literatur sollten in beiden Perspektiven die Grenzen des Literatursystems überschreiten – entweder als Instrument der Politik oder als Teil einer neuen ästhetischen ›Lebenskunst‹, in der soziale und kulturelle Konventionen und Institutionen aufgekündigt werden, so daß die Diskrepanz zwischen Kunst und ›Leben‹ verschwimmt. Wenn die künstlerische ›Hochmoderne‹ sich nur durch die strikte Grenzziehung zum Alltag und zur populären Kultur konstituieren konnte, so ließ sich dieser ›Graben‹ nur auf der Basis eines Anti-Avantgardismus öffnen und erhalten. In diesem Sinne hat Peter Bürger den begründeten Verdacht geäußert, daß die künstlerischen Phänomene, die »heute mit dem eher hilflosen Begriff Postmoderne« in den Griff bekommen werden sollen, sich letztlich als nun kaum mehr aufzuhaltender »Einbruch der avantgardistischen Problematik in die Kunst erweisen« könnten.[92]

Im Kontext der Versuche, die Kunst wieder zur ›Lebenspraxis‹ in Beziehung zu setzen, haben die Avantgardebewegungen bereits in den zehner und zwanziger Jahren gegen den für die modernistische Autonomieästhetik verbindlichen Diskurs des ›Great Divide‹ (Andreas Huyssen) von Hoch- und Populärkultur opponiert. Allerdings läßt sich nicht übersehen, daß die avantgardistischen Attacken auf die Hierarchie von Hoch- und Populärkultur de facto keineswegs zu deren Zusammenbruch, sondern lediglich zu einer veränderten Dichotomisierung *innerhalb* des Spektrums der Hochkultur geführt haben. Es ist in diesem Sinne nicht unwichtig, daß es sich bei den postmodernistischen Enthierarchisierungen lediglich um partielle Bezugnahmen auf die Avantgarde handelt. Im Postmodernismus wird in der Regel der avantgardistische Anspruch, die Ausdifferenzierung des Literatursystems im ganzen in Frage zu stellen, nur noch in stark zurückgenommener Form formuliert. Es scheint so, als seien sich diese Autoren bewußt, daß die Versuche von Dadaisten und Surrealisten, das Kommunikationsmedium ›Werk‹ durch das Zusammenfallen von ›Medium‹ und ›Form‹ zum Verschwinden zu bringen, faktisch gescheitert sind. Auch die dadaistischen und surrealistischen Negationsversuche des ›Werks‹ sind nämlich wiederum als Kunstwerke wahrgenommen und ins Kunst- und Literatursystem integriert worden.

Die Entdifferenzierung von Kunst und Anti-Kunst, von Werk und ›Lebenspraxis‹ bedeutet daher im Postmodernismus von vornherein lediglich, für Kunst und Literatur eine alltagspraktische Bedeutung zurückzuge-

[92] Peter Bürger: »Vorbemerkung«. In: Christa und Peter Bürger (Hrsg.), *Postmoderne: Alltag, Allegorie und Avantgarde.* Frankfurt/M.: Suhrkamp 1987, S. 7-12, hier: S. 10f.

winnen. Es geht um eine ästhetische Haltung, »welche die Distanz zwischen der Eigensphäre des Künstlerischen und den Erfahrungsfeldern der Alltagswelt aktiviert und ihr kreatives Potential transformiert«.[93] Eine wichtige Strategie ist dabei der gerade von vielen ›jungen‹ Schriftstellern unternommene Versuch, sich ohne die noch in der historischen Avantgarde bisweilen spürbare Geringschätzung auf das alltagsästhetische Material einzulassen:

> »Es herrscht das Empfinden vor, sich inmitten einer Überfülle an Material zu befinden, während hierzulande oft genug von literarischer Kritik her betont wird, daß der Autor soundso soundso [sic!] lange an seinen Sätzen gearbeitet hat (haha!).« (*FiW*, S. 387)

Wenn die amerikanischen Postmodernisten sowie in kritischer Rezeption die deutschen Pop-Autoren in den sechziger Jahren auf diese Art an das in den Zwanzigern noch gescheiterte Projekt anknüpfen, so tun sie dies unter den Rahmenbedingungen einer voll entwickelten Kulturindustrie und einer veränderten Sozialstruktur. Der Kultursoziologe Gerhard Schulze hat detailliert herausgearbeitet und in eine griffige Formel gepackt, daß wir seit den sechziger Jahren in einer ›Erlebnisgesellschaft‹ leben, in der sich neue soziale Milieus nach anderen Maßgaben als Beruf, Schulbildung etc. formieren. Eine solche Gesellschaft ist nicht mehr primär nach einer ökonomischen, sondern einer ›psychophysischen‹ Fundamentalsemantik mit recht verschiedenartigen alltagsästhetischen Erlebnisschemata strukturiert.[94] Angesichts einer solchen Pluralität von im einzelnen wohlbegründeten ästhetischen Präferenzen löst sich indes auch der einst stabile Konsens über binäre Unterscheidungen wie hoch versus niedrig, schön versus häßlich etc. auf – und dieser Prozeß wird seit den sechziger Jahren auch in der Literatur vorgeführt und reflektiert.

So stellt Rolf Dieter Brinkmann seine Texte ostentativ in den Kontext des avantgardistischen Vorhabens, Kunst und Literatur in ›Lebenspraxis‹ zurückzuführen. In der selbstgefertigten Umschlagcollage für *Die Piloten* hat er sich selbst neben Popstars wie den *Rolling Stones,* Politikern wie Mao Tse-Tung, Hollywood-Stars wie Marilyn Monroe, Liz Taylor und Jerry Lewis, Filmfiguren wie Tarzan oder Bonnie und Clyde, Pin-up Girls und Comicfiguren dargestellt – mit einer Comic-Sprechblase: »IT IS NOT ENOUGH TO *LOVE* ART! ONE MUST *BE* ART!« Schon auf dem Umschlag seines

[93] Paolo Bianchi: »Subversion der Selbstbestimmung«, a.a.O., S. 56.
[94] Vgl. Gerhard Schulze: *Die Erlebnisgesellschaft,* a.a.O.

ersten Pop-Gedichtbandes signalisiert Brinkmann also genau den beschriebenen aktualisierenden Bezug zur Avantgarde.

Das tradierte Bild vom ›hohen‹ Künstler wird dabei verworfen, denn die Autorität des ›Dichters‹ als einer durch besondere Qualitäten ausgezeichneten Person gerät zwangsläufig ins Wanken, sobald die Literatur die Kluft zur populären Kultur zu schließen versucht: »der Dichter ist jemand, der über etwas steht! ja ja« (*OH*, S. 68). Brinkmanns ›neoavantgardistisches‹ Schreibprojekt stellt dabei das für die historische Avantgarde in seinem ganzen Ausmaße und seiner komplexen Ausdifferenzierung noch nicht absehbare Massenphänomen der Populärkultur in Rechnung. Aus Anlaß eines Briefwechsels über den Frühexpressionisten Alfred Lichtenstein schreibt er:

> »Und was mit Cabarettliedern bezeichnet wurde, dieser leichte ungenierte Tonfall, wäre heute wohl Rock'n'Roll wie bei manchen ironisch aggressiven Texten z.B. bei Zappa oder einem anderen...«[95]

Zwar haben sich auch schon die historischen Avantgardebewegungen auf populäre Muster bezogen; so ist etwa die Entstehung Dadas nicht ohne die Anregungen vom Cabaret zu denken, die vor allem dank des Einflusses von Hugo Ball am Anfang von Dada Zürich standen. Doch fehlte den Manifestationen der Avantgarde noch die Erfahrung einer Kunstform, die das *épater le bourgeois* mit einer zuvor unbekannten Popularität vereint. Erst seit den sechziger Jahren wird auch im Bereich der ›hohen‹ Kunst und Literatur ein explizit ›pop-haftes‹ Selbstverständnis propagiert. Dies wendet sich gegen die neoästhetizistischen Tendenzen der Literatur der fünfziger und sechziger Jahre:

> »Leute, packt Eure Schreibmaschinen ein, kauft keine Zeta-Mattpost mehr, macht einen Trödelladen auf... [...] denn was in solchen Abstrakta [gemeint sind die Texte von Heißenbüttel und Becker, J.S.] ausspricht, ist ein Elitebewußtsein, das längst unbewußt geworden ist und trotz aller scheinbaren Aufklärung eine ästhetische Schablone weitertransportiert, die außer für ›Literatur‹ nirgendwo mehr passen will...« (*OH*, S. 68)

---

[95] Rolf Dieter Brinkmann: Brief an Hartmut Schnell, 3.6.1974. In: Literaturmagazin 36/1995, S. 124-144, hier: S. 126f.

So wie bis heute – so besagt es zumindest der Mythos – die meiste Popmusik von Autodidakten, von kreativen ›Dilettanten‹ produziert wird, soll nach Brinkmanns Vorstellungen auch eine neue Literatur entstehen. In seiner einleitenden *Notiz* zum Gedichtband *Die Piloten* fordert er gleichsam einen ›simulierten Dilettantismus‹, wenn er empfiehlt zu vergessen, »daß es so etwas wie Kunst gibt« und ohne das Wissen um die als Last empfundene Tradition des Modernismus »einfach an[zu]fangen«, literarische Texte, vorzugsweise Gedichte, zu schreiben (*P*, S. 7).[96] Schon 1966 hatte Brinkmann Texte gefordert, die »eben ihre Tendenz nicht verschweigen, hart, konkret, genau, auf die Fresse den Lyrikerkollegen schlagend, real, verzinkt.«[97] Solche Texte jedoch, so Brinkmanns Meinung, könnten nur von ›Nicht-Dichtern‹ geschrieben werden, von Personen, die sich ohne literaturtheoretische Vorüberlegungen auf die aktuelle Gegenwart einlassen. Und dies ist es auch, was ihn am Begriff der ›Postmoderne‹ interessiert, den er gelegentlich aufgreift:

> »Die Charakterisierung ›Post-Moderne‹ bezeichnet zugleich aber auch sehr gut den *seit langem überfälligen, notwendigen Trend*, die in ›hohen kulturellen Ansprüchen‹ festgehaltene Mystifikation ›Dichter‹ (als blinden Seher, dumpfen Rhapsoden usw.) abzuschaffen und damit die in dieser Figur vermittelte ›Autorität‹ fallenzulassen.« (*N*, S. 14)

Schreiben wird von Brinkmann als praktisches Handeln verstanden, als ›Tun‹, das »auf gegenwärtige Reizmuster zu reagieren versteht, ohne ein schlechtes Gewissen zu bekommen« (*OH*, S. 67). Es kommt zur »Trivialisierung der Kunstform ›Gedicht‹« (*OH*, S. 68), wobei der *Prozeß* des Auf-

---

96 Ralf-Rainer Rygulla hat sich erinnert, daß Brinkmann auch seine Freunde zum Schreiben solcher ›Gelegenheitsliteratur‹ animiert hat, die dann etwa im *Gummibaum* veröffentlicht worden ist: »Dann gab es die Idee, daß eigentlich jeder Gedichte machen sollte. Wer sich enthemmt, kann das Gedicht als eine normale Lebensäußerung betrachten, wie eine Unterhaltung, einen Rausch. So ergab es sich dann, daß unser ganzer Bekanntenkreis Gedichte schrieb. Vier *Gummibäume* entstanden dadurch, daß wir allen, die wir kannten, den Auftrag gaben, ein Gedicht zu schreiben.« (Gunter Geduldig / Marco Sagurna: »›Es genügten ihm seine Empfindungen der Welt gegenüber‹. Ein Gespräch mit Ralf-Rainer Rygulla«. In: dies. (Hrsg.), *Too much – das lange Leben des Rolf Dieter Brinkmann.* Aachen: Alano 1994, S. 95-108, hier: S. 104). In der ›Hauszeitschrift für neue Dichtung‹ *Gummibaum* finden sich aus dem Kölner Kreis um Brinkmann u.a. Gedichte und Kurzprosa von Rygulla, Rolf Eckart John, Linda Pfeiffer, Ulrike Pfeiffer, Helmut Pieper, Monika Pieper, Bem Höppner und John Freyend sowie ›Kollaborationen‹ von Brinkmann mit Rygulla bzw. Maleen Brinkmann.

97 Rolf Dieter Brinkmann: Brief an H. Sander, a.a.O., o.P.

schreibens wichtiger ist als sein Resultat; er wird als »Ausdruck ständigen Interesses und persönlichen Beteiligtseins [...] *eine* Art dazusein« (*OH*, S. 72). Auch die an die avantgardistischen Collagen anknüpfende Integration von sprachlichen und häufig auch bildlichen *objets trouvés* – z.B. werden Werbe-, Film- und Illustriertenbilder in *Godzilla*, den Essays zu *Silverscreen* und der O'Hara-Übersetzung sowie den Prosaexperimenten *Die Flickermaschine* und *Bilder 28.6.-29.6. (aus einem in Arbeit befindlichen Roman)* verwendet – versucht, die unmittelbare Erfahrung des Schreibenden festzuhalten.

Thomas Groß hat Brinkmanns Schreibprojekt daher – vor allem im Blick auf die späten Materialbände – als ›empirisches Schreiben‹ definiert. Er hat jedoch auch darauf hingewiesen, daß die Ästhetik der Materialbände schon in den Versuchen einer ›Lebensmitschrift‹ in Gedichten angelegt ist.[98] Entscheidend für Brinkmanns Schreiben ist das »gesteigert persönliche und noch völlig ›unliterarische‹ Interesse des Autors, mit dem der Umwelt begegnet wird – und zwar nicht primär als Verfasser von Gedichten, vielmehr als Beteiligter, Betroffener, Akteur, was zwangsläufig dann auch wiederum die Intensität des Gedichts bestimmen wird...« (*OH*, S. 63)

Damit kommt dem Schreiben eine zentrale Rolle in Brinkmanns neoavantgardistischem Projekt einer schrittweisen individuellen ›Befreiung‹ des Alltagslebens zu. An der amerikanischen Underground-Literatur bewundert er nicht zuletzt, »daß die Realisierung jenes Bewußtseins, mit dem Schreiben alles machen zu können, die Realisierung eines winzigen Teiles befreiter Realität ist« (*FiW*, S. 394). Wie schon für die historischen Avantgarden, ist auch für Brinkmann dieser individuelle ›Befreiungsprozeß‹ der erste – und unverzichtbare – Schritt auf dem Weg zur gesellschaftlichen Veränderung: »nicht morgen«, sondern »jetzt, jetzt, heute.« (*FiW*, S. 383)

Darüber hinaus korrespondiert dies – und auch hierin knüpft Brinkmann an die Avantgarde an – mit dem Versuch, neue »›Verkehrsformen‹ für Literatur« zu finden, um »*Literatur zu popularisieren*, die Kluft zwischen ›hohen Kulturleistungen‹ für eine kleine Elite und ›niederen‹ Unterhaltungsprodukten zu verringern« (*N*, S. 22). Jürgen Peper hat nachgewiesen, daß in den Subkulturen der späten sechziger Jahre auch die kulturrevolutionären Akzente der historischen Avantgarden aktualisiert worden sind. Insbesondere, so Peper, sei der Surrealismus von einer elitären Boheme zu einer Massenbewegung ›herunter-gekommen‹.[99] Versteht man das ›Herunterkommen‹ nicht

[98] Vgl. Thomas Groß: *Alltagserkundungen*, a.a.O., passim.

[99] Vgl. Jürgen Peper: »Der heruntergekommene Surrealismus oder Regression als Fortschritt: Amerikas Youth Counter Culture in zwei Manifesten«. In: Amerikastudien 19 (1974), S. 9-29.

nur als negatives Qualitätsurteil, sondern als Aussage über die *Popularisierung* eines avantgardistischen Impulses, so wird die Vorreiterrolle der Avantgarde für die kulturellen Ausdrucksformen der jugendlichen Subkulturen seit den sechziger Jahren deutlich. Tobia Bezzola hat diesen Prozeß als ›Massenbohemisierung‹ beschrieben, als massenhafte Ausrichtung der Lebenspraxis am idealisierten Paradigma der bohemischen Künstlerexistenz. In den späten sechziger Jahren, so Bezzola, sei erstmals eine bohemisierte »Massenkulturkonsumgemeinschaft« entstanden, »die nach den Idealen einer minoritären Kulturproduktionsgemeinschaft« zu leben versuche.[100] Und auch Welsch hat das Eindringen von avantgardistischen Idealen in die Pop- und Alltagskultur daher geradezu als zentrales Moment des postmodernistischen Brückenschlags zur Avantgarde dargestellt. Ihm gilt der Postmodernismus als exoterische Alltagsform der Avantgarde, »was in dieser noch esoterisch und elitär war, ist jetzt exoterisch und populär geworden«.[101]

Obwohl die Revolte der Subkulturen in den sechziger Jahre damit der eigenen revolutionären Rhetorik zum Trotz von vornherein auf die politisch-ökonomische Umgestaltung der Gesellschaft verzichtet hat und häufig in solipsistischen Ansätzen steckengeblieben ist, so haben jedoch gerade der vordergründig naive Irrationalismus und die nicht auflösbaren Widersprüche die Ideologisierung des Protests verhindert. Ähnlich wie in den historischen Avantgardebewegungen bleibt nach Abzug der revolutionären Rhetorik doch das Projekt der Rückkopplung bzw. der Annäherung der Kunst an die gesellschaftliche ›Lebenspraxis‹. Keineswegs jedoch soll dabei die Kunst in die zweckrationale Lebenspraxis des bürgerlichen Alltags integriert werden; im Gegenteil wurde in den Subkulturen der sechziger Jahre immer wieder der Versuch unternommen, von der Kunst aus eine qualitativ *neue* Lebenspraxis - gleichsam als immer sofort realisierbare »Instant-Utopie«[102] - zu organisieren.

---

[100] Tobia Bezzola: »Massenboheme«, a.a.O., S. 181.

[101] Wolfgang Welsch: *Unsere postmoderne Moderne,* a.a.O., S. 206.

[102] Matthias Michel: »Anmerkungen zu ›Pop‹«. In: Kunstforum international 134/1996, S. 114-118, hier: S. 116. - Dies schließt jedoch eine in die Zukunft gerichtete utopische Perspektive nicht gänzlich aus. Bei Brinkmann z.B. konkretisiert sich die Utopie einer Ästhetisierung des Alltags im Bild einer Gesellschaft, in der Kunst, Literatur und Rockmusik zum alltäglichen ›Lebensmittel‹ werden. In seinem postum veröffentlichten *Unkontrollierten Nachwort zu meinen Gedichten* hat er seine Vorstellungen konkretisiert: »Ich stelle mir eine Stadt ohne kulturelle Veranstaltungen vor, die als kulturelle Veranstaltungen laufen. [...] Ich stelle mir eine Stadt mit Dichterlesungen vor, Wandzeitungen mit Gedichten, Gedichte, die an Haltestellen morgens verteilt werden statt der Schmierzeitungen, sie hätten eine andere Wirkung, fantastische Verwirrungen und Unterhaltun-

Der amerikanische Postmodernismus und seine deutsche Rezeption der sechziger Jahre lassen sich somit als eine späte und doch eigenständige Phase der europäischen Avantgarde verstehen: »die Öffnung auf diese europäische Literatur hin [ist] keine bloße Fortsetzung« (*N*, S. 24). Erst zu diesem Zeitpunkt konnten sich in den USA die ikonoklastischen Attacken einer Avantgarde gegen eine ›hohe Kunst‹ richten, die eine gesellschaftliche Legitimationsfunktion erfüllte, wie es in den fünfziger Jahren der Modernismus im kulturellen Leben Amerikas tat. Huyssens These lautet folglich, »daß die amerikanische Postmoderne beides war: eine amerikanische Avantgarde, die die Kunstszene in diesem Lande grundlegend verändert hat, *und* das Endspiel der internationalen Avantgarde«.[103]

Für unsere Untersuchung legt dies den Schluß nahe, die Kulturgeschichte des 20. Jahrhunderts als einen *transkontinentalen Kreislauf* zu betrachten, der u.a. die spezifischen Ungleichzeitigkeiten der Rezeption der Avantgarde diesseits und jenseits des Atlantiks offenbart. Im *Amerika* der sechziger Jahre markiert der Rückgriff auf Techniken und Inhalte der *kontinentaleuropäischen* Avantgardebewegungen der zehner und zwanziger Jahre einen Bruch mit dem *angelsächsischen* ›Modernismus‹. Dabei amalgamierten sich in den USA Avantgarde und Populärkultur zu neuen Formen, auf die sich im Zuge der Amerikanisierung und der weltweiten Verbreitung der angloamerikanischen Populärkultur wiederum junge *kontinentaleuropäische* Künstler beziehen konnten. Vor allem in Deutschland und Österreich, die durch die Jahre der nationalsozialistischen Diktatur von den Avantgarden der Weimarer Republik getrennt waren, fanden junge Künstler und Autoren hier den Subtext für eine ›neoavantgardistische‹ Kunst und Literatur, die wichtige Anstöße aus der populären Kultur bezog.

An Brinkmanns Werk kann man in diesem Kontext exemplarisch beobachten, wie der Rekurs auf amerikanische Vorbilder mittelbar auch in die Tradition der historischen Avantgarde gestellt wird. Brinkmann bezieht sich ausdrücklich auf jene amerikanischen Autoren, die zu den ästhetischen Vorstellungen eines Modernismus, der noch eindeutig mit der europäischen Tradition verbunden ist, auf Distanz gegangen sind:

---

gen statt der täglich reingeschobenen Todesbilder und Schrecknachrichten. [...] Ich stelle mir eine Stadt vor, in der Dichter Schulkindern Gedichte schreiben beibringen, ich stelle mir eine Stadt mit Rock'n'Rollkonzerten auf entspannten Plätzen vor.« (*UN*, S. 240)

103 Andreas Huyssen: »Postmoderne – eine amerikanische Internationale?«, a.a.O.,S. 22.

»Der Epoche des Surrealismus oder des Expressionismus [...] war es gewöhnlich, in einer permanenten Mobilität Anregungen, neue Impulse zu empfangen und auszutauschen. Hindert der Atlantische Ozean daran? Die Entfernung? Die Sprachbarriere? Doch der Rückstoß erfolgt zweifellos« (*N*, S. 19)

Seit der Beat Generation, so sein Urteil, habe sich in den USA »das Bewußtsein von einer eigenständigen, spezifisch amerikanischen Literatur ausgeprägt« (*OH*, S. 73). Ohne den Begriff ›Avantgarde‹ expressis verbis zu verwenden, verweist Brinkmann damit auf den transkontinentalen Kreislauf, in dem europäische Vorkriegsavantgarde und amerikanischer Postmodernismus kreuzweise verbunden sind.[104] In den USA, so Brinkmann, seien »von Einzelnen in Europa vorgeprägte Tendenzen [...], vermengt mit etwas anderem, Neuem« (*OH*, S. 73), aktualisiert worden. Dennoch komme es in der Literatur des amerikanischen Postmodernismus nicht zu »jener Verselbständigung der Literatur, die sich in einem Formenkult und der fast kultischen Rezeption durch eine scheinhafte Leserelite zeigt« (*OH*, S. 73), wie sie – so wird unterstellt – im europäischen Modernismus nach der Desillusionierung über die Möglichkeiten des avantgardistischen Programms einer Versöhnung von Kunst und ›Lebenspraxis‹ zu beobachten gewesen sei. So verbinden sich etwa Anregungen der Expressionisten und Dadaisten, vor allem aber der Surrealisten, in den USA mit Impulsen aus der dortigen ›Counter Culture‹ zu Aktualisierungen, die im Zuge der ›Massenbohemisierung‹ über die vergleichsweise elitären Zirkel der herkömmlichen Künstlerboheme hinaus wirken. Nicht von ungefähr beobachtet Brinkmann, daß in den Gedichten von zahlreichen amerikanischen Lyrikern »Anklänge an die französische Lyrik des Surrealismus« (*N*, S. 24) nachzuweisen seien:

»Wenn gesagt wird, daß europäische Spielarten der Literatur wie Surrealismus, Expressionismus, Dada etc. aufgegriffen wurden, so heißt das, daß sie zu etwas spezifisch Amerikanischem gemacht worden sind, sie wurden nicht nur aufgenommen, sondern auch verändert, dem neuen Material angepaßt.« (*FiW*, S. 387)

---

[104] Brinkmann wendet sich sogar ausdrücklich gegen den Avantgarde-Begriff: »Dieses Programm dem Oberbegriff ›Avantgarde‹ zuzuordnen, verrät ein erblindetes, weil akademisiertes Bewußtsein, das nur noch auf Wörter (Begriffe) zu reagieren versteht.« (*FiW*, S. 385) Wie schon bei Leslie A. Fiedler verbirgt sich dahinter jedoch genaugenommen eine Distanzierung von neoästhetizistischen Tendenzen.

Die tradierten Unterscheidungen zwischen ›high‹ und ›low‹ – soviel gilt es zunächst festzuhalten – weichen in den sechziger Jahren neuen Parametern, und die vermeintliche Einbahnstraße der ästhetischen Beeinflussung – von den ›hohen‹ zu den ›niederen‹ Formen – weicht einem vieldimensionalen, ›rhizomatischen‹ System der Wechselbeziehungen zwischen den einstmals strikt dichotomischen Kategorien, so daß es zu regelrechten Hybridisierungen kommt und neue Texte entstehen, die von den Formen, Kategorien und Inhalten der Populärkultur durchzogen sind:

> »The postmodernists have, in fact, been fascinated precisely by this whole ›degraded‹ landscape of schlock and kitsch, of TV series and *Reader's Digest* culture, of advertising and motels, of the late show and the grade-B Hollywood film, of so-called paraliterature, with its airport paperback categories of the gothic and the romance, the popular biography, the murder mystery, and the science fiction or fantasy novel: materials they no longer simply ›quote‹, as a Joyce or a Mahler might have done, but incorporate into their very substance.«[105]

---

[105] Fredric Jameson: *Postmodernism, or, The Cultural Logic of Late Capitalism.* Durham: Duke University Press 1991, S. 2f.

Amerika im Kopf
Zur Pop-Rezeption in Deutschland

»Amerika [...] ist die Verbindung von Europa mit sich selbst, wenn Europa ein Ferngespräch anmeldet, um sich selbst zu hören.«
Avital Ronell[1]

Für Brinkmanns literarische Arbeiten der Jahre 1968 bis 1970 wurde der Einfluß der ›neuen amerikanischen Szene‹ prägend, ja Brinkmann avancierte mit seiner Adaption der amerikanischen Vorbilder zu einem der wichtigsten Autoren der deutschen Literatur in den späten sechziger Jahren. Der Blick nach Amerika war indessen schon im ersten Jahrzehnt nach dem Ende des Zweiten Weltkriegs für die Neuorientierung der deutschen Literatur von Bedeutung gewesen. In der Lyrik z.B. kam diese Vermittlung in den späten fünfziger Jahren zu einem vorläufigen Abschluß, als Walter Höllerer mit *Transit* (1956), Hans Magnus Enzensberger mit seinem *Museum der modernen Poesie* (1960) sowie Günther Steinbrinker und Rudolf Hartung mit ihrem *Panorama moderner Lyrik* (1960) in Anthologien einen resümierenden Überblick über die zeitgenössische Lyrik vorlegten, in dem die internationale Literatur ins deutsche Literatursystem (und vice versa) bereits reintegriert war. Zugleich suchte die Autorengeneration von Enzensberger und Höllerer, von Peter Rühmkorf und Günter Grass vor allem in der Lyrik nach Anknüpfungspunkten, die sich von Benns einflußreicher Poetik des autonomen Gedichts absetzten. Eine attraktive Alternative schien ihnen u.a. die alltagssprachliche Literatur des von Enzensberger übersetzten William Carlos Williams, der in Rainer M. Gerhardts kurzlebiger Zeitschrift *fragmente* bereits 1951/52 (!) vorgestellten Autoren des ›Black Mountain College‹, Charles Olson und Robert Creeley, sowie der vor allem von Höllerer eingeführten amerikanischen Beat Generation zu bieten.[2]

---

1 Avital Ronell: »Eurozeit«. In: Georg Christoph Tholen / Michael O. Scholl (Hrsg.), *Zeit-Zeichen. Aufschübe und Interferenzen zwischen Endzeit und Echtzeit.* Weinheim: VCH, Acta humaniora 1990, S. 201-210, hier: S. 201f.

2 Vgl. zum folgenden Lothar Jordan: *Europäische und amerikanische Gegenwartslyrik im deutschen Sprachraum 1920-1970. Studien zu ihrer Vermittlung und Wirkung.* Tübingen: Niemeyer 1994, S. 164ff.

»Es entsteht neu ein literarischer Großraum«: Die Rezeption der amerikanischen Beat-, Pop- und Underground-Literatur in Deutschland

»New York und London sind näher als Paris oder Wien.«
Benno Käsmayr[3]

Die Literatur der Beat Generation war schon in den fünfziger Jahren in der von Höllerer und Hans Bender herausgegebenen Zeitschrift *Akzente* wiederholt vorgestellt worden, das Heft 3 des Jahrgangs 1959 wurde ihr sogar ganz gewidmet. In Zusammenarbeit mit Gregory Corso präsentierte Höllerer dem deutschen Publikum schließlich in der zweisprachigen Anthologie *Junge amerikanische Lyrik* (1961) einen breiten Überblick über die zeitgenössische amerikanische Lyrik. Neben Corso, Creeley, Olson und dem ohnehin schon bekannten Allen Ginsberg wurden mit Frank O'Hara, Kenneth Koch, Michael McClure, Philip Whalen, Lawrence Ferlinghetti, John Ashbery u.a. zahlreiche weitere Autoren in Deutschland vorgestellt, denen einige Jahre später eine Vorbildfunktion für das lyrische Schaffen von Rolf Dieter Brinkmann und anderen deutschen Pop-Autoren zukam.[4]

Blieb diese Anthologie noch ausschließlich der Lyrik gewidmet, so erweiterte Karl O. Paetel im ein Jahr später erschienenen Band *Beat* (1962) den Blick auf die anderen literarischen Gattungen sowie auf Dokumente zum ›Lebensgefühl‹ der Beat Generation.[5] Überdies lagen von den bekanntesten Autoren der Beat Generation rasch auch Übersetzungen von umfangreicheren Werken vor. Dabei hatte sich vor allem der Wiesbadener Limes Verlag verdient gemacht. Dort waren etwa Ginsbergs *Geheul und andere Gedichte* (1959) und *Kaddisch* (1962), William S. Burroughs' *Naked Lunch* (1962), *Junkie* (1963) und *Auf der Suche nach Yage* (1964), Ferlinghettis *Ein Coney Island des inneren Karussells* (1962) und *Sie* (1963) sowie Corsos *In der flüchtigen Hand der Zeit* (1963) erschienen. Die deutsche Übersetzung von Jack Kerouacs Roman *On the Road*, gleichsam des literarischen Manifests der Beat Generation, hatte der Rowohlt Verlag sogar schon 1959 unter dem Titel *Unterwegs* veröffentlicht, und bis 1967 folgten *Gammler, Zen und hohe Berge*

---

3 Benno Käsmayr: *Die sogenannte ›Alternativpresse‹. Ein Beispiel für Gegenöffentlichkeit in der BRD und im deutschsprachigen Ausland seit 1968.* Gersthofen: Maro 1974, S. 11.

4 Gregory Corso / Walter Höllerer (Hrsg.): *Junge amerikanische Lyrik.* München: Hanser 1961.

5 Karl O. Paetel (Hrsg.): *Beat. Eine Anthologie.* Reinbek: Rowohlt 1962.

(1963), *Tristessa* (1965) und *Engel, Kif und neue Länder* (1967). Olson und Creeley wurden 1964/65 von Suhrkamp und Insel vorgestellt.

Allerdings ging es bei den Vermittlungsbemühungen nicht nur darum, die amerikanische Literatur hierzulande bekanntzumachen. Vor allem Walter Höllerer hatte in den Gedichten von Autoren wie Olson und Creeley das Modell einer antisymbolischen und antihermetischen Lyrik entdeckt, das er den deutschen Dichtern in seinen wirkungsmächtigen *Thesen zum langen Gedicht* (1965) mit Nachdruck als *Vorbild* empfahl. Besonders die Form des sogenannten ›langen Gedichts‹ schien ihm geeignet, eine »Gegenbewegung gegen Einengung in abgegrenzte Kästchen und Gebiete« einzuleiten.[6] An die Stelle der »Feiertäglichkeit« der tradierten Lyrik müsse, so Höllerer, ein längeres Sich-einlassen auf die alltägliche Realität, auf »subtile und triviale, literarische und alltägliche Ausdrücke«[7] treten, »so daß Verbindungen zwischen Gegenstand, Leser, Autor, Gedicht möglich werden«.[8] Schon Höllerer legt den Schwerpunkt des Gedichts auf die Konstitution von Subjektivität aus der Registration von Wahrnehmungen:

> »Im langen Gedicht bauen wir, aus den verschiedenen Wahrnehmungen, eine mögliche Welt um uns auf, sparen uns aus und erreichen auf diesem Weg, daß wir sichtbar werden.«[9]

Auch für Brinkmann stellten die Autoren der Beat Generation den ersten Versuch dar, »über das Verfolgen privater Vorlieben und Interessen den literarischen Ausdruck mit anderen künstlerischen Ausdrucksmöglichkeiten (Musik, Malerei) zu verbinden« (*FiW*, S. 386). Mit dieser erstaunlich raschen und intensiven Rezeption der Beat-Literatur in Deutschland war in den späten sechziger Jahren für den wesentlich von Brinkmann initiierten Transfer der amerikanischen Pop- und Underground-Literatur bereits der Boden bereitet.

Brinkmann und Ralf-Rainer Rygulla knüpften also an einige Vorgänger an, als sie zwischen 1968 und 1970 die Literatur der ›Neuen amerikanischen (und britischen) Szene‹ in Deutschland vorstellten. Hatten Enzensberger und Höllerer sich im wesentlichen um die Vermittlung der Arbeiten von Williams und Olson bemüht, so bezog sich Brinkmann in erster Linie auf

---

6 Walter Höllerer: »Thesen zum langen Gedicht«. In: Akzente 12 (1965), H. 2, S. 128-130, hier: S. 128.

7 Ebd., S. 130.

8 Ebd., S. 129.

9 Ebd., S. 128.

O'Hara, Burroughs, McClure und jüngere Autoren wie Ted Berrigan und Ron Padgett. Brinkmann und Rygulla differenzieren damit innerhalb der amerikanischen Gegenwartsliteratur zwischen der Beat Generation, die in den fünfziger Jahren die literarische Szene prägte, und den nachfolgenden Autoren der ›Neuen Sensibilität‹, die in den sechziger Jahren - parallel zur Pop Art und der frühen Postmoderne-Diskussion - an Bedeutung gewannen. Auch in ihrer editorischen Nachbemerkung zu *Acid* weisen Brinkmann und Rygulla auf diese Entwicklung hin:

> »Die Absicht dieses Buches ist, ein Gesamtklima vorzustellen, das sich seit dem Auftreten der Beat Generation Mitte der fünfziger Jahre andeutete und von der nachfolgenden jüngeren Generation aufgegriffen, modifiziert und weiterentwickelt worden ist.«[10]

Überdies ist die Vermittlungsleistung von Brinkmann und Rygulla nicht nur als Transfer der Underground-Literatur zu verstehen, sondern sie steht zugleich im weiteren Kontext der Globalisierung der angloamerikanischen Populärkultur, in deren Zuge ein Amalgam aus einem Impuls der europäischen Vorkriegsavantgarde und dem Formen- und Themeninventar der amerikanischen Populärkultur gegen die deutsche Nachkriegsliteratur ausgespielt werden konnte. So interessierte sich Brinkmann für den Umgang der amerikanischen Pop Art mit dem alltäglichen Bildinventar von Comics, Werbung und visuellen Medien, er suchte den intermedialen Austausch zwischen Literatur und den audiovisuellen Medien, beschäftigte sich mit den postmodernistischen Sinnlichkeitsutopien von Leslie A. Fiedler und Susan Sontag, und nicht zuletzt begeisterte er sich für die amerikanische und britische Rock- und Popmusik der späten sechziger Jahre:

> »Die Sensibilität, die sich - ›positiv und negativ‹ - in den leeren, metallenen Landschaften Roy Lichtensteins ausdrückt, in den Bildern Andy Warhols, in den Gerümpellandschaften einer Mary Beach, in der flikkernden, aufgelösten Raum-Zeit-Logik bei Burroughs [...], kann nicht mehr länger heute mit Interpretationen von gestern begriffen werden... und warum also nicht die gesicherten Kategorien aufgeben (die ja doch nicht mehr ausreichen, die Produkte zu charakterisieren) und weitergehen, tatsächlich das Gesicherte aufgeben?« (*FiW*, S. 383)

---

[10] Rolf Dieter Brinkmann / Ralf-Rainer Rygulla: »Nachwort der Herausgeber«, a.a.O., S. 418.

Die amerikanische und britische Underground-Literatur präsentierten Brinkmann und sein Kölner Freundeskreis in der von Rygulla edierten Anthologie *Fuck you* (1968), in Brinkmanns Übersetzungen der Gedichte von Frank O'Hara (1969) und Ted Berrigan (1970), in Rolf Eckart Johns Übersetzung von John Giornos *Cunt* (1969), in den ersten drei Heften des *Gummibaum*, der von Brinkmann, Rygulla und John herausgegebenen hektographierten ›Hauszeitschrift für neue Dichtung‹ (1969/70), im von Brinkmann herausgegebenen Band *Silverscreen* (1969) sowie in der von Brinkmann und Rygulla gemeinsam publizierten Anthologie *Acid* (1969). Den Abschluß der vom ›Brinkmann-Kreis‹ bekanntgemachten Underground-Literatur machte Rolf Eckart Johns *Mondstrip. Neue englische Prosa* (1971). Eine von Rygulla unter dem Titel *Die schnellste Pizza der Welt. Neue Gedichte aus England* geplante Anthologie mit britischen Underground-Gedichten kam hingegen nicht zustande. Jörg Schröder, der Verleger, erinnert sich, das Buch sei »die langsamste Pizza der Welt« gewesen, er habe »davon nie ein Manuskript gesehen, nur eine Zahlungsanweisung über einen Vorschuß unterschrieben.«[11]

Schröders im März 1969 gegründeter *März Verlag*, in dessen Programm die amerikanische, britische und deutsche Underground-Literatur breiten Raum einnahm, hatte bei diesem Transfer eine katalytische Funktion. Schröder hatte Brinkmann schon 1963 kennengelernt, als er noch als Werbeleiter und Pressechef bei Kiepenheuer & Witsch arbeitete. Obwohl sich beide anfänglich nicht besonders gut verstanden hatten, zeichnete sich zwischen ihnen doch eine weitgehende Übereinstimmung der literarischen Vorlieben ab:

[11] Jörg Schröder: *Zum harten Kern. Über Rolf Dieter Brinkmann.* Fuchstal: MÄRZ Desktop Verlag 1992, S. 24. – Die britische Pop-Lyrik von Autoren wie Tom Raworth, Barry MacSweeney und den Autoren der ›Liverpool Scene‹ wie Brian Patten, Adrian Henri oder Roger McGough wird auf die gleichen amerikanischen Vorbilder zurückgeführt wie etwa Brinkmanns Arbeiten. Außerdem wird auch hier der Einfluß der Popmusik angeführt. In den Anmerkungen zu den *März Texten 1* heißt es über diese englischen Pop-Lyriker: »Der subjektive Ausdruck einer Lebensempfindung, der den Charakter dieser Gedichte bestimmt, führt auf Einflüsse der jungen amerikanischen Lyrik, hier vor allem auf Frank O'Hara und die New Yorker Schule: Ted Berrigan, Ron Padgett, Dick Gallup, zurück. [...] In der Nachfolge der Popmusik Szene dokumentieren sie eine Sensibilität, die das Gedicht durch Hereinnahme eines ›gewöhnlichen‹ Materials vom Anspruch eines kostbaren Kulturmaskottchens befreit und es so überraschend ›populär‹ macht.« – *März Texte 1.* Darmstadt: März-Verlag 1969, S. 301.

»Da habe ich mich also morgens mit Brinkmann unterhalten, wir als Jungtürken über Beat und Fluxus, da waren wir uns sehr einig über den Schrottbetrieb der Literatur.«[12]

Als Schröder dann den Darmstädter Melzer Verlag leitete, schlug Brinkmann ihm zunächst Rygullas Anthologie *Fuck you* vor, die Schröder schließlich 1968 realisierte. Nach der Sezession von Melzer und der Gründung des *März Verlags* wurde *Acid* zu dessen erstem Projekt. Schröder erinnert sich, Brinkmann habe trotz unzähliger Reibereien »den März Verlag sofort zu seinem Literaturladen machen« wollen[13], und Rygulla übernahm anschließend sogar gemeinsam mit K.D. Wolff das Lektorat des Verlags.[14] Brinkmann und Rygulla waren für *März* vor allem als Anreger bedeutsam: »Einige Titel und Autoren sind mir überhaupt erst durch die Lektorate von Brinkmann und Rygulla bewußt geworden.«[15]

Im literarischen Programm erschienen in der Folgezeit Bücher von Ted Berrigan, Joe Brainard, Leonard Cohen, Jan Cremer, Robert Crumb, Jim Dine, Leslie Fiedler, John Giorno, Ken Kesey, Gerard Malanga, Irving Rosenthal, Harry Mathews und Michael McClure, aber auch von deutschen Autoren wie Peter O. Chotjewitz, Paulus Böhmer, Gunter Rambow, Bernd Brummbär und Wolf Wondratschek. Außerdem kamen bei *März* neben *Acid* und *Mondstrip* weitere wichtige Anthologien wie die *März Texte 1* (1969) oder Renate Matthaeis *Trivialmythen* (1970) heraus.

Dennoch konnte sich Brinkmann mit seinen Vorstellungen im *März Verlag* nicht vollständig behaupten:

12 Jörg Schröder: *Zum harten Kern*, a.a.O., S. 7f.

13 Ernst Herhaus / Jörg Schröder: *Siegfried*. Jossa: März o.J., S. 212.

14 Schröder hat rückblickend nicht die besten Erinnerungen an das Rygulla-Wolff-Lektorat: »Wenn da ein Rygulla sitzt und Musik hört und K.D. Wolff in der aufgezogenen Schreibtischschublade immer den letzten Olympia-Porno liest, anstatt ›Roter Stern über China‹ zu redigieren. [...] Natürlich ist im Verlag ab und zu gearbeitet worden, aber viel zuwenig, das hielt der Laden nicht aus. Ich hatte damals nicht die Kraft oder die Lust, oder ich war zu dämlich oder nicht autoritär genug, um das abzustellen.« – Jörg Schröder: *Zum harten Kern*, a.a.O., S. 14.

15 Ebd., S. 28.

»Er versuchte bestimmte Titel durchzusetzen und wollte, daß andere Titel nicht erschienen. [...] Daß auch politische Texte bei März erschienen, hat er zähneknirschend hinnehmen müssen, und daß er es nicht ändern konnte, hat ihn fürchterlich aufgeregt.«[16]

Als es nach einer rüden Attacke Brinkmanns gegen einen Verlagsbuchhalter zum endgültigen Bruch mit Schröder gekommen war, erschienen bei März keine Arbeiten von Brinkmann mehr. Auch der bereits angekündigte Band *Omnibus* ist nie veröffentlicht worden, zumal Brinkmann sich zunehmend auch von Rygulla distanzierte:

»Es kamen keine Manuskripte von Brinkmann, das Buch wäre sonst erschienen, denn der Bruch war [...] nicht so, daß ich nichts mehr von ihm veröffentlicht hätte. [...] Brinkmann und Rygulla korrespondierten bis Ende 1970 über den ›Omnibus‹. Der Bruch zwischen ihnen vollzog sich nicht spontan, sondern das Verhältnis kühlte sich ab.«[17]

Für Brinkmanns Kenntnis der amerikanischen Underground-Literatur war seine Freundschaft zu Rygulla von großer Bedeutung. Brinkmann hatte die amerikanische Underground-Literatur *und* die angelsächsische Populärkultur seit 1965 sukzessive kennengelernt, vor allem durch Reisen nach London, das in den ›Swinging Sixties‹ zur internationalen Pop-Metropole aufgestiegen war.

Dort machte Brinkmann die für seine Arbeit der folgenden Jahre fundamentalen literarischen Entdeckungen in der »Charing Cross Road, wo ich bei Better Books und Foyles sitze und die vielen kleinen City Lights Pamphlets durchsehe« (*Erk*, S. 313). Daß dies auch Veränderungen für die erstarrte ›hohe‹ Literatur nach sich zog, bewunderte er an der »jähen Mobilität der Lyrikszene in England, das sich doch so lange einer konservativen Gedichtart erfreuen durfte« (*N*, S. 17), nun aber in kleinen Lyrik-Zeitschriften und in der Verbindung von »Rock-Musik mit Gedichtrezitationen« (*N*, S. 22) subkulturelle Präsentationsformen für Literatur erprobte, welche die Mechanismen des offiziellen Literaturbetriebs unterliefen.

Ohne seine wiederholten Besuche in London und die Hilfestellungen seiner Freunde Ralf-Rainer Rygulla und Rolf Eckart John, die dort zeitweise als

---

16 Ebd., S. 12.
17 Ebd., S. 18f.

Buchhändler gearbeitet hatten, ist diese Assimilation nicht denkbar. Jürgen Theobaldy, am 23. April 1975 Augenzeuge von Brinkmanns tödlichem Verkehrsunfall in London (!), hat rückblickend darauf hingewiesen, daß Rygulla und John »ihm die *small magazines* gezeigt« hatten.[18] Über die bereits erwähnten, durch Übersetzungen bekannten Arbeiten hinaus bot sich in den Veröffentlichungen amerikanischer Kleinverlage die Möglichkeit, auch das Werk von noch unbekannten amerikanischen Underground-Autoren bzw. noch unbekannte Texte der bereits in Deutschland eingeführten Autoren kennenzulernen. Renate Matthaei, seinerzeit Lektorin im Verlag Kiepenheuer & Witsch, erinnert sich:

> »Die ganze amerikanische Underground-Literatur hat Brinkmann ständig um- und umgewühlt. Daraus hat er seine Hauptanregungen gezogen. Er brachte wieder neue Autoren an, und deren Texte mußten dann übersetzt werden. Er hat auch selbst übersetzt, dann hat Rygulla übersetzt und Rolf Eckart John. Die drei haben auch ständig zusammengesessen, das lief alles über Brinkmann. Er konnte seine Ideen alleine überhaupt nicht verwirklichen, er brauchte immer eine Gruppe. [...] Da haben Rygulla und John eine ganz aktive Rolle gespielt, denn die beiden waren in London Buchhändler. Brinkmann ist am Anfang auch immer nach London gefahren und hat die besucht. Die beiden sind dann später von London nach Köln gekommen. London war damals das Mekka dieser ganzen neuen Literaturszene. Dort haben Rygulla und er gestöbert und die Dinge gefunden, die es hier nicht gab.«[19]

Und auch Rygulla betont die kooperative Herangehensweise an die gemeinsamen Editionsprojekte:

> »An diesen Büchern haben wir parallel und zusammen gearbeitet. Unser Rahmen war das tägliche Zusammensein, unsere Freundschaft. Wir lasen dieselben Sachen, wir wählten dieselbe Blickrichtung, entwickelten dieselben Intensitäten. In der Zeit unseres Zusammenseins war jeder an der Arbeit des anderen unmittelbar beteiligt.«[20]

---

18 Jürgen Theobaldy: »Bevor die Musik vorbei ist. Zu Rolf Dieter Brinkmann«. In: Literaturmagazin 15/1985, S. 10-21, hier: S. 18.

19 Zit. nach Wolfgang Rüger: »Direkt aus der Mitte von Nirgendwo«, a.a.O., S. 81f.

20 Gunter Geduldig / Marco Sagurna: »›Es genügten ihm seine Empfindungen der Welt gegenüber‹«, a.a.O., S. 97f. – Brinkmann hingegen führt in seinen späteren Materialbänden im Kontext seiner Distanzierung von seinem sozialen Umfeld der späten sechziger

An den amerikanischen Underground-Autoren der späten sechziger Jahre bewunderte Brinkmann, daß es ihnen weniger als ihren Vorgängern aus der Beat Generation darum gehe, »ausdrücklich und häufig *zwanghaft amerikanisch*« (*N*, S. 10) zu sein. Dadurch, so Brinkmann, gewännen diese Arbeiten wiederum einen nachhaltigen Einfluß auf die zeitgenössische europäische Literatur, zumal das Denken in nationalen kulturellen und literarischen Traditionen ohnehin an ein Ende gekommen sei.

Die Kenntnis dieser Texte ermöglichte es Brinkmann, der – wie Diedrich Diederichsen pointiert angemerkt hat – eine »deutsche Literatur auf der Flucht vor dem und den Deutschen«[21] initiiert hat, einen anderen, eben sub- und popkulturellen Bezug zu Amerika zu konstituieren, der sich von den ›offiziellen‹ Bekenntnissen zu den USA als der westalliierten Schutzmacht ebenso unterscheidet wie von der Zivilisationskritik eines ›völkischen‹ Antiamerikanismus. Statt dessen erscheinen die amerikanische Populärkultur und die Underground-Literatur als Leitbilder einer ›Neuen Sensibilität‹ im Sinne Susan Sontags, die es den jungen Schriftstellern der sechziger Jahre gestattet hat, sich von den Paradigmen der klassischen Moderne zu lösen:

> »Die Isolation, die mit der Ausprägung einer an eine bestimmte Sprache und Nation gebundenen Literatur begonnen hat, wird heute mehr und mehr durch eine einheitliche Sensibilität gegenüber den vorhandenen Zuständen und dem in den bestehenden Zuständen eingeschlossenen Material durchbrochen. Eine globale Empfindsamkeit beginnt sich anzudeuten, wie sie auch in den Studentenaufständen überall wirksam wird. [...] Es entsteht neu ein literarischer Großraum durch Adaptionen, gleiche Materialbehandlung, durch eine aus den literarischen Konventionen sich lösende Subjektivierung des Schreibens.« (*N*, S. 10f.)

Den Anfang der Reihe deutscher Anthologien mit amerikanischer Underground-Literatur machten drei Lyriksammlungen. Zunächst erschien im

---

Jahre eine scharfe ›Abrechnung‹ mit Rygulla: »Erinnerung:: (Detail!):: Wie verteufelt Wütend ich war, als ich sah, in welche Hände das Buch Acid kam, dass Ryg. nie so gemacht hätte (dachte an ein kleines Heftchen im Comic-Format!) ((:: Und kriegte laufend Schiß wegen des größer und größer werdenden Projekts und der Arbeit!!!)) //: sehe ihn noch da sitzen, und jetzt reitet er darauf, baaahh! ///::: (Besitzt die Mentalität eines Angestellten, der sich laufend überfordert dünkt!)« (*Erk*, S. 219).

21 Diedrich Diederichsen: »Spirituelle Reaktionäre und völkische Vernunftkritiker«. In: ders., *Freiheit macht arm. Das Leben nach Rock'n'Roll 1990-93*. Köln: Kiepenheuer & Witsch 1993, S. 117-157, hier: S. 151.

Melzer Verlag Rygullas zweisprachige Sammlung *Fuck you*, in der er Gedichte u.a. von Ted Berrigan, Charles Bukowski, Tuli Kupferberg, Frank O'Hara, Ed Sanders, Philip Whalen und John Wieners vorstellte.[22] 1969 folgten bei Kiepenheuer & Witsch O'Haras *Lunch Poems* und die von Brinkmann herausgebrachte Sammlung *Silverscreen*, die sich ebenfalls auf die Lyrik konzentrierte, jedoch neben weiteren Gedichten der schon in *Fuck you* präsentierten Autoren zusätzliche Repräsentanten des amerikanischen Underground vorstellte.[23]

In der bereits im Frühjahr 1969 gemeinsam verantworteten *Acid*-Anthologie, die mit einer Startauflage von 20.000 Exemplaren und mehreren weiteren Auflagen rasch zum wichtigsten Dokument der literarischen Subkultur der späten sechziger Jahre wurde, erweiterten Brinkmann und Rygulla schließlich ihren Blick auf die ›neue amerikanische Szene‹ und stellten nicht nur zahlreiche Gedichte und Prosatexte, sondern auch Essays, Zeichnungen und Comic-Strips (u.a. von Robert Crumb), Fotografien, Collagen und *objets trouvés* sowie Interviews mit John Cage, Andy Warhol, Frank Zappa und einem anonymen Hippie vor.[24] Angestrebt wurde das repräsentative »Gesamtbild einer einheitlichen Sensibilität, die sowohl den Trivialbereich wie den hochkulturellen Bereich einschließt und für die Begriffe wie Pop oder Sub-Kultur nicht ausreichen«.[25]

Theoretische Konturen dieses Gesamtbilds sollten zahlreiche Essays über verschiedene Aspekte der amerikanischen Underground-Kultur umreißen. So reflektierten etwa Tuli Kupferberg, Peter Stafford und Chester Anderson über die Bedeutung der Rockmusik und des Drogenkonsums für soziale und kulturelle Veränderungen; Leslie A. Fiedler, Calvin C. Hernton, John Clellon Holmes, Michael McClure, Parker Tyler sowie Marshall McLuhan und George B. Leonard nahmen die von den antiautoritären Bewegungen angestrebten und teilweise realisierten Veränderungen der tradierten sozialen Rollenmuster in den Blick; Jonas Mekas und Gregory Battcock setzten sich mit dem Experimental- und Underground-Film auseinander, und John Perreault umriß das Spektrum der amerikanischen Gegenwartskunst. Außerdem wur-

---

22 Ralf-Rainer Rygulla (Hrsg.): *Fuck you! Underground-Gedichte.* Darmstadt: Melzer 1968.

23 Frank O'Hara: *Lunch Poems und andere Gedichte.* Hrsg. von Rolf Dieter Brinkmann. Köln: Kiepenheuer & Witsch 1969. – Rolf Dieter Brinkmann: *Silverscreen. Neue amerikanische Lyrik.* Köln: Kiepenheuer & Witsch 1969.

24 Rolf Dieter Brinkmann / Ralf-Rainer Rygulla (Hrsg.): *Acid. Neue amerikanische Szene.* Darmstadt: März 1969.

25 Dies.: »Nachbemerkung der Herausgeber«. In: dies. (Hrsg.), *Acid*, a.a.O., S. 417-418, hier: S. 417.

den in *Acid* kurze Prosatexte von Donald Barthelme, Mary Beach, William S. Burroughs, Fielding Dawson, Harold Norse, Harry Mathews und Tom Veitch sowie Gedichte von Ted Berrigan, Paul Blackburn, Larry Fagin, Dick Gallup, John Giorno, Gerard Malanga, Michael McClure, Ron Padgett, Ed Sanders, Anne Waldman und vielen anderen vorgestellt.

Im Hinblick auf Brinkmanns Lyrikproduktion stößt man dabei neben inhaltlichen und poetologischen Mustern auch auf eher ›äußerliche‹ Korrespondenzen wie das von Norman H. Hoegberg, Tom Clark und Sherry Barba praktizierte Verfahren des Drucks von Gedichten auf Fotounterlagen, das Brinkmann schon in *Godzilla* (1968) aufgegriffen hatte, sowie die Kollaborationen von Ron Padgett mit Ted Berrigan bzw. Tom Veitch, an die er vor allem mit Ralf-Rainer Rygulla, aber auch mit Rolf Eckart John und Maleen Brinkmann anknüpfte. Gleiches gilt auch für die Zusammenarbeit von Schriftstellern und Comic-Zeichnern, die Brinkmann in Joe Brainards Bearbeitungen der Gedichte von O'Hara, Berrigan, Padgett u.a. kennenlernte und anschließend mit dem Kölner Zeichner Berndt Höppner praktizierte.

Unter all den amerikanischen Autoren, die Brinkmann in Deutschland bekannt gemacht hat, haben ihn O'Hara und Burroughs am intensivsten und am nachhaltigsten beeinflußt. Von O'Hara, so Brinkmann, habe er gelernt, »daß schlechthin alles, was man sieht und womit man sich beschäftigt, wenn man es nur genau genug sieht und direkt genug wiedergibt, ein Gedicht werden kann, auch wenn es sich um ein Mittagessen handelt.« (*P*, S. 8f.) O'Hara hat seine eigenen Gedichte als ›I-do-this-I-do-that-poems‹ bezeichnet. Sie sind in der Regel Aufzeichnungen von banalen alltäglichen Ereignissen, von unvorhersehbaren Situationen, die das »offene ›Ich‹«[26] im Strudel der Eindrücke des Alltags in New York festhält. Dabei verwendet er häufig minutiöse Zeit- und Ortsangaben – so beginnt etwa das Gedicht *The Day Lady Died*, das sich auf den Tod der Jazzsängerin Billie Holiday bezieht, wie folgt:

»It is 12:20 in New York a Friday
three days after Bastille day, yes
it is 1959 and I get a shoeshine
because I will get off the 4:19 in Easthampton«[27]

---

[26] Marjorie Perloff: *Frank O'Hara: Poet among Painters*. Austin, London: University of Texas Press 1977, S. 122.

[27] Frank O'Hara: *The Collected Poems of Frank O'Hara*. Hrsg. von Donald Allen. New York: Knopf 1971, S. 325.

Außerdem werden zahlreiche Namen von Personen und Produkten, von Filmen, Büchern und Theaterstücken erwähnt, und dabei avanciert auch die amerikanische Populärkultur zu einem bevorzugten Sujet:

> »Das erlaubt ihm, alles mögliche in seine Gedichte aufzunehmen – die Abreise eines Freundes und die Anknunft von zwei anderen oder das Gerede eines Taxifahrers [...] – Schlagzeilen, die von Chruschtschow bis Marilyn Monroe reichen, Flips von Kanada oder der Park Avenue« usw. (*OH,* S. 71)

Allerdings erschöpft sich O'Haras Poetik nicht in einem bloßen Neorealismus. Seine Gedichte weisen stets über die Fixierung des Wahrgenommenen hinaus. Dies wird durch das erwähnte »offene ›Ich‹« gewährleistet, das eben nicht eine monadische, sondern eine *nomadische* Subjektivität voraussetzt. O'Haras ›realistische‹ Beschreibungen werden mit assoziativ eingestreuten ›surrealistischen‹ Traum- und Wunschphantasien kombiniert, so daß verschiedene semantische Ebenen miteinander verknüpft werden:

> »Es kam ihm nicht auf bestimmte Stile an, nicht auf formale Aspekte, sondern auf Bewegung, nicht auf das bloße Feststellen, auf akademisches Einordnen, sondern auf flexible Bezüge, eine offene Szene: Interesse, Aufmerksamkeit, Beteiligung sind O'Haras bevorzugte Wörter.« (*OH,* S. 66)

Für Brinkmann waren beide Aspekte von Bedeutung, um seine Orientierung am französischen Nouveau roman bzw. an Wellershoffs ›Neuem Realismus‹ zu überwinden. Ihn interessierte sowohl O'Haras postmodernistische Aktualisierung von avantgardistischen Impulsen als auch seine Ästhetisierung der Oberflächen, seine »landscapes without depth« (Charles Altieri)[28], die nicht zwangsläufig mit Bedeutungen aufgeladen werden. So hat auch Brinkmann behauptet, die Frage nach der Bedeutung sei sekundär, der literarische Text sei »einfach ›da‹«, er sei sein »eigenes Argument.« (*FiW,* S. 391)

Auch an Autoren wie Ted Berrigan und Ron Padgett oder an John Giornos Programm der ›Found Poetry‹ bewundert Brinkmann das Beiläufige der Gelegenheitsgedichte: »ich bin aber der Ansicht, daß sich lange Arbeitszeiten für ein literarisches Produkt gewöhnlich nicht ›lohnen‹.« (*A V,* S. 141) Zu den legitimen Verfahren rechnet er dabei auch die ›Oberflächenübersetzungen‹

[28] Zit. nach Marjorie Perloff: *Frank O'Hara,* a.a.O., S. 125.

und das unverblümte Plagiat, das seine amerikanischen Vorbilder ausdrücklich als ›New Plagiarism‹ (Ron Padgett) eingefordert hatten:

> »mach es neu und setz deinen Namen darunter – also: bewußt zu plagiieren. Man nimmt einen bereits ausgeschriebenen Text, streicht Wörter und Sätze durch und füllt die Leerstellen mit eigenen Wörtern und Sätzen.« (*FiW*, S. 390)

Das intermediale Moment jedoch, das ja schon in O'Haras Auseinandersetzung mit Filmsujets angeklungen war, wurde in Brinkmanns Texten wesentlich durch Burroughs angeregt. Zwar ist dessen Vorbild für die späteren Materialbände bedeutsamer als für die Texte der späten sechziger Jahre, doch basieren einige von Brinkmanns in den Essays formulierten Forderungen auf Burroughs' Ideen. Seine Bedeutung liegt vor allem darin, daß er zum einen mit der Grenzüberschreitung zu anderen Gattungen und Medien, mit der Übernahme von Techniken der audiovisuellen Medien Ernst macht, und sich zum anderen bewußt auf die Registration von fragmentierten sinnlichen Wahrnehmungen konzentriert. In diesem Sinne hat etwa Allen Ginsberg bemerkt, Burroughs denke beim Schreiben nicht in Worten, sondern er sehe Bilder aufblitzen.[29] Im literarischen Text kann er dabei nur das präsentieren, was er im Augenblick des Schreibens mit seinen Sinnesorganen wahrnimmt:

> »There is only one thing a writer can write about: *what is in front of his senses at the moment of writing.* ... I am a recording instrument. ... I do not presume to impose ›story‹ ›plot‹ ›continuity‹. ... In sofaras I succeed in *Direct* recording of certain areas of psychic process I may have limited function. ... I am not an entertainer.«[30]

Brinkmann sah in diesem Verfahren einen Weg, die selbstreferentielle Sprachfixierung, die in seinen Augen die deutschsprachige Nachkriegsliteratur dominierte, zugunsten der Freisetzung von Bildern zumindest partiell zu überwinden. Er hat es z.B. in seinem Prosatext *Flickermaschine* übernommen, in den er »Flickerbilder à la Burroughs« (*FiW*, S. 391) einmontiert und sich dabei an den von Burroughs und Brion Gysin entwickelten Cut-up- und Fold-in-Montagetechniken orientiert hat.

---

[29] Vgl. John Tytell: *Propheten der Apokalypse. William Burroughs, Jack Kerouac, Allen Ginsberg.* Wien, München, Zürich: Europaverlag 1979, S. 120.

[30] William S. Burroughs: *Naked Lunch.* New York: Grove Press 1966, S. 221.

Aber auch bei O'Hara hebt Brinkmann das intermediale Moment hervor, wenn er in dessen Werk prototypisch die Annäherung von Literatur und Malerei verwirklicht sieht. O'Hara, der als Mitarbeiter des New Yorker Museum of Modern Art zahlreiche Kontakte zu bildenden Künstlern hatte, hat in Zusammenarbeit mit Larry Rivers, Norman Bluhm, Jasper Johns und von 1963 bis 1966 dann vor allem mit Joe Brainard zahlreiche Bildgedichte bzw. ›Poem-Paintings‹ angefertigt. Für Brinkmann hat O'Hara damit schon in den späten fünfziger und frühen sechziger Jahren die Tendenz vorweggenommen, »das Eindimensionale schriftstellerischer Produkte aufzuheben [...] in der Ausdehnung eines Textes auf einen anderen künstlerischen Bereich.« (*OH*, S. 65)

Das programmatische Schlagwort für ein solches intermediales Schreiben jedoch hat Brinkmann weder von Burroughs noch von O'Hara, sondern von Jack Kerouac übernommen: »Bookmovie is the movie in words.«[31] Kerouac hatte schon 1959 gefordert, der literarische Text müsse als *›Film in Worten‹* eine Folge von Bildvorstellungen hervorrufen. Für Kerouacs Einfluß ist jedoch ein anderer Aspekt wichtiger als diese bloße Übernahme eines zugkräftigen Begriffs. Mit Kerouac hatte sich in der amerikanischen Literatur – nicht zuletzt unter dem Eindruck des Bebop – eine Ästhetik der Spontaneität durchgesetzt, für die ein literarischer Text den »undisturbed flow from the mind of personal secret idea-words«[32] vorstellen sollte. Dabei müsse der Autor, so Kerouacs Empfehlung, die Konditionierung durch die sprachlichen Konventionen der ›hohen‹ Literatur überwinden und sich statt dessen auf die alltägliche Umgangssprache einlassen. Die tradierten literarischen, grammatikalischen und syntaktischen Regeln spielten dabei keine Rolle, weil sie den Strom der subjektiven Erlebnisse kanalisierten: »Remove literary, grammatical and syntactical inhibition.«[33]

Hatte Hans Magnus Enzensberger 1962 in seinem Aufsatz *Die Aporien der Avantgarde* Kerouacs Plädoyer für eine neue Sensibilität der Wahrnehmung und eine anarchische Spontaneität des Schreibens noch als doktrinär und regressiv abgelehnt[34], so erschien es für Brinkmann als Ausgangspunkt für die

---

[31] Jack Kerouac: »Belief & Technique for Modern Prose« (1959). In: Ann Charters (Hrsg.), *The Portable Beat Reader*. Harmondsworth: Penguin 1992, S. 58-59, hier: S. 59.

[32] Ders.: »The Essentials of Spontaneous Prose« (1959). In: Ann Charters (Hrsg.), *The Portable Beat-Reader*, a.a.O., S. 57-58, hier: S. 57.

[33] Ders.: »Belief & Technique for Modern Prose«, a.a.O., S. 59.

[34] Vgl. Hans Magnus Enzensberger: »Die Aporien der Avantgarde«. In: ders., *Einzelheiten II: Poesie und Politik*. Frankfurt/M.: Suhrkamp 1984, S. 50-80.

literarische Umsetzung der postmodernistischen Sinnlichkeitsutopien im literarischen Text:

> »Enzensbergers ablehnende Haltung gegenüber dem Statement Kerouacs kann symptomatisch genommen werden für die bekannte Unsinnlichkeit des Denkens abendländischer Intellektueller, die heute zu Recht sich ausgeschlossen sehen von einer Bewegung, die auf erweiterte Sinnlichkeit drängt, die ganz selbstverständlich auch das Denken, die Reflexionsfähigkeit in sich aufgenommen hat. Es ist tatsächlich nicht einzusehen, warum nicht ein Gedanke die Attraktivität von Titten einer 19jährigen haben sollte, an die man gerne faßt...« (*FiW*, S. 384)

Eine solche Haltung wurde im deutschen Literaturbetrieb jedoch nicht akzeptiert. In der ›offiziellen‹ Literaturkritik stießen die Underground-Anthologien denn auch überwiegend auf Unverständnis; vor allem die *Acid*-Edition wurde als »neue Esoterik«[35], als »Pseudoereignis« und »verquollene Exhibition« für »neue Schwarmgeister und Wirrköpfe«[36] abgetan. Bestenfalls wurde konzediert, das Buch sei zumindest eine »gute Sammlung schlechter Literatur«[37] bzw. »eine repräsentative Auswahl zum besonderen Verständnis der neuen kulturellen Szene in den USA«.[38] In der sich auch in Deutschland formierenden literarischen Subkultur jedoch erreichte *Acid* rasch Kultstatus. Der deutsche Sektor des neuen literarischen ›Großraums‹ konstituierte sich also über die Akkulturation von angloamerikanischen Vorbildern. Brinkmann hat daran in den späten sechziger Jahren großen Anteil gehabt, so daß Diederichsen zu Recht schreiben konnte, es sei Brinkmann gewesen, der »auf literarischer Ebene die Spritze nordamerikanischer Kultur injiziert« habe, »die das Leben in der BRD erträglich gemacht hat (und teilweise aus amerikanischer Kultur wegen doppelter Fremdheit mehr machte als die USA)«.[39]

---

[35] Dieter Baacke: »Zur Revolte des Underground«. In: Merkur 23 (1969), S. 971-974, hier: S. 974.

[36] Siegfried Schober: »Der Untergrund wird verramscht. Zeugnisse aus einer Alchimistenküche«. In: Die Zeit 24 (1969), Nr. 49 (5.12.1969), S. 26f.

[37] Jost Nolte: »Aufstand gegen die Grammatik?«. In: Die Welt, 8.1.1970.

[38] Holger Masata: »Die Befreiung des Gedankens. ACID – Eine Dokumentation über die amerikanische Subkultur«. In: Publik, 1.8.1969.

[39] Diedrich Diederichsen: »Spirituelle Reaktionäre und völkische Vernunftkritiker«, a.a.O., S. 151.

Brinkmann und der literarische Underground in Deutschland

»›Die Xerographie – geistiger Diebstahl für alle – kündigt die Zeiten des Sofortbuches an‹ (M. McLuhan).« (*N*, S. 27)

Vom Underground war bislang des öfteren die Rede, ohne daß bereits die Konturen dieses vagen Begriffs umrissen worden wären. Vor allem stellt sich die Frage, was unter Underground im Kontext der literarischen Subkultur der späten sechziger Jahre zu verstehen sein könnte. In den USA hatte sich als ›Underground‹ ein recht heterogenes Amalgam aus verschiedenen Milieus mit bestimmten kulturellen Präferenzen und Verhaltensweisen herauskristallisiert, zu denen etwa die Begeisterung für Rockmusik, für psychedelische Drogen, für ›freie‹ Sexualität ebenso zählte wie lange Haare und ein bestimmter Dresskode – kurzum: ›Underground‹ war ein Sammelbegriff für diverse Gruppierungen der amerikanischen Protestbewegung, der dort nicht nur die ›New Left‹, sondern auch die Subkulturen der Hippies, Yippies, Diggers etc. umfaßte.

Von Literatur kann in diesem Kontext bestenfalls als einem partiellen Phänomen die Rede sein. Auch Brinkmann, der ja mit *Acid* überhaupt erst das Fundament für den Import von Underground-*Literatur* bereitet hat, hat in einem Fernsehinterview den kulturellen und nur indirekt auch gesellschaftlich relevanten Underground in diesem allgemeinen Sinne umschrieben:

> »Underground bedeutet zunächst einmal ein allgemeines Verhalten, das sich abgesetzt hat von dem Verhalten der älteren Generation, die eben nur noch permanent sich selbst repräsentieren kann, und man hat sich davon abgesetzt und geht seine eigenen Wege.«[40]

Im Rahmen dieses aus den USA übernommenen Konzepts formierte sich hierzulande auch eine *literarische* Subkultur, gleichsam als literarisches Segment des an sich wesentlich breiteren Underground. Damit war eine spezifische Produktions- und Distributionsweise von Literatur verbunden. Jürgen Ploog etwa, einer der Underground-Pioniere in Deutschland, erinnert sich, der literarische Underground sei damals mit kleinen Zeitschriften verbunden gewesen, »einer anderen Art von Präsentation, vielleicht auch einer anderen

[40] Zit. nach *Als ich ohne Wörter im Kopf war, begann ich zu sehen. Zur Aktualität Rolf Dieter Brinkmanns.* Fernsehfilm von Ludwig Brundiers. WDR 1988.

Art von Leserschaft, die auch äußerlich anders aussah als der Normalbürger.«[41] Neben dem Einfluß aus den USA wurde damit auch an die deutsche Tradition der Kleinverlage angeknüpft, die sich seit 1970 z.B. in der Durchführung der *Mainzer Minipressen-Messen* oder in der Einrichtung von Josef Wintjes' *Literarischem Informationszentrum*, das auch den *Ulcus Molle Infodienst* herausgab, niederschlug. Wie schon in den zwanziger Jahren etablierte sich ein umfassendes Netz von Kleinverlagen, die sich den Arbeiten jener Autoren widmeten, die von den etablierten Verlagshäusern übersehen oder ignoriert wurden.

Doch stellten die meisten Kleinverlage gezielt ausgesprochen bibliophile Drucke her, die sich gerade dank dieser Qualität neben den Großverlagen auf dem Markt behaupten sollten. Für Brinkmann litten die traditionellen Kleinverlage jedoch gerade dadurch »an einer höchst billigen, widerlichen Krankheit [...], nämlich der: es möglichst perfekt und gehaltvoll den großen Verlagen nachzumachen.«[42] Daher gelinge es ihnen auch nicht, eine Literatur zu initiieren, die sich nicht auch in den Programmen der großen Verlagshäuser hätte wiederfinden können. In ihren Büchern reproduzierten die Kleinverlage, so Brinkmanns brüskes Urteil in einem Brief an Hartmut Sander, die gleichen »Metapherschwulereien, Aftertiefen Gedanken in der Prosa, tendenzlose Modernität, Hausfrauenlyrik«[43] usw., die auch die Veröffentlichungen der Großverlage kennzeichneten. Auch für die große Bedeutung, die der bibliophilen Ausstattung dieser Bücher beigemessen wird, hat Brinkmann nur Spott übrig:

> »Das ganze bekommt einen graphischen Anstrich! Seltenheitswerte! Raritäten, nur weil das Heftchen oder Büchelchen handgesetzt ist, nein, nein, nein [...]. Die Rixendorfer ›Dichter und Maler‹ können kein Vorbild sein: alles was dort fabriziert [wird,] ist Kunstgewerbe, Privates, das keinen Objektiven gehalt in sich verbi[r]gt, allenfalls Plüschathmosphäre von Oma und Opa.«[44]

Dagegen stellt Brinkmann das Vorbild des amerikanischen Underground, in dem kleine Verlage »auf Grund ihrer relativen Unabhängigkeit wider die schon konsumreife Literatur drucken, etwas an Texten [...] publizieren, in

---

[41] Wolfgang Rüger / Jürgen Ploog: »Der Schnitt als Augenblick der Wirklichkeit« [Interview]. In: Flugasche 9 (1988), H. 25, S. 28-32, hier: S. 28.

[42] Rolf Dieter Brinkmann: Brief an Hartmut Sander, a.a.O.

[43] Ebd.

[44] Ebd.

denen nicht mehr der alte Scheiß von Dichtung herumwabert.«[45] Allerdings übersieht er dabei, daß es auch im deutschen Literaturbetrieb schon zuvor eine lebhafte Kleinverlagslandschaft gegeben hat, an die jedoch im 68er Kontext erst nach dem Bekanntwerden der amerikanischen Underground-Literatur wieder angeknüpft worden ist. Seit der Beat Generation, deren erste Texte von den etablierten Verlagen abgelehnt worden waren, war in den USA ein ›alternativer‹ Literaturbetrieb mit eigenen Vertriebswegen entstanden. Vor allem Lawrence Ferlinghetti hatte in San Francisco mit seinem *City Lights Books*-Verlag und der *Evergreen Review* die beiden zentralen Foren für die Beat-Literatur geschaffen. Auch in den anderen amerikanischen Metropolen entstanden nicht nur zahlreiche journalistische Underground-Zeitschriften, sondern auch literarische Magazine wie *Beatitude, Big Table, Kulchur, My Own Magazine, The World* oder *Fuck You.* Die Underground-Presse hatte sich konstituiert, um den Lebensstil, aber auch die künstlerischen Ausdrucksformen der amerikanischen Hippies, Yippies u.a. *selbst* zu reflektieren und aktiv zu gestalten, ohne daß das Selbstbild allzusehr durch die Fremdzuschreibungen der ›offiziellen‹ Medien geprägt worden wäre.

Erste Einflüße machten sich in Deutschland auf der von Horst Bingel organisierten *Literarischen Messe 1968* in Frankfurt bemerkbar, wo zahlreiche internationale Literaturzeitschriften vorgestellt wurden. Nicht zufällig findet sich im Katalog ein Gespräch mit Allen Ginsberg, Timothy Leary, Alan Watts und Gary Snyder zum Phänomen des Underground.[46] Damit verband sich die deutsche Minipressen-Tradition mit Anregungen, die aus der in den sechziger Jahren in Deutschland rezipierten Literatur der Beat Generation und der ›Neuen amerikanischen Szene‹ kamen. So waren Autoren wie Brinkmann vom breiten Spektrum der ›little mags‹ und von der Initiation von eigenen Publikationsformen ebenso begeistert wie vom Erfolg eines eigenen Underground-Verlags wie der *City Lights Books:* »Im Vorfeld bundesdeutscher Literatur tat sich etwas. Man begann sich so langsam als ›neue deutsche Scene‹ zu begreifen. Die Suche nach Gemeinsamkeiten setzte ein...«[47]

Brinkmann bewunderte am amerikanischen Underground, jenem »Bereich der kleinen Magazine, der kleinen Pressen, die aus der Eigeninitiative der Autoren entstehen«, daß sie – »im Gegensatz zu den kleinen Pressen

[45] Ebd.

[46] Vgl. Horst Bingel: *Literarische Messe 1968. Handpressen, Flugblätter, Zeitschriften der Avantgarde.* Frankfurt/M.: Metopen-Verlag 1968.

[47] Peter Engel / Christian W. Schmitt: *Klitzekleine Bertelsmänner. Literarisch-publizistische Alternativen 1965-1973.* Scheden: Gauke 1974, S. 22.

der BRD – keineswegs mit den Groß-Verlagen konkurrieren wollen, indem sie schönere Bücher mit etablierten Autoren machen oder überhaupt nur ›schöne‹ Bücher« (*FiW*, S. 392). Dieser amerikanische Underground, so Brinkmann, sei »ausgeschert aus dem Marktbereich« (*FiW*, S. 392). Er war mithin – aller Rhetorik zum Trotz – gar nicht so sehr eine antikapitalistische Gegenproduktion gegen die Veröffentlichungen der etablierten Verlage, sondern vielmehr eine *nicht*-kapitalistische Parallelproduktion, für die ökonomische Kriterien nur von nachgeordneter Bedeutung sind: »Was uns gefällt, wird gemacht.«[48] Auch Brinkmann hat dieses Modell für sein eigenes Schreib- und Veröffentlichungsverhalten übernommen: Zum einen war er – vor allem mit dem *Gummibaum*, seiner ›Hauszeitschrift für neue Dichtung‹ – einer der Anreger des literarischen Underground in Deutschland, zum anderen aber hat er sich nicht gescheut, bei einem Großverlag wie Kiepenheuer & Witsch zu veröffentlichen.[49]

Der regelrechte Boom der literarischen Zeitschriften, der Ende der sechziger Jahre ausbrach, hatte zwei unabdingbare Voraussetzungen: eine sozialhistorische und eine technologische. Zum einen ist die antiautoritäre Protestbewegung zu berücksichtigen, in deren Kontext der Bedarf nach Publikationsmedien aufkam, die von den großen Medienkonzernen unabhängig waren. Dies führte neben einer Flut von Flugblättern zur Entstehung eines breiten Spektrums von ›alternativen‹ politischen (z.B. *Linkeck*, *Agit*

---

[48] Benno Käsmayr, zit. nach Thomas Daum: *Die 2. Kultur. Alternativliteratur in der Bundesrepublik.* Mainz: NewLit 1981, S. 92.

[49] Angesichts der hohen Bedeutung, die Brinkmann den kleinen Underground-Verlagen beigemessen hat, überrascht es, daß er insgesamt recht wenig in Publikationen aus solchen Verlagen veröffentlicht hat. Ein wichtiger Grund war sicherlich auch seine gereizte Aggressivität im Umgang mit Verlegern und Lektoren. Dies spiegelt sich nicht nur in den Erinnerungen von Dieter Wellershoff und Renate Matthaei, seinen Lektoren bei Kiepenheuer & Witsch, sowie Jörg Schröder, seinem *März*-Verleger, sondern schon in dem kurzzeitigen Kontakt zu Hartmut Sanders *Oberbaumpresse*, in der ein Brinkmann-Band erscheinen sollte. Allerdings kam es über die Ausstattung zum Eklat – was schon an sich bedeutsam ist, weil doch Brinkmann andererseits stets so vehement auf der Anspruchslosigkeit des ›Einfach-anfangens‹ bestanden hat. In einem Brief vom 4. Januar 1967 erhebt Brinkmann den Vorwurf, die geplante Aufmachung würde nicht einmal ein Damenalmanach veröffentlichen. Und weiter heißt es: »Jeder gelernte Grafiker vermag es besser, chikere [sic!], wirksamere und vor allem den Texten entgegenkommendere Graphik [zu] fabrizieren als Dein Kompagnon! [...] Da faselst Du von Köder und Aufmachung und den Leuten etwas bieten und bringst [s]olch einen Prospekt und solch ein Programm heraus? Solch eine Aufmachung? [...] Es offenbart sich in der Aufmachung meines Bandes einfach totaler Kitsch! Noch nicht einmal ›Musenallmanachqualität‹!« – Rolf Dieter Brinkmann: Brief an Hartmut Sander, a.a.O., o.P.

883, Charlie Kaputt) und literarischen Zeitschriften. Zum anderen hat die Entwicklung der Reproduktionstechnologien – vor allem der Kopiergeräte und des Offsetdrucks – eine kostengünstige und schnelle Produktion überhaupt erst ermöglicht. Auf diese Weise konnte ein Forum für die Publikation von literarischen Texten geschaffen werden, die im ›offiziellen‹ Literaturbetrieb keine Veröffentlichungschance hatten. Die hektographierten ›little mags‹ wurden dadurch – wie schon einmal in den ersten beiden Dekaden des Jahrhunderts die Zeitschriften der historischen Avantgardebewegungen – zum wichtigsten Kommunikationsmedium des literarischen Underground. Gerade das Offset-Verfahren ermöglichte die unkomplizierte Reproduktion von Texten und Zeichnungen; es eröffnete einen zuvor verschlossenen Spielraum an gestalterischen Möglichkeiten, weil nun mit einer Druckvorlage aus normalem Papier gearbeitet werden konnte. Dies machte es erst möglich, daß literarische Veröffentlichungen ohne größere Vorkenntnisse und mit geringerem finanziellen Aufwand im Selbstverlag produziert werden konnten.

Mit dem *Gummibaum* haben Brinkmann und sein Kölner Freundeskreis um Ralf-Rainer Rygulla, Rolf Eckart John, Linda und Ulrike Pfeiffer eines der bedeutendsten deutschen ›little mags‹ hergestellt, in dem neben Texten von amerikanischen Underground-Autoren sowie eigenen Gedichten und eigener Kurzprosa auch Arbeiten von Nicolas Born, Peter Handke, Ernst Jandl oder Dieter Wellershoff veröffentlicht wurden.[50] Die Herausgabe des *Gummibaum* ist ein Indiz für die Bedeutung Kölns, das in den späten sechziger Jahren zu einem Zentrum des literarischen Underground in Deutschland avancierte. Brinkmann war dabei der produktive Kern der kleinen Gruppe, die schließlich auch gemeinsame literarische Aktivitäten entwickelte: »Diese Gruppe in Köln war ein bißchen Velvet Underground [...]. Und da sie am Anfang einer Entwicklung stand, wurde eben viel übernommen, viel transportiert von Amerika nach Deutschland.«[51]

---

[50] Die bekanntesten der weiteren in den späten sechziger und frühen siebziger Jahren entstandenen Underground-Zeitschriften waren Carl Weissners *Klacto(veedsed-steen)* (1965-1970), Paul Gerhard Hübschs *Törn (on)* (1965-1968), Rolf Eckart Johns *Der fröhliche Tarzan* (1970-1975) – gleichsam der Kölner Nachfolger des *Gummibaum* –, *UND,* Benno Käsmayrs ›Zeitschrift für angebliche Literatur & andere branchenunübliche Kommunikation in dementsprechender Aufmachung‹ (1969-1974), Jürgen Theobaldys *Benzin* (1971-1973) oder die Cut-up-Zeitschriften *UFO* (herausgegeben von Jürgen Ploog und Jörg Fauser, 1970/71) bzw. *Gasolin 23* (herausgegeben von Ploog und Walter Hartmann, 1973ff.).

[51] Jörg Schröder: *Zum harten Kern,* a.a.O., S. 21.

Die amerikanischen Vorbilder waren u.a. Anne Waldmans ›Poetry Project‹, bei dem in der St. Mark's Church in the Bowery in New York die Zeitschriften *The World* und *Angelhair* ediert wurden; daneben wurden aber auch Lesungen und Literatur-Workshops abgehalten und Filme gezeigt. Außerdem hatten auch John Giornos *ESPE*-Lesungen, die *Electronic Sensory Poetry Environments*, bei denen Tonband- und Lichteffektgeräte eingesetzt wurden, ihren Einfluß auf Brinkmann, der sich keineswegs auf die Herstellung von hektographierten Literaturzeitschriften beschränkte. So hat er 1968/69 multimediale Lesungen gehalten, in denen auch seine eigenen Kurzfilme zum Einsatz kamen, und am 5. Februar 1969 hat er in der Universität Köln gemeinsam mit Rygulla, Pfeiffer und anderen das umstrittene Teach-in *Die Endlösung der Studentenfrage steht bevor!* mit Pop-Platten und der roten ›Dokumentawurst‹ des Künstlers Michael Buthe veranstaltet.

Dieter Wellershoff, Brinkmanns Mentor in diesen Jahren, erinnert sich an dessen Kölner Aktivitäten:

> »In der literarischen Szene Kölns wurde in diesen Jahren Rolf Dieter Brinkmann zu einer Orientierungsfigur für junge Leute zwischen Zwanzig und Dreißig. [...] [A]lle fühlten sich als Teilnehmer eines gesellschaftlichen Veränderungsprozesses, auch wenn die meisten von ihnen nicht mehr dazu beitrugen als ihre dauernde Anwesenheit, ob sie nun bei Santa Marlena am Ring Kaffee tranken, bei X-Screen in der Ehrenstraße amerikanische Undergroundfilme oder in den Hahnentorlichtspielen vier Stunden lang Warhols ›Chelsea Girls‹ ansahen und den Joint durch die Reihen wandern ließen, denn die Botschaft dieser Jahre lautete ja, daß jeder ein Künstler und alles ein Kunstwerk sei, wenn man nur fähig war, neue Sensibilitäten in sich aufzuwecken.«[52]

Wie wir gesehen haben, zielte Brinkmanns Underground-Definition auf ein weiter gespanntes Konzept, das auch nicht-literarische Aktivitäten umfassen sollte. Schon die *Acid*-Anthologie hatte eindrucksvoll belegt, daß es gerade die Überwindung der tradierten Trennung von künstlerischen Medien und Gattungen war, welche die Faszination des amerikanischen Underground auf Brinkmann und Rygulla ausmachte.

---

52 Dieter Wellershoff: »Ein Gefühl von Überfluß. Die Kölner Literaturszene in den 60er Jahren«. In: Wulf Herzogenrath / Gabriele Lueg (Hrsg.), *Die 60er Jahre. Kölns Weg zur Kunstmetropole. Vom Happening zum Kunstmarkt.* Köln: Kölnischer Kunstverein 1986, S. 498-506, hier: S. 505f.

Brinkmanns Engagement in der Kölner Subkultur der späten sechziger Jahre belegt ein Ereignis vom 16. Oktober 1968: ein Polizei-Einsatz anläßlich der Vorführung von Filmen des Wiener Aktionskünstlers Otto Mühl, welche die unabhängige Kölner Filmgruppe *XSCREEN* im Rahmen der *XSCREEN Underground-Explosion* - einer Veranstaltung zum *Kölner Kunstmarkt* mit Filmvorführungen, Rockkonzerten und Lesungen - in einem noch nicht fertiggestellten U-Bahnschacht am Neumarkt gezeigt hatte. Brinkmann war an der *Underground-Explosion* beteiligt. Am Vorabend der Polizeiaktion hatte er eine Lesung mit ›neuer amerikanischer Lyrik‹ gehalten.[53]

Bei der Polizeiaktion wurden unter dem Verdacht der Verbreitung von pornographischen Filmen 28 Filmrollen beschlagnahmt und einige Personen festgenommen, obwohl die Veranstaltung von der Stadt genehmigt worden war. Unter den Festgenommenen befand sich nach einem Bericht der *Westdeutschen Allgemeinen Zeitung* »auch der Schriftsteller Rolf Dieter Brinkmann«.[54] In den folgenden Tagen kam es in Köln zu vehementen Protesten gegen dieses Vorgehen, u.a. zur zeitweiligen Schließung des Kunstmarktes und zur Stürmung der Kölner Opernbühne. Brinkmann gehörte dabei zu einer Delegation der Demonstranten, die mit dem Kölner Polizeipräsidenten Hochstein verhandelte[55], und außerdem nahm er - im Zusammenhang mit der Verleihung des Kölner Literaturpreises an Jürgen Becker - in einem scharfen Artikel, der bislang von der Brinkmann-Forschung übersehen worden ist, zu den Vorgängen Stellung. In diesem Artikel klingen auch schon vor der Veröffentlichung seiner bekannten Essays einige Topoi seiner Pop-Begeisterung an:

---

53 Vgl. das Programmblatt für die *XSCREEN Underground-Explosion* mit der Ankündigung einer Lesung von Rolf Dieter Brinkmann in: W & B Hein / Christian Michelis / Rolf Wiest (Hrsg.): *XSCREEN. Materialien über den Underground-Film.* Köln: Phaidon 1971, S. 113.

54 [Anonym]: »Polizei-Einsatz gegen Kunst«. In: Westdeutsche Allgemeine Zeitung, 21.10.1968. - Zit. nach Wulf Herzogenrath / Gabriele Lueg (Hrsg.), *Die 60er Jahre*, a.a.O., S. 553.

55 Vgl. Björn Held: »Debatte statt Prügel. Beamte beendeten Straßensperre mit einer Diskussion«. In: Kölner Stadt-Anzeiger, 21.10.1968. - Zit. nach W + B Hein: *Dokumente 1967-1985. Fotos, Briefe, Texte.* Frankfurt/M.: Deutsches Filmmuseum 1985, S. 20.

> »Auf der einen Seite wird im Namen einer nebulös angenommenen Öffentlichkeit mit Polizei gegen Kunst (was immer das ist!) vorgegangen, während andererseits ein städtischer großer Kunstpreis sowie verschiedene Förderpreise wiederum im Namen einer nebulösen Öffentlichkeit verliehen werden. Das als einander widersprechende Aktionen zu sehen, ist Blindheit. Beides gehört zusammen: der Polizeieinsatz gegen Kunstwerke und die Auszeichnung von Künstlern, denn in beiden Fällen ist das Verständnis von dem, was ›Kunst‹ ist, das gleiche: ein harmlos kläffender Köter, darauf trainiert, die Fotzen auszulecken – freundlicher, kleiner Nippes, den man abends seinen Frauen mit nach Hause bringt... Und in beiden Fällen kommt der Zynismus einer abgelebten älteren Generation zum Vorschein: man demonstriert, wer tatsächlich die Macht hat, wer sich also auch im Recht befindet: der Polizeipräsident der Stadt Köln, die Stadtväter.
> [...]
> Wäre es nicht besser, oder wenigstens: wäre es nicht an der Zeit, junge neue Pop-Musik-Gruppen mit Geldpreisen auszuzeichnen? Junge Filmmacher von 8-mm- & 16-mm-Streifen? Aber Pop-Musik und belichtetes Celluloid zählen ja nicht zur ›hohen‹ Kultur!«[56]

Im künstlerisch-literarischen Underground offenbarte sich für Brinkmann der Gegenentwurf zu »diesem deutschen Kulturbetrieb mit dem fortwährenden Ruf nach Stil etc.« (*P*, S. 7). Seine Abneigung gegen die deutsche Gegenwartsliteratur und die Rituale des Literaturbetriebs brachte er auch am 17. November 1968 in spektakulärer Manier zum Ausdruck, als er während einer Diskussion in der Berliner *Akademie der Künste* – in Anspielung auf André Bretons *Surrealistisches Manifest* – bedauerte, kein Maschinengewehr zur Hand zu haben, um Rudolf Hartung und Marcel Reich-Ranicki seine Verachtung vorzuführen.[57]

---

[56] Rolf Dieter Brinkmann: »Kunst in Köln?«. In: Wulf Herzogenrath / Gabriele Lueg (Hrsg.), *Die 60er Jahre*, a.a.O., S. 552.

[57] Vgl. Karl Heinz Bohrer: *Die gefährdete Phantasie oder Surrealismus und Terror.* München: Hanser 1970, S. 10f. – Aus der Perspektive von Marcel Reich-Ranicki stellt sich dieses Ereignis im übrigen folgendermaßen dar: »Sie [die Diskussion über einen vom Autor vorgetragenen Text, J.S.] konnte auch mit Brinkmann nicht stattfinden, weil ich mich weigerte, einen Text zu kritisieren, den ich nicht vorher zu lesen bekommen hatte, wie es verabredet war. Das ist der Grund, den ich angegeben habe, aber es gab noch einen anderen Grund, warum ich mich nicht äußern wollte: Weil ich gesehen habe, daß dieser

Ohne Frage trieb ihn dieser Gestus 1968/69 im ›offiziellen‹ deutschen Literaturbetrieb zusehends in die Isolation, zumal sich Brinkmann mit seiner häufig einsetzenden »kryptofaschistischen Maulhurerei«[58] auch immer wieder mit seinem eigenen Umfeld überworfen hat. In Jörg Schröders Erinnerung etwa »hatte Brinkmann diese Mischform drauf – wenn der jemand besonders gemocht hat, dann hat er den besonders gehaßt.«[59] Außerdem hatte er sich mit seiner ständigen Kritik an der politischen Studentenbewegung ohnehin an den Rand der antiautoritären Bewegung manövriert. Immer wieder plädierte er ungestüm für den Vorrang der kulturellen, gleichsam ›inneren Revolution‹ im Kontext der gegenkulturellen Bewegungen der sechziger Jahren gegenüber dem politischen Umsturz. Seine Vorbehalte gegen den ›offiziellen‹ Literaturbetrieb konkretisierte Brinkmann in der Vorbemerkung zu seinem Gedichtband *Die Piloten:*

> »Da sitzen sie, irgendwo unsichtbar, und haben mal irgendwas von sich gegeben, jetzt halten sie die Kulturellen Wörter besetzt, anstatt herumzugehen und sich vieles einmal anzusehen, lebende Tote, die natürlich schwerer zu beseitigen sind als die sogenannten großen, alten Vorbilder in den Regalen moderner Antiquariate. Welcome to the Rolling Stones! Die Texte der Fugs sind besser.« (*P*, S. 6)

Brinkmann es hier auf einen Skandal abgesehen hatte. Hätte ich ernsthaft darüber geredet, über den Text, und ernsthaft versucht, die guten und schwachen Seiten des Textes darzustellen, dann hätte Brinkmann mit ziemlicher Sicherheit gesagt: Das habe ich heute vormittag im Klo geschrieben oder so etwas. Er wollte einen Skandal haben, er war mit Dynamit geladen.« – Gabriele Kreis: »›...daß das eine starke Begabung war, eben nur nicht gezügelt, nicht diszipliniert‹. Aus einem Gespräch mit Marcel Reich-Ranicki«. In: Gunter Geduldig / Marco Sagurna (Hrsg.), *Too much*, a.a.O., S. 131f.

58 Jörg Schröder: *Zum harten Kern*, a.a.O., S. 23f.

59 Ders.: »erzählt: SO-JA-BOHNEN«. In: ders. (Hrsg.), *Mammut*, a.a.O.,S. 439-453, hier: S. 445.

Ausverkauf oder Protest? – Pop zwischen Kommerz und Subkultur

> »Pop hat eine positive Beziehung zur wahrnehmbaren Seite der sie umgebenden Welt, ihren Tönen und Bildern. [...] Die Revolte ergibt sich aus einem großen Ja (zu Leben, Welt, Moderner Welt), nicht aus einem Nein und einem Ja zur Utopie.«
>
> Diedrich Diederichsen[60]

Die Faszination für die Rock- und Popmusik, für den amerikanischen Film etc. wird in Brinkmanns Äußerungen immer wieder deutlich. Es überrascht in diesem Zusammenhang, daß er sich erst vergleichsweise spät überhaupt für die Popmusik interessiert zu haben scheint. In einem 1974 verfaßten Lebenslauf resümiert Brinkmann, er habe sich seit 1967 mit »Rock'n'Roll-Musik« befaßt, dies jedoch »ab 1972 abgebrochen« – ein intensives Interesse setzt also erst im ungewöhnlich hohen Alter von 27 Jahren ein.[61] Zwar hat Musik auch schon zuvor eine große Rolle in Brinkmanns Leben gespielt, jedoch konzentrierte sich seine Aufmerksamkeit – nach der Erinnerung von Ralf-Rainer Rygulla – bis dahin vor allem auf Jazz:

> »Jazz und eine etwas leichtere Variante von klassischer Musik, Vivaldi und so, aber auch Bach. Ja, die Toccata von Bach gab es damals als Single. Thelonius Monk war ein großer Star. [...] Monk haben wir in der Essener Grugahalle gesehen. Dort gab es ein paar Jahre lang die Essener Jazztage. Wir haben dort Max Roach, Gerry Mulligan, die ganze amerikanische Szene nach Bebop in Konzerten gehört.«[62]

Allerdings muß dabei berücksichtigt werden, daß die Rezeption der amerikanischen Populärkultur bis Mitte der sechziger Jahre noch stark an Milieugrenzen gebunden war. Während ›proletarische‹ Jugendliche aus der ›Halbstarken‹-Szene im Rock'n'Roll rasch ein adäquates Medium für ihr Ausdrucksbegehren fanden, bevorzugten Altersgenossen mit höherem Bildungsniveau meist den Cool und Modern Jazz. Die Jazz-Begeisterung verband sich

---

60 Diedrich Diederichsen: »Pop – deskriptiv, normativ, emphatisch«, a.a.O., S. 39f.

61 Rolf Dieter Brinkmann: »Vita (Aus einem Brief an Hartmut Schnell vom 23.2.1974)«. In: Literaturmagazin 36/1995, S. 210-213, hier: S. 213.

62 Zit. nach Wolfgang Rüger: »Direkt aus der Mitte von Nirgendwo«, a.a.O., S. 84.

dabei häufig mit einer romantisierten Rezeption des französischen Existentialismus. Im Kontrast zu den Rock'n'Roll-Fans, die in den fünfziger Jahren zuerst mit hysterischen Teenagern, Saalschlachten und ›halbstarker‹ Renitenz identifiziert wurden, formierte sich die Subkultur der sogenannten ›Exis‹, die sich gezielt der rüden Aggressivität des Rock'n'Roll verweigerten.[63]

Auch Brinkmann war als Schüler vom französischen Existentialismus fasziniert; er war sogar im April 1958 nach Paris getrampt, »zugleich angeheizt von wilden, wirren, konfusen Vorstellungen über Existenzialisten und Existenzialismus, und dachte, da sei nun das wilde, intensive Leben, und nicht die Lähmung.« (*Erk*, S. 283) Noch in der Zeit seiner Buchhändlerlehre in Essen von 1959 bis 1962 bildeten neben der Literatur von Louis-Ferdinand Céline und Hans Henny Jahnn der Jazz und »die mickrige Essener Bohème, noch in schwarzen Existentialistenklamotten«[64] Brinkmanns kulturellen Horizont. Die Vorbehalte, die er in den fünfziger Jahren noch gegen den Rock'n'Roll hegte, sprechen auch aus einem Brief an den *Akzente*-Herausgeber Hans Bender vom April 1957, in dem Brinkmann betont, daß auch seine Generation etwas mitzuteilen habe *-trotz* »der Music-Box mit: Rock'n'Roll und dem Hemmungslosen, trotz allem, was ›man‹ Leben nennt«.[65]

Brinkmanns Begeisterung für amerikanische und britische Popmusik hingegen, so erinnert sich Rygulla, sei erst erwacht, nachdem er ihm 1965 die erste *Who*-Single aus London geschickt habe:

> »Popmusik spielte bis dahin keine Rolle. Das begann erst, als ich in London war. Ich erinnere mich, ihm die allererste Single von The Who *Anyway, Anyhow, Anywhere* geschickt zu haben. Sein Interesse an englischer und amerikanischer Popmusik wurde dann sehr groß. Nach London fahren hieß dann in erster Linie, Bücher und Platten dort zu kaufen. Die Platten von Velvet Underground liefen ohne Unterlaß in unseren Wohnungen. 1970 hat er dann seine Plattensammlung verkauft, wie so vieles bis dahin Gesammelte.«[66]

---

[63] Zur Subkultur der sog. ›Exis‹ vgl. Kaspar Maase: *BRAVO Amerika. Erkundungen zur Jugendkultur der Bundesrepublik in den fünfziger Jahren.* Hamburg: Junius 1992, S. 177ff.

[64] Ralf-Rainer Rygulla: »Frank Xerox' wüster Traum und andere Kollaborationen«. In: Literaturmagazin 36/1995, S. 51-55, hier: S. 52.

[65] Zit. nach Hans Bender: »›Vielleicht erinnern Sie sich meiner.‹ Rolf Dieter Brinkmann und die ›Akzente‹«. In: Literaturmagazin 36/1995, S. 28-37, hier: S. 29.

[66] Wolfgang Rüger: »Direkt aus der Mitte von Nirgendwo«, a.a.O., S. 84. – *Velvet Underground* – aus dem Umfeld von Warhols ›Factory‹ – gehörten zu Brinkmanns Lieblings-

Außerdem war Brinkmann vom Film begeistert; er interessierte sich sowohl für den experimentellen Underground-Film als auch für das Mainstream-Kino. So plante er im April 1969 für den Westdeutschen Rundfunk einen – allerdings nicht realisierten – Fernsehfilm über das Leben eines Pop-Sängers, der *Der Abstieg* heißen sollte.[67] Und im Sommer 1968 drehte er die 8-mm-Kurzfilme *Atomic Man, Tot* und *Portrait*, »angeregt durch die Filmexperimente der New Yorker Underground und Nicht-kommerzieller Filmer, [...] vorgeführt auf der Buchmesse Frankfurt in einer Gallerie«.[68] Dieter Wellershoff charakterisiert Brinkmanns Super-8-Filme wie folgt:

> »Die Filme, die er mit seiner Super-8-Amateurkamera drehte und im kleinen Kreis Freunden und Bekannten vorführte, waren meistens der starren Kamera Andy Warhols abgeschaut. Er hat beispielsweise die Kamera auf ein Stativ montiert und nacheinander verschiedene Leute aufgefordert, sich drei Minuten möglichst reglos und ohne Mimik vor die laufende Kamera zu setzen. Das war ein stummes Verhör, und das Ergebnis war nicht uninteressant. Es war eine Imitation amerikanischer Underground-Filme.«[69]

---

bands. In einem Fragebogen im Anhang der Anthologie *Supergarde* erwähnt er sie neben den *Rolling Stones, The Doors, Hapshash and the coloured coats* und *The Heavy metal kids*. – Vagelis Tsakiridis (Hrsg.): *Supergarde,* a.a.O., nach S. 220.

67 Vgl. *Erk,* S. 257.

68 Rolf Dieter Brinkmann: »Vita«, a.a.O., S. 211.

69 Wolfgang Rüger: »Direkt aus der Mitte von Nirgendwo«, a.a.O., S. 85. – In einem kurzen Artikel über Warhols *Chelsea Girls* hat Brinkmann seine Faszination für den amerikanischen Underground-Film mit der dort realisierten »Ausdehnung der Bilder« begründet. In *Chelsea Girls,* so Brinkmann, sei das Medium Film mit der alltäglichen Lebenspraxis zur Übereinstimmung gebracht worden: »Man muß begreifen lernen, daß ›Leben‹ Film ist und nichts Natürliches – wir alle leben in der Oberfläche von ›Bildern, die sich bewegen‹, Dasein heißt Kino, 24 Stunden lang jeden Tag...« (Rolf Dieter Brinkmann: »Chelsea Girls«. In: Kölner Stadt-Anzeiger, 28.12.1968). – Warhols *Chelsea Girls* war am 29. April 1968 von *XSCREEN* in Köln gezeigt worden. Dazu schreiben Wilhelm und Birgit Hein: »Unser erster großer Erfolg kam mit einer Vorführung von *Chelsea Girls,* den [Hans Peter] Kochenrath ganz überraschend auftreiben konnte. Wir mußten eine Veranstaltung an einem Montag machen und konnten als einzige Werbung fünf Zeilen Ankündigung am selben Tag im ›Stadt-Anzeiger‹ bringen. Wir mieteten das ›Rudolfplatz-Theater‹ mit 800 Sitzen, und bereits nachmittags waren alle Karten ausverkauft. Dem Ansturm am Abend waren wir überhaupt nicht gewachsen, die Leute überrannten uns am Anfang einfach ohne Karten.« – W + B Hein: *Dokumente 1967-1985,* a.a.O., S. 13.

Außerdem war Brinkmann zwischen 1960 und 1969, so entnehmen wir seinem Lebenslauf, ein »leidenschaftlicher Nachtkinogänger«, der sich neben Filmen von Jean Vigo und Jean-Luc Godard vor allem für amerikanische B-Filme interessiert hat, z.B. für Alan Barons *Explosion des Schweigens* (*Blast of Silence*, USA 1960), Don Siegels *Tod eines Killers* (*The Killers*, USA 1964) - mit Lee Marvin in der Hauptrolle - und Budd Boettichers *J.D., der Killer* (*The Rise and Fall of Legs Diamond*, USA 1959).[70] Die gleichen Filme erwähnt auch Brinkmanns Alter ego im Roman *Keiner weiß mehr* (*K*, S. 179) und setzt sie als positives Gegenbild dem deutschen Film entgegen, der genauso »beschissen« sei, »wie das was geschrieben wurde, genauso scheißig uninteressant« (*K*, S. 74).

Brinkmanns Interesse für amerikanische Kultur scheint also zuerst durch nicht-literarische Entdeckungen angeregt worden zu sein, ehe sein Augenmerk auf die amerikanische Pop- und Underground-Literatur gelenkt wurde:

> »Die Wochenzeitschrift ›Die Zeit‹ beschäftigte sich im Kulturteil das erste Mal 1966 mit den Beatles. Rauschenberg, Jones, Lichtenstein und jetzt die Stones und The Who, die Literatur ließ nicht länger auf sich warten.«[71]

---

70 Vgl. Rolf Dieter Brinkmann: »Vita«, a.a.O., S. 213. - Auch in einem Fragebogen im Anhang der Anthologie *Supergarde* antwortet Brinkmann auf die Frage, welche Filme er sich ansehe: »Amerikanische B-Filme, Don Siegels ›Tod eines Killers‹ oder Boettichers ›Legs Diamond‹, weil prätentiös unprätentiös.« - Vagelis Tsakiridis (Hrsg.): *Supergarde*, a.a.O., nach S. 220. - Ralf-Rainer Rygulla hat Brinkmanns Film-Vorlieben näher beschrieben. Während Brinkmann und Rygulla in ihrer gemeinsamen Ausbildungszeit zum Buchhändler in Essen vor allem »die italienischen und französischen Kopffilme« des Neorealismus und der Nouvelle Vague bevorzugt hatten, so begeisterten sie sich erst ab 1966 für amerikanische Gangsterfilme: »Wir sind in Köln auf eine ganz tolle Art ins Kino gegangen, die ich sehr vermisse. Wir sind oft durch die Innenstadt gelaufen, spazieren gegangen. [...] So haben wir uns auch die Kinoaushänge angesehen, die Bilder in den Schaukästen, und nach den Bildern haben wir uns entschieden, in einen Film zu gehen. Auf diese Weise haben wir Filme von Budd Boetticher und Don Siegel gesehen, Namen, die damals noch keine Bedeutung hatten. Damit begann seine Vorliebe für den amerikanischen Film, die Faszination an der Figur des Gangsters, als eleganter Killer im Anzug [...], der Gangster als großer Einzelner, der in weiter Entfernung zu gängiger Moral und miefigem Alltag steht, der vielleicht auf dem Weg zu einem neuen Bewußtsein ist.« - Zit. nach Wolfgang Rüger: »Direkt aus der Mitte von Nirgendwo«, a.a.O., S. 83f.

71 Ralf-Rainer Rygulla: »Frank Xerox' wüster Traum und andere Kollaborationen«, a.a.O., S. 53.

Richtet man sein Augenmerk in diesem Sinne über die bloße Orientierung an Vorbildern in der amerikanischen Literatur hinaus auf die spezifische Situation der *deutschen* literarischen Verarbeitung von populärkulturellem Material, das im wesentlichen angloamerikanischen Ursprungs ist, so wird erst recht deutlich, daß der Druck auf den Kanon der Hochkultur noch durch die Dynamik dieses *interkulturellen* Verhältnisses verstärkt worden ist. So läßt sich beispielhaft beobachten, daß durch den weltweiten ›Siegeszug‹ der angloamerikanischen Popkultur und des Hollywood-Films sowie die Rezeption der Pop Art und der amerikanischen Beat-, Pop- und Underground-Literatur vergleichsweise homogene kulturelle Identitäten zwangsläufig nicht unberührt bleiben, wenn sowohl die ökonomischen als auch die kommunikationstechnologischen Entwicklungen auf eine globale ›Vernetzung‹ hinauslaufen: »Die Frage ist, ob es noch starre nationale Einteilungen geben kann?« (*AM*, S. 15) Auch wenn die Resistenz von nationalen, regionalen und lokalen Kulturformen nicht zu unterschätzen ist, so hat doch die Tendenz zu einem ›globalen Kultursystem‹ dazu geführt, daß kulturelles Verhalten wesentlich von interkulturellen Impulsen geleitet wird. Kulturen prägen sich immer mehr als Resultat von *kulturellen Synthesen,* in denen ›eigene‹ Traditionsbestände mit ›fremden‹ Einflüssen verschmelzen.

Überdies zeigt das Beispiel der deutschen Assimilation der amerikanischen Populärkultur, daß dabei bisweilen auch noch die Grenzen zwischen ›hohen‹ und ›niederen‹ Kulturformen schwinden können. Gerade weil die interkulturellen Einflüsse das Zeichenrepertoire enorm vergrößert haben, verlieren die überkommenen kulturellen Kanons in einem bislang noch gar nicht in seiner ganzen Tragweite zu überblickenden Ausmaß an Geltung. ›Kultur‹ im statischen Sinne der tradierten ›Hochkultur‹-Konzepte läßt sich jedenfalls nicht mehr einfach durch den Verweis auf ein historisch verbürgtes und durch Bildungsinstitutionen eintrainiertes kulturelles Wertgefüge definieren. Vielmehr kann die Gegenwartskultur ihr Gesicht lediglich noch durch jeweils temporäre Schnittmengen aus sich überlagernden differenten Systemen gewinnen.

Bernd Schulte hat am Beispiel der postkolonialen englischsprachigen Kulturen deutlich gemacht, daß sich Individuen und ganze gesellschaftliche Gruppen heute in ihrem kulturellen Verhalten synkretistisch »der Angebote, der Werte und Normen der an der Synthese oder besser: ›Hybridisierung‹ beteiligten Kultursysteme bedienen können oder dazu gezwungen sind, die jeweiligen Werte- bzw. Normsysteme zu berücksichtigen«.[72] Daher kann so etwas wie eine ›kulturelle Identität‹ gar nicht mehr durch die Einbindung in eine monokulturelle Tradition, sondern bestenfalls noch durch *›interkulturelles Oszillieren‹* (Schulte) hergestellt werden.

Dieser Befund, so unsere These, läßt sich auch auf die kulturelle Situation der europäischen Gesellschaften seit den sechziger Jahren übertragen. Will man in diesem Zusammenhang die spezifische Dynamik verstehen, die interkulturelle Prozesse für die kulturelle Entwicklung der Bundesrepublik Deutschland gehabt haben, so muß man als wesentlichen Faktor die Faszination untersuchen, die sich zunächst allgemein unter deutschen Jugendlichen, in den späten sechziger Jahren dann im besonderen aber auch unter jungen deutschen Autoren für die *amerikanische* Kultur entwickelt hat.

Schon die zweite Hälfte der fünfziger Jahre war in der Bundesrepublik trotz der restaurativen gesellschaftlichen Grundstimmung zugleich die erste Phase von jugendlichen ›Lebensstil-Öffnungen‹ (Thomas Ziehe), die vor allem durch die Rezeption der amerikanischen Populärkultur in Gang gesetzt worden waren. Dieser Lebensstilwandel brachte die kulturelle Balance der deutschen Gesellschaft nachhaltig ins Wanken. Unter der populären Kultur wurde vor dem ersten Pop-Import durch den ›jugendlichen‹ Rock'n'Roll noch vornehmlich die tradierte Trivialkultur der Heimatfilme, Volks- und Schlagermusik verstanden. Erst durch die Koppelung des kulturellen Autonomieanspruchs, den Jugendliche im Kontext des Rock'n'Roll erstmals explizit dokumentierten, mit dem populären Zeichenrepertoire, das die amerikanische Kulturindustrie bereitgestellt hat, ist dieses Modell konterkariert worden.[73] Das Kampffeld der soziokulturellen Auseinandersetzungen zwischen Pop- und ›Offizial‹-Kultur formierte sich dabei immer wieder um die populären Amerikabilder; sie haben sich vor allem in den fünfziger und sechziger Jahren als ideales Medium für Verständigungsprozesse in der jun-

---

[72] Bernd Schulte: *Die Dynamik des Interkulturellen in den postkolonialen Literaturen englischer Sprache.* Heidelberg: Winter 1993, S. 60.

[73] Die Entstehung der deutschen Konsumgesellschaft in den fünfziger Jahren war dabei eine unabdingbare Voraussetzung für den Pop-Import, denn erst dadurch sind überhaupt die materiellen Spielräume erschlossen worden, in denen symbolische Differenzen bewußt inszeniert werden können. So setzt beispielsweise der intendierte Verstoß gegen den bürgerlichen Kleidungscode voraus, daß die ›Einheitskleidung‹ der Notjahre überwunden ist. Vgl. Thomas Ziehe: *Zeitvergleiche. Jugend in kulturellen Modernisierungen.* Weinheim, München: Juventa 1991, S. 22.

gen Generation und für die Generationskonflikte über die Lebensweise in der deutschen Gesellschaft erwiesen.[74]

Damit wurde erstmals paradigmatisch vorgeführt, mit welchen taktischen Mitteln Pop als ein »Bastard«, der sich nicht entscheiden kann, »ob er Gegenkultur oder herrschende Kultur ist«[75], die Gratwanderung zwischen Kunst/Musik, Kulturindustrie und Politik absolviert. In den Mittelpunkt der ästhetischen Praxis der Jugendkulturen rückte die aktive Veränderung der alltäglichen Lebenspraxis *in* der bestehenden Gesellschaft, wobei in der Wertehierarchie von vielen Jugendlichen und jungen Erwachsenen seit den sechziger Jahren ›Selbstverwirklichung‹ und ›Stimulation‹ an Bedeutung gewannen. Das jugendliche Revoltieren gegen die Vorgaben der ›Erwachsenen‹ wurde durch die neue »Grammatik von Lebensformen«[76] radikalisiert, die durch Pop, vor allem durch die Popmusik, etabliert worden ist. Dadurch wurde auch die ökonomische Hierarchisierung der Gesellschaft mit ihren kulturellen Homologien durch eine altersbezogene Hierarchisierung aus den Angeln gehoben.

Gerhard Schulze hat diesen in den sechziger Jahren einsetzenden sozialen Wandel als Übergang von einer ökonomischen zu einer *psychophysischen Fundamentalsemantik* systematisiert. Eine innenorientierte Lebensauffassung, d.h. das Streben nach subjektiv sinnvollen ›Erlebnissen‹, wird zum primären identitätsstiftenden Wert. Dazu müssen jedoch die äußeren Umstände für das Ich funktionalisiert werden. ›Erlebnisse‹ sind also keine Ereignisse, die vom Subjekt passiv aufgenommen, sondern aktiv von ihm produziert werden: »Was von außen kommt, wird erst durch Verarbeitung zum Erlebnis. Die Vorstellung der Aufnahme von Eindrücken muß ersetzt werden durch die Vorstellung von Assimilation, Metamorphose, gestaltender Aneignung. [...] Das Ereignis wird erst durch seine Integration in einen schon vorhandenen subjektiven Kontext zum Erlebnis.«[77]

---

[74] Ein erster Reflex in Brinkmanns Werk findet sich bereits in der zwischen 1959 und 1961 geschriebenen Erzählung *Ihr kleines Gesicht:* »Da kam es rockin'and-rolling heraus: Bill Haley und seine Cometen, see you later, aligator und sie wippten im Rhythmus mit und wir sangen den Text mit und lachten [...], wir waren alle mächtig laut, besaßen diese ganze verrückte Welt für einen Tag und die Mädchen...« – Rolf Dieter Brinkmann: »Ihr kleines Gesicht«. In: ders., *Erzählungen.* Reinbek: Rowohlt 1985, S. 355-362, hier: S. 359.

[75] Ulf Poschardt: *DJ-Culture.* Hamburg: Rogner & Bernhard 1995, S. 396.

[76] Jürgen Habermas: *Theorie des kommunikativen Handelns,* Bd. 2: *Zur Kritik der funktionalistischen Vernunft.* Frankfurt/M.: Suhrkamp 1995, S. 576.

[77] Gerhard Schulze: *Die Erlebnisgesellschaft,* a.a.O., S. 35.

Wenn Individuen primär nach ›Selbstverwirklichung‹ und ›Stimulation‹ streben, dann definiert sich soziale Zusammengehörigkeit nicht mehr vorrangig über die Stellung im Produktionsprozeß, sondern Milieus und Subkulturen formieren sich verstärkt *freiwillig* über gemeinsame *innenorientierte* Sinnkonstruktionen, die sich wiederum in spezifischen *Stiltypen* und ›Identitäten‹ niederschlagen (Lebensstil-Wahl). ›Stil‹ übernimmt in der Alltagsästhetik die Funktion, distinktive Inhalte zu signalisieren und zugleich Gruppenidentitäten zu definieren, d.h. sowohl durch symbolischen Ausdruck von ›Anderssein‹ eine Ausgrenzung vorzunehmen als auch die Gruppe durch die Kodierung von Zeichensystemen einzugrenzen. Damit werden *ästhetische* Differenzen zum wichtigsten Modus der wechselseitigen Distinktion.[78]

Die Entwicklung der populären Jugendkultur hat die Prägung des ›Selbstverwirklichungsmilieus‹ (Schulze) als qualitativ neue Sozialform überhaupt erst ermöglicht. Erst in den sechziger Jahren hat sie dauerhaft eine neue Koordinate in das dimensionale Gefüge der kulturellen Schemata eingezogen. Im Kontext des Selbstverwirklichungsmilieus steht Pop seither für eine doppelte Distinktion. War die Hochkultur traditionellerweise von der populären Unterhaltungskultur durch eine höhere Komplexität geschieden, so ließ sich diese Distinktionslinie gegenüber der Pop-Jugendkultur nicht so einfach aufrechterhalten. Es besteht eine gemeinsame unüberbrückbare Distanz zur trivialen Unterhaltungskultur der volkstümlichen Musik, Heimatfilme und Quizsendungen. Zugleich jedoch bietet Pop damit auch eine alltagsästhetische Alternative zur traditionellen Hochkultur, deren institutionelle Verankerung im etablierten Veranstaltungsrahmen als konventionell, langweilig, ›alt‹ bzw. ›spießig‹ abgelehnt wird.

Gegen die ästhetische Distanzierung, auf der die Rezeption des ›hohen‹ Kunstwerks wesentlich basiert, operierte Pop von Anfang an mit der Ästhetisierung des Alltäglichen, mit einer Folge von semantischen ›Revolutionen‹, in denen Widerstand bzw. Außenseitertum zu hochsignifikanten Zeichensystemen kodiert wird, aus denen heraus sich »kontrapunktische Subjektivität«[79] überhaupt erst entfalten kann. Thomas Ziehe hat gar davon gesprochen, es komme zu einem regelrechten »semiotischen Krieg mit den Erwachsenen«.[80] Vor allem aber wird das Vergnügen bzw. der Spaß als ästhetisch bedeutsames Faktum rehabilitiert. Im Pop, vor allem in der Popmusik, verbündet sich damit »die Lebensphilosophie von Antiautoritarismus, Gegen-

---

78 Vgl. Dick Hebdige: *Subculture. The Meaning of Style.* London: Methuen 1979.

79 Gerhard Schulze: *Die Erlebnisgesellschaft,* a.a.O., S. 346.

80 Thomas Ziehe: »Vom Lebensstandard zum Lebensstil«. In: Wolfgang Welsch (Hrsg.), *Die Aktualität des Ästhetischen.* München: Fink 1993, S. 74.

kultur und individueller Freiheit mit Stilelementen von rhythmischer Aggressivität, Tempo, Lautstärke und expressiver Show«[81] zu einem jugendlichen Überlegenheitsgefühl gegenüber den ›alten‹ Vertretern der Hochkultur: »Alles, worauf es ankam, waren Lärm, Drive, Aggressivität und Neuerung. Nur Langeweile war tabu.«[82]

Dies war ein rekursiver Prozeß, in dem sich die jugendliche Euphorie für amerikanische Vorbilder und die ›erwachsene‹ Ablehnung gegenseitig verstärkten. So verdankte sich etwa die provokative Kraft des Rock'n'Roll nicht nur der jugendlichen Begeisterung für die harten Rhythmen, die Lautstärke und die körperliche Expressivität an sich, sondern vor allem der moralischen und kulturellen Bedrohungshysterie, die er auf der ›Gegenseite‹ entfachte. Diese neuen Formen einer populären Jugendkultur wurden besonders deshalb als brisant empfunden, weil für die Verteidiger der bürgerlichen Hochkultur mehr auf dem Spiel stand als lediglich der Verlust eines marginalen Reservats, denn Angriffe auf die kulturellen Distinktionsmechanismen wurden in der Regel sogleich als Attacken auf den sozialen Status wahrgenommen.[83] Standen sich ›Hoch-‹ und ›Trivialkultur‹ zuvor als unvereinbare Widersacher gegenüber, so gerieten sie gegen die Angriffe des Pop *gemeinsam* auf die ›Verliererseite‹.

Während rechte und linke Kritiker im amerikanischen Einfluß eine materialistische Attacke auf die idealistische bürgerliche Hochkultur sahen, die zugunsten eines ›vulgären‹ konsum- und lustorientierten Lebensstils in einer vollends kommerzialisierten Kultur aufs Spiel gesetzt werde, nutzten Jugendliche das Material der populären Kultur als Fundus für die doppelte *symbolische Abgrenzung* von der bürgerlichen Hochkultur *und* der volkstümlichen Unterhaltungskultur der Elterngeneration sowie die versuchsweise Erpro-

---

81 Gerhard Schulze: *Die Erlebnisgesellschaft*, a.a.O., S. 154.

82 Nik Cohn: *A WopBopaLooBop ALopBam Boom. Pop History.* Reinbek: Rowohlt 1971, S. 26.

83 Nach dem Zweiten Weltkrieg war kulturelle Distinktion noch einmal zu einem wichtigen Garanten für den symbolischen Ausdruck von sozialem Rang geworden. Für die ersten beiden Jahrzehnte der deutschen Nachkriegsgeschichte treffen m.E. die Ergebnisse zu, die Pierre Bourdieu in seiner kultursoziologischen Pionierstudie *Die feinen Unterschiede* am Beispiel der französischen Gesellschaft ermittelt hat. Der Stellung in der sozialen Hierarchie mit den Wahrnehmungsmustern von ›Mehr‹ versus ›Weniger‹ bzw. ›Oben‹ versus ›Unten‹ entspricht auch im kulturellen Bereich eine homologe Struktur: Kultur wurde nach einem eindimensionalen und bipolaren Schema beurteilt, in dem ›Hochkultur‹ und ›Populärkultur‹ einander unvereinbar gegenüberstanden. Vgl. Pierre Bourdieu: *Die feinen Unterschiede. Kritik der gesellschaftlichen Urteilskraft.* Frankfurt/M.: Suhrkamp 1982.

bung von alternativen Lebensformen, von jugendkulturellen *Stilen* und eigenen kulturellen Ausdrucksweisen. Der Versuch, ein intensives und nonkonformes Leben in der unmittelbaren Jetzt-Zeit zu führen, kurz: *Spaß* am Anderssein zu empfinden, gewann vor allem in den sechziger Jahren mit dem globalen Siegeszug des Pop an Attraktivität. In diesem Sinne lassen sich die ›Amerikanisierungstaktiken‹ der jugendlichen Subkulturen als kreative Anwendung eines kulturindustriellen Angebots verstehen.

Die populäre Kultur selbst hat sich durch ihre enge Bindung an die Jugend nachhaltig verändert. Pop kann nicht mehr bloß als Symptom eines unreflektierten Hedonismus angesehen werden, sondern ist in seinen progressiven Varianten zum Medium von Minoritäten geworden, deren kulturelle Hervorbringungen vom ›hohen‹ Kulturbetrieb weitgehend ignoriert werden. Dieses taktische Konzept wurde von der amerikanischen ›Counter-culture‹ in den sechziger Jahren vorexerziert, dann aber mit einer kurzen transatlantischen Verzögerung auch in der Bundesrepublik Deutschland übernommen. Vor allem die ›neuen Mutanten‹ (Leslie A. Fiedler), die Angehörigen der diversen jugendlichen und studentischen Sub- bzw. Gegenkulturen, wurden zu den Trägern dieser kulturellen wie politischen Veränderungen. Ihre Aktionen, ihr alltägliches Verhalten und ihre kulturellen Präferenzen sollten, so Fiedler in einem von Brinkmann und Rygulla in Deutschland bekanntgemachten Essay, ins Herz der westlichen Werteordnung zielen; sie seien gegen die protestantische Ethik gerichtet, der zufolge Kriterien wie Rationalität, Arbeit, Affektkontrolle, Verzicht, Pflichterfüllung, Disziplin und Erfolg die Fixpunkte für die alltägliche Lebensführung setzten. Diese Maximen sind im Rahmen einer solchen puritanischen Moral jedoch erst im Erwachsenenalter einzulösen, so daß die Jugend nur als provisorisches Stadium der Vorbereitung auf die Übernahme dieser Rolle gesehen wird, dem kein Eigenwert zugestanden wird. Dem setzen die Gegenkulturen ein euphorisches Bekenntnis zur Jugendlichkeit entgegen, dem freilich auch ein provokativer Irrationalismus zu eigen ist, wie er alle Jugendkulturen des 20. Jahrhunderts geprägt hat:

»The new irrationalists, however, are prepared to advocate prolonging adolescence to the grave, and are ready to dispense with school as an outlived excuse for leisure. To them work is as obsolete as reason, a vestige (already dispensible for large numbers) of an economically marginal, pre-automated world; and the obsolescence of the two adds up to the obsolescence of everything our society understands by maturity.«[84]

Mit dem Aufkommen der Gegenkulturen treten also seit den späten sechziger Jahren kulturelle Auseinandersetzungen an die Seite der alten Verteilungskonflikte. Die Gegenkulturen richten sich gegen jene Establishments in Kultur und Gesellschaft, die ihren ›Erfolg‹ der Orientierung an den Maximen der Leistungsethik der bürgerlich-kapitalistischen Gesellschaft verdanken. Gegen dieses Modell wird jedoch keine geschlossene Alternative gesetzt, sondern es werden in symbolischen Manifestationen eines ›non-chalanten‹, ›coolen‹ »style of those who are not so much for anything in particular, as ›with it‹ in general«[85] vielfach variierte Formen eines bewußt vagen Nonkonformismus vorgeführt. Ästhetische Subversion nimmt im taktischen Kalkül der Subkulturen der sechziger Jahre den Platz der politischen Revolutionskonzepte ein – oder tritt zumindest als komplementäres Moment an deren Seite. Für Diedrich Diederichsen liegt ihre Wirkung darin, daß sie »die erstarrten, Macht und Machtausübung konstituierenden Werte der bürgerlichen Gesellschaft beim Wort nahmen (Sicherheit, Eigentum, Kontrolle), zu den Versprechungen des dynamischen Kapitalismus der Sechziger addierte (Mobilität, Abenteuer, Sex) und einen Glücksanspruch darauf aufbaute, der über die Kindheit hinausgehen sollte: dauernde Ferien, nie arbeiten, Verantwortung ist für Arschlöcher, die daran glauben.«[86]

Eine solche populäre Kultur entfaltet ihre subversive Kritik somit *in* den Kanälen der Kulturindustrie. Sie setzt auf eine Praxis der *Dissidenz,* der »symbolischen und praktischen nichteinverstandenen Handlungsformen«.[87] Es ist der Unterschied zwischen der negativen Kritik der marxistischen

---

[84] Leslie A. Fiedler: »The New Mutants«. In: Partisan Review 32 (1965), H. 4, S. 505-525, hier: S. 511. – Dt. Übers. u.d.T. »Die neuen Mutanten«. In: Rolf Dieter Brinkmann / Ralf-Rainer Rygulla (Hrsg.), *Acid,* a.a.O., S. 16-31.

[85] Ebd., S. 515.

[86] Diedrich Diederichsen: »Lost in Music«. In: ders., *Freiheit macht arm,* a.a.O.,S. 15-32, hier: S. 28.

[87] Vgl. ders.: »Subversion – kalte Strategie und heiße Differenz«. In: ders., *Freiheit macht arm,* a.a.O., S. 33-52, hier: S. 34.

Theorietradition, die eine pädagogische Wirkung intendiert und alles, was ihrem utopischen Ideal einer ›vollkommenen‹ Gesellschaft entgegensteht, als ›Falsches‹ überwinden will, und der eher *affirmativen* Position des subversiven Denkens.

Ähnlich hat auch Rolf Dieter Brinkmann die möglichen politischen Wirkungen der Literatur beschrieben. Für ihn ist eine explizit politische Literatur stets »hoffnungslos verklammert [...] mit dem Zustand, gegen den vorgegangen werden soll« und erschöpft sich daher in der Folgenlosigkeit von bloß »revolutionärem Gerede« (*FiW*, S. 388). Hinter der ›revolutionären‹ Literatur seiner Zeit verbirgt sich für Brinkmann nicht mehr als »ein verrotteter romantischer Glaube, ein fades Prinzip Hoffnung an Literatur als vorrangiges Heilmittel« (*OH*, S. 69).[88] Er hält dies für eine falsche Einschätzung der gesellschaftlichen Funktionen und Wirkungsmöglichkeiten von Literatur. Aus diesem Grunde lehnt er es ab, die Literatur für politische Zwecke zu instrumentalisieren. Dadurch will er verhindern, daß seine Texte von den kritisierten politischen und gesellschaftlichen Zuständen bestimmt werden. So stellt für ihn ein politisch engagiertes Gedicht »nur ein Vehikel dar für einen außerhalb des betreffenden Gedichts gemeinten Gedanken, *ist* also auf keinen Fall selber ein Politikum«. (*Sex*, S. 66) Gerade eine Literatur, die zu individuellen Veränderungen anregen soll, müsse jedoch, so Brinkmann, selbst zu einem solchen ›Politikum‹ werden, »indem sie Übereinkünfte des Geschmacks, des Denkens und der Vorstellungen sowie hinsichtlich des Gattungsgebrauchs und der inhaltlichen Momente bricht.« (*FiW*, S. 385)

Mit Ed Sanders, dem amerikanischen Schriftsteller und Popmusiker, fordert Brinkmann den ›total assault on culture‹ als Absage an eine Kultur, die wesentlich auf die Heilsversprechen des Fortschrittsdenkens fixiert ist:

---

[88] Diese Ablehnung einer explizit politischen Literatur zieht sich durch Brinkmanns gesamtes Werk. Noch in dem postum veröffentlichten Tagebuch- und Materialband *Erkundungen für die Präzisierung des Gefühls für einen Aufstand* heißt es: »Nachdenklich macht der häufig in Büchern zu beobachtende Widerspruch, daß die tatsächlich einer Rebellion zu Grunde liegende Haltung den Gegenstand der Rebellion und Kritik bejaht. / Fürchtet sich das Bewußtsein vor den Folgen seines eingenommenen Standpunktes? / Andrerseits ist die Frage, was die Rebellion dann bedeutet. Gegen die Reduzierung des kritisierten Gegenstands zu etwas Mickrigem, Kleinlichen und Alltäglichen.« (*Erk*, S. 24).

»Ein Denken in Folgerichtigkeiten zeugt längst nicht mehr für ein empfindliches Bewußtsein. Und es ist pure Philologie anzunehmen, daß in Kunst Evolution wirksam sei, ein verschleierter, profaner, religiöser Wahn jenes Systems von These-Antithese-Synthese, ein vergorener Romantizismus...« (*FiW*, S. 387f.)

Auch wenn sich Brinkmann noch so vehement von der Kritischen Theorie distanziert, so schwingen dennoch auch in seinen emotional vorgetragenen Rundumschlägen noch Fragmente aus dem theoretischen Diskurs der ›Neuen Linken‹ mit. Eine Brückenfunktion zwischen Brinkmanns affektiver Rebellion und der neomarxistischen Kritischen Theorie fiel Herbert Marcuse zu, der als Professor an der University of California in San Diego mit den Formen der amerikanischen ›Counter-Culture‹ bestens vertraut war. Zumindest in seinem 1969 veröffentlichten *Versuch über die Befreiung* glaubte Marcuse, die ›Neue Sensibilität‹ könne zu einem realen politischen Faktor werden. Auffallend ist vor allem, daß in seinem Befreiungskonzept – und hier sind beträchtliche Analogien zu Brinkmann festzustellen – dem Ästhetischen eine Schlüsselrolle zukommt und dabei gerade eine entsublimierte Alltagsästhetik anvisiert wird, welche die subversiven Potentiale des Pop ausdrücklich umfaßt. Im Ästhetischen sollte nach Marcuse die mögliche Form einer freien Gesellschaft vorweggenommen werden. Gerade die Instrumentalisierung einer neuen Form der populären Kultur durch eine Jugendbewegung könne die monopolisierte Hochkultur zum Zusammenbruch drängen und »sich in entsublimierte, ›niedere‹ und destruktive Formen« auflösen, »wo der Haß der Jungen in Gelächter und Gesang ausbricht und sich Barrikade und Tanzboden, Liebesspiele und Heroismus verquicken.«[89]

Die hedonistisch-subversiven Gegenkulturen der späten sechziger Jahre steckten nach Marcuses Meinung die Grenzen der etablierten Gesellschaft ab, indem sie deren Provokationsschwellen ausloteten und sich weigerten, die tradierten Wert- und Normvorstellungen der bürgerlichen Gesellschaft ungebrochen zu übernehmen. In derartigen triebmäßigen Revolten werde, so Marcuse, die politische Rebellion unter den Bedingungen einer saturierten Wohlstandsgesellschaft, in der die Arbeiterklasse ihre Funktion als Träger der Revolution verloren habe, vorgebildet und angestoßen. Kleine gegenkulturelle Gruppen spielten dabei eine wichtige Rolle als »Katalysatoren der Re-

[89] Herbert Marcuse: *Versuch über die Befreiung*. Frankfurt/M.: Suhrkamp 1969, S. 46.

bellion innerhalb der Mehrheiten«.[90] Sie sollten in vorrevolutionären Situationen spontan und ›experimentell‹ das befreite ›neue Subjekt‹ ausbilden.

Marcuse geht demnach davon aus, daß es in der kapitalistischen Gesellschaft infolge der Entwicklung der Produktivkräfte möglich werde, »Freiheit *innerhalb* des Reichs der Notwendigkeit« zu verwirklichen.[91] Der gesellschaftliche Umbruch beginnt daher mit einem radikalen Bewußtseinswandel und der Entfaltung von individuellen Bedürfnissen, kurz: mit der Entwicklung einer ›neuen Sensibilität‹ und einer – auch durch psychedelische Drogen angeregten – »Revolution der Wahrnehmung«. Die (rauschhafte) Erfahrung des Anders-Seins, eines immer auch ästhetischen Nonkonformismus, der sich im Furor der Rockmusik oder den psychedelischen Drogenexperimenten ebenso zeigt wie in den erotischen Körperinszenierungen der ›sexuellen Revolution‹ oder den Verstößen gegen die normierten Kleidungs- und Frisurvorschriften, wird von Marcuse eben nicht als Flucht in eine hedonistische Selbstgenügsamkeit diskreditiert, sondern als ernstzunehmende und erfolgversprechende Strategie im Rahmen eines differenzierten Konzepts der gesellschaftlichen ›Befreiung‹ gesehen. Dies begründet die herausgehobene Bedeutung, die Marcuse der ästhetischen Dimension eines gesellschaftlichen Wandels beimißt – er spricht gar vom Ästhetischen als einer Art »Eichmaß für eine freie Gesellschaft«[92] –, und in diesem Aspekt liegt auch der verbindende Punkt zwischen seinem *Versuch über die Befreiung* und Brinkmanns Überlegungen.

Nicht zufällig ist Marcuse der einzige Theoretiker aus dem Umfeld der Kritischen Theorie, den Brinkmann in seinen Essays einmal ausführlich zitiert und an dessen Gedanken er überdies mehrmals anknüpft.[93] Allerdings führt er diese Theoriebruchstücke in seinen Essays nicht systematisch aus, sondern montiert sie lediglich dort in den Strom seiner poetologischen Überlegungen ein, wo sie seine affektive Aversion gegen den gesellschaftlichen und kulturellen Status quo und seine voluntaristische Sehnsucht nach einer nur vage umrissenen ›Befreiung‹ beglaubigen sollen.

Hingegen besteht Marcuse darauf, daß die ›Revolution‹ der Wahrnehmung stets nur Teil eines umfassenderen Revolutionskonzepts sein könne, der sich nicht auf sich selbst beschränken dürfe. Vielmehr müsse die ›neue Sensibilität‹ an die ›neue Rationalität‹ des politischen und ökonomischen Umbruchs gekoppelt bleiben, weil sie sich sonst selbst zu genügen drohe und

---

90 Ebd., S. 80.
91 Ebd., S. 40.
92 Ebd., S. 48.
93 Vgl. *N*, S. 28f.

letztlich bloß ›künstliche Paradiese‹ innerhalb der bestehenden Gesellschaft einrichte. Für die Umgestaltung der Gesellschaft sei daher dringend eine produktive Phantasie vonnöten, die zwischen der Sinnlichkeit und der praktischen Vernunft zu vermitteln vermöge.[94]

Eine solche sozialrevolutionäre Konsequenz zieht Brinkmann nicht. Ihm fehlt der sozialistische Theoriehintergrund, dem Marcuse letztlich in allen seinen Überlegungen verpflichtet bleibt. Für die Ausprägung der Neuen Sensibilität mißt er der politischen Dimension keine maßgebliche Bedeutung bei, und aus diesem Grunde verzichteten Brinkmann und Rygulla auch darauf, ausdrücklich politische Texte in ihre Anthologie *Acid* aufzunehmen.[95] Brinkmann zielt statt dessen auf die Entwicklung von veränderten Schreib- und Verhaltensweisen. Die Essays der späten sechziger Jahre sind daher noch vom Willen zur Versöhnung des revoltierenden Subjekts mit den Realitäten der spätkapitalistischen Gesellschaft durchdrungen. Zwar kommt bisweilen bereits eine kritische Distanz zur »spätkapitalistischen, bürgerlichen Wahn-Gesellschaft« (*OH*, S. 65) zum Vorschein, im allgemeinen jedoch wird die zeitgenössische Wirklichkeit noch unbefangen, ja teilweise euphorisch angenommen. Die Perspektive der politischen Revolution ist für Brinkmann von keinem vordringlichen Interesse. Statt dessen strebt er einen gesellschaftlichen Fortschritt an, der sich gleichsam unterschwellig verwirklichen soll, wenn eine *Erweiterung* des Denk- und Empfindungsvermögens erzielt wird, die prototypisch auf ästhetischem Terrain ein »winziges Partikelchen tatsächlich befreiter Realität« (*OH*, S. 70) herstellt:

> »Um Mögliches konkret werden lassen zu können, hat jene Freiheit eingelöst zu werden, mit etwas Vorhandenem etwas anderes als das Intendierte zu machen... sich auszubreiten, zu verstreuen – vorhandene Assoziationsmuster zu durchbrechen, wie Burroughs es in seinem Essay ›Akademie 23‹ ausführt.« (*FiW*, S. 387)

Auch hier belegt die Erwähnung von Burroughs, daß sich Brinkmann auf die Autoren des amerikanischen Underground bezieht, die sich »nicht haben besetzen lassen von der allzu billigen (und primitiven) Ansicht, das wäre schon ›fortschrittlich‹ und damit wäre schon etwas ›gewonnen‹, wenn sie ihre Arbeiten mit politischem Inhalt füllen« (*FiW*, S. 385). Brinkmanns Be-

---

[94] Herbert Marcuse: *Versuch über die Befreiung*, a.a.O., S. 62.

[95] Vgl. Rolf Dieter Brinkmann / Ralf-Rainer Rygulla: »Nachwort der Herausgeber«, a.a.O., S. 418.

griff der ›Erweiterung‹ hingegen zielt auf ein Modell der gesellschaftlichen Veränderung, das nicht an einem vorab fixierten Idealzustand orientiert ist, sondern auf konkrete Situationen reagiert und im subversiv-kreativen Umgang mit dem alltäglichen Material der städtischen Wohlstandsgesellschaft die herkömmlichen Wertmuster, Geschmacksstandards und Wahrnehmungsweisen dekuvriert. Dadurch sollen sukzessive alternative Spielräume eröffnet werden.

Dies rückt Brinkmann im Pop-Zusammenhang in die Nähe von Michel Foucaults Beschreibung von gesellschaftlichen Machtverhältnissen. Foucault betont, daß Macht und Herrschaft nicht auf einer binären Opposition von Beherrschern und Beherrschten basieren, sondern erst das Resultat von vielfältigen lokalen Kraftverhältnissen sind. Daher kann auch Widerstand nicht als ›Große Weigerung‹ bzw. als ›Revolution‹ im tradierten Sinne ausgeübt werden, zumal gerade im Rückblick auf die späten sechziger Jahre auch die erstaunliche Flexibilität des Kapitalismus deutlich wird. Widerstand kann nur auf der Mikroebene wirksam werden. Er muß ein Netz von »mobilen und transitorischen Widerstandspunkten« etablieren, »die sich verschiebende Spaltungen in eine Gesellschaft einführen, Einheiten zerbrechen und Umgruppierungen hervorrufen, die Individuen selber durchkreuzen, zerschneiden und umgestalten, in ihrem Körper und in ihrer Seele abgeschlossene Bezirke abstecken«.[96]

Die ›Mikropolitik‹ des Pop muß daher im Alltagsleben der Rezipienten von populärer Kultur ansetzen. Während die tradierten Formen des Protests noch an die kommunikative Überzeugung der Herrschenden glauben, setzen subversive Taktiken im Gegenteil auf die affirmative Kommunikationsverweigerung.[97] Zum strategischen Repertoire gehört dabei das lustvolle Auskosten von Erlebnispotentialen, die nicht zuletzt von der Kulturindustrie bereitgestellt werden, d.h. eine vorhergehende revolutionäre Umgestaltung der Produktionsverhältnisse gar nicht voraussetzen. Für den ›Yippie‹ Jerry Rubin etwa ist es eine nicht weiter hinterfragte Selbstverständlichkeit, daß die in den fünfziger Jahren einsetzende Pop-Jugendkultur »das Startzeichen der Revolution«[98] bedeutete. Und auch die ästhetischen Produkte der Medien

---

[96] Michel Foucault: *Sexualität und Wahrheit I: Der Wille zum Wissen.* Frankfurt/M.: Suhrkamp 1977, S. 117f.

[97] Vgl. Diedrich Diederichsen: »Subversion – kalte Strategie und heiße Differenz«, a.a.O., S. 38f.

[98] Dazu schreibt Rubin: »Die Werbung [...] schafft einen Dynamismus. Der Zuschauer wird einbezogen, Erwartungen werden erzeugt. Bedürfnisse werden gelenkt. Mit schnellen Schnitten, Slogans, kurz aufblendenden Bildern und erregenden Tempi wird der Zu-

und der Werbeindustrie werden nicht pauschal als Manipulationsinstrumente der Herrschenden interpretiert, sondern zumindest potentiell als Mittel der Subversion anerkannt. Die Werbung etwa ist nicht bloße Manipulation des Rezipienten, sondern sie erzeugt stets auch Erwartungen, die der Zuschauer sich zueigen machen und auf deren Realisierung er dringen kann. Zugespitzt hat dies Bazon Brock formuliert: »Die Pop-Programmatik empfiehlt Zustimmung als schärfste Kritik – empfiehlt sich immer erst einmal auf irgendwelche unausweichlichen Rechtfertigungen für Machtpositionen einzulassen, diese Positionen dann beim Wort zu nehmen, sie bis zum Äußersten zu radikalisieren und sie durch die inakzeptablen Konsequenzen jeglichen Anspruchs auf absolute Geltung auszuhebeln.«[99]

So gingen die Yippies davon aus, *in* der bestehenden Gesellschaft durch eine ›Politik der Ekstase‹ (Timothy Leary) bzw. durch die provokative Wirkung von spontanen emotionalen Aktionen die Normen des bürgerlichen Amerika zu verletzen und dadurch *permanente* gesellschaftliche Veränderungen entfesseln zu können. Vor der Befreiung der gesamten Gesellschaft sollte erst einmal die individuelle Freiheit realisiert werden: »Die Revolution findet *jetzt* statt. Wir schaffen die Revolution, indem wir sie *leben*.«[100] Es ging zunächst um symbolischen Nonkonformismus, um den Kampf gegen Langeweile, um Demonstrationen des Nicht-Einverstandenseins, die erst in einem

---

schauer gefesselt. [...] Sie schaffen ein Vakuum, in das der Zuschauer sich hineindenken kann. [...] Wir leben die Werbespots, die Filme. Yippie!« – Jerry Rubin: *Do it! Scenarios für die Revolution.* München: Trikont 1977, S. 18f.

99 Bazon Brock: »Haben wir gelebt? Op, Pop und Hopp auf dem Laufsteg durch die Wohnlandschaft der 60er Jahre«. In: ders., *Ästhetik gegen erzwungene Unmittelbarkeit. Die Gottsucherbande – Schriften 1978-1986.* Köln: DuMont Buchverlag 1986, S. 236-243, hier: S. 242.

100 Dazu Jerry Rubin: »Yippies tun, was immer sie tun wollen und wann immer sie es tun wollen. [...] Yippies sagen: wenn's keinen Spaß macht, dann tu's nicht. [...] Für den Yippie ist Spaß der Sturz der Regierung.« Jerry Rubin: *Do it!*, a.a.O., S. 113. – Rubins Skepsis gegenüber einer sozialistischen Revolution erinnert stark an vergleichbare Äußerungen und Notizen von Rolf Dieter Brinkmann. So entwirft Rubin – nicht zuletzt vor dem Hintergrund der totalitären Regime im realsozialistischen Osteuropa – ein äußerst bedrohliches Szenario einer kommunistischen Machtübernahme: »Die Hippie-Straßen wären die ersten, die von ›sozialistischen‹ Bullen gesäubert würden. Man würde uns zwingen, uns die Haare schneiden zu lassen und uns jede Woche zu rasieren. [...] Sex wäre illegal, es sei denn, er diente der Produktion von Kindern für die Revolution. Der Genuß psychedelischer Drogen wäre ein Kapitalverbrechen und Biertrinken Pflicht. Man würde uns zwingen, mindestens fünfmal in der Woche an Abendkursen für politische Bildung teilzunehmen. Rock tanzen wäre tabu, und Miniröcke, Hollywood-Filme und Comic-Hefte wären illegal.«

zweiten Schritt auch institutionelle Veränderungen auszulösen vermögen. Im Underground sollte die kapitalistische Gesellschaft durch den Aufbau von Gegen-Institutionen - von spezifischen Underground-Medien, alternativen Lebens- und Wirtschaftsformen etc. - schrittweise ausgehöhlt und in eine herrschaftsfreie Gesellschaft transformiert werden.

Auch wenn die hochgesteckten Ziele nicht erreicht worden sind, so hat dieses Konzept doch in vielen Bereichen zur irreversiblen Emanzipation der Lebensverhältnisse in den westlichen Gesellschaften beigetragen. Der Anspruch, die subjektiven Wünsche auch legitimerweise ohne gesellschaftliche Einschränkungen realisieren zu können, ist seitdem die entscheidende Triebkraft für alle Subkulturen - allerdings gehen die Veränderungen dadurch auch nicht über die Ebene des symbolischen Protests, der kulturellen Praxis, der Lebensstile, der Kleiderordnung etc. hinaus.

Die Yippies und die verwandten Subkulturen formulierten damit explizit das ›Programm‹ des Pop: Spaß bzw. Vergnügen als ephemere Erfüllung im Augenblick des Erlebens wird als Strategie gegen die puritanischen Wertvorstellungen der amerikanischen Mittelstandsgesellschaft ins Feld geführt.[101] Junge deutsche Autoren wie Rolf Dieter Brinkmann erblickten in den späten sechziger Jahren in diesem gegenkulturellen Anspruch des Pop ein nachahmenswertes Vorbild für die Literatur. So stellt Brinkmann seine literarische Produktion in einen Pop-Kontext, wenn er behauptet, das Schreiben von Literatur sei keine privilegierte Tätigkeit, sondern eine recht beliebige Aktivität, die in erster Linie Spaß bereiten müsse:

> »Versteht man sich ausdrücklich als Benutzer von irgendwelchen Sachen, die zuerst Spaß machen sollten, dann wird ein Autor sich auch so des Schreibens bedienen, ganz einfach, weil es ihm Spaß macht, und unter Spaß machen verstehe ich, daß man produktiv ist, und zwar so produktiv, daß man im Produktionsprozeß etwas von sich verwirklicht, daß heißt also, es kommt also zuerst mal gar nicht drauf an, irgend etwas Besonderes zu sein, sondern bewußt Massenmensch zu sein, und ich bin gern ein Massenmensch, das muß ich wohl sagen.«[102]

Und in *Ein paar Hinweise,* einem zwar anonym veröffentlichten, aber wohl Brinkmann zuzuschreibenden Manifest, heißt es:

---

101 Ebd., S. 84.

102 Rolf Dieter Brinkmann u.a.: »Interview mit einem Verleger«. In: März Texte 1, a.a.O., S. 283-296, hier: S. 294.

»Schreiben ist ein Spaß einer Person, der zum Spaß vieler werden kann. Oder es ist der Spaß vieler, der zum Spaß einer Person werden kann.«[103]

Dies verdeutlicht, daß es in den Subkulturen, auch in den literarischen, der westlichen Überflußgesellschaften in der Regel gar nicht um eine gesellschaftspolitische Perspektive jenseits der kapitalistischen Ordnung geht, in der allgemeiner materieller Wohlstand zu erwarten wäre. Von den Problemlagen der sozialistischen Arbeiterbewegung sind die meisten Subkulturen – selbst die eindeutig proletarischen – im allgemeinen weit entfernt. Im Kern geht es ihnen nicht darum, ›die Welt zu verändern‹, sondern vielmehr darum, die Art und Weise zu ändern, in der die Menschen die Welt *wahrnehmen*. Das subversive Potential des Pop tritt also überhaupt erst zutage, wenn die gesellschaftlichen Verhältnisse für dieses Begehren keine Spielräume eröffnen oder auch nur einen Aufschub des Vergnügens verlangen. Eine *politische* Dimension hat dies nur im Wechselspiel von gesellschaftlicher Desintegration und dem ›Anti-Integrationismus‹ (Diedrich Diederichsen) des Pop, der gegen den politischen Status quo nicht etwa ideologische Überzeugungen, sondern Emotionen und ein vages Freiheitsbegehren mobilisiert.[104]

Als Form von Subversion ist jede Variante des Pop indes immer nur zeitweilig geeignet. Sein Anti-Integrationismus findet seine Grenze in den Verwertungsinteressen der Kulturindustrie, die es verstanden hat, noch aus jedem subkulturellen Impuls einen gewinnbringenden Trend zu machen. So radikal die Rebellion zunächst auch erscheinen mag: Von Rock'n'Roll über Punk bis hin zum unüberschaubaren Spektrum der neunziger Jahre ist Pop bis heute immer zugleich auch ein Experimentierfeld der gesellschaftlichen Modernisierung gewesen. Aus ideologiekritischer Perspektive wäre darin wenig mehr als ein weiteres Entfremdungssymptom der spätkapitalistischen Gesellschaft zu sehen. Doch anders als in der tradierten populären Unterhaltungskultur haben es die Subkulturen im Pop-Kontext immer wieder verstanden, der kulturindustriellen Zeichenflut *andere* Bedeutungen beizugeben und sie als *Stil* in Bedeutungskontexte einzuordnen, die mit den von seiten der Kulturindustrie intendierten *nicht* übereinstimmen:

---

103 [Anonym]: »Ein paar Hinweise«. In: Der Gummibaum 1/1969, S. 41-43, hier: S. 42.

104 Vgl. Diedrich Diederichsen: »Wer fürchtet sich vor dem Cop Killer? Zehn Thesen zu Pop und Politik«. In: Spiegel Spezial 2/1994: Pop & Politik, S. 23-27.

»Popkultur ist eine Reaktion auf die mediale Bombardierung, die nach dem Zweiten Weltkrieg einen neuen Höhepunkt erreicht. [...] Die Verlorenheit des Publikums angesichts der Passivität des Empfangens wurde in der Popkultur aufgehoben. Die Entfremdung beim Genuß von Medienprodukten wurde unterlaufen, wenn man diese Welt zur eigentlichen Welt erklärte und anfing, ganz in der symbolischen Wirklichkeit von Musik, Filmimages und Mode zu existieren. Die Jugendkulturen nach dem Zweiten Weltkrieg reagierten damit auf die undemokratische Struktur der kapitalistischen Unterhaltungsindustrie, ohne sich dadurch den Spaß nehmen zu lassen.
Rock'n'Roll von Bill Haley bis James Dean wurde von den konsumierenden Jugendlichen zu ihren Bedingungen rekodiert und in den eigenen Lebenskontext eingepaßt. [...] Diese kreative Neuschöpfung am schon bestehenden Objekt ändert nichts an der Machtstruktur des medialen Kommunikationsprozesses, doch der Empfänger rettet sich aus der Passivität, indem er das Gesendete in seiner Entfremdung akzeptiert, überzeichnet und schließlich als Teil einer Popwirklichkeit einordnet.«[105]

»Die Tiefe des Banalen«: Brinkmanns Einübung einer neuen Sensibilität

> »Die Beschränkung auf die Oberfläche führt zum Gebrauch der Oberfläche und zu einer Ästhetik, die alltäglich wird.« (*FiW*, S. 388)

Auch die Literatur hat es seit den sechziger Jahren in den Augen einer jungen Schriftsteller-Generation mehr und mehr mit einer solchen Pop-Wirklichkeit zu tun. Daher darf nicht übersehen werden, daß sie sich vor allem auf die bereits in anderen Medien vermittelten Simulakren, auf eine synthetische ›Wirklichkeit‹ aus zweiter Hand beziehen muß. Ganz unverblümt hat dies der britische Schriftsteller J.G. Ballard in einem Interview konstatiert, das in der von Rolf Eckart John herausgegebenen Sammlung *Mondstrip* auf deutsch veröffentlicht worden ist:

---

[105] Ulf Poschardt: *DJ-Culture*, a.a.O., S. 347f.

»Zum erstenmal also ist jetzt die Welt draußen, die sogenannte Realität, fast gänzlich Fiction. Es ist eine Medien-Landschaft, wenn Sie so wollen. Sie wird fast ganz von Werbung, Fernsehen, Massenproduktion und als Werbung betriebener Politik beherrscht. [...] Deshalb: geht man davon aus, daß die Realität nur Fiction ist, hat es der Schriftsteller nicht nötig, Fiction zu *erfinden*. Das Verhältnis des Schriftstellers zur Realität ist genau umgekehrt. Es ist die Aufgabe des Schriftstellers, die Realität zu finden, nicht Fiction zu erfinden.«[106]

Dies ist ein Symptom für eine Wende, die sich im Zeichen des Postmodernismus offensichtlich zu vollziehen scheint. Wenn das ›tiefenlose‹ Universum der Medienbilder die traditionelle Vormacht der ›Ideen‹ und Begriffe, die sich hinter den wahrnehmbaren Zeichen verbergen, zu brechen droht, dann tritt eine neue Oberflächlichkeit ins Zentrum der Kunstproduktion und der Kunstrezeption. Dort löst sie die tradierten ›Tiefenmodelle‹ ab, wie sie Susan Sontag etwa an der hermeneutischen Interpretation oder an Freuds Gegensatzpaar von manifestem und latentem Inhalt kritisiert hat. Der Abstumpfung der sensorischen Fähigkeiten durch den ›Zwang‹ zur Interpretation setzt die zeitgenössische Kunst und Literatur eine neue ›Transparenz‹ entgegen, »die Erfahrung der Leuchtkraft des Gegenstandes selbst, der Dinge in ihrem Sosein«.[107] Ein solches transparentes, sinnlich präsentes Kunstwerk soll die Realität nicht mehr im Sinne des autonomen Kunstwerks negieren, sondern es soll vielmehr zu einer Ausweitung der sinnlichen Wahrnehmung, letztlich gar zu einer »Erweiterung des Lebens«[108] beitragen.

Daher hat Sontag in ihren wirkungsmächtigen Essays zunächst den unabdingbaren Modus der ›akademischen‹ Rezeption von Texten angegriffen: die Interpretation. Dies war gegen die New Criticists gerichtet, die seinerzeit die amerikanische Literaturkritik und Literaturwissenschaft dominierten. Die Interpretation, so Sontag, sei destruktiv, weil sie hinter dem manifesten Inhalt den latenten Inhalt, gleichsam hinter dem Text einen Subtext als den ›eigentlichen‹ Text sichtbar zu machen versuche. Folglich produziere sie lediglich Duplikate des Kunstwerks und errichte eine »Schattenwelt der ›Be-

---

[106] J.G. Ballard: »Interview mit J.G. Ballard«. In: Rolf Eckart John (Hrsg.), *Mondstrip. Neue englische Prosa.* Frankfurt/M.: März 1971, S. 133-140, hier: S. 138.

[107] Susan Sontag: »Gegen Interpretation« (1964). In: dies., *Kunst und Antikunst. 24 literarische Analysen.* Frankfurt/M.: Fischer 1982, S. 11-22, hier: S. 21.

[108] Dies.: »Die Einheit der Kultur und die neue Erlebnisweise« (1965). In: dies., *Kunst und Antikunst,* a.a.O., S. 342-354, hier: S. 349.

deutungen‹«.[109] Um das interpretierte Werk in den Kanon der ›hohen‹ Kunst einreihen zu können, werde es nach festgelegten Kriterien ›gezähmt‹ und zu einem Gebrauchsgegenstand degradiert. Dabei werde in Kauf genommen, daß sich das ›Empfindungsvermögen‹ der Rezipienten unter der Last der Bedeutungen verflüchtige.

Ein Großteil der progressiven Kunst und Literatur, die sich diesem Druck zu entziehen versuche, sei daher, so Sontag, auf der »Flucht vor der Interpretation«.[110] Neben dem Rückzug in die Abstraktion gibt es dabei auch den umgekehrten Weg, den paradigmatisch die Pop Art beschritten hat: die provokative Hinwendung zu einem vermeintlich trivialen und bewußt oberflächlichen Inhalt, der sich den tradierten Kategorien der Interpretation entzieht. Wie Hans Bertens zu Sontags Programm (leicht über-)pointiert angemerkt hat, markiert genau diese ›Flucht‹ den Bruch mit der Kunst des Modernismus, die das Interpretieren geradezu verlangt: »Postmoderne Kunst *ist* einfach und muß erlebt werden; moderne Kunst dagegen bezieht sich auf eine hinter ihrer äußeren Form verborgene Bedeutung und muß *verstanden* werden. Postmoderne Kunst präsentiert sich als Oberfläche, während moderne Kunst die Tiefe hinter dieser Oberfläche beansprucht.«[111]

Auch Brinkmanns Poetik setzt ein Involvement an die ›Oberflächen‹ der jeweils gegenwärtigen Realität voraus. Dieses Involvement entzieht sich dem Primat einer vorgängigen ›Theorie‹ bzw. dem Zwang, »einen philosophischen, soziologischen, psychologischen oder sonstwie-logischen Beitrag leisten zu müssen, schon gar nicht Sprachwissenschaft darstellen zu müssen« (*ES*, S. 151). Erst die sinnentleerte Oberflächlichkeit des Reizmaterials ermöglicht die Herstellung von subjektiven Erfahrungen, ja von Glücksmomenten, die nicht mehr nach dahinter liegenden Bedeutungen befragt werden müssen. So tritt der reflexartige Umgang mit dem sinnlichen Potential der Dinge an die Stelle der reflexiven Sinnsuche bzw. der intensiven Recherche nach Bedeutungen:

> »Eine Empfindlichkeit weist sich aus, die ohne die aus anerzogenen Skrupeln zusammengesetzten Vorurteile ›Literatur als Kunst‹ die momentan sich anbietenden Dinge und Szenen wie zum ersten Mal aufnimmt, wobei anzumerken ist, daß ein derartiger Blick keineswegs auf

[109] Dies.: »Gegen Interpretation«, a.a.O., S. 15.

[110] Ebd., S. 18.

[111] Hans Bertens: »Die Postmoderne und ihr Verhältnis zum Modernismus. Eine Übersicht«. In: Dietmar Kamper / Willem van Reijen (Hrsg.), *Die unvollendete Vernunft: Moderne versus Postmoderne.* Frankfurt/M.: Suhrkamp 1987, S. 46-98, hier: S. 52.

vertraute funktionale Zusammenhänge gerichtet ist, vielmehr auf die eigene Perspektive des Autors verweist, – es ist der letzte Blick, der wieder wie der erste ist, weil er nicht verleugnet, daß, was immer er sammelt, *Oberfläche* ist, jetzt und jetzt und jetzt und jetzt... wir leben in der Oberfläche von Bildern, ergeben diese Oberfläche, auf der Rückseite ist nichts – sie ist leer. Deshalb muß diese Oberfläche endlich angenommen werden, das Bildhafte täglichen Lebens ernst genommen werden, indem man Umwelt direkt aufnimmt und damit die Konvention ›Literatur‹ auflöst [...].« (*OH*, S. 69)

Brinkmann wie Sontag setzen die Fähigkeit zur sinnlichen Erkenntnis höher an als die zur intellektuellen. So sieht Sontag in der Schärfung der sinnlichen Wahrnehmung, der kognitiven Fähigkeiten des Menschen, die wichtigste Funktion der Kunst. Eine »Kunst als Spezies des moralischen Journalismus«[112] hält sie hingegen unwiderruflich für veraltet:

»Sinneswahrnehmungen, Gefühle, die abstrakten Formen und Stile der Erlebnisweise sind es, was zählt. Sie sind das Ziel der zeitgenössischen Kunst. Der Grundmaßstab für zeitgenössische Kunst ist nicht die Idee, sondern die Analyse und die Erweiterung der Wahrnehmungen (und wenn es doch eine ›Idee‹ ist, dann betrifft sie die Erlebnisweise). [...] Und die meisten der interessanten Werke zeitgenössischer Kunst [...] sind Abenteuer im Bereich der Sinneswahrnehmungen, im Bereich neuer ›sensorischer Gemische‹. Eine solche Kunst ist experimentell – nicht auf Grund einer elitenhaften Verachtung für das, was der Mehrheit zugänglich ist, sondern in dem gleichen Sinne, in dem auch die Naturwissenschaft experimentell ist.«[113]

Sontag konzipiert eine ›new (potentially unitary) kind of sensibility‹, in der das traditionelle dichotomische Schema, nach dem das Denken im Modernismus organisiert war, entfällt. Die ›unitary sensibility‹ ist »Ausdruck einer postmodernistischen Totalwirklichkeit«.[114] Unter diesen veränderten Rahmenbedingungen wandelt sich indes auch die Funktion der Kunst, sie wird

[112] Susan Sontag: »Die Einheit der Kultur und die neue Erlebnisweise«, a.a.O., S. 352.

[113] Ebd., S. 350.

[114] Jürgen Peper: »Postmodernismus: *Unitary Sensibility* (Von der geschichtlichen Ordnung zum synchron-environmentalen System)«. In: Amerikastudien 22 (1977), S. 65-89, hier: S. 78.

zu einem »Instrument zur Modifizierung des Bewußtseins und zur Entwicklung neuer Formen des Erlebens«.[115] Dabei verliert das Diskursive an Bedeutung, und die Literatur büßt die herausgehobene Stellung ein, die sie im Modernismus eingenommen hatte: Die ›einheitliche‹ Kultur ist vorrangig eine ›nicht-literarische‹ Kultur, und die Rede von einer ›unitary sensibility‹ ist somit zugleich ein Plädoyer für die künstlerische Überschreitung von Gattungs- und Mediengrenzen.

Allein die Tatsache, daß die Schriftsteller nur beiläufig am Ende von Sontags Aufzählung des ›neuen Establishments‹ dieser nicht-literarischen Kultur, gewissermaßen in einer ›Fußnote‹, erwähnt werden, verdeutlicht das verringerte Renommee, das Sontag der Literatur noch zuzustehen bereit ist.[116] Lediglich einige wenige Autoren vermögen die Kriterien zu erfüllen, welche die ›unitary sensibility‹ an sie stellt. Ein Blick auf Sontags weitere Essays läßt deutlich werden, an wen sie dabei vor allem denkt: Für sie ist William S. Burroughs *der* exemplarische Autor, der eine Möglichkeit des Schreibens gefunden hat, die den von der ›literaturfeindlichen‹ ›unitary sensibility‹ losgetretenen Veränderungen Rechnung trägt.[117] Seine Romane haben keinen Plot und keine Charaktere im tradierten Sinne, sie sind ein »sensorisches Gemisch« (Sontag), ein Strom von sprachlichen Bruchstücken aus allen erdenklichen Quellen, von Zeitungsschlagzeilen und Comics über Filmdialoge bis hin zu Songfragmenten.

Diesen Wandel der Wahrnehmungsbedingungen im Zeitalter der technischen Massenmedien hat auch Rolf Dieter Brinkmann genau beobachtet und in den für sein literarisches Werk der späten sechziger Jahre grundlegenden Essays reflektiert. Ausgangspunkt seiner Überlegungen ist die Veränderung der Kommunikationssysteme im Zuge der ›zweiten technologischen Revolution‹, welche die Verbreitung der technischen Informations- und Unterhaltungsmedien entfacht und dabei auch die Dichotomisierung von Hoch- und Populärkultur in Frage gestellt hat. Es sei, so Brinkmann, dringend geboten, von einem emphatischen Literaturverständnis loszukommen, »als lebten ›Dichter‹ nur mit kostbarsten gedanklichen Wertgegenständen, in einer Welt ohne Schlager, Schlagzeilen und Kinoplakate, ohne ganzseitige Reklamen für Cinzano, Rank Xerox und arden for men, ohne Autounfälle und persönliche Disaster, Mittagessen und Sonderangebote an Armbanduhren, ohne Röcke,

[115] Susan Sontag: »Die Einheit der Kultur und die neue Erlebnisweise«, a.a.O., S. 345.

[116] Ebd., S. 347.

[117] Vgl. dies.: »William Burroughs und der Roman«. In: dies., *Kunst und Antikunst*, a.a.O., S. 156-169.

die über Luftschächte hochgeblasen werden« (*OH,* S. 65), wie der von Marilyn Monroe in Billy Wilders *The Seven Year Itch.*

Vor dem Hintergrund von McLuhans These, das Medium selbst und nicht etwa die in ihm transportierten ›Botschaften‹ seien für die Änderung der menschlichen Wahrnehmung im ›elektronischen Zeitalter‹ maßgeblich[118], geht Brinkmann von der alltäglichen Erfahrung eines mit vielfältigen Zeichen angefüllten gesellschaftlichen Raumes aus, dem sich das Individuum zwangsläufig aussetzt und mit dessen Zeichenfülle es umzugehen verstehen muß. Auch der zeitgenössische Schriftsteller kann sich dieser Fülle von Bildern und Geräuschen nicht entziehen; sie hinterlassen auch in seinem Alltag unweigerlich ihre Spuren: »das Bewußtsein, angeschlossen dem Stromkreis, hat alle Einzelheiten zu seiner Verfügung« (*OH,* S. 71). Die Signalvielfalt der urbanen ›zweiten Natur‹, der sekundären Realität der Warenwelt und der Populärkultur mit ihren allgegenwärtigen visuellen und akustischen Reizen, hat eine »elektrifizierte, durch Elektronik veränderte Großzivilisation« (*FiW,* S. 382) geschaffen, die von Brinkmann bereitwillig als gegenwärtiger Lebensraum akzeptiert wird.

Ihren Reiz bezieht diese »Dutzendware« (*N,* S. 25) aus ihrer *Oberflächlichkeit,* die verhindert, daß sich aus den immer nur momentan bedeutsamen Signalen dauerhafte Sinnzuschreibungen ableiten lassen. Dahinter steht ein im Zeitalter der technischen Medien bekanntes semiotisches Phänomen: Was als Verschwinden der Bedeutungen wahrgenommen wird, ist genaugenommen die Aufhebung des Designationsprozesses, der einen Signifikanten auf ein bestimmtes Signifikat bezieht. Statt dessen entsteht gewissermaßen ein ›Rauschen‹ der Zeichen, in dem die Signifikanten neue – allerdings subjektive und damit wesentlich instabilere – Bedeutungen annehmen können. Gerade das Fehlen von festen Bedeutungen bzw. von ›Tiefe‹ erscheint somit als Voraussetzung eines nicht reflexiven, sondern spontan-assoziativen Umgangs mit der veränderten Realität und folglich auch einer Literatur, die sich in einer solchen Realität orientiert. Die ursprünglichen Kontexte der wahrgenommenen Zeichen sind in dem »selbstverständlich gewordenen Umgang mit Konsummitteln« (*FiW,* S. 389) nicht mehr zu rekonstruieren, und für den Rezipienten sind sie ohnehin gleichgültig geworden. Über die Schreibweise seines Vorbilds Frank O'Hara schreibt Brinkmann:

---

[118] Vgl. Marshall McLuhan: *Die magischen Kanäle. Understanding Media* (1964). Düsseldorf u.a.: Econ 1992.

»Reale Gegebenheiten und Vorstellungen sind nicht voneinander ablösbar, so daß eins durchs andere widerlegt, gar ›entlarvt‹ werden könnte nach einem gängigen ›gesellschaftskritischen‹ Muster, beides ist vielmehr total verschränkt zu jener punktuellen Situation, in der sich der Einzelne - hier Frank O'Hara - befindet. Zusammengenommen ergibt das ein Gedicht.« (*OH,* S. 64)

›Wirklichkeit‹ läßt sich in dieser Perspektive nur noch als Sammelsurium von immer nur für kurze Augenblicke greifbaren Oberflächeneffekten konstruieren, in denen dauerhafte ›Bedeutungen‹ zu entgleiten drohen. So lassen sich etwa an eine Schlagzeile von einem Zusammenbruch der Filmschauspielerin Lana Turner, die O'Hara in eines seiner Gedichte einmontiert hat, keine Bedeutungen mehr knüpfen. Aufscheinende Assoziationen entstehen immer nur vor dem Hintergrund anderer künstlicher Bilder aus Filmen und Magazinen. Die Grenze zwischen dem realen Leben der Filmdiva und den medialen Projektionen eines Starkults, die sich vor die Person schieben, läßt sich nicht mehr ziehen:

»Hollywood ist real gesehen nichts anderes als das durchaus ernsthafte Klischee ›Hollywood‹, als das es sich in endlosen Illustriertenberichten und Photoserien, durch die Reportagen des Confidential [...] herangebildet hat, ein flackerndes, permanentes Selbstzitat der spätkapitalistischen, bürgerlichen Wahn-Gesellschaft...« (*OH,* S. 64f.)

Aufschlußreich für diesen Zusammenhang von Oberfläche und Bedeutung ist auch eine zunächst rätselhafte Passage, mit der Brinkmann seinen Essay *Der Film in Worten* beschließt:

»Zitat: ›Ist die Großmutter verschwunden, so ist doch die Krinoline geblieben.‹ (S. Kracauer). Die Gegenwart stellt nur einen Sinn in ihrem Begriff dar, der äußerst profan ist und daher radikal: nämlich Zukunft werden zu wollen.« (*FiW,* S. 399)

Brinkmann bezieht sich hier auf Siegfried Kracauers 1927 erstveröffentlichten Aufsatz *Die Photographie,* in dem sich Kracauer an eine alte Fotografie seiner Großmutter erinnert, die mit einer Krinoline bekleidet ist, einem Reifrock, der in den zwanziger Jahren längst aus der Mode war und auf den zeitgenössischen Betrachter des Bildes komisch wirkte.[119] Die Fotografie unterscheidet von der persönlichen Erinnerung an die Großmutter, daß sie lediglich einen »Oberflächenzusammenhang« präsentiert, hinter der die Persönlichkeit der Großmutter verschwindet. Das Foto ist folglich nur noch ein Dokument, das den Kleidungsstil einer vergangenen Epoche belegt: »Ist die Großmutter verschwunden, so ist doch die Krinoline geblieben«.[120] Auch vom traditionellen Porträtgemälde, in das der Künstler immer seine persönliche Sicht des Porträtierten und somit Spuren von dessen individueller ›Geschichte‹ einfließen läßt, unterscheidet sich die Fotografie, denn, so Kracauer, »in dem Kunstwerk wird die Bedeutung des Gegenstandes zur Raumerscheinung, während in der Photographie die Raumerscheinung eines Gegenstandes seine Bedeutung ist.«[121]

Schon bei Kracauer deutet sich also das Verschwinden der Bedeutungen bzw. die Lockerung der Einheit von Signifikanten und Signifikaten im seinerzeit erst beginnenden Medienzeitalter an: Wenn Raumerscheinung und Gegenstand identisch sind, tritt an die Stelle der ›Tiefe‹ von Bedeutungen die bloße Oberfläche. Während Kracauer dies jedoch als Verlust der historischen Dimension des Bildes beschreibt, begrüßt Brinkmann vier Jahrzehnte später gerade den Bruch mit dem historischen Denken. Der Schwund der historischen Tiefenschärfe ermöglicht ihm erst den unbefangenen Umgang mit dem vorhandenen Material, das nicht mehr auf seine tradierten Bedeutungen befragt werden muß. Die Oberfläche des alltäglichen Warenscheins wird als *schön* erfahren, indem ihr Attribute zugesprochen werden, die traditionell nur Werken der ›hohen‹ Kunst zuteil werden:

> »Die alltäglichen Dinge werden vielmehr aus ihrem miesen, muffigen Kontext herausgenommen, sie werden der gängigen Interpretation entzogen, und plötzlich sehen wir, wie schön sie sind... ein Schlittschuh, der über die Eisfläche gleitet, eine Hand, die einem Hund Hundefutter hinhält, mein liebstes Gemüse broccoli – denn die alltäglichen Sachen und Ereignisse um uns sind terrorisiert worden; dieser winzige, aber überall verteilte Terror wird zersetzt, *das konkrete Detail befreit.*« (*N*, S. 11)

---

[119] Siegfried Kracauer: »Die Photographie« (1927). In: ders., *Das Ornament der Masse. Essays.* Frankfurt/M.: Suhrkamp 1977, S. 21-39.

[120] Ebd., S. 37.

[121] Ebd., S. 27.

Brinkmanns Überlegungen knüpfen nahtlos an Sontags und Fiedlers antimodernistische Abneigung gegen stabile Bedeutungen an. Wie Sontag, so geht auch Brinkmann davon aus, daß alle Objekte zunächst einmal gleichwertig sind. Er hat immer wieder den intellektuellen Hochmut angeprangert, der »sich zynisch lächelnd über die trivialen Ereignisse« erhebt, »die in unmittelbarer Nähe von einem selbst entstehen« (*ES*, S. 151). Damit geht Brinkmann gegen die Dichotomisierung der Kultur an, die sämtliche ästhetisch relevanten Phänomene in hierarchische Geschmacksdimensionen einpaßt. Daß diese Polemik keineswegs ins Leere zielt, hat Pierre Bourdieu materialreich nachgewiesen. Nach Bourdieu beruht die kulturelle Dichotomisierung auf einem »Ekel vor dem ›Leichten‹«[122] bzw. einer sozial sanktionierten Ablehnung des lustvollen, rein sinnlichen Vergnügens am Oberflächlichen, von der sich der ›reine‹ Geschmack bzw. das »interesselose Wohlgefallen« (Kant) abgrenzt und so den normgerechten Modus der künstlerischen Produktion und Rezeption in der bürgerlichen Gesellschaft erst hat entstehen lassen. Allerdings setzt dies spezielle, von einem sozial legitimierten Kunst- bzw. Literatursystem definierte Kodes voraus, die es überhaupt erst ermöglichen, durch Bezugnahmen auf kulturgeschichtliche Phänomene (Stile, Epochen, Künstler etc.) den ›legitimen‹ Genuß zu begründen.

Für Brinkmann jedoch ist dies lediglich ein »Rückkopplungssystem gängiger Kategorien«, das »nicht mehr tagtäglich zu machender sinnlicher Erfahrung« (*ES*, S. 150) entspricht. Wenn er daher fordert, der zeitgenössische Schriftsteller müsse sich mit dem Material der Populärkultur auseinandersetzen, ja von Autoren verlangt, »in die gleiche Richtung zu denken und somit ein Material sehr gewöhnlich in ihre literarischen Produkte einzulassen« (*ES*, S. 153), so knüpft er an die lange Tradition der ästhetischen ›Rebarbarisierungen‹ (Viktor Šklovskij) an, die in der Ästhetisierung des Alltäglichen und insbesondere im Rekurs auf die zeitgenössische Populärkultur eine Modifikation der ›hohen‹ Literatur initiiert haben. Brinkmann empfindet die ›hohe‹ Literatur geradezu als Kommunikationsverweigerung, die er mit seinem Plädoyer für ein spontanes und affektives Beteiligtsein am Alltäglichen kontert:

> »Beteiligung, die neuerliche Aktivierung der durch das Denken in Abstraktionen weggedrückten übrigen Schichten des Menschen, hören, tasten, sehen, die helle Sensibilität der Haut, ein Sehen, das nicht zuerst über die kuriosen Balanceakte der Grammatik geschieht... warum lieben Sie nicht Ihre Schuhsohlen? Auf denen Sie doch herumlaufen, und

[122] Pierre Bourdieu: *Die feinen Unterschiede*, a.a.O., S. 757.

> warum werden nicht Gedichte über Schuhsohlen oder Unterhosen oder Lippenstifte geschrieben?« (*ES*, S. 148)

Mit anderen Worten: Es geht Brinkmann um eine Rehabilitierung des sinnlichen Vergnügens, wie es im ursprünglichen Begriffsgehalt von *aisthesis* enthalten war. Alltag und Kunst sollen wieder funktional aufeinander bezogen werden, und so kann für Brinkmann etwa das Blättern in einer Modezeitschrift zum Impuls des literarischen Arbeitens werden:

> »...ich blättere eine Zeitschrift durch. Es ist eine englische Illustrierte, die geschickt aufgemacht ist und sich wohl hauptsächlich an weibliche Leser wenden dürfte. Ich sehe sie mir immer gerne durch. Es ist die Illustrierte ›Nova‹. In einer Nummer entdeckte ich auf der Innenseite des Umschlags eine Make-up-Reklame von Revlon, deren Text mich faszinierte. Die Überschrift hieß: The Face of Tomorrow (Das Gesicht von Morgen). Sie ließ mich sofort an einen Gedicht-Titel denken... Beim Durchlesen des Textes sah ich, daß es tatsächlich ein Gedicht war, dessen erste Zeilen lauteten: ›Das Licht wird / seine Wärme voll / zum Ausdruck bringen und läßt / es in einer angenehmen Farbe schimmern.‹« (*ES*, S. 153)

Die Produkte, für die geworben wird, scheinen häufig hinter der Eigendynamik von Reklameslogans und -bildern zu verschwinden. Was primär als Hilfsmittel des Produktmarketing gedacht ist, gewinnt damit über diese Funktion hinaus an Bedeutung als Instrument der Präformation von Wahrnehmung. Wie Thomas Groß in seiner Studie zu Brinkmanns ›empirischem Schreiben‹ herausgearbeitet hat, werden die Bild-, Ton- und Schriftbotschaften von Werbung und Populärkultur wahrgenommen als »Reiz-Material, das sich nicht hoch-stilisieren läßt« (*N*, S. 16), gleichsam als indifferente und entkontextualisierte Signifikanten, als punktuelle Medieneffekte, die sich im Augenblick ihres Aufscheinens bereits wieder verflüchtigen und an denen Sinn- bzw. Bedeutungszuschreibungen abprallen.

An die Stelle der Interpretation als methodisch abgesichertem Verstehen von Bedeutungen, die sich hinter den oberflächlichen Signifikanten verbergen, soll dabei, so der einhellige Wunsch von Sontag und Brinkmann, die ›erotische‹ (Sontag) Erfahrung der unmittelbaren Präsenz des Kunstwerks oder auch eines als ›schön‹ empfundenen Alltagsgegenstands treten. Eine solche Zelebration dient als Ausgangspunkt für die Erweiterung des sinnlichen Wahrnehmungsvermögens, zumal die sinnliche Präsenz bzw. die oberflächliche ›Anwesenheit‹ vom permanenten Zwang zur Reflexion über den ›Sinn‹ oder die ›Bedeutung‹ von konkreten Phänomenen befreit. Literatur ist, so Brinkmann, »aus dem Zwang entlassen, das Außergewöhnliche, Exquisite, das Hohe und Heilige und Große abhandeln zu müssen« (*ES*, S. 154), sie wird statt dessen zur Gelegenheitsliteratur, die mit dem »zärtlichen Ton des Nebenbei« (*ES*, S. 150) die vielfältigen sinnlichen Eindrücke festhält:

> »Das Nebensächliche ist konsequent zum Hauptsächlichen gemacht worden, ohne daß sich das mit den alten Bedeutungen auflädt, die das bisher übliche Hauptsächliche besaß. Ein ›übergeordneter‹ Sinn ist schwerlich festzustellen.« (*FiW*, S. 391)

Unter Berufung auf das Vorbild der neuen amerikanischen Literatur fordert er vom zeitgenössischen Schriftsteller, »zu kopieren, ein Vorhandenes in das Gaghafte-Flache zu verändern, das Tiefsinnig-Innerliche und ›Gedankenreiche‹ in die Tiefe der Oberfläche, d.h. in das Konkrete zu verschieben, zu vulgarisieren« (*N*, S. 25). Diese mißverständliche, auf den ersten Blick paradox anmutende Formulierung bedarf einiger Erläuterungen: Was meint Brinkmann mit der »Tiefe der Oberfläche«? Und wodurch ist das »Konkrete« definiert, von dem er spricht? Bei Brinkmann selbst findet sich zum Zusammenhang von ›Tiefe‹ und ›Oberfläche‹ ein Erklärungsansatz in seinen *Anmerkungen zu meinem Gedicht ›Vanille‹*. Dort wird ›Tiefe‹ als *Attraktivität* definiert, und in einem tautologischen Argument heißt es:

> »*ich finde gewöhnliche Sachen schön, weil sie nichts bedeuten, und daß sie nichts bedeuten, ist ihre Tiefe* – je weniger ›etwas‹ Bedeutung hat, desto mehr ist es ›es selbst‹ und damit Oberfläche, und *allein Oberflächen, wie jeder weiß, sind ›tief‹!* Es ist eine Tiefe, für die bisher geltende literarische Kategorien nicht mehr zutreffen. Um sie charakterisieren zu können, muß zu Bezeichnungen wie ›Attraktivität‹ oder ›Un-attraktivität‹ gegriffen werden.« (*AV*, S. 142)

An den Trivialmythen der Comics, Pop-Songs oder Fernsehbilder, die das Bewußtsein im Medienzeitalter zunehmend kolonisieren, lassen sich jedoch die gängigen Vorstellungen von ›Tiefe‹, die an verborgene Bedeutungsschichten *unter* der Oberfläche eines Phänomens denken lassen, nicht mehr heften. Die Rede von der ›Tiefe der Oberfläche‹ deutet vielmehr auf die Vorstellung, die Oberflächlichkeit des im literarischen Text eingefangenen Materials lasse sich als Ausgangspunkt für die Anregung der eigenen Einbildungskraft nutzen. In dieser historischen Schwellensituation, die kaum noch Nischen bereithält, in die sich das Individuum vor der »Bilderhäufung« (*FiW*, S. 396) zurückziehen kann, fordert Brinkmann vom Schriftsteller das unbefangene Sich-Einlassen auf die veränderten Verhältnisse. Nur so könne er zur »totalen Verklammerung von subjektivem Interesse und objektiven Gegebenheiten zu einer durchgehenden *Oberfläche*« (*OH*, S. 65) gelangen. Dadurch hofft er, die Bewußtseinsleere und den Schwund an Erfahrung kompensieren zu können, die als Folge der kognitiven Überforderung in der Informationsgesellschaft eingetreten sind.

Brinkmann ist sich also der Tatsache bewußt, daß zeitgenössische Literatur zum Bestandteil einer Kultur geworden ist, die sich nicht mehr nur durch Wörter, d.h. durch gesprochene oder geschriebene Sprache, sondern vorrangig durch Bilder vermittelt: »Leben ist *ein komplexer Bildzusammenhang*« (*N*, S. 8), heißt es im Vorwort zu *Silverscreen*, eine Kette von visuellen Eindrükken und sinnlichen Erfahrungen, die sich nur noch zu individuellen und momentanen Realitätsbildern verbinden lassen. Im literarischen »Rückkopplungssystem der Wörter, das in gewohnten grammatikalischen Ordnungen wirksam ist« (*FiW*, S. 381), sind sie hingegen nur unzureichend darzustellen. Brinkmanns Schreiben geht daher von einer Situation aus, in der sich angesichts der Zeichenfülle der spätkapitalistischen Mediengesellschaft die flüchtige Wahrnehmung von »Prospekten, Unterhaltungen, Bildern, die vorbeifluppen« und von Musik aus »voll aufgedrehten« Verstärkern (*OH*, S. 74) bereits zum quasi-natürlichen Modus des Realitätsempfindens geworden ist.

Literatur löst sich damit weitgehend aus dem historischen Verweissystem der Literaturgeschichte und bezieht sich unvermittelt auf die aktuelle Bilder- und Geräuschwelt, wie sie von den technischen audiovisuellen Medien generiert wird. Brinkmanns Literatur seiner ›Pop-Phase‹ reagiert auf eine mediale Flut von Signifikanten bzw. *Oberflächenphänomenen*. Martin Grzimek hat darauf hingewiesen, daß dies einen tiefgreifenden Wandel der Kategorisierung von aktuell Erlebtem anzeigt: »Sprache, die Bilder erzeugt und die Erinnerung der Bilder ist, die Wahrnehmung nicht mehr mit der gedanklichen Folgerung verquickt, bringt nichts mehr zur Erfahrung, sondern läßt weitgehend nur erleben. Das Wachstum der Erlebnisfähigkeit liegt im Schwinden der Erfahrung. Erfahrung ist tradierte Weise des Geschichtsbewußtseins, die Einordnung des kontingenten Empfindens in einen vorbestimmten Zusammenhang. Im Erlebnis liegt das Vergessen des Zusammenhangs, und die bewußte Eingliederung von Vergangenheit in Gegenwart geht verloren.«[123]

Nicht mehr Erfahrung als Interpretation des Gegenwärtigen vor dem Hintergrund von geschichtlicher Kenntnis, sondern das Erlebnis als ephemere Erfüllung im Augenblick des sinnlichen Empfindens, als »Zuordnung von manifesten Zeichen zu latenten subjektiven Bedeutungen«[124], konstituiert nach Brinkmann den gängigen Wahrnehmungsmodus des Medienzeitalters. Wenn sich solche Erlebnisse also vor allem der gewachsenen Bedeutung von Medieneffekten, im wesentlichen von Medien*bildern*, verdanken, so hat dies für die Literatur einschneidende Konsequenzen. Brinkmann hofft, die für die abendländische Kulturgeschichte charakteristische Wahrnehmungssteuerung durch Sprache durch die Konzentration auf die zeitgenössische Bilderwelt zu überwinden. Besonders in Deutschland macht Brinkmann eine Fixierung auf logisch-diskursives Denken aus, das einen spontan-assoziativen Umgang mit der Sprache unmöglich mache. Noch im Vorwort zu *Westwärts 1 & 2* (1975) beklagt er, daß man in der deutschen Sprache so schlecht singen könne, sondern zwangsläufig »meistens immerzu denken« (*W*, S. 7) müsse.

Dieser Affekt gegen die Sprache richtet sich vor allem gegen die literarische Kunstsprache, die entweder weiterhin für den Glauben steht, die zeitgenössische Realität lasse sich mit den überkommenen sprachlich-literarischen Darstellungsmitteln noch adäquat beschreiben, oder aber in die Selbstreflexion der Sprache im literarischen Text ausweicht. In beiden Fällen stellt Sprache für Brinkmann einen »Filter« dar, »der das Grobe, Direkte, das in der alltäglichen Umwelt aufzufinden ist, abhält« (*Sex*, S. 66).

Nach Brinkmann muß sich das Schreiben von solchen Vorverständnissen lösen. Gerade indem es all das alltägliche Material wahrnimmt und zum Gegenstand des literarischen Textes macht, kann in seinen Arbeiten die Registration von unverstellter Erfahrung gelingen. Dabei überrascht es auf den ersten Blick, daß er trotz dieser gegen die Sprache und mithin gegen die Literatur gerichteten Skepsis stets vorrangig als *Schriftsteller* gearbeitet hat – auch wenn er bisweilen fotografische Bildfolgen veröffentlicht oder experimentelle Kurzfilme gedreht hat. Selbst wenn er Bilder – vor allem Fotografien und Zeitungsausschnitte – in seine Texte montierte, wird dadurch lediglich eine sekundäre, auf den Text bezogene Bedeutungsebene ergänzt. Sein vehementes

---

[123] Martin Grzimek: »Über den Verlust der Verantwortlichkeit. Zu Rolf Dieter Brinkmanns poetischen Texten«. In: Arbeitskreis Linker Germanisten (Hrsg.), *Neue Deutsche Lyrik. Beiträge zu Born, Brinkmann, Krechel, Theobaldy, Zahl u.a.* Heidelberg: Selbstverlag 1977, S. 98-129, hier: S. 124.

[124] Gerhard Schulze: *Die Erlebnisgesellschaft*, a.a.O., S. 93.

Plädoyer für die Auseinandersetzung mit der zeitgenössischen Bilderwelt und für ein Ende der sprachlichen Steuerung der menschlichen Wahrnehmung hat sich daher wiederum in der Produktion von *Literatur* niedergeschlagen.

Brinkmanns auf den ersten Blick paradox anmutebnder Versuch, weiterhin ›Literatur‹ zu schreiben, obwohl doch für ihn die »Sprache gar nicht so wichtig ist« (*UN*, S. 232) und sie in den Essays immer wieder gegenüber anderen Ausdrucksformen abgewertet wird, erklärt sich – neben einer gewissen Inkonsequenz – damit, daß sich seine pauschale Aversion gegen die Sprache vorrangig gegen einen Diskurs richtet, der stets auf die Reflexion von Phänomenen nach feststehenden Methoden dringt und so die Gedanken sowie das Verhalten des Einzelnen normiert. Für Brinkmann bedeuten »Sprachformen [...] im Grunde Verhaltensformen«, die sich angesichts der »Bilderhäufung« in illustrierten Zeitungen, Film und Fernsehen als ungeeignet erwiesen haben, »das Empfinden physischer Anwesenheit« zu transportieren (*FiW*, S. 396).

Dennoch versucht Brinkmann, dieses Ungenügen des sprachlichen Ausdrucks zu überwinden, indem er wiederum *sprachliche* Alternativen zur »verdrehten Sprache« (*Sex*, S. 67) der ›hohen‹ Literatur zu realisieren sucht, welche die Erfahrung einer visuell bestimmten Kultur in sich aufnehmen. Brinkmann sucht daher nach einer Sprache, in der er konkrete Wirklichkeitsausschnitte unmittelbar und präzise erfassen kann. Die Sprache in seinen Gedichten ist daher in der Regel auch nicht symbolisch überhöht, sondern erschöpft sich in der bloßen Registration von Objekten oder Vorgängen, denn »Symbole stehen für einen unmündigen Zustand« (*Sex*, S. 69). Sprache erscheint nur noch als ein technisches Mittel der Wahrnehmungsfixierung. Brinkmann verwendet dazu ein betont einfaches Vokabular, das an der alltäglichen Umgangssprache orientiert ist. Dabei bezieht er sich u.a. auf das Vorbild der amerikanischen *Dirty-speech*-Bewegung, die in Analogie zu den Texten von zahlreichen Pop-Songs in der bewußten Vulgarisierung einer »Anti-Sprache des Protests«[125] durch obszöne Vokabeln die Abwendung von der ›hohen‹ Literatursprache vollzog.

---

[125] Ralf-Rainer Rygulla: »McClures pornographische Revolution«. In: Streit-Zeit-Schrift 7 (1969), H. 1, S. 63-65, hier: S. 65.

Decoding Pop
Populärkultur - Literatur - Intermedialität

> »The Pop idea, after all, was that anybody could do anything.«
>
> Andy Warhol[1]

Wie die ›Fiedler-Debatte‹ und die vehemente Kritik an Brinkmann gezeigt haben, wurde in Deutschland der Übernahme von populärkulturellen Elementen in die ›hohe‹ Literatur die ästhetische Legitimität in der Regel abgesprochen. Der Gedanke, daß es eine legitimes ästhetisches Interesse an Comics und anderen populären Genres geben könne, stieß ebenso auf erbitterten Widerstand wie der Versuch von Brinkmann und anderen, eine regelrechte Pop-Literatur zu begründen. Gerade in Deutschland galten Kunst und Literatur seit jeher stärker noch als in anderen Kulturen als Ausdruck »jener vorsichtig-ängstlichen europäischen Haltung, die vor alles Tun zunächst die Reflexion setzt und gemeinhin auch darin steckenbleibt« (*OH*, S. 63). Außerdem bezogen künstlerische Produkte hier ihre Legitimität in weit höherem Maße als etwa in Amerika aus ihrer Einbindung in die kunsthistorisch verbürgte Tradition:

> »Wirksam ist noch viel zu sehr jenes gewöhnlich gewordene Bewußtsein, das Menschen in der Vergangenheit festhält. Sie liegt als kostbare Patina auf den Dingen und Orten und läßt einen Erinnerungsfilm entstehen, aus dem man nicht mehr herauskommt. Mehrere Erinnerungsfilme hintereinandergehängt, ergeben Tradition...« (*FiW*, S. 388)

---

[1] Andy Warhol / Pat Hackett: *POPism. The Warhol '60s*. New York: Harcourt Brace Jovanovich 1980, S. 134.

»Zentralstelle für Regression«? – Populärkultur in der Kritischen Theorie

»Die ›Angst-Szene Kultur‹ dominiert...«
(*ES*, S. 155)

Diese außerordentlich wirkungsmächtige Denkfigur, in der die Kunst der Moderne letztlich – ganz gleich, ob gewollt oder ungewollt – zum Ausdruck eines elitären Kunstbewußtseins wird, ist paradigmatisch in der ästhetischen Theorie Theodor W. Adornos formuliert. Um die harsche Kritik einschätzen zu können, auf die intellektuelle und künstlerische Projekte wie Postmodernismus oder Pop in den späten sechziger Jahren gestoßen sind, empfiehlt sich die Auseinandersetzung mit dieser im akademischen und literarischen Betrieb seinerzeit wohl einflußreichsten Theorie einer explizit *modernistischen* Ästhetik, die – wenn auch in trivialisierter Form – nachhaltig auf die literaturkritische und literaturwissenschaftliche Auseinandersetzung mit der Pop-Literatur durchgeschlagen hat. Erst dann wird das tiefe Mißtrauen verständlich, das damals jeder literarischen Bezugnahme auf die populäre Kultur entgegengebracht wurde.

Um Mißverständnissen vorzubeugen: Es kann im folgenden Abriß nicht um eine erschöpfende Analyse der Positionen von Adorno (und Horkheimer) zur Populärkultur bzw. zur ›Kulturindustrie‹ gehen.[2] Gewiß sind zahlreiche der von Horkheimer, Adorno und anderen kritisierten Entwicklungen von ›Populär‹- bzw. ›Massenkultur‹, ›Kulturindustrie‹ und ›Massenmedien‹ tatsächlich zu beobachten. Keineswegs soll hier also einer undifferenzierten Apologetik der populären Kultur das Wort geredet werden. Das Problem der Kritischen Theorie der Kulturindustrie liegt auch gar nicht darin, daß sie sich nicht mit Einzelbeobachtungen belegen ließe. Fragwürdig ist vielmehr die leichtfertige normative Pauschalisierung, mit der die unterschiedlichsten Erscheinungen eines bei genauerem Hinsehen keineswegs mo-

[2] Adorno und Horkheimer haben sich bewußt für die Bezeichnung ›Kulturindustrie‹ entschieden und ihr den Vorzug vor den Begriffen ›Massen‹- bzw. ›Populärkultur‹ gegeben. Damit sollte der auf Profitmaximierung zielende Charakter der Kulturindustrie hervorgehoben werden: »In unseren Entwürfen war von Massenkultur die Rede. Wir ersetzten den Ausdruck durch ›Kulturindustrie‹, um von vornherein die Deutung auszuschalten, die den Anwälten der Sache genehm ist: daß es sich um etwas wie spontan aus den Massen selbst aufsteigende Kultur handele, um die gegenwärtige Gestalt von Volkskunst. Von einer solchen unterscheidet Kulturindustrie sich aufs äußerste.« – Theodor W. Adorno: »Résumé über Kulturindustrie«, a.a.O., S. 337.

nolithischen Phänomens über einen Leisten geschlagen werden – und dann auch noch als Kunstformen, die vorgeblich ›falschen‹ Zwecken dienen, mit den vermeintlich ›wahren‹ konfrontiert werden.

Aus diesem Grunde beschränken wir uns darauf, die ästhetische Theorie Adornos gleichsam als Subtext der breiten Abwehrfront gegen Pop und Postmodernismus zu lesen – einer Formation, die geflissentlich darüber hinweggegangen ist, daß Adorno selbst bisweilen hat durchblicken lassen, auch in den kritisierten Hervorbringungen der Kulturindustrie schlummere noch das »ungebärdig Widerstehende«[3], das einst die Volkskultur ausgezeichnet hatte. So hat er etwa in seinem Aufsatz *Wissenschaftliche Erfahrungen in Amerika* (1968) seine eigene Kritik reflektiert und teilweise zurückgenommen:

> »Man wird, wenn man sich nicht elitär sperrt, in Amerika der Frage nicht ausweichen können, ob nicht der Begriff von Kultur, in dem man groß geworden ist, selber veraltete; ob nicht das, was der Kultur heute der Gesamttendenz nach widerfährt, die Quittung auf ihr eigenes Mißlingen ist, die Schuld, welche sie dadurch auf sich lud, daß sie als Sondersphäre des Geistes sich abkapselte, ohne in der Einrichtung der Gesellschaft sich zu verwirklichen. Gewiß ist das auch in Amerika nicht geschehen, aber der Horizont solcher Verwirklichung ist nicht ebenso verbaut wie in Europa.«[4]

Wodurch zeichnet sich für Adorno die autonome Kunst aus? Und wodurch unterscheidet sie sich von den Produkten der Kulturindustrie? Adorno verspricht sich von der *autonomen* Kunst und Literatur, welche die Verbindung zur ›Massenkultur‹ kategorisch kappt, die ästhetische Kritik der instrumentellen Rationalität der modernen Gesellschaft. Schon in der *Dialektik der Aufklärung* (1947), einem Meilenstein der Kritischen Theorie, in dem Horkheimer und Adorno ihre Absage an die Kulturindustrie verfochten haben, heißt es in diesem Zusammenhang:

---

3 Ebd., S. 337.

4 Ders.: »Wissenschaftliche Erfahrungen in Amerika« (1968). In: ders., *Gesammelte Schriften*, Bd. 10/2: *Kulturkritik und Gesellschaft II*. Hrsg. von Rolf Tiedemann. Frankfurt/M.: Suhrkamp 1977, S. 702-738, hier: S. 736f.

»Die Reinheit der bürgerlichen Kunst, die sich als Reich der Freiheit im Gegensatz zur materiellen Praxis hypostasierte, war von Anbeginn mit dem Ausschluß der Unterklasse erkauft, deren Sache, der richtigen Allgemeinheit, die Kunst gerade durch die Freiheit von den Zwecken der falschen Allgemeinheit die Treue hält.«[5]

Adorno und Horkheimer formulieren hier einen Gedanken, der das Dilemma des Künstlers in der bürgerlichen Gesellschaft ungeschminkt sichtbar macht. Einerseits soll die Kunst und Literatur kritisch auf gesellschaftliche Entwicklungen bezogen sein und muß daher dem modernen Prinzip der Zweckrationalität widersprechen. Ihre ›Wahrheit‹ liegt folglich in ihrer *Negativität*, ja was die autonome Kunst zur Gesellschaft beizutragen vermag, ist ausdrücklich »nicht Kommunikation mit jener sondern ein sehr Mittelbares, Widerstand, in dem kraft der innerästhetischen Entwicklung die gesellschaftliche sich reproduziert, ohne daß sie nachgeahmt würde«.[6] Autonome Kunst und Literatur muß sich nach Horkheimer und Adorno daher dem kommunikativen Sog des Gesellschaftlichen widersetzen, sofern sie nicht selbst der Vereinnahmung durch die Kulturindustrie erliegen will. Sie operiert damit an den Grenzen des Konventionalisierten, ihr Material sind jene »Codes, die den gerade verdinglichten Code überschreiten und in denen sich als Negativform der gesellschaftliche Diskurs abbildet«.[7] Als ›wahr‹ erscheint ein Kunstwerk demnach, wenn es den Widerstand gegen die Verdinglichung veranschaulicht. Allerdings sorgt die Dynamik der Verdinglichung wiederum für die fortlaufende Integration des soeben noch Nicht-Konventionalisierten und treibt daher die autonome Kunst geradezu zur unablässigen ›Strukturdurchbrechung‹.

Ästhetische Erfahrung verlangt folgerichtig die vergeistigte *Distanz* des Rezipienten zum ästhetischen Objekt bzw. seine ›Selbstverneinung‹ in der interesselosen Betrachtung. Erst aus dieser Distanz kann noch die dem autonomen Kunstwerk einzig angemessene »Reflexion des Rätselcharakters der Kunst«[8] gelingen, die wiederum jene Widerstandskraft mobilisiert, die allein die Solidarität des Intellektuellen mit den unmündigen ›Massen‹ zu verbür-

---

[5] Max Horkheimer / Theodor W. Adorno: *Dialektik der Aufklärung*, a.a.O., S. 157.

[6] Theodor W. Adorno: *Gesammelte Schriften*, Bd. 7: *Ästhetische Theorie*. Hrsg. von Gretel Adorno und Rolf Tiedemann. Frankfurt/M.: Suhrkamp 1970, S. 336.

[7] Thorsten Scheer: *Postmoderne als kritisches Konzept. Die Konkurrenz der Paradigmen in der Kunst seit 1960*. München: Fink 1992, S. 27.

[8] Theodor W. Adorno: *Ästhetische Theorie*, a.a.O., S. 516.

gen vermag. Dies heißt aber in letzter Konsequenz, daß ästhetische Erfahrung am autonomen Kunstwerk nur möglich ist, »wo sie den genießenden Geschmack abwirft«.[9] Außerdem kann die Solidarität mit den ›Massen‹ nur schwer erhalten werden, wenn sich die autonomen Kunstwerke an eine bestenfalls hypothetische Öffentlichkeit wenden, anstatt in einem kulturindustriellen Kontext gerade das kommunikative Potential der Kunst in einer *konkreten* Öffentlichkeit nutzbar zu machen.

Für Adorno jedoch ist eine solche Erfahrung in der Rezeption von Populärkultur prinzipiell unmöglich. Kulturindustrielle Produkte, so Adorno, setzten die »ästhetische Naivetät«[10] der Kulturkonsumenten voraus. Anstelle der Distanzierung verlangten sie im Gegenteil die Identifikation bzw. das ›Involvement‹ des Rezipienten, wodurch sie sich jedoch prinzipiell aus dem Kanon der Kunst ausschlössen. Allerdings eroberten sie sich eben dadurch die Gunst eines Massenpublikums. Für Adorno sind jene Rezipienten, die ihre identifikatorischen Sehnsüchte auf die populärkulturellen Produkte projizieren, lediglich »Banausen«, und von solchen Banausen, so Adorno, lebe die Kulturindustrie, denn je »mehr künstlerische Erfahrung ihre Gegenstände hat, je näher sie ihnen in gewissem Sinne ist, desto ferner rückt sie ihnen auch; Kunstbegeisterung ist kunstfremd.«[11]

Für den Künstler bedeutet dies, daß er sich nicht länger auf das »unterm System vollkommener Zweckrationalität zum Unerträglichen angewachsene«[12] Prinzip der Mimesis berufen kann. Statt dessen ist er lediglich das ausführende Organ einer Annäherung an die Sinn-Welt der »kollektiven Objektivität des Geistes«[13], die sich wiederum in der Rätselhaftigkeit des autonomen Kunstwerks manifestiert. Aussagen über die gesellschaftliche Realität kann Kunst im Sinne ihrer Negativität nur im Widerspruch zur Gesellschaft, gleichsam als »gesellschaftliche Antithesis zur Gesellschaft« formulieren.[14] Allerdings unterwirft dies das Kunstwerk einer für die Moderne charakteristischen Dialektik von Kritik und Integration. Die künstlerische Tätigkeit bezieht in der Moderne ihre eigentümliche Dynamik aus dem im Kern paradoxen Versuch, der raschen Integration der Kunstwerke in den gesellschaftlich akzeptierten Kanon – was gleichbedeutend ist mit ihrer kul-

---

9 Ebd., S. 26.
10 Ebd., S. 499..
11 Ebd., S. 514.
12 Ebd., S. 503f.
13 Ebd., S. 403.
14 Ebd., S. 19.

turindustriellen Verwertung – zu entgehen, obwohl sicher ist, daß eben dies lang- oder auch schon mittelfristig nicht zu verhindern ist.

Auf die gesellschaftliche Entwicklung bleiben Kunst und Literatur dadurch bezogen, daß der Zwang zur ständig neuen ›Strukturdurchbrechung‹ sie nötigt, stets einen weiteren Schritt über den konventionalisierten ästhetischen Standard hinauszugehen und sich dadurch der Verwertungslogik der bürgerlichen Gesellschaft entgegenzustellen. Ihre kritische Funktion beziehen sie aus dieser kommunikativen Verweigerung gegenüber allen Instrumentalisierungsversuchen, oder – um in Adornos Worten zu sprechen – gegenüber »den Zwecken der falschen Allgemeinheit«. So behaupten sie gerade in ihrer ›Unverständlichkeit‹ bzw. der Irritation der Rezipienten ihre Autonomie und bewahren gewissermaßen als »Statthalter einer besseren Praxis«[15] das utopische Potential der Kunst.

Doch andererseits gibt genau diese ›Unverständlichkeit‹ der modernistischen Kunst und Literatur häufig den Anstrich des Esoterischen. Sie wird als ›hohe‹, einem breiten Publikum unzugängliche Kunst zum kulturellen Aushängeschild eines elitären ›Establishments‹, wobei sie ihr gegenkulturelles Potential weitgehend einbüßt. Dadurch hat die Literatur des Modernismus häufig das Interesse an der alltäglichen Erfahrungswelt der Menschen verloren und sich ein Defizit an Vitalität und Unterhaltsamkeit eingehandelt. Thorsten Scheer hat darauf hingewiesen, daß die innovativen ›Spracherweiterungen‹ des Modernismus ihr kritisches Vermögen nur um den Preis einer »Individualisierung der Codes« haben verteidigen können, der zwangsläufig den Kontaktverlust zu einem breiten Publikum zur Folge gehabt habe.[16]

Eine solche Konzeption von Kunst und Literatur beruht wesentlich auf der strikten Dichotomisierung von ›hohen‹ und ›niederen‹ Kulturformen. Sie kennt keine wechselseitigen Bezugnahmen zwischen hoch- und populärkulturellen Elementen. Dies ist auf die tiefe Skepsis zurückzuführen, die Theoretiker des Modernismus gegenüber den Produkten der Kulturindustrie hegen. Auch hier haben Adornos Thesen die Positionen des Modernismus maßgeblich bestimmt. Während ›Kultur‹ idealtypisch ein Arsenal von individuellen künstlerischen Leistungen darstellt, die gegenüber den kapitalistischen Verwertungsinteressen resistent sind, steht die Kulturindustrie für das genaue Gegenteil: Sie macht die Kultur zur Ware, deren Tauschwert ihren Gebrauchswert übersteigt. Damit setzt sie, so Adornos Argumentation, die

[15] Ebd., S. 26.

[16] Thorsten Scheer: *Postmoderne als kritisches Konzept*, a.a.O., S. 139f.

Prinzipien der spätkapitalistischen Gesellschaft auch auf dem Terrain der Kultur durch und unterwirft sowohl die Produzenten als auch die Rezipienten der manipulativen Herrschaft des fortgeschrittenen Kapitalismus. Standardisierte Produkte der ›Massenkultur‹ werden in dieser Sichtweise von manipulierten Konformisten rezipiert und verhindern daher die Einsicht in die Mechanismen der verwalteten Gesellschaft. Kulturindustrie erscheint somit in der Kritischen Theorie als ein zentrales Instrument der ›falschen‹ Konsensbildung zwischen Herrschenden und Beherrschten, das die Widersprüche der Klassenherrschaft überdeckt und einen ›unsichtbaren‹ Mechanismus der sozialen und psychologischen Kontrolle bereitstellt.

Für unsere Untersuchung ist entscheidend, daß kulturindustrielle Produkte für Adorno *per se* manipulierend wirken. Bereits in der *Dialektik der Aufklärung* sowie später im zusammenfassenden *Résumé über Kulturindustrie* (1963) besteht Adorno daher auf der strikten Trennung von ›hoher‹ und ›niederer‹ Kunst, die jedoch in der Praxis von der Kulturindustrie zusammengezwungen würden.

Ziehen wir eine Zwischenbilanz: Kulturindustrielle Produkte verhindern nach Adorno Aufklärung und ermöglichen im Gegenteil die ›Verdunkelung‹ der realen sozialen Verhältnisse. Generell lassen sie Originalität und Individualität nicht zu, sondern erschöpfen sich, so seine Argumentation, in der »Umkleidung eines Immergleichen«[17], d.h. in der unablässigen Wiederholung von trivialen Strukturmustern, die dafür verantwortlich ist, daß die Rezipienten zur geistigen Passivität verdammt sind. Dieses Immergleiche ist inhaltlich wie formal stets eine schlichte sinnliche Verdoppelung der ›Oberfläche der Realität‹ (Max Horkheimer). Es bewirkt daher, so die These, eine Verfestigung des Bewußtseins der Rezipienten, denen eine irreversible Präformation der Wahrnehmung aufgezwungen wird. Die Kulturindustrie, so Adorno, gewähre lediglich eine Ersatzbefriedigung, die »das Wohlgefühl erweckt, die Welt sei in eben der Ordnung, die sie ihnen suggerieren will«.[18] Unter ihrem Einfluß wird also durch Unterhaltung und ständige Wiederholung von ›verborgenen‹ Botschaften die Identifikation des Massenpublikums mit dem gesellschaftlichen Ist-Zustand gefördert und dadurch zugleich die tatsächliche Veränderung der sozialen Verhältnisse verhindert:

---

[17] Theodor W. Adorno: »Résumé über Kulturindustrie«, a.a.O., S. 339.

[18] Ebd., S. 345.

> »Vergnügtsein heißt Einverstandensein. Es ist möglich nur, indem es sich gegenüber dem Ganzen des gesellschaftlichen Prozesses abdichtet, dumm macht und von Anbeginn den unentrinnbaren Anspruch jedes Werks, selbst des nichtigsten, widersinnig preisgibt: in seiner Beschränkung das Ganze zu reflektieren. Vergnügen heißt allemal: nicht daran denken zu müssen, das Leiden vergessen, noch wo es gezeigt wird. Ohnmacht liegt ihm zu Grunde. Es ist in der Tat Flucht, aber nicht, wie es behauptet, Flucht vor der schlechten Realität, sondern vor dem letzten Gedanken an Widerstand, den jene noch übriggelassen hat. Die Befreiung, die Amusement verspricht, ist die von Denken als von Negation.«[19]

Diese Angst vor dem ›Wuchern‹ der Populärkultur hat zur Entwicklung von vergleichsweise harten Ausschließungsprozeduren geführt. Dazu ist in der Regel die vermeintliche Manipulation der ›wahren‹ Bedürfnisse der Rezipienten durch die Kulturindustrie in den Mittelpunkt gestellt worden. Davon ist auch die Auseinandersetzung der Literaturkritik und der Literaturwissenschaft mit den literarischen Bezugnahmen auf Pop, wie sie Rolf Dieter Brinkmann und andere exemplarisch unternommen haben, nicht unberührt geblieben. Die überwiegend pejorative Haltung der Literaturkritik gegenüber Brinkmanns Pop-Gedichten und seinen Editionen zur ›neuen amerikanischen Szene‹ ist auch von den zwischen 1969 und 1971 rasch folgenden literaturwissenschaftlichen Arbeiten zur Pop-Literatur, die sich meist – noch vor Wondratschek, Jelinek, Chotjewitz, Ploog, Brock und anderen – auf Brinkmann bezogen, übernommen worden.

Damit ist deutlich: Die wissenschaftliche Auseinandersetzung mit den literarischen Bezugnahmen auf die Populärkultur hat in den späten sechziger Jahren nahtlos an die Pauschalkritik von Pop-Phänomenen angeknüpft und hat vom Diskurs der Kritischen Theorie die Dichotomie von Hoch- und Populärkultur übernommen. Allerdings hat dies ein nahezu unlösbares Dilemma zur Folge: Wenn auf der strikten Trennung zwischen beiden Sphären beharrt wird, um am kritischen Impetus des autonomen Kunstwerks festzuhalten, so droht der Modernismus – der sich ja selbst emphatisch als ›Gegenkultur‹, als immanente Gegenbewegung zu den Entfremdungstendenzen der modernen Industriegesellschaften verstanden hatte – in den Augen der Folgegenerationen, denen die Allgegenwart der ›Massenkultur‹ fast schon zu

[19] Max Horkheimer / Theodor W. Adorno: *Dialektik der Aufklärung*, a.a.O., S. 166f.

einer Selbstverständlichkeit geworden war, als elitärer, ja sogar konservativer Traditionalismus wahrgenommen zu werden.

Sicherlich heben diese Einwände die Kritische Theorie der Populärkultur nicht vollständig aus den Angeln. Allerdings verweisen sie auf die ›blinden Flecken‹ einer Theorie, die tatsächlich wichtige Aufschlüsse über die Funktionsweise der Kulturindustrie gibt. Sie eignet sich aber eben nicht als Theorie der *gesamten* populären Kultur unter spätkapitalistischen Rahmenbedingungen. So wird etwa die Dynamik verleugnet, die auch kulturindustrielle Produkte haben können, was sich etwa an der Entwicklung der Pop- und Rockmusik ablesen läßt. Zwar hat Adorno von dieser Entwicklung zum Zeitpunkt der Niederschrift seines Essays *On Popular Music* (1941) sowie der *Dialektik der Aufklärung* zugegebenermaßen noch nichts wissen können, doch noch in der *Ästhetischen Theorie* von 1970 ist »die popular music *in all ihren Versionen* [...] somatisches Stimulans, und damit, angesichts ästhetischer Autonomie, *regressiv*«.[20] Adorno unterwirft damit pauschal alle Formen des breiten Spektrums der zeitgenössischen Populärkultur unterschiedslos dem Verdikt seiner Kulturindustrie-Thesen.

Die Erzeugung von Massenloyalität durch kulturindustrielle ›Manipulation‹ unterliegt jedoch viel engeren Grenzen, als Adorno und andere dies wahrgenommen haben. Denn herrschende Ideologien werden in der Populärkultur nur sehr gebrochen reproduziert, und das breite Spektrum des Populären bietet überdies eine Plattform für verschiedene Nutzungsoptionen.[21]

---

[20] Theodor W. Adorno: *Ästhetische Theorie*, a.a.O., S. 177. – Hervorhebung von mir, J.S.

[21] Vgl. Helmut Dubiel: »Kulturtheorie der Frankfurter Schule«. In: Helmut Brackert / Fritz Wefelmeyer (Hrsg.), *Kultur. Bestimmungen im 20. Jahrhundert.* Frankfurt/M.: Suhrkamp 1990, S. 255-275. – Adornos Kritik an der Standardisierung der Musik durch ihre kulturindustrielle Vermarktung kann zumindest in ihrer verallgemeinerten Form nicht bruchlos auf die gesamte Rock- und Popmusik übertragen werden. Während Adorno der ›ernsten‹ Musik eine scheinbar grenzenlose Innovationsdynamik zuspricht, blendet er aus, daß auch in der Popmusik eine Dialektik von Kritik und Integration wirksam ist, in welcher der progressive ›Underground‹ und die kommerziellen Verwertungsstrategien der Medienkonzerne aufeinander bezogen sind. Dieses Defizit hat auch unter ausdrücklich von Adorno beeinflußten Kulturtheoretikern zu Zweifeln geführt: »Although they agree that the products of the culture industry play a crucial role in buttressing the domination of patriarchal capitalism, they insist that in the right circumstances these products can also be put to a subversive use. For many, rock'n'roll's appearance at a particular juncture of class, generational, and cultural struggle has given it a preeminent role among mass cultural artifacts as an instrument of opposition and liberation.« (Bernard Gendron: »Theodor Adorno Meets the Cadillacs«. In: Tania Modleski [Hrsg.], *Studies in Entertainment. Critical Approaches to Mass Culture.* Bloomington, Indianapolis: Indiana University Press 1986, S. 18-36, hier: S. 19). Dies übersieht Adorno, weil er un-

Die Vorstellung, daß populäre Kultur von einem homogenen Massenpublikum rezipiert werde, entlarvt sich in diesem Zusammenhang als grobe Vereinfachung. Dahinter verbirgt sich die Annahme, von Popularität könne nur die Rede sein, wenn das Publikum von populärer Kultur eine im strengen Sinne homogene Masse sei, die lediglich auf der Basis von inhaltlichen Klischees und formalen Stereotypen zu erreichen sei. Dies beruht jedoch auf der Verwechslung der zwar großen, jedoch im Zuge der seit den sechziger Jahren ungebrochenen Individualisierungsprozesse vielfach ausdifferenzierten Publikumsschichten von populärer Kultur mit einer in dieser Art seinerzeit empirisch gar nicht (mehr) nachweisbaren gesellschaftlichen Homogenität.[22]

Zwar wird Populärkultur im Zeitalter der technischen Bild- und Tonmedien - im Gegensatz zur traditionellen Volkskultur - nicht unmittelbar von den sozialen Gruppen produziert, die sie auch konsumieren, sondern sie wird als Ware von der Kulturindustrie hergestellt und vertrieben. Um jedoch überhaupt ›populär‹ sein zu können und im Alltag für ein Massenpublikum relevant zu werden, muß sich ein kulturindustrielles Produkt - schon aus Gründen der ökonomischen Rentabilität - einer Vielzahl von außerordentlich heterogenen Interessen öffnen. Mit Blick auf die Kritische Theorie hat Brinkmann formuliert:

> »Während die theoretischen Kritiker im Kreise gehen und ihre Gedanken von Satz zu Satz fortschreiten, drückt sich das ›andere‹ Denken real in der Benutzung des ungeheuren Formenreichtums aus, der heute zur Verfügung steht und entstanden ist aus der Vermischung verschiedener Gebiete und Gattungen. Es ist ein ›schöner‹ Ausverkauf, er schafft Platz für Neues, während das, was ›kritische Theorie‹ heißt, oft genug nur eine bloße Abfassung von Wörtern ist - zu welchem Zweck?« (*FiW*, S. 388)

---

zulässigerweise die Bewertungskriterien der klassischen Musik auf die Popmusik überträgt. Bernard Gendron hat dies hervorgehoben: »Western classical music focused on melody and harmony, whereas contemporary pop music focuses on timbre and connotation. Within the conventions of popular music, major changes in sound and connotation (e.g., the rise of rock'n'roll) are considered to have much more revolutionary significance than changes in harmony.« (Ebd., S. 31)

22 Vgl. Richard Shusterman: *Kunst leben. Die Ästhetik des Pragmatismus.* Frankfurt/M.: Fischer 1994, S. 140ff.

Pop-Rezeption und literarische Produktion: Aspekte einer Theorie der Dekodierung von Populärkultur

> »Man beklagt sich immer, daß die Medien die Leute manipulieren. Etwas Menschenverachtung steckt in dieser Vorstellung. Demgegenüber glaube ich, daß die Leute reagieren; je mehr man sie überzeugen will, desto mehr stellen sie sich Fragen. Der Geist ist nicht weich wie Wachs. Er ist eine reaktive Substanz. Und der Wunsch, mehr und besser und anderes zu wissen, wächst in dem Maße, wie man die Schädel vollstopft.«
> Michel Foucault[23]

Was bedeutet dies für unser Thema des Verhältnisses von Literatur zur Populärkultur? Zunächst einmal wird deutlich, daß in einer auf die Analyse der intermedialen Austauschprozesse zwischen Literatur und anderen Medien gerichteten Perspektive die literarischen Autoren, ehe das Augenmerk auf ihre Textproduktion gerichtet wird, zuerst als *Rezipienten* von Populärkultur in den Blick genommen werden müssen, deren Wahrnehmungs- und Deutungsmuster durch spezifische außerliterarische Medienerfahrungen mitgeprägt sind. Der literarische Text verwirklicht sich also auf der Basis von präfabrizierten Kommunikationsstrukturen einer populären Kultur, die der Autor zu seinem Ausgangsmaterial macht:

> »Man sieht sich inmitten bestimmter Dinge, die es zu gebrauchen gilt, auf seine eigene Weise und für seine Zwecke.« (*OH*, S. 64)

Die ›niedere‹ Populärkultur wird dabei nicht als übermächtige Konkurrentin der ›hohen‹ Literatur betrachtet, und ihr Potential erschöpft sich auch nicht in ihrer Funktion als beliebiger Materialfundus, sondern sie wird für Autoren wie Brinkmann zu einem regenerativen Impuls.

Wie wir gesehen haben, vermag dies etwa die Kritische Theorie der Populärkultur nicht zu erklären. Es fehlt ihr an einer Theorie der *Dekodierung*, welche die unterschiedlichen Umgangsweisen mit populärer Kultur zu beschreiben vermag. Wenn hingegen zum einen der Begriff der ›Kultur‹ nicht

---

[23] Michel Foucault: »Der maskierte Philosoph. Gespräch mit Christian Delacampagne«. In: ders., *Von der Freundschaft als Lebensweise. Michel Foucault im Gespräch.* Berlin: Merve 1985, S. 9-24, hier: S. 17.

mehr nur auf normative Konnotationen an die Tradition der ›hohen‹ Kunstwerke verweist, sondern in einem umfassenderen Sinne die gesamte »soziale Zirkulation von Bedeutungen«[24] bezeichnet; und wenn zum anderen keine ›Einbahnstraße‹ von der Produktion zur Rezeption von kulturindustriellen Waren führt, sondern deren Produktion vielmehr stets mit den Interessen der Rezipienten konvergieren muß, dann geraten zwangsläufig auch die populärkulturellen Signifikanten aus eigenem Recht ins Blickfeld der Kultur- und Geisteswissenschaften. Anders als im Diskurs der Kritischen Theorie kann dann die Verflechtung des Populären in den Warenkreislauf auch produktiv entfaltet werden – und dies wiederum kann sich auch in literarischen Texten niederschlagen.

Von großem Einfluß auf diesen Prozeß der Enttabuisierung von Populärkultur waren in den sechziger Jahren die Essays von Susan Sontag. Auch wenn Sontag nicht über Pop, Rock'n'Roll etc. geschrieben hat, so hat sie sich doch in den sechziger Jahren in verschiedenen Aufsätzen immer wieder vehement gegen die Spaltung der Gegenwartskultur in antagonistische ›Kulturen‹ ausgesprochen. Vor allem hat sie unter dem Begriff des ›Camp‹ eine *ästhetische* Erlebnisweise des Trivialen entworfen, die ohne das Stigma des Minderwertigen auskommt und die Trennung von ›hohen‹ und ›niederen‹ Kulturformen obsolet werden läßt. Statt dessen kommt »die Liebe zum Übertriebenen, zum ›Übergeschnappten‹« zum Ausdruck.[25] ›Camp‹ ist stets durch eine spielerische und anti-seriöse Extravaganz gekennzeichnet, vor der die tradierten Dichotomien der ästhetischen Wertung versagen:

> »Die Camp-Erfahrungen basieren auf der großen Entdeckung, daß die Erlebnisweise der hohen Kultur keinen Alleinanspruch auf Kultur hat. Camp erklärt, daß guter Geschmack nicht einfach guter Geschmack ist, ja, daß es einen guten Geschmack des schlechten Geschmacks gibt. [...] Die Entdeckung des guten Geschmacks des schlechten Geschmacks kann außerordentlich befreiend sein. Der Mensch, der auf hohen und ernsten Vergnügungen besteht, beraubt sich des Vergnügens; er schränkt seine Möglichkeiten zu genießen immer mehr ein; in der ständigen Ausübung seines guten Geschmacks wird er sich, weil er damit gleichsam den Preis immer höher schraubt, eines Tages selbst vom

---

[24] Eggo Müller / John Fiske: »Populärkultur: Erfahrungshorizont im 20. Jahrhundert. Ein Gespräch mit John Fiske«. In: montage/av 2/1/1993, S. 5-18, hier: S. 13. – Vgl. Pierre Bourdieu: *Die feinen Unterschiede*, a.a.O., S. 17ff.

[25] Susan Sontag: »Anmerkungen zu ›Camp‹« (1964). In: dies., *Kunst und Antikunst*, a.a.O., S. 322-341, hier: S. 326.

Markt vertreiben. Hier tritt der Camp-Geschmack als waghalsiger und geistreicher Hedonismus zum guten Geschmack. Er macht den Menschen von gutem Geschmack heiter, wo er zuvor Gefahr lief, ewig enttäuscht zu sein. Er ist gut für die Verdauung.«[26]

Die hedonistische Hinwendung zu den Phänomenen der zeitgenössischen Populärkultur, ja deren positive *Umwertung* ist ein zentrales Merkmal der kulturellen Veränderungen der sechziger Jahre. Der Wandel der technischen Medien, der sich seinerzeit vollzog, sowie die soziokulturellen Verschiebungen in der amerikanischen – wie als Konsequenz des interkulturellen Transfers auch in der deutschen – Wohlstandsgesellschaft bewirkten einen rasanten Umbruch der Geschmacksstandards: Im Schatten von ›Camp‹ hat sich eine neue Aufgeschlossenheit für Kitsch und Glamour, für die Trivial- und Populärkultur durchgesetzt.

Diese Einsicht steht auch im Zentrum des im Kontext der angelsächsischen Cultural Studies entwickelten ›Active-audience‹-Konzepts, das eine enge disziplinäre und eine hierarchisierende Beschreibung seines Gegenstands weder voraussetzt noch anstrebt. Statt dessen wird Populärkultur nicht nur als ein rein ästhetisches, sondern als ein *soziales Faktum* betrachtet, dessen Wert sich immer erst in seinem sozialen *Gebrauch* erweisen muß. So wird auch nicht automatisch von der Warenform des kulturindustriellen Produkts auf seinen manipulativen Charakter kurzgeschlossen:

> »Popular culture is made by the people, not produced by the culture industry. All the culture industries can do is produce a repertoire of texts or cultural resources for the various formations of the people to use or to reject in the ongoing process of producing their popular culture.«[27]

Auch Stuart Hall geht von einem solchen asymmetrischen Verhältnis zwischen der Kodierung durch die Produzenten in der Kulturindustrie und der Dekodierung durch ein in unterschiedliche Gruppen ausdifferenziertes Publikum aus. Kodierung und Dekodierung erscheinen dann lediglich als ver-

---

26 Ebd., S. 340..

27 John Fiske: *Understanding Popular Culture.* Boston: Unwin Hyman 1989, S. 24. – Einen instruktiven Überblick über Fiskes Theorie der Populärkultur gibt Eggo Müller: »›Pleasure and Resistance‹. John Fiskes Beitrag zur Populärkulturtheorie«. In: montage/av 2/1/1993, S. 52-66.

schiedene Momente eines Kommunikationsprozesses, auf den unterschiedliche soziale und kulturelle Faktoren einwirken.[28] Die Dekodierung ist dabei zwar durch die Kodierung der Botschaft determiniert, sie spiegelt jedoch nicht ungebrochen die dominante Ideologie eines undurchdringlichen Kontrollapparats. Die Kodierung kann bestenfalls einige Grenzen abstecken, welche die möglichen Dekodierungen beschränken:

> »Popular culture is made by the people at the interface between the products of the culture industries and everyday life. Popular culture is made by the people, not imposed upon them; it stems from within, from below, not from above. Popular culture is the art of making do with what the system provides.«[29]

Gerade weil diese Asymmetrie im Kommunikationsprozeß zwischen Produzenten und Rezipienten von populärer Kultur besteht, bieten sich den Rezipienten ihrerseits noch Spielräume für ihre subjektiven Sinnproduktionen, bei denen sie sich kulturelle Ausdrucksweisen nach persönlichen Kosten- und Nutzenabwägungen aneignen und in ihre jeweilige Lebensweise integrieren. Für John Fiske ist daher in erster Linie gar nicht wichtig, »*was* der Text ist, sondern *wie* Leute ihn benutzen«.[30] Gerade die populäre Kultur ist also auf die *produktive Rezeption* durch ihre Nutzer angewiesen.

Hier knüpft auch Michel de Certeau an, der die »Handlungsmodelle von Verbrauchern«[31] ins Zentrum seiner Theorie stellt, d.h. es geht ihm bei der Analyse der Rezeption von populärer Kultur in erster Linie darum zu zeigen, was der Kulturkonsument während der Rezeption ›fabriziert‹. Diese Dekodierungen, die de Certeau als ›Konsum-Taktiken‹ bezeichnet, proben eine andere »*Umgangsweise* mit den Produkten, die von einer herrschenden ökonomischen Ordnung aufgezwungen werden«.[32]

Diese sekundäre Produktion ermöglicht den subversiven Gebrauch der gegebenen Zeichen. Um dies zu erklären, entwirft de Certeau eine *Praktik des Umfunktionierens.* Kulturelle Waren werden in diesem Kontext als Re-

---

[28] Vgl. Stuart Hall: »Encoding / decoding«. In: ders. / Dorothy Hobson / Andrew Lowe / Paul Willis (Hrsg.), *Culture, Media, Language. Working Papers in Cultural Studies, 1972-79.* London [u.a.]: Hutchinson 1980, S. 129-138, hier: S. 130.

[29] John Fiske: *Understanding Popular Culture,* a.a.O., S. 25.

[30] Eggo Müller / John Fiske: »Populärkultur: Erfahrungshorizont im 20. Jahrhundert«, a.a.O., S. 13.

[31] Michel de Certeau: *Kunst des Handelns.* Berlin: Merve 1988, S. 12.

[32] Ebd., S. 13.

pertoire aufgefaßt, mit dessen Materialien die Konsumenten Bedeutungen produzieren, die sich in ihrem individuellen Lebensraum als sinnvoll ausweisen. Kurzum: in der sekundären Produktion durch die Konsumenten von Populärkultur werden die vorgegebenen Signifikanten zu subjektiv bedeutsamen Konstrukten umfunktioniert, die sich der Kontrolle durch die Kulturindustrie weitgehend entziehen:

> »Die Benutzung einer von anderen geschaffenen Ordnung führt zu einer Neuaufteilung des Raumes in dieser Ordnung; sie schafft zumindest einen Spielraum für die Bewegungen von ungleichen Kräften und für utopische Bezugspunkte. Darin zeigt sich die Undurchdringlichkeit der ›Volks‹-Kultur – der *schwarze Felsen*, der sich der Assimilation widersetzt. [...] Tausend Arten und Weisen, *das Spiel des Anderen*, d.h. den von Anderen vorgegebenen Raum, *zu spielen/zu vereiteln*, sind charakteristisch für die subtile, beharrliche und widerstandsfähige Aktivität von Gruppen, die sich – da sie kein eigenes haben – im Netz der etablierten Kräfte und Vorstellungen zurechtfinden müssen. Man muß ›mitmachen, indem man etwas damit macht‹. In diesen Kriegslisten gibt es so etwas wie die Kunst, einen Coup zu landen, gewissermaßen ein Vergnügen daran, die Regeln einer aufgezwungenen Umwelt auf den Kopf zu stellen.«[33]

Wenn also populärkulturelle Produkte lediglich ein Repertoire, einen ›Wortschatz‹ für die Praktiken der Rezipienten bereitstellen bzw. als Plattform für die Austragung von unterschiedlichen Rezeptionsoptionen dienen sollen, dann müssen sie notwendig offen und multidiskursiv sein. Dies stellt wiederum gewisse Anforderungen an die populären ›Texte‹. Im Anschluß an Roland Barthes' Unterscheidung zwischen ›lesbaren‹ und ›schreibbaren‹ Texten hat John Fiske die Kategorie des *produzierbaren Textes* (›producerly text‹) entworfen, den er als ›populären schreibbaren Text‹ definiert. Während für Barthes der ›lesbare‹ Text ein geschlossener Text ist, eine festgefügte Struktur von Signifikaten, und daher einen passiven Leser erfordert, der vor allem die denotative Ebene des Textes wahrnimmt, erscheint die offene Struktur des

---

[33] Ebd., S. 59f. – William S. Burroughs hat einen ähnlichen Gedanken formuliert: »The control of the mass media depends on laying down lines of association. When the lines are cut the associational connections are broken. [...] So stir in news stories, TV plays, stock market quotations, adverts and put the altered mutter line out in the streets.« – William S. Burroughs: *Electronic Revolution*. Göttingen: expanded media editions 1972, S. 69f.

›schreibbaren‹ Textes als ein lockeres Gewebe aus Signifikanten, das den Leser zu eigener Produktion animiert: »Der schreibbare Text, das sind *wir beim Schreiben*.«[34] Diese produktive Rezeption, so Barthes, nutze die konnotative Dimension des Textes, um das intertextuelle Wissen des Lesers in die Lektüre einzubringen. Je pluraler also ein Text erscheint, desto weniger ist er im Sinne Barthes' schon ›geschrieben‹, bevor er gelesen wird, weil auch der Leser keineswegs ein ›unbeschriebenes‹ Subjekt ist, das ohne literarische und andere Vorprägungen an einen Text herangeht: »Dieses ›Ich‹, das sich dem Text annähert, ist selber schon eine Pluralität anderer Texte, unendlicher Codes, oder genauer: verlorener Codes (deren Ursprung verloren geht).«[35]

Um dies zu ermöglichen, darf ein ›produzierbarer Text‹ nur in geringem Maße determiniert sein. Er verbindet daher gewisse Eigenschaften der beiden Barthes'schen Texttypen: Vom ›lesbaren‹ Text übernimmt er die leichte Verständlichkeit, vom ›schreibbaren‹ hingegen dessen Polysemie, Offenheit und Multidiskursivität. Im ›produzierbaren‹ Text treffen also die Kodierungsstrategien der Kulturindustrie mit den zumindest potentiell differenten Dekodierungstaktiken der Rezipienten aufeinander.[36] Ein solcher Text ist daher stärker als ein ›schreibbarer‹ als Angebot zu verstehen, das der Rezipient für eigene ›Produktionen‹ wahrnehmen *kann*, nicht aber wahrnehmen muß:

> »Rather, it offers itself up to popular production; it exposes [...] the vulnerabilities, limitations, and weaknesses of its preferred meanings; it contains, while attempting to repress them, voices that contradict the ones it prefers; it has loose ends that escape its control, its meanings exceed its own power to discipline them, its gaps are wide enough for whole new texts to be produced in them.«[37]

Solche Umgangsweisen mit populärer Kultur haben sich in den sechziger Jahren auch im Bereich der Hochkultur etabliert, zugleich jedoch die Grenze zwischen Hoch- und Populärkultur unscharf werden lassen. Die künstlerisch-literarische Dekodierung von populärkulturellen ›produzierbaren Texten‹ hat dabei zur Produktion von ›Texten‹ geführt, die sich – im Anschluß an die Terminologie John Fiskes – als *sekundäre Texte* beschreiben lassen. Zwar meint Fiske mit dieser Kategorie genaugenommen lediglich Werbetex-

34 Roland Barthes: *S/Z*. Frankfurt/M.: Suhrkamp 1976, S. 9f.

35 Ebd., S. 14.

36 Zum Unterschied von ›Strategie‹ und ›Taktik‹ vgl. Michel de Certeau: *Kunst des Handelns*, a.a.O., S. 23f.

37 John Fiske: *Understanding Popular Culture*, a.a.O., S. 104.

te, Kritiken und ähnliche Reaktionen auf kulturindustrielle Primärtexte. Doch lassen sich aus diesem Ansatz, so unsere These, im Hinblick auf die Untersuchung der Wechselwirkungen zwischen Populärkultur und Literatur auch Aspekte einer Theorie der *literarischen* Dekodierung von kulturindustriell verbreiteten Botschaften herleiten, in der sich die »›Neuheit‹ punktuellen Ja-Sagens« (*N*, S. 23) bewährt.

Dies erinnert an das wohl bekannteste Beispiel für eine *künstlerische Dekodierung* der Populärkultur, die Pop Art, in der die unverkrampften Bezugnahmen auf die populäre Kultur wesentlich sinnfälliger vollzogen worden sind als in der Literatur. Die Sprengkraft, welche die Pop-Dekodierungen im Kunst- und Literaturbetrieb der sechziger Jahre entfalteten, läßt sich nur verstehen, wenn man ihre Frontstellung gegen die etablierte ›Hochmoderne‹ berücksichtigt. So waren etwa Pop-Künstler wie Roy Lichtenstein, Andy Warhol, Claes Oldenburg oder Tom Wesselmann der bis zum ›Action Painting‹ der Abstrakten Expressionisten fortgeschrittenen Tendenz zur Abstraktion in der modernen Kunst überdrüssig und fanden statt dessen in den Sujets und im Formeninventar der populären Kultur einen Ausgangspunkt für ihren Affront gegen die Kunst eines dogmatisierten Modernismus:

> »The Pop artists did images that anybody walking down Broadway could recognize in a split second – comics, picnic tables, men's trousers, celebrities, shower curtains, refrigerators, Coke bottles – all the great modern things that the Abstract Expressionists tried so hard not to notice at all.«[38]

Damit strebten jedoch weder die Pop Artisten noch die Pop-Autoren im Gegenzug eine direkte Repräsentation der empirischen Wirklichkeit im Sinne des tradierten Realismusbegriffs an, sondern sie wandten sich den von der Kunst und Literatur zuvor vernachlässigten redundanten Transformationen der Realität in die Zeichenwelt von Warenästhetik und Populärkultur zu. Sowohl Pop Art als auch Pop-Literatur sind daher »Kunst über Zeichen und Zeichensysteme« (Lawrence Alloway); sie befassen sich mit der bereits medial vermittelten Realität, den »anonymen Abbildern unserer jüngsten Geschichte« (James Rosenquist), wie sie in den von Werbegraphikern, Produktdesignern, Filmemachern oder Comiczeichnern gestalteten ›Vor-Bildern‹ erscheinen. Es wird also – auf der formalen Ebene – mit bereits vorhandenen Reproduktionen gearbeitet, die – auf der inhaltlichen Ebene – auf bekannte

[38] Andy Warhol / Pat Hackett: *POPism*, a.a.O., S. 3.

Klischees und ›Images‹ verweisen. Mit Thorsten Scheer können wir folglich nur von einer »vermeintlichen Gegenständlichkeit«[39] von Pop Art und Pop-Literatur sprechen, die überhaupt erst hat entstehen können, nachdem die Repräsentationskritik des Modernismus vollständig ausdifferenziert worden war. Solche ›Quasi-Gegenstände‹ sind die Phänomene der massenkulturellen ›pop art‹, auf welche die künstlerischen Dekodierungen auf einer Meta-Ebene bezogen sind.

In diesem Sinne hat die Lektorin Renate Matthaei im Vorwort der von ihr herausgegebenen Anthologie *Trivialmythen*, an der sich neben Brinkmann u.a. Urs Widmer, Ror Wolf, Elfriede Jelinek und Wolf Wondratschek beteiligt haben, für die Literatur programmatisch zusammengefaßt:

> »Ich stellte mir ein Buch vor als Produkt dieser Provokation, das den medialen Abfall, der sich am Rand unseres Bewußtseins, gewollt oder ungewollt, speichert, aufnimmt und einen neuen Umgang mit ihm probiert. Keine Analyse, keine Illustration, sondern Techniken, vom Gegenmythos der Subjektivität inspiriert, in denen sich die Imagination, sonst in dem Material auf Zwecke fixiert, freispielt wie auch die Kritik, die die Reize als Reize zeigt und umdirigiert.«[40]

Es geht also ausdrücklich um ein ›Freispielen‹, um das ›Umdirigieren‹ des medialen ›Abfalls‹, den der Autor von seinen aufoktroyierten Zwecken im präzisen Wortsinne ent-*fremden* muß, um ihn von neuem zu ›Kultur‹ *recyclen* zu können. Brinkmann hat die Literatur einmal als einen »sanft schlummernden Müllschlucker« bezeichnet, »der sich selbst antreibt, fasziniert von dem Abfall«.[41] Dies deckt sich mit einer Idee von Vilém Flusser, der meint, die Entwicklung der Kultur unter postmodernistischen Rahmenbedingungen lasse sich nicht mehr mit einem linearen, sondern nur noch mit einem *epizyklischen* Modell beschreiben. In einer ökologischen Metaphorik betont er genau dieses Recycling von ›wertlosem‹, redundantem Abfall, der unter dem Druck der beschleunigten In-Formation von ›Natur‹ bzw. ›Halbfabrikaten‹ zu ›Kultur‹ aus deren Speicher verdrängt zu werden droht. Das Überfließen von Kultur in den Abfall jedoch, so Flusser, führe unabwendbar zum Stau, der wiederum den Rückfluß zur ›Natur‹ behindere. Dadurch

---

39 Thorsten Scheer: *Postmoderne als kritisches Konzept*, a.a.O., S. 68.

40 Renate Matthaei: »Vorwort«. In: dies. (Hrsg.), *Trivialmythen*. Frankfurt/M.: März 1970, S. 7-10, hier: S. 7f.

41 Rolf Dieter Brinkmann: »Anmerkungen zu den Gedichten«. In: Frank O'Hara, *Lunch Poems und andere Gedichte*, a.a.O., S. 76-81, hier: S. 76.

überschwemme der Abfluß die Szene, er werde zurückgedrängt in den ohnehin bereits überfüllten Bereich der Kultur und lasse dort – in Form von ›Kitsch‹ – die Massenkultur entstehen, »dieses Gemenge aus Kultur und Abfall, in dem wir gegenwärtig leben«.[42]

Allerdings geht auch dieses Modell davon aus, daß die kanonisierte Hochkultur unter dem Druck der recycelten ›Massenkultur‹ zwangsläufig an Niveau verlieren muß, z.B. durch die Absage an wirkliche Kommunikation im Sinne eines Austauschs von Informationen zugunsten der Pseudokommunikation eines unverbindlichen ›Geredes‹. Dabei wird jedoch, so unsere These, das regenerative Potential der Bezugnahmen auf die populäre Kultur unterschätzt, denn in diesem Rückverwandlungsprozeß können den Signifikanten veränderte Bedeutungen imprägniert werden. In diesem Sinne ist auch Brinkmanns Äußerung zu verstehen, in den technischen Medien sei das Material zu finden, das »man zu durchdringen versucht – in eine andere Richtung, als es die dort [d.h. unter den Produzenten, J.S.] herrschende Reglementierung möchte, die bereits die Frage nach dem Gebrauch – richtiger oder falscher Gebrauch – als Kritik begreift, impliziert sie doch, daß der übliche Gebrauch falsch sein könnte und die Verwendung technischer Apparate ebenso zur Steigerung des Einzelnen dienen kann, zum Vollzug unkanalisierter, spontan schöpferischer Produktivität...« (*FiW*, S. 382)

Die wechselseitige Beeinflussung von Hoch- und Populärkultur ist kein neues Phänomen: Einflüsse aus der ›Volkskultur‹ sind in verschiedenen historischen Phasen – etwa in der Renaissance oder auch in der Romantik – immer wieder in den Bereich der Hochkultur eingedrungen, und umgekehrt wurden in der Volkskultur die ›heruntergekommenen‹ Formen der Hochkultur verarbeitet. Auch wenn sich der besondere Fall der literarischen Bezugnahmen auf die mediale Populärkultur der Gegenwart durch die neue Qualität des Medienwechsels und der Formierung einer jugendlichen Popkultur, die sich wesentlich auf amerikanisches Zeichenmaterial stützt, auszeichnet, so kann dennoch auch für diese Untersuchung ein Blick auf die mittlerweile ›klassischen‹ Forschungen von Michail Bachtin einige grundsätzliche Mechanismen der Hybridisierung von ›hohen‹ und ›niederen‹ Kulturformen verdeutlichen.

In seinen Arbeiten zur ›Karnevalisierung‹ der Literatur in der Renaissance konnte Bachtin am Beispiel der karnevalesken Volkskultur ein Muster für

---

[42] Vilém Flusser: »Gespräch, Gerede, Kitsch. Zum Problem des unvollkommenen Informationskonsums«. In: Harry Pross (Hrsg.), *Kitsch. Soziale und politische Aspekte einer Geschmacksfrage.* München: List 1985, S. 47-62, hier: S. 53f.

eine ›inoffizielle‹ Populärkultur herausarbeiten, die einen Raum für die Inszenierung von Formen eines unreglementierten kulturellen Handelns umreißt. Von den seriösen Formen der Offizialkultur hat sich diese populäre Lachkultur strikt unterschieden, ja für Bachtin stellt gerade der Widerstreit zwischen den zentrifugalen Kräften der Lachkultur und den zentripetalen Tendenzen der Hochkultur eine Konstante der Kulturgeschichte dar, die in unterschiedlichen historischen Situationen immer wieder mit spezifischen Akzentsetzungen aktualisiert wird.[43] Zugleich jedoch, so seine zentrale These, liegt in der eigentümlichen karnevalesken Logik der Umkehrung, in der ambivalenten Profanierung des ›Hohen‹ und der gleichzeitigen Aufwertung des ›Trivialen‹ bzw. ›Populären‹, ein Modell für die produktive kulturelle ›Rebarbarisierung‹ (Viktor Šklovskij), die den Nimbus von binären Unterscheidungen wie ›gut‹ versus ›schlecht‹, ›hoch‹ versus ›niedrig‹ oder ›schön‹ versus ›häßlich‹ in Frage stellt und zu überwinden versucht. Denn solche Grenzformulierungen deuten auf eine kulturelle Stagnation hin, die durch die dynamische Beeinflussung ›von unten‹ aufgelöst werden soll.

Hier verbindet sich Bachtins Karnevalstudie mit seinen sprachtheoretischen Überlegungen. Bachtin betrachtet die Sprache nicht als ein abstraktes, statisches System, sondern stets als soziale Äußerung, die an konkrete Redesituationen gebunden ist und daher immer nur beschränkt den Intentionen des Sprechers ›gehorcht‹. Jede Äußerung ist letztlich ein Sediment der faktischen Redevielfalt, ein Schnittpunkt, in dem sich die unterschiedlichsten Dialekte, Soziolekte und Ideolekte kreuzen. In ihr manifestiert sich der ›Dialog‹ des Individuums mit dem gegenwärtigen und dem vergangenen Sprachgebrauch, und so enthält eine Äußerung immer auch Spuren von realen sozialen Konflikten, von Medieneinflüssen etc. Die normativ vereinheitlichte – in Bachtins Terminologie ›monologische‹ – Hochsprache stellt daher lediglich eine abstrakte Vereinfachung des tatsächlichen Reichtums der Sprache dar, die ausblendet, daß in dieser Redevielfalt – zumindest potentiell – vielfältige Sprachmischungen entstehen können, welche die Vereinheitlichungstendenzen der Hochsprache immer wieder unterlaufen: Es vollziehen sich unablässig Dezentralisierungs- und Differenzierungsprozesse. Diese Prozesse werden genährt durch das Eindringen von außerliterarischen Soziolekten, die den Monopolanspruch der Hochsprache in Frage stellen.

Das Beispiel der Renaissance zeigt, daß die Entwicklung von neuen literarischen Gattungen sich wesentlich den diversen Bezugnahmen auf eben diese

---

[43] Michail Bachtin: *Rabelais und seine Welt. Volkskultur als Gegenkultur.* Hrsg. von Renate Lachmann. Frankfurt/M.: Suhrkamp 1987.

dialogisierte Redevielfalt der populären Kultur verdankt. So entstand etwa der Roman im Kontext der sozial-sprachlichen Auseinandersetzungen der Hochsprache mit der Redevielfalt der Straßenlieder, Schwänke, Sprichwörter und volkstümlichen Anekdoten, also in der Konfrontation mit den ›niederen‹ Soziolekten der populären Kultur. Der Karneval steht dabei als Synonym für die Antiseriosität, den Antidogmatismus und die Antihierarchie der populären Kultur:

> »Die Vielfalt der Rede, die sich in diesen niederen Gattungen organisierte, war nicht einfach eine Vielfalt in bezug auf die anerkannte Hochsprache [...], sondern sie war dieser bewußt entgegengestellt. Sie war parodistisch und polemisch gegen die offiziellen Sprachen der Gegenwart zugespitzt.«[44]

Eine Literatur, die sich diesem Dialog öffnet, wird zwangsläufig von den ›Sprachen‹ der Redevielfalt kontaminiert, wenn der Autor sie seinen eigenen Intentionen und Akzentsetzungen unterwirft und somit die ›hohen‹ und ›niederen‹ Kulturformen im literarischen Werk zu *hybriden Konstruktionen* zusammenführt, d.h. er organisiert das »Aufeinandertreffen zweier verschiedener, durch die Epoche oder die soziale Differenzierung [...] geschiedener sprachlicher Bewußtseine in der Arena dieser Äußerung«.[45]

Gerade dies macht Bachtin in unserem Zusammenhang interessant, denn er richtet das Augenmerk auf den Prozeß der *›Karnevalisierung‹* der Literatur, d.h. auf die vom Autor intendierte Übernahme von populärem Zeichenmaterial in die Literatur, und nimmt damit die Dynamik der ›hohen‹ Literatur im Hinblick auf wirksame Einflüsse aus der populären Kultur in den Blick. Diese literarischen Bezugnahmen werden ausdrücklich als *intentionale* Hybriden charakterisiert, als bewußte künstlerische Kombinationen, die der Autor mit seinem Material vollzieht: Er »verwendet Wörter, die bereits mit fremden sozialen Intentionen besetzt sind, und zwingt sie, seinen eigenen, neuen Intentionen, einem zweiten Herrn, zu dienen«.[46] Eine solche Literatur operiert an der Grenze von Hoch- und Populärkultur – und überschreitet sie bisweilen. Ihre Bedeutung wird erst vor dem Hintergrund ihres Dialogs mit der Redevielfalt ihrer Zeit erkennbar, denn formal *und* inhaltlich

---

[44] Ders.: *Die Ästhetik des Wortes*. Hrsg. von Rainer Grübel. Frankfurt/M.: Suhrkamp 1979, S. 166.

[45] Ebd., S. 244.

[46] Ebd., S. 190f.

drücken sich in ihr die Relativierungen aus, die diese Einflüsse im Text verursachen.

Eine wichtige Einschränkung ist im Vorausblick auf unsere Einzeluntersuchungen der Pop-Literatur von Rolf Dieter Brinkmann jedoch noch anzumerken: Bachtins Theorie ist genaugenommen lediglich eine Theorie der Prosa, sie sagt hingegen nichts über etwaige Hybridisierungen im Gedicht. In der Lyrik, so Bachtin, werde mit der Sprache monologisch umgegangen, es handele sich um eine einheitliche Sprache, welche die faktische Redevielfalt ignoriere. Dies gilt jedoch für weite Teile der Lyrik des 20. Jahrhunderts nicht; im Gegenteil: die Hereinnahme von sprachlichen ›Fundstücken‹ ist schon in der Lyrik der historischen Avantgarde zu beobachten und wird sich erst recht für die intermediale Praxis der Pop-Literatur der sechziger Jahre nachweisen lassen.

Ein wesentlicher Faktor in diesem Prozeß ist die Vulgarisierung der literaturfähigen Sprache. Mit dem Eindringen von volks- bzw. subkulturellen Sprachformen, von nicht reglementierten und undisziplinierten Redeformen wie Flüchen und Schimpfwörtern, skatologischen und obszönen Ausdrükken, werden die tradierten sprachlichen Normen unterlaufen. An ihre Stelle tritt eine formal einfache Sprache, die bewußt gegen gängige Redekonventionen verstößt und allmählich einen bestimmenden Einfluß auf die Rede- und Schreibweisen einer Kultur gewinnt. Literarische Texte, so Bachtin, entstehen in einer solchen Situation »auf der Überschneidungslinie vieler Sprachen, genau auf der Linie ihrer *wechselseitigen Orientierung* und ihres *Ringens* miteinander«.[47] Damit werden exzentrische, ausgegrenzte soziale Redeformen literaturfähig – und verändern gleichzeitig die Wahrnehmung der gesellschaftlichen Realität. Der literarischen Rede kommt in diesem Kontext eine Vorreiterfunktion zu, sie antizipiert für Bachtin eine von gesellschaftlicher Kontrolle emanzipierte Redeweise.

In diesem Zusammenhang ist die Übertragung von Bachtins Überlegungen auf das Verhältnis der Literatur der sechziger Jahre unseres Jahrhunderts zur zeitgenössischen Populärkultur naheliegend. Tatsächlich hat schon Alexander Kaempfe in seinem Nachwort zu dem Auswahlband *Literatur und Karneval* (1969), der die Bachtin-Rezeption in Deutschland eingeleitet hat, die Parallelen zwischen Karneval und Pop als »systemimmanente öffentliche Lachopposition« betont, und Aage A. Hansen-Löve hat wenig später die Arbeit mit dem Begriff der ›Karnevalisierung‹ für die Analyse von Kunst- und

[47] Ders.: *Rabelais und seine Welt*, a.a.O., S. 516.

Literaturphänomenen des 20. Jahrhunderts eingefordert.[48] Gerade im Zeichen des literarischen Postmodernismus rückt der Dialog der literarischen Tradition des ›Hohen‹ mit der zeitgenössischen populären Kultur ins Blickfeld von Autoren, die sich bewußt waren, daß das Lesen unter dem Druck der unvermeidlichen Bilder- und Zeichenflut der technischen Medien nicht mehr unangefochten seinen Rang als wichtigste Kulturtechnik behaupten kann. Mit anderen Worten: Es tritt eine Literatur ans Tageslicht, welche die Überproduktion von Signifikanten durch die Kulturindustrie nicht kulturkritisch anprangert, sondern die alltägliche Erfahrung, daß die Scheinwelt der Medieneffekte von den realen Erfahrungen gar nicht mehr so genau zu unterscheiden ist, als unausweichliche Voraussetzung des Schreibens akzeptiert.

Vereinfachend läßt sich vorläufig festhalten: Was Bachtin für die Sprache des Karnevals, der Jahrmärkte oder des Marktplatzes als Hintergrund für die Literatur der Renaissance untersucht hat, gilt heute für das kulturindustrielle Zeichenmaterial der Populär- und Jugendkultur, das in Film, Fernsehen und Popmusik, in Zeitschriften, Comics, Werbung und Mode allgegenwärtig ist.

---

[48] Vgl. Alexander Kaempfe: »Die Funktion der sowjetischen Literaturtheorie«. In: Michail Bachtin, *Literatur und Karneval. Zur Romantheorie und Lachkultur.* München: Hanser 1969, S. 133-148. – Aage A. Hansen-Löve: »Karnevalisierung der Literatur. Zur Romantheorie Michail Bachtins«. In: Wort und Wahrheit 6 (1972), S. 522-531. – Einen guten Überblick über Bachtin-Aktualisierungen gibt Mikita Hoy: »Bakhtin and Popular Culture«. In: New Literary History 23 (1992), S. 765-782.

»Die Bilder häufen sich«: Zur Theorie des intermedialen Verhältnisses von Literatur und Populärkultur

»*die Medien verstehen* ist wesentlich für jeden jungen Dichter«

Gerard Malanga[49]

»wir könnten uns in anderen Bildern als die gegenwärtig in der Literatur uns angebotenen zurücklassen...« (*ES*, S. 150)

Die vorangegangenen Bemerkungen haben deutlich werden lassen, daß die Beschreibung des Verhältnisses der Literatur zur populären Kultur nur in einer *intermedialen* Analyse in den Griff zu bekommen ist. Wenn wir im folgenden zu ermitteln versuchen, was in einem präziseren Sinne, als dies bisher geschehen ist, unter dem Begriff der ›Pop-Literatur‹ zu verstehen sein könnte, so kann es sich dabei nicht um eine rein inter*textuelle* Untersuchung der Beziehungen zur populären Trivialliteratur handeln, d.h. auf Texte, die bereits selbst im Medium der Schrift fixiert worden sind. Statt dessen muß sich unser Interesse vor allem auf die Relationen der Literatur zu anderen Medien richten, auf Brückenschläge zwischen sprachlichen und nichtsprachlichen Zeichensystemen, die sich explizit über Mediengrenzen hinweg konstituieren – und zwar sowohl über die Grenzen zu den audiovisuellen technischen Medien Fotografie, Radio, Schallplatte, Film und Fernsehen als auch zu anderen populären Gattungen wie Comic-strips, Werbeplakaten und Zeitschriften.

Dabei soll das Verhältnis von Literatur und den genannten Medien nicht als Medienkonkurrenz thematisiert werden, wie dies allzuoft in Arbeiten geschieht, die mit einem Sammelsurium von kulturkritischen Klischees die rigorose Abgrenzung von Phänomenen der populären ›Massenkultur‹ verlangen und aus diesem Grunde in wechselseitigen Austauschprozessen eine infektiöse Verarmung des hohen kulturellen Niveaus befürchten – eine Befürchtung, die bisweilen sogar mit der kulturpessimistischen Drohung des nahenden Untergangs der abendländischen Hochkultur zur kulturellen Existenzfrage hochstilisiert wird. Nimmt man einen solchen verengten, im Sin-

[49] Gerard Malanga: »zufällige aufzeichnungen für ted berrigan anläßlich seiner rückkehr aus iowa city nach new york«. In: ders., *Selbstporträt eines Dichters*. Frankfurt/M.: März 1970, S. 31-35, hier: S. 34.

ne Bachtins ›monologischen‹ Standpunkt ein, dann erscheint jede intermediale Grenzüberschreitung als unzulässige Degradierung des kulturellen Erbes, als Opfer der tiefgründigen Literatur an die ›oberflächlichen‹ Konkurrenzmedien.[50] Dabei zeigt ein Blick in die Mediengeschichte, daß dabei lediglich altbekannte Verdrängungsklischees ›aufgewärmt‹ werden, die auch beim erstmaligen Auftauchen der Fotografie, des Kinematographen, der Schallplatte oder des Fernsehens vorgebracht worden sind, ohne daß dadurch die ›alten‹ Medien tatsächlich verschwunden wären. Allenfalls hat sich durch die Einführung von ›neuen‹ Medien die Bedeutung und der Einflußbereich der jeweils ›alten‹ Medien gewandelt.

Erst wenn man diesen Reduktionismus überwindet und Film, Fernsehen, Popmusik etc. vorbehaltlos als legitime Kunstformen anerkennt, in denen es ebenso wie in der Literatur ein breites Spektrum von qualitativ höchst unterschiedlichen Produkten gibt, kann eine dialogische Analyseperspektive eingenommen werden. So ist es inzwischen zu einem Allgemeinplatz der einschlägigen Literatur geworden, daß die Entwicklung von Film und Literatur sich seit der Erfindung des Kinos wechselseitig bedingt – und dies nicht etwa nur als adaptives Verhältnis der filmischen Realisierung einer literarischen Vorlage:

> »Vermischungen finden statt – Bilder, mit Wörtern durchsetzt, Sätze, neu arrangiert zu Bildern und Bild-(Vorstellungs-)zusammenhängen, Schallplattenalben, aufgemacht wie Bücher... etc.« (*FiW*, S. 384)

Dabei erweist sich der Verdacht, die neuen Medien würden die älteren ersatzlos und für alle Zeiten verdrängen, bei genauerer Betrachtung ohnehin als haltlos. Vielmehr scheint es sogar so, daß im Gegenteil durch die unbestreitbaren Veränderungen im Medien- und Kultursystem oftmals gerade die spezifischen Möglichkeiten der älteren Medien hervorgetrieben werden. Diesen Verdacht hat auch Rolf Dieter Brinkmann in einem Gespräch mit Jörg Schröder, seinem *März*-Verleger, formuliert:

---

50 Dazu treffend Karl Prümm: »Der reduzierte Blick auf das Medium Buch wird hier [in der traditionellen Literaturwissenschaft, J.S.] als Akt des Widerstandes gegen zerstörerische Beschleunigungen begriffen. Beschreibung und Wertung ignorieren schlichtweg die Verwandlungen der Schrift in ›Anderes‹, um so, freilich vergeblich, das kontemplative Buch seiner rasanten Konkurrenz zu entziehen.« – Karl Prümm: »Intermedialität und Multimedialität. Eine Skizze medienwissenschaftlicher Forschungsfelder«. In: Rainer Bohn / Eggo Müller / Rainer Ruppert (Hrsg.), *Ansichten einer künftigen Medienwissenschaft*. Berlin: Ed. Sigma 1988, S. 195-200, hier: S. 195.

»Das heißt also, daß durch das Aufkommen neuer Medien, neuer Kommunikationsformen, z.B. sagen wir mal des Fernsehens, weil das ja grad so aktuell ist, das Buch und das heißt: sowohl schreiben wie verlegen wie lesen, also alles, was zum Buch gehört, das Medium Buch erst entschlackt worden ist, daß völlig neue und eigenständige Möglichkeiten an dem Buch sichtbar sind.«[51]

Lohnender scheint es daher, nicht so sehr nach der Stimmigkeit, sondern vorrangig nach dem *Modus* der Transformation zu fragen, sich also unvoreingenommen dem Spiel von Effekten zu stellen, das aus der Kombination von Diskursen und strukturellen Prinzipien aus unterschiedlichen Medien resultiert. Damit erweitert sich auch die Fragestellung: Nicht nur die filmischen Adaptionen von literarischen Vorlagen sind dann der Gegenstand der wissenschaftlichen Analyse, sondern ausdrücklich auch der umgekehrte Fall einer Transformation von Sujets und Verfahren aus Film, Fernsehen, Popmusik etc. in die Literatur. Diese Einsicht war schon in den sechziger Jahren gar nicht so neu, wie sie auf den ersten Blick erscheinen mochte. Schon in den zwanziger Jahren haben Walter Benjamin und Bertolt Brecht sowie die französischen Surrealisten eine solche vorurteilsfreie Perspektive auf die technischen Medien eingefordert. So hat Benjamin wiederholt auf die Neuformierung des menschlichen Bewußtseins durch die seinerzeit neuen Medien Film und Rundfunk hingewiesen, und Brecht hat im *Dreigroschenprozeß* gar unmißverständlich festgestellt:

»Der Filmesehende liest Erzählungen anders. Aber auch der Erzählungen schreibt, ist seinerseits ein Filmesehender. Die Technifizierung der literarischen Produktion ist nicht mehr rückgängig zu machen. Die Verwendung von Instrumenten bringt auch den Romanschreiber, der sie selbst nicht verwendet, dazu, das, was die Instrumente können, ebenfalls können zu wollen, das, was sie zeigen (oder zeigen könnten), zu jener Realität zu rechnen, die sein Stoff ausmacht, vor allem aber seiner eigenen Haltung beim Schreiben den Charakter des Instrumentebenützens zu verleihen.«[52]

---

51 Rolf Dieter Brinkmann u.a.: »Interview mit einem Verleger«, a.a.O., S. 288.

52 Bertolt Brecht: »Der Dreigroschenprozeß«. In: ders., *Werke. Große kommentierte Berliner und Frankfurter Ausgabe*, Bd. 21: *Schriften 1.* Hrsg. von Werner Hecht, Jan Knopf, Werner Mittenzwei und Klaus-Detlef Müller. Berlin, Weimar, Frankfurt/M.: Aufbau/Suhrkamp 1992, S. 448-514, hier: S. 464.

Schon damals sind also die traditionellen Hierarchisierungen, welche die Literatur als höchste Kunstform privilegiert haben, aufgekündigt worden. An ihre Stelle ist in der Folgezeit eine Gleichzeitigkeit von verschiedenen Einzelmedien getreten, die sich zwar auf recht unterschiedlichen Entwicklungsstufen befanden, aber dennoch auf vielfältige Weise zueinander in Beziehung geraten sind. Für Brecht übernahmen die ›neuen‹ technischen Medien geradezu eine Vorbildfunktion für die ›alten‹ Medien wie das Buch oder das Theater, die sich schon in den zwanziger Jahren nur in der Reflexion von medialen Entwicklungen eine aktualisierte Legitimationsbasis sichern konnten.

In den sechziger Jahren schließlich avancierte die Rede von der intermedialen Verwandlung zu einem der zentralen Topoi der postmodernistischen Theoriebildung. So hat etwa Jean-François Lyotard – ganz im Sinne unserer Überlegungen zur produktiven Pop-Rezeption – betont, das Wichtigste an einem Text sei, »was er machen läßt: die Verwandlung dieser potentiellen Energie in Anderes: andere Texte, aber auch Gemälde, Fotos, Filmsequenzen, politische Aktionen, Entscheidungen, erotische Eingebungen, Befehlsverweigerungen, ökonomische Initiativen.«[53] Ein Text ist also jeweils nur ein temporäres Produkt, ist selbst wiederum das Zeichenmaterial für das ständige Wechselspiel der Signifikanten über die medialen Grenzen hinweg. Dieses Spiel garantiert in diesem Blickwinkel die fortdauernde Dynamik der kulturellen Entwicklung, es verhindert die Stagnation in intramedialen Traditionen, deren eigenes Erneuerungspotential erschöpft ist.

So plausibel dies auch erscheinen mag: Es läßt sich dennoch nicht darüber hinwegsehen, daß ein tragfähiger Ansatz für unsere Analyse von *konkreten* intermedialen Interferenzen zwischen Literatur und Populärkultur der genaueren Operationalisierung bedarf. Es muß uns also darum gehen, eine literaturwissenschaftliche Forschungsperspektive zu skizzieren, die auf der Grundlage der Forschungen zur Intertextualität der Literatur die mediale Verfaßtheit des Zeichenmaterials und den medialen Gestalt- und Funktions-

[53] Zit. nach Christa Bürger: »Moderne als Postmoderne: Jean-François Lyotard«. In: dies. / Peter Bürger (Hrsg.): *Postmoderne: Alltag, Allegorie und Avantgarde*, a.a.O., S. 122. – Der Originaltext lautet wie folgt: »L'importance d'un texte n'est pas sa signification, ce qui'il veut dire, mais ce qu'il fait et fait faire. Ce qu'il fait: la charge en affects qu'il détient et communique; ce qu'il fait faire: les métamorphoses de cette énergie potentielle en d'autres choses: d'autres textes, mais aussi des peintures, photographies, séquences de film, actions politiques, décisions, inspirations érotiques, refus d'obéir, initiatives économiques. « – Jean-François Lyotard: *Dérive à partir de Marx et Freud.* Paris: Union Générale d'Éditions 1973, S. 6.

wandel in den Vordergrund stellt. Erst dann kann es gelingen, ein Panorama der literarischen Reaktionsmöglichkeiten auf Diskurse und strukturelle Prinzipien der Populärkultur zu erstellen, die sich – wie inzwischen mehrfach erwähnt – im wesentlichen in anderen Medien als der Literatur ereignet.

Betrachten wir daher vorab noch einmal die für uns relevanten Aspekte der theoretischen Ansätze zur Intertextualität, und gehen wir zu diesem Zwecke zurück zu Julia Kristevas grundlegenden Arbeiten. Im Mittelpunkt von Kristevas Intertextualitätstheorie, die sich wesentlich dem Impuls durch Bachtins Überlegungen zur Dialogizität verdankt, steht die Beobachtung, daß die Produktion von Texten niemals an einem Nullpunkt beginnt, sondern im Gegenteil immer schon auf der Lektüre von Fremdtexten basiert. Jeder Text, so Kristeva, sei das Resultat einer Permutation von Prätexten; er entwickle sich in einem intertextuellen Kombinationsspiel durch die Transformation von anderen Texten zu einem Mosaik aus Zitaten, zur Überlagerung von verschiedenen Textebenen. Dabei überkreuzten sich zwei Dimensionen des intertextuellen Dialogs: Zum einen überlagerten sich die ›Schreibweisen‹ (›écritures‹) des Autors und des Lesers, zum anderen die des aktuellen Textes und des Prätextes.[54] Es gelte daher, das Augenmerk weniger auf den Text als Resultat eines schöpferischen Vorgangs zu richten, sondern vor allem den prinzipiell unabschließbaren Prozeß der ›Textstrukturation‹ zu betrachten, »der Sinnquanten produziert und transformiert, bevor dieser Sinn bereits fertig ist und in Umlauf gebracht wird«.[55]

Für unser Thema ist Kristevas Bezugnahme auf Bachtin auch deshalb von Interesse, weil sie ausdrücklich darauf hinweist, daß in dieser intertextuellen Textstrukturation auch die Grenzen des kodifizierten Diskurses überschritten werden. Nach Kristeva führt die Suche nach nicht-kodifizierten Diskursen einen Autor zwangsläufig auch an die Ränder der offiziellen Kultur, »durchbricht die Regeln der von der Grammatik und der Semantik zensierten Sprache und ist dadurch gesellschaftliche und politische Widerrede«.[56] Es geht also weder bei Bachtin noch bei Kristeva in erster Linie um ein im präzisen Sinne literarisches Bezugssystem. Gerade weil die kulturelle Enthierarchisierung in der Logik der Intertextualität von Texten liegt, konnte Bachtins

---

54 Vgl. Julia Kristeva: »Bachtin, das Wort, der Dialog und der Roman«. In: Jens Ihwe (Hrsg.), *Literaturwissenschaft und Linguistik. Ergebnisse und Perspektiven*, Bd. 3: *Zur linguistischen Basis der Literaturwissenschaft, II.* Frankfurt/M.: Athenäum 1972, S. 345-375.

55 Dies.: »Probleme der Textstrukturation«. In: Jens Ihwe (Hrsg.), *Literaturwissenschaft und Linguistik. Ergebnisse und Perspektiven*, Bd. II/2: *Zur linguistischen Basis der Literaturwissenschaft, I.* Frankfurt/M.: Athenäum 1971, S. 484-507, hier: S. 486.

56 Dies.: »Bachtin, das Wort, der Dialog und der Roman«, a.a.O., S. 346.

Dialogizitätstheorie in der spezifischen Rezeptionssituation ›um 1968‹ ihre gegen die bürgerlichen Autonomievorstellungen gerichtete Sprengkraft entfalten.

Allerdings wird der Textbegriff in Kristevas poststrukturalistischem Denkhorizont so weit entgrenzt, daß regelrecht alle Referenzen eines Textes selbst wiederum als ›Text‹ betrachtet werden. In einer solchen ›vertexteten‹ Wirklichkeit ist buchstäblich *jeder* Text durch und durch intertextuell, ja Intertextualität ist ein grundlegendes Merkmal von Texten im allgemeinen. Im Konzept der universalen Intertextualität des Poststrukturalismus und des Dekonstruktivismus gibt es keine Texte als abgeschlossene Einheiten mehr, sondern ein Text ist nur noch als Gewebe zu beschreiben, das – wie es Roland Barthes einmal formuliert hat – »durch ein ständiges Flechten entsteht und sich selbst bearbeitet«.[57]

Für ein Autor-Subjekt bleibt dann jedoch in diesem Konzept kein Platz mehr; es ist vielmehr in eine letztlich unergründliche Pluralität von anderen Texten aufgelöst. Ein Autor ist in diesem Blickwinkel gefangen im ›Gefängnis der Sprache‹ (Fredric Jameson), in dem sich sein Spielraum auf ein ›Basteln‹ mit vorgefertigten Materialien einschränkt. Vor dem Hintergrund eines solchen dezentrierten Subjektivitätsbegriffs wird seinen Intentionen, seinen spezifischen intertextuellen bzw. intermedialen Verknüpfungen keine Bedeutung beigemessen. Ein literarischer Text kann somit nicht mehr als eine Reproduktion des Reproduzierten sein, er unterliegt als eine Nach-Schrift des bereits Kommunizierten einem unabwendbaren Wiederholungsdruck. Wie die Pop Art in der bildenden Kunst, so ist auch die Literatur unter diesen Voraussetzungen nur noch denkbar als Bearbeitung bzw. Arrangement von Klischees und Stereotypen. Burroughs hat schon 1964 darauf hingewiesen, daß Schriftsteller ihre Gegenstände nicht mehr *er*finden, sondern lediglich noch *vor*finden und im Text präsentieren:

> »Was tut ein Schriftsteller im Grunde anderes, als vorgegebenes Material zu sortieren, redigieren & arrangieren?«[58]

Auf den ersten Blick erscheint ein solcher Ansatz für unsere Analyse des Verhältnisses von Literatur und Populärkultur geradezu maßgeschneidert zu sein, und tatsächlich hat er für unsere Zwecke ein – wenn auch eingeschränk-

57 Roland Barthes: *Die Lust am Text.* Frankfurt/M.: Suhrkamp 1974, S. 94.

58 William S. Burroughs: »Die Zukunft des Romans«. In: Carl Weissner (Hrsg.), *Cut up. Der sezierte Bildschirm der Worte.* Darmstadt: Melzer 1969, S. 19-23, hier: S. 21.

tes – Erkenntnispotential: Zum einen betont er, daß Texte in einem intertextuellen oder intermedialen Wechselspiel entstehen – so hat etwa Harold Bloom zugespitzt formuliert: »there are *no* texts, but only relationships *between* texts«[59] –, zum anderen umfaßt der universale Intertext nicht nur die im engeren Sinne literarischen Prätexte, sondern auch alle anderen kulturellen Ausdrucksformen, insbesondere die audio-visuellen Intertexte. Der Intertext ist hier Ausdruck der »Unmöglichkeit, außerhalb des unendlichen Textes zu leben – ob dieser Text nun Proust oder die Tageszeitung oder der Fernsehschirm ist«.[60] Damit werden sowohl die Grenzen zwischen den Medien als auch die Dichotomie von ›hoher‹ und ›niederer‹ Kultur obsolet.

Allerdings blockiert eine solche Ausweitung des Intertextualitätsbegriffs – auch wenn sie texttheoretisch noch so faszinierend sein mag – seine Operationalisierung für die Analyse von konkreten Einzeltexten. Wenn der Prätext eines jeden literarischen Textes stets der gesamte ›texte général‹ ist, der alle Texte und alle ihnen zugrundeliegenden Sinnsysteme umfaßt, dann läßt sich keine spezifische *literarische* Intertextualität im Sinne eines vom Autor intendierten und vom Rezipienten konkret beschreibbaren Verfahrens der Bedeutungskonstitution im Text nachweisen. In bezug auf einen konkreten Text würde sich das Erkenntnispotential dann letztlich in der bloßen Feststellung des Vorhandenseins von intertextuellen Relationen erschöpfen. Wenn sich also der theoretische Ansatz in der literaturwissenschaftlichen Praxis gar nicht bewähren kann, weil diese selbst offensichtlich gar nicht mehr mit dem Erkenntnisinteresse der Texttheorie vermittelt ist, dann stellt dies die Theorie an sich in Frage – oder es verlangt eine entsprechende ›Feinabstimmung‹. Gerade die Untersuchung der Pop-Literatur von Rolf Dieter Brinkmann wird zeigen, daß auch in intertextuellen bzw. intermedialen literarischen Arbeiten der subjektive Faktor nicht völlig ausgeschaltet ist, ja daß gerade in diesen Texten vom Autor bewußt gesetzte intertextuelle und intermediale

[59] Harold Bloom: *A Map of Misreading*. New York: Oxford University Press 1975, S. 3.

[60] Roland Barthes: *Die Lust am Text*, a.a.O., S. 54. – Dazu schreibt Jonathan Culler: »Intertextuality thus becomes less a name for a work's relation to particular prior texts than a designation of its participation in the discursive space of a culture: the relationship between a text and the various languages or signifying practices of a culture and its relation to those texts which articulate for it the possibilities of that culture. The study of intertextuality is thus not the investigation of sources and influences as traditionally conceived; it casts its net wider to include anonymous discursive practices, codes whose origins are lost, that make possible the signifying practices of later texts.« – Jonathan Culler: »Presupposition and Intertextuality«. In: ders., *The Pursuit of Signs*. London: Routledge & Kegan Paul 1981, S. 100-118, hier: S. 103.

Bedeutungsebenen eingezogen sind, ohne deren Kenntnis sie unverständlich bleiben.

So sind denn auch die intermedialen Relationen oftmals im Text selbst markiert, denn solche Texte basieren in der Regel auf einem Kommunikationsprozeß, bei dem sich Autor *und* Leser darüber im klaren sind, daß sie es im Text mit intermedialen Signalen zu tun haben. Mehr noch: Beide haben daneben auch wechselseitig das Intermedialitätsbewußtsein des anderen einkalkuliert.[61] Unter Berücksichtigung der intermedialen Wechselwirkungen zwischen Literatur und anderen, insbesondere den technischen Medien kann daher das bekannte Kommunikationsmodell Autor – Text – Rezipient für unser besonderes Interesse an den literarischen Bezugnahmen auf populäre Kultur zugespitzt werden. Der Autor ist zunächst stets ein Rezipient von Populärkultur, der einen populärkulturellen ›Text‹ wahrnimmt, im literarischen Schreibakt *intentional* auf Zeichenmaterial aus Film, Popmusik, Werbung etc. zurückgreift bzw. spezifische Verfahrensweisen aus dem jeweiligen medialen Kontext simuliert und schließlich dem Leser im intermedial konstituierten Text entsprechende Signale gibt.

Betrachtet man also Autoren wie Rolf Dieter Brinkmann zuerst als Rezipienten bzw. ›Konsumenten‹ von Populärkultur, so lassen sich der Stellenwert des populären Materials sowie die Verfahren der produktiven Umfunktionierung im literarischen Text beschreiben. Brinkmann, so unsere These, produziert durch seine Signifikationspraktiken »Irr-Linien« (de Certeau), d.h. produktive Querverbindungen bzw. »Finten mit anderen Interessen und Wünschen, die von den Systemen, in denen sie sich entwickeln, weder bestimmt noch eingefangen werden können«.[62]

Solche populärkulturellen Effekte werden von Brinkmann nicht etwa – wie es der gängigen, auch in der politischen ›Studentenbewegung‹ vertretenen Meinung entsprach – als Auswirkungen einer bewußtseinszerstörenden Manipulation stigmatisiert, sondern als Stimulans der subjektiven Imagination geradezu euphorisch begrüßt. Die Suche der traditionellen Literatur nach Sinn wird aufgegeben, statt dessen setzt sich der Autor der *Sinnlichkeit* der Realität aus. Er reagiert auf die bloße Materialität der Dinge, welche die Frage nach deren Bedeutung im tradierten Sinne erst gar nicht aufkommen läßt. Besonders augenfällig wird dies in Brinkmanns Langgedicht *Vanille*, zu dem er notiert hat:

---

61 Vgl. Ulrich Broich: »Formen der Markierung von Intertextualität«. In: ders. / Manfred Pfister (Hrsg.), *Intertextualität. Formen, Funktionen, anglistische Fallstudien.* Tübingen: Niemeyer 1985, S. 31-47, hier: S. 31.

62 Michel de Certeau: *Kunst des Handelns*, a.a.O., S. 21f.

»Meine Einstellung zu dieser Arbeit war, sie so offen wie möglich zu halten, darüberhinaus gab es keine weitere Vorstellung, was das Gesamte des Gedichts betrifft, d.h. das ›Thema‹ war jeweils völlig dem im Augenblick des Schreibens sich anbietenden Material auszuliefern, das wiederum heißt: *das ›Thema‹ des Gedichts ist das Gedicht selber!...*« (*A V*, S. 141)

Und das wiederum heißt, so kann man diese Überlegungen fortsetzen, daß der literarische Text für Brinkmann eine Registration von augenblicklichen Wahrnehmungen ist, die das Da-Sein im Sinne einer von Vorannahmen unbelasteten Sinnlichkeit verbürgen soll, denn »Ausgangspunkt des Schreibens ist das Subjekt, Kopf und Körper zusammen, – eine nach innen und nach außen schwingende Tür...« (*Fi W*, S. 390)

Diese Wahrnehmungen bleiben stets an die Subjektivität des wahrnehmenden Ichs zurückgebunden. So sucht Brinkmann die »totale Verklammerung von subjektivem Interesse und objektiven Gegebenheiten« (*OH*, S. 65). Im Gedicht kann daher immer nur die *»Gegenwart, die auf den, der schreibt, bezogen ist«* (*N*, S. 9), thematisiert werden. Das *Sich-Einlassen* auf die sinnlichen Reize des Augenblicks stimuliert in diesem Konzept das Schreiben, es gewährt eine Intensität des Erlebens, welche die ›Leere‹ des schreibenden Subjekts anfüllt:

»Es stellt sich die Frage, was schreibe ich auf das leere Blatt Papier? Die Betonung liegt dabei auf das ›Was‹ und dann, im selben Moment, auf das ›Ich‹... oder ein wenig anders ausgedrückt: je leerer ich bin, umso mehr füllt sich ein Gedicht, der Roman, der Essay – das, was ich jetzt zu schreiben beginne... ich weiß nicht, wohin mich das führen wird, und das ist nicht wichtig, das Entscheidende ist, wie intensiv ich mich auf die Gegenwart einlasse.« (*ES*, S. 151)

Brinkmann ergibt sich also ausdrücklich nicht in die vermeintliche Aussichtslosigkeit des literarischen Schreibens, wie sie in den 1968er Debatten um den ›Tod der Literatur‹ deklariert worden ist, sondern er erblickt gerade in der undurchdringlichen Präsenz und Vielfalt des entkontextualisierten und enttraditionalisierten Materials faszinierende Möglichkeiten einer affirmativen Poetik.

Der literarische Text, bei Brinkmann vor allem das Gedicht, markiert in diesem Sinne die Schnittstelle von populärkulturellem Material und den subjektiven Wahrnehmungen des Autors. Genau hier schreibt sich die sozial geprägte und diskursiv gestaltete Subjektivität des Autors in die ›produzierbaren Texte‹ ein und läßt somit an diesem Schnittpunkt Bedeutung entstehen.[63] Diesen Vorgang, der die Voraussetzung für sein literarisches Werk darstellt, hat Brinkmann im Vorwort zu *Silverscreen* wie folgt beschrieben:

> »Nicht im ausgetüftelt Exquisiten zeigt sich Subjektivität, sondern im Gebrauch eines Materials, das für viele teilbar ist. Das Häßliche steckt nicht im Außergewöhnlichen, vielmehr in dem Vertrauten, so wie das Schöne nicht im Außergewöhnlichen steckt, sondern im Alltäglichen.« (*N*, S. 30)

Weil in unserem Zusammenhang zunächst vorrangig die Textproduktion und damit die Rolle des Autors von Interesse ist, wird im folgenden im Anschluß an unsere Überlegungen zu Bachtins Modell der Hybridisierung, das stets ein intentionales Vorgehen des Autors voraussetzt, ein präziser operationalisiertes Konzept der *intendierten Intertextualität bzw. Intermedialität* zur Beschreibung von konkreten Dialogen zwischen Text und Prätext(en) favorisiert. Manfred Pfister hat dazu ein ›Vermittlungsmodell‹ konzipiert, welches das Modell der universalen Intertextualität nicht ersetzt, sondern als dessen graduelle Präzisierung gedacht ist:

> »In ein räumliches Anschauungsbild übertragen, stellt sich damit unser Modell als ein System konzentrischer Kreise und Schalen dar, dessen Mittelpunkt die höchstmögliche Intensität und Verdichtung der Intertextualität markiert, während diese, je weiter wir uns vom ›harten Kern‹ des Zentrums entfernen, immer mehr abnimmt und sich asymptotisch dem Wert Null annähert.«[64]

Ein solches Konzept stellt auch die – wenn auch angesichts des Stimmen- und Bilderwirrwarrs der diversen Medien womöglich rudimentäre – Subjektivität

---

[63] Vgl. dazu John Fiske: »The production of meaning from a text follows much the same process as the construction of subjectivity within society. The reader produces meanings that derive from the intersection of his/her social history with the social forces structured into the text. The moment of reading is when the discourses of the reader meet the discourses of the text. When these discourses bear different interests reading becomes a reconciliation of this conflict.« – John Fiske: *Television Culture.* London, New York: Methuen 1987, S. 82f.

[64] Vgl. Manfred Pfister: »Konzepte der Intertextualität«. In: Ulrich Broich / Manfred Pfister (Hrsg.), *Intertextualität*, a.a.O., S. 1-30, hier: S. 25.

des Autors noch in Rechnung. Es berücksichtigt damit die häufig vernachlässigte Tatsache, daß ein Prätext gar nicht unbedingt als Zitat bzw. sprachliches Ready-made in den Text integriert wird, sondern bevorzugt als Erinnerung an eine Textlektüre, wobei der Prätext immer schon als subjektive Umsetzung in den neuen Text einfließt. Gerade wenn sich die meisten der untersuchten Texte auf Prätexte aus audiovisuellen Medien beziehen, werden weniger wörtliche Zitate übernommen oder die abstrakten Qualitäten des fremdmedialen Prätexts realisiert bzw. thematisiert, sondern vor allem sozial-, kultur- und medienhistorisch bedingte *subjektive Medienwahrnehmungen* des schreibenden Subjekts. So hat Heinz-B. Heller am Beispiel des Verhältnisses der Literatur zum Film betont, daß intermedial arbeitende Autoren zunächst immer auch *Rezipienten* von ›fremden‹ Medien sind:

> »Die Synthetisierung filmischer Wahrnehmungsformen mit literarischen Produktionskategorien erfolgt zum einen nicht automatisch, sondern unterliegt *subjektiven* Motivationszwängen – seien sie nun bewußt oder unbewußt; zum anderen vollzieht sie sich in der scheinhaften Form des ›Als-ob‹. [...] Filmisches Schreiben im literarischen Medium ist also nicht imprägniert zu sehen von technischen Qualitäten, sondern von subjektiven Kinowahrnehmungen des schreibenden Subjekts. Filmisches Schreiben als literaturwissenschaftlicher Untersuchungsgegenstand ist deshalb anzusiedeln im Prozeß einer Geschichte des ›Kinos im Kopf‹ der literarischen Intelligenz, d.h. [...] primär als Element und Faktor einer [...] sozialgeschichtlich rückversicherten Rezeptionsgeschichte.«[65]

Wenn wir das Verhältnis eines Autors wie Rolf Dieter Brinkmann zur populären Kultur in Augenschein nehmen, müssen wir dessen Texte als Dokumente des Versuchs auffassen, vor allem konkrete Diskurse und Sujets, aber auch strukturelle Prinzipien, die er in der populären Kultur der fünfziger und sechziger Jahre wahrgenommen hat, in die Literatur zu übertragen: entweder als reflexive *Thematisierung* oder als simulierende *Realisierung* der Verfahren eines ›fremden‹ Mediums unter den spezifischen strukturellen Rahmenbedingungen der Literatur.

---

65 Heinz-B. Heller: »Historizität als Problem der Analyse intermedialer Beziehungen. Die ›Technifizierung der literarischen Produktion‹ und ›filmisches Schreiben‹«. In: Albrecht Schöne (Hrsg.), *Kontroversen, alte und neue. Akten des VII. Internationalen Germanisten-Kongresses.* Tübingen: Niemeyer 1986, S. 277-285, hier: S. 279f.

Pop-Literatur erscheint in diesem Sinne als Ensemble von ›sekundären Texten‹ (Fiske), in denen auf der Basis des jeweiligen sozialen Erfahrungshorizonts der Autoren der Bedeutungsgehalt der populärkulturellen Produkte auf einer Meta-Ebene ›verhandelt‹ wird. So hat sich Brinkmann in seiner literarischen Auseinandersetzung mit dem kulturindustriellen Zeichenmaterial bewußt nicht auf eine bloße Reproduktion von Oberflächenphänomenen im Text beschränkt – etwa im Sinne eines literarischen Ready-made, wie es 1969 Peter Handke in einigen ›Gedichten‹ in *Die Innenwelt der Außenwelt der Innenwelt* oder Horst Bienek in seinen *Vorgefundenen Gedichten* vorexerziert haben. Brinkmann lehnt dieses Modell ausdrücklich ab. Es reicht ihm nicht weit genug, denn in ihm fehle die »psychische Dimension dessen, der das ›vorgefundene Gedicht‹ entdeckt hat« (*A V*, S. 143); hier werde lediglich eine kalkulierte Idee umgesetzt, ohne daß daraus ein »attraktives Objekt« entstehe. Dies könne lediglich gelingen, so Brinkmann, sofern dem Autor im Augenblick des Schreibens an einem Text eine »momentane Kombination« (*N*, S. 9) von Ich und Material, d.h. von Vorstellungen des Autors und den realen äußeren Reizen, gelinge:

> »Alles ereignet sich nur *jetzt, in einem Augenblick,* und in diesem einen Augenblick ist die Person, die schreibt, anwesend. [...] Sie realisiert *sich* jetzt in dem einen Gedicht.« (*N*, S. 9)

Die bildhafte Attraktivität des verwendeten (Oberflächen-)Materials soll den Autor zu *subjektiven* Reaktionen auf die vom Material ausgehenden Reize veranlassen und dadurch gleichsam halluzinative Erfahrungen anregen. Das massenhaft gefertigte Material wird dabei singularisiert. Die Oberflächen des Sichtbaren und Hörbaren werden entstandardisiert, indem im Bewußtsein der Konsumenten subjektive Deutungen produziert werden.[66] Folglich wird das Material in seiner Spiegelung im Bewußtsein des Autors wahrgenommen, zumal objektive Gegebenheiten und subjektive Vorstellungen für Brinkmann ohnehin stets zu einer »punktuellen Situation« (*OH*, S. 64) zusammengebunden sind. Mit anderen Worten: Wenn Brinkmann fordert, der Autor müsse »sich das ›Bild‹ [...] beschaffen« (*A V*, S. 151), so tritt neben die Attraktivität der Materialoberfläche stets das subjektive Interesse des Autors an eben jenem Material. Das Subjekt ist in diesem Zusammenhang ein ›Konsument‹, der reflexartig auf die Sinnesreizungen der urbanen und medialen Umwelt reagiert, mit dem Ziel, an das Material ein punktuelles Begehren zu koppeln:

---

[66] Vgl. Gerhard Schulze: *Die Erlebnisgesellschaft*, a.a.O., S. 120.

»Es kommt darauf an, in welchen Bildern wir leben und mit welchen Bildern wir unsere eigenen Bilder koppeln.« (*N*, S. 8)

»Alle Gedichte sind Pilotengedichte«
Populärkultur in Rolf Dieter Brinkmanns Texten

Obgleich die Konzepte der Intertextualität und der Intermedialität dadurch miteinander verbunden sind, daß beide die Präsenz von Prä-›Texten‹ im literarischen Werk zu beschreiben versuchen, ist eine schlüssige Unterscheidung von Intertextualität und Intermedialität unverzichtbar, um die konkreten literarischen Adaptionen von Elementen aus anderen Medien genauer in den Blick nehmen zu können und damit den medialen Differenzen gerecht zu werden. In diesem Zusammenhang ist daher von mehreren Autoren vorgeschlagen worden, unter ›Intertextualität‹ strenggenommen lediglich die textuellen Relationen *innerhalb* einer Kunstform zu verstehen.

Hingegen reagiert der Begriff ›Intermedialität‹ vor allem auf die Erweiterung des Spielraums für Diskursmischungen, den die Expansion der technischen Medien eröffnet hat. Er beschreibt folgerichtig in einem präzisierten Sinne die Integration von künstlerisch kodierten Zeichensystemen von einem bestimmten Medium in einen anderen medialen Zusammenhang. Für seine Definition ist also der *Medienwechsel* unverzichtbar. Dazu stellt Jürgen E. Müller fest, ein mediales Produkt werde dann intermedial, »wenn es das multimediale Nebeneinander medialer Zitate und Elemente in ein konzeptionelles Miteinander überführt, dessen (ästhetische) Brechungen und Verwerfungen neue Dimensionen des Erlebens und Erfahrens eröffnen.«[1]

Um die konkreten Bezugnahmen zwischen ›Texten‹ aus verschiedenen Medien in den Blick nehmen zu können, hat Aage A. Hansen-Löve zwei Dimensionen der Intermedialität konzipiert, nach denen Segmente von ›Prätexten‹ in literarischen Werken präsent sein können. Er unterscheidet zwischen der *Thematisierung* des ›Prätextes‹ im Text und der *Realisierung* im Sinne eines *»Homologsetzens* von Strukturen und Verfahren«[2] des einen im anderen. Geht es bei der Thematisierung um die Transposition von Motiven, Sujets und semantischen Komplexen, z.B. um die schlichte Beobachtung von

---

[1] Jürgen E. Müller: »Intermedialität und Medienwissenschaft. Thesen zum State of the art«. In: montage/ av 3/2/1994, S. 110-138, hier: S. 128.

[2] Aage A. Hansen-Löve: »Intermedialität und Intertextualität. Probleme der Korrelation von Wort- und Bildkunst – Am Beispiel der russischen Moderne«. In: Wolf Schmid / Wolf-Dieter Stempel (Hrsg.), *Dialog der Texte*, a.a.O., S. 291-360, hier: S. 294.

kulturindustriellen Produkten, um die Reflexion von Trivialmythen, um semantische Bezugnahmen auf die Welt des Films, der Popmusik, der Werbung etc. im literarischen Text, so handelt es sich bei der Realisierung um einen komplexeren Vorgang: Hier richtet sich das Augenmerk auf strukturelle Adaptionen im Sinne der »*Substitution* oder eher *Simulation* einer Kunstform durch die andere(n)«.[3]

»Genommen wird, was da ist«: Zur ›Thematisierung‹ von Populärkultur bei Brinkmann

Ein erstes Beispiel für eine Thematisierung im literarischen Kontext ist die *theoretische und kritische Auseinandersetzung* mit der Populärkultur, die vorrangig in Form von Essays oder Manifesten geführt wird, aber auch bisweilen in Erzählungen oder Gedichte integriert ist. Die theoretische Diskussion, die im deutschen Literaturbetrieb wesentlich von Brinkmann angeregt wurde, haben wir am Beispiel seiner Essays bereits in aller Ausführlichkeit diskutiert. Aus diesem Grunde sind im folgenden vor allem die *semantischen Bezugnahmen* in narrativen, lyrischen und dramatischen Texten von Interesse. Es geht hierbei um literarische Texte, in denen die Autoren – ganz im Sinne unserer Überlegungen zur intendierten Intermedialität – *über* Pop-Sujets und Pop-Motive reflektieren, mit anderen Worten: auf einer Meta-Ebene ihre subjektiven Dekodierungen von populärkulturellen Prätexten im Medium des literarischen Textes verarbeiten. Dabei werden etwa Trivialmythen aus Film, Rockmusik, Mode etc. ebenso wie Comics, Werbetexte oder pornographische Sujets thematisiert:

> »Es gibt kein anderes Material als das, was allen zugänglich ist und womit jeder alltäglich umgeht, was man aufnimmt, wenn man aus dem Fenster guckt, auf der Straße steht, an einem Schaufenster vorbeigeht, Knöpfe, Knöpfe, was man gebraucht, woran man denkt und sich erinnert, alles ganz gewöhnlich, Filmbilder, Reklamebilder, Sätze aus irgendeiner Lektüre oder aus zurückliegenden Gesprächen, Meinungen, Gefasel, Gefasel, Ketchup, eine Schlagermelodie, die bestimmte Eindrücke neu in einem entstehen läßt, z.B. wie jemand seinen Stock schwingt und dann zuschlägt, Zeilen, Bilder, Vorgänge, die dicke Sup-

[3] Ebd., S. 292.

pe, die wem auf das Hemd tropft. Man schnieft sie durch die Nase hoch und spuckt sie dann wieder aus. Das alte Rezept und die neue Konzeption, bevor das Licht ausgeht, der Vorspann im Kino, hier bin ich.« (*P*, S. 8)

Schon in Brinkmanns frühen Texten hat der strikte Gegenwartsbezug dominiert. Allerdings fehlt in ihnen noch die hervorgehobene Bedeutung der populären Kultur und der simulierten Wirklichkeit der technischen Medien, deren Stellenwert in Brinkmanns Texten nur zögerlich wächst. Gewiß, auch in den Erzählungen und den frühen Gedichten stößt man bisweilen auf Thematisierungen aus der Welt der Populärkultur. So wird etwa in der postum veröffentlichten Erzählung *Ihr kleines Gesicht* (1959/61), einem der ersten bekannten Brinkmann-Texte aus seiner Zeit als Buchhändlerlehrling in Essen, die Stimmung während der pubertären Annäherungsversuche auf einer Kirmes mit dem Hinweis auf »Bill Haley und seine Cometen«[4] beschrieben. Vor allem aber belegen mehrere der frühen Erzählungen Brinkmanns intensives Interesse für den Jazz: Schon in *Wenn sie morgens singen* (1959/61), ebenfalls aus der Essener Zeit, werden z.B. Art Blackey und Thelonius Monk erwähnt[5], die dann einige Jahre später noch einmal in der Erzählung *Wurlitzer* (1966) genannt werden:

> »Aus dem Lärm drang jetzt wieder scharf das Trompetensolo vor, klar und ruhig und dann einige schnelle Takte, nervös, nervöse, fiebrige Stöße, unruhige Notenfolgen, Töne, Punkte, die dichtgedrängt aufeinanderfolgten, daruntergelegt Klavieranschläge, roh, und dumpf das Schwingen des Schlagzeugs, der Baß, zwischendurch mit linker Hand geschlagen ein leichtes Trippeln, ein Tropfen, Gegenschläge, die Trompete setzt ab, Klavierspiel begann, schräg und fast wie falsche Töne, wie danebengegriffen, gleichmäßig behielt das Schlagzeug den Rhythmus bei, Art Blackey am Schlagzeug. Es war eine Platte von Thelonius Monk, und das Thema war bekannt.«[6]

---

4 Rolf Dieter Brinkmann: »Ihr kleines Gesicht«, a.a.O., S. 359.

5 Vgl. ders.: »Wenn sie morgens singen«. In: ders., *Erzählungen*, a.a.O., S. 363-368, hier: S. 364, 366.

6 Ders.: »Wurlitzer«. In: ders., *Raupenbahn*. Köln: Kiepenheuer & Witsch 1966, S. 75-95, hier: S. 82f.

Auch in *In der Grube* erinnert sich der Erzähler an »Jazz, Thelonius Monk, Westcoast, oder Ray Charles, der heisere Sänger, Blues, zornig, was so gekommen war, Kino, Remmidemmi, Tanz, auch manchmal eine Party bei Didi, Party bei Rainer, enggeschneiderte Hosen, was Welt für uns genug gewesen war.«[7] Und auch ein Dave-Brubeck-Konzert im Essener Saalbau[8] sowie eine Reminiszenz an Billy Ecksteins Song *How High the Moon* – »nicht gerade guter Jazz, eine Gewohnheit von mir«[9] – werden in den Erinnerungsstrom des Erzählers eingewoben.

Auch wenn neben den Jazz-Reminiszenzen bisweilen der Themenbereich der Pop- und Rockmusik thematisiert wird – etwa im *Gedicht am 19. März 1964,* das den Schreibvorgang inventarisiert und dabei u.a. den »letzten Schlager / der Rolling Stones«[10] als möglichen Gegenstand des Gedichts benennt –, so bleibt dies doch zunächst marginal. Erst in den Jahren 1965/66 wächst Brinkmanns Interesse für die Pop- und Rockmusik, für den amerikanischen Film und für ›massenkulturelle‹ Produkte wie Zeitschriften, Werbeplakate etc. Aufschlußreich ist in diesem Zusammenhang eine Erinnerung des Literaturkritikers Heinrich Vormweg, der sich an einen Besuch bei Brinkmann im Winter 1965/66 erinnert. Brinkmann habe ihm, so Vormweg, den Entwurf für den Umschlag von *Raupenbahn* gezeigt, auf dem ein Mädchen mit einem Rudi-Gernreich-Büstenhalter abgebildet ist:

> »›Was Sie nicht alles kennen‹, sagte ich. Er sagte, darauf komme es an, über Strümpfe, Frisuren, Kleider und alle Ticks von Mädchen, von allen jungen Leuten müsse man genau Bescheid wissen, mit allen Einzelheiten. Solche sogenannten Äußerlichkeiten, das sei die Wirklichkeit. Etwas anderes gebe es nicht, um heranzukommen an sie.«[11]

Brinkmann hat sich seitdem in seinen Texten immer intensiver mit der ›äußerlichen‹ Alltagskultur von ›Teenagern‹ und ›Twens‹ auseinandergesetzt. Dies deutet sich etwa in einigen kurzen Erzählungen der Jahre 1966/67 an, vor allem in *Strip, Nichts weiter* und *London: Piccadilly Circus,* deren detailgenaue Oberflächenbeschreibungen noch stark vom Neuen Realismus beeinflußt sind, zugleich aber auch an Warhols Filmexperimente denken lassen.

---

7 Ders.: »In der Grube«, a.a.O., S. 218f.

8 Ebd., S. 256..

9 Ebd., S. 259.

10 Ders.: *Le Chant du Monde,* a.a.O., [S. 17].

11 Heinrich Vormweg: »Die strahlende Finsternis unserer Städte. Ein Porträt«. In: Literaturmagazin 36/1995, S. 14-27, hier: S. 18.

Strip beschreibt einen Besuch in einem Striptease-Lokal. In allen Einzelheiten wird die Ausstattung des Lokals beschrieben. Vor allem aber werden die Bewegungen einer Stripperin minutiös rekonstruiert, die zu den »neuesten Schlagerplatten der Beatles, der Rolling Stones, Kings oder Animals oder von Bob Dylan, Manfred Man, von Roy Orbison« tanzt.[12] Keine Beobachtung wird in dieser Beschreibungsprosa übergangen, und trotzdem ist nicht die geringste emotionale Beteiligung oder sexuelle Obsession des Erzählers spürbar.

Auch in *Nichts weiter* beschreibt ein männlicher Protagonist, der im Zimmer seiner schlafenden Frau umhergeht, mit nüchtern-distanziertem Blick seine Sinneseindrücke. In dem Wahrnehmungsprotokoll des Erzählers geraten etwa die abgelegten Kleidungsstücke der Frau, die Innenausstattung des Zimmers und die Vorgänge auf der durch das Fenster einzusehenden Straße ebenso ins Blickfeld wie ein Stapel mit Modemagazinen: »Ihn interessierten mehr die Reklameseiten«.[13] Neben diesen detaillierten Beschreibungen nehmen die bisweilen eingestreuten Überlegungen zum Verhältnis zu seiner Frau nur einen geringen Raum ein: er »wußte wieder nicht, was er machen sollte, ob er weggehen sollte, vielleicht weggehen, dachte er.«[14] Erst gegen Ende des Textes verrät eine ausschweifende Gewaltphantasie, in der er imaginiert, wie er seine Frau brutal verprügelt, die tiefe Beziehungskrise zwischen dem Erzähler und seiner Frau. Sibylle Späth hat daher in dieser Erzählung eine Vorstudie zur Darstellung des autobiographischen Beziehungsverlusts zu seinem sozialen Umfeld in Brinkmanns Roman *Keiner weiß mehr* gesehen.[15]

In diesem Schlüsselroman über sein Leben in Köln drängt die Faszination für die amerikanische und britische Populärkultur stärker in den Vordergrund. Schon das Motto des Buches – einige Refrainzeilen aus dem *Rolling Stones*-Song *She Smiled Sweetly* vom Album *Between the Buttons:* »Oh, no, no, no / Oh, no, no, no / Oh, no, no, no« – signalisiert das Interesse des Autors für die britische Popmusik. Im Roman selbst besucht der Erzähler mehrmals seinen Freund in London, wo er flanierend eine ihm aus Köln unbekannte Urbanität wahrnimmt sowie das lebhafte Nachtleben in Striptease- und Musikclubs kennenlernt. Überdies reflektieren die Romanfiguren über amerika-

---

12 Rolf Dieter Brinkmann: »Strip«. In: Hans Dollinger (Hrsg.), *außerdem. Deutsche Literatur minus Gruppe 47 = wieviel?* München, Bern, Wien: Scherz 1967, S. 377-382, hier: S. 380.

13 Ders.: »Nichts weiter«. In: Merkur 20 (1966), H. 219, S. 550-555, hier: S. 552.

14 Ebd., S. 554.

15 Vgl. Sibylle Späth: *Rolf Dieter Brinkmann.* Stuttgart: Metzler 1989, S. 35.

nische Filme, blättern in Illustrierten oder hören immer wieder Popmusik, »Schallplatten, die abliefen, Otis Redding, Wilson Pickett, die Rolling Stones mit My sweet Lady Jane«, aber auch James Brown, die *Supremes* (*K*, S. 49) oder die *Fugs:*

> »Danach, ein paar Tage später, war es eine Schallplatte, die er vorher bei Rainer liegen gesehen hatte, The Fugs. Das kommt, paß mal auf, sagte Rainer, das kommt. Aktion! Aktion! Der von Ed Sanders geforderte totale Angriff auf die Kultur kann nicht mehr länger durch systemimmanente Kritik erfolgen [...]. Marx vertagte alle wesentlichen menschlichen Probleme auf die Zeit nach der Revolution, aber es ist jetzt nach der Revolution. Klar, Tuli Kupferberg.« (*K*, S. 292)

Die angloamerikanische Populärkultur wird für den Erzähler zum bewunderten Vorbild, und ihre Metropole London erscheint ihm als attraktiver Lebensraum. Im Gegensatz dazu leidet er unter der Enge seines Alltagsmilieus in Köln sowie der fortschreitenden Entfremdung von seinem sozialen Umfeld. Seinem Freundeskreis steht er ebenso verständnislos gegenüber wie seinem Sohn und seiner Frau, für die er zunächst noch ein »zwischen Haß und unverständlich bleibender Zärtlichkeit schwankendes Gefühl« (*K*, S. 13) empfindet, gegen die sich dann aber mehr und mehr seine Feindseligkeit richtet:

> »Er haßte sie. Sie hatte alles von ihm weggenommen, ohne daß er als Trottel davon etwas gemerkt hatte, seine Pläne, seine Vorhaben, die Zeit kosteten, über die er sich erst einmal klarwerden mußte mit der Zeit, weggenommen, immerzu von ihm weggenommen, alles von ihr verschluckt, weg, ein Gedanke nach dem anderen, die Pläne, die Vorhaben, weg, verschluckt, Pläne, Gedanken, weg, um ihn endgültig fertigzumachen.« (*K*, S. 174f.)

Der unabwendbare Beziehungsverlust und die Ereignislosigkeit des alltäglichen Lebens erzeugen im Erzähler eine innere Leere, einen regelrechten Wahrnehmungsverlust, der ihn immer wieder zu einer Bildersuche in die Straßen treibt, »nur um herumzugehen, zu sehen, sich treiben zu lassen« (*K*, S. 126). Dabei prädestiniert ihn die selbstgewählte Rolle des Außenseiters bzw. des »Schräglings« (*K*, S. 234) zu einem äußerst genauen Beobachter, zu einem flanierenden Voyeur, dessen distanzierter Blick die visuellen (und auditiven) Wahrnehmungen festhält. Seine Bildfixierung zeigt sich selbst in seiner Kölner Wohnung, in der sich der Erzähler ein eigenes Zimmer eingerichtet hat, an dessen Wänden er aus Zeitungen und Zeitschriften ausgeschnittene Bilder befestigt hat:

> »Photos, herausgenommen aus dem Kopf und als Vorstellung an die Wände projiziert, von den Zimmerwänden zurückgefedert in den Kopf als ein feststehendes Bildraster für die Außenwelt, ein festes System von Bezugspunkten aus glatten nackten Hautstücken [...].« (*K*, S. 50)

Die Illustriertenbilder füllen die entstandene Leere in einem doppelten Sinne: Zum einen schmücken sie die Wohnung, schaffen gleichsam ein Environment aus Medienbildern, zum anderen füllen sie die Leere des Bewußtseins. Auf sie setzt die Romanfigur seine letzte Hoffnung, aus dem »Teufelskreis von Erfahrungsleere, surrogathafter Bilderfülle und innerem Beziehungszwang«[16] ausbrechen zu können. In solchen Bildern wie im Sound der Rockmusik scheint sich eine neue Sensibilität abzuzeichnen, welche die Wahrnehmungssteuerung durch Sprache aufzulösen und an ihre Stelle eine bilderproduzierende Imagination zu setzen vermag, die sich gerade auf jenes Bildmaterial bezieht, das die Populärkultur in Film, Fernsehen, Zeitschriften, Werbung etc. bereitstellt. Diese Sinnlichkeitsutopien, die in Brinkmanns Essays wenig später ausführlich eingefordert werden, gewinnen vor dem Hintergrund der sowohl von der Romanfigur als auch von Brinkmann selbst in London erlebten Diskrepanz zwischen dem vitalen britischen Pop und der vergleichsweise konservativen deutschen Kultur- und Medienlandschaft an Plausibilität.

Gerade die deutsche Unterhaltungskultur wird buchstäblich verdammt. Sie erscheint als Signum des ›Alten‹, des Uniformen, kurzum: als affektiv abgelehntes Gegenbild zum Jugendmythos der Popkultur. Dabei wird sogar der zynische Wunsch geäußert, die »andren« – gemeint sind damit Großbritannien und die USA, also gerade jene Nationen, deren Kultur für Brinkmann zum Vorbild wurde – hätten nach dem Zweiten Weltkrieg das besiegte Deutschland ›auslöschen‹ sollen:

16 Gerhart Pickerodt: »›Der Film in Worten‹. Rolf Dieter Brinkmanns Provokation der Literatur«. In: Weimarer Beiträge 37 (1991), H. 7, S. 1028-1042, hier: S. 1030.

»Besser wäre jedoch gewesen, wenn die andren nach Hitler das hier einfach ausgelöscht hätten. Und hoffentlich holten bald irgendwelche das mal nach und löschten das alles hier aus, endgültig, ein für allemal. Es wäre nicht schade. Kein Verlust. [...] Deshalb: Deutschland, verrecke. Mit deinen ordentlichen Leuten in Massen sonntags nachmittags auf den Straßen. [...] Mit den langweiligen Büchern, den langweiligen Filmen. Mit Roy Black und Udo Jürgens. Mit Thomas Fritsch. Verrecke mit deinen Weinköniginnen Jahr für Jahr und mit Thomas Liessem. [...] Verrecke mit deinen Fernsehanstalten. Deinen Rundfunkanstalten überall, die fortlaufend Pausezeichen senden, und zwischendurch mal'n Hochamt, zelebriert vom Erzbischof Kardinal Frings persönlich, the queen of cologne. Und dann kommen wieder Pausenzeichen. [...] Undwassonstnochalles, undwassonstnochalles, wassonstnochalles, wassonstnoch. Argumentieren lohnt sich schon nicht mehr. Zusammenficken sollte man alles, zusammenficken.« (*K*, S. 222ff.)

Der Roman markiert die Schwelle zwischen Brinkmanns Orientierung am ›Neuen Realismus‹ und seiner Hinwendung zum Pop. In diesem Zusammenhang fällt auf, daß Brinkmann sich in den Folgejahren – abgesehen von den Essays – fast ausnahmslos auf das Schreiben von Gedichten verlegt hat. In der Notiz zu *Die Piloten* hat er bekannt, er »habe immer gern Gedichte geschrieben, wenn es auch lange gedauert hat, alle Vorurteile, was ein Gedicht darzustellen habe und wie es aussehen müsse, so ziemlich aus mir herauszuschreiben«. (*P*, S. 6) Das Gedicht erscheint ihm als die am besten geeignete Gattung für sein Projekt der literarischen ›Momentaufnahmen‹, für die sprachliche Fixierung seiner Alltagswahrnehmungen und seiner subjektiven Dekodierungen von populären Prä-Texten:

»Einfache Bilder einfach aufschreiben: was sehe ich jetzt? Was ist wirklich da? Was möchte ich haben? Was kann ich ertragen? Was finde ich schön? Was durchbricht die bestehende Programmierung meines Verhaltens?«[17]

Den thematischen Schwerpunkt bildet in *Die Piloten* und in *Godzilla* – anders als in den vorausgegangenen Gedicht- und Prosabänden – nun die Popularkultur: Popmusik, Film, Fernsehen, Comics, Werbung, Pornos, Zeit-

[17] Anonym [vermutlich Rolf Dieter Brinkmann]: »Ein paar Hinweise«, a.a.O., S. 41.

schriften. Vor allem die technischen Bildmedien wurden dabei zu einem wichtigen Materialfundus für Brinkmanns Gedichte. Die Bildwelten des Films, aber auch der Werbespots und Reklameseiten boten sich für dieses Vorhaben aus zwei Gründen an: Zum einen knüpfen sie nicht an die lange Vorgeschichte der Trennung von Hoch- und Populärkultur an, denn der Film wie auch die Werbung waren ohnehin von Beginn an darauf angewiesen, ein großes Publikum zu erreichen. Zum anderen verbürgen die technisch produzierten Bilder für Brinkmann eine gewisse enthistorisierte Präsenz bzw. einen sinnlichen Ausdruck des Gegenwärtigen, aus dem die Assoziationen an die Vergangenheit weitgehend verdrängt sind:

> »...wo sollte sich Tradition als vergessener Rest überlebten Bewußtseins in den Photos von Vogue-Beauties festsetzen? Es ist nur Glätte... die Oberfläche eines Bildes wie die Glätte einer Haut, über die Fingerspitzen zärtlich hinweg tasten...« (*FiW*, S. 388)

Der französische Anthropologe Edgar Morin hat die Faszination des fotografischen Bildes in der »Anwesend-Abwesenheit« des Dargestellten ausgemacht. Ein fotografisches Bild, so Morin, vermittle zugleich den Eindruck einer erlebten Gegenwärtigkeit *und* einer realen Entrücktheit.[18] Dies verdanke es der ›Photogenie‹, einer Qualität, die sich im momentanen Zusammenwirken von Schatten, Lichtreflex und ›Double‹, dem ›abwesenden‹ Widerschein des geistigen Bildes, erweist. Dadurch übertragen sich die Gefühlsgehalte des Vorstellungsbildes auf das fotografische Abbild. Im Film wird diese Eigenschaft des fotografischen Bildes nochmals verstärkt. Denn zum einen präzisiert der Film den Realitätseindruck der Bilder, weil die Bewegung den plastischen Körpereindruck steigert. Zum anderen löst die Projektion auf die Oberfläche der Leinwand das Bild vom Haftgrund des Papiers. Barthes hat in diesem Zusammenhang die griffige Formel geprägt, die Fotografie sei die Emanation eines vergangenen Referenten, des tatsächlichen ›Es-ist-so-gewesen‹.[19] Im Film hingegen entsteht durch die Bewegung der Bilder der Eindruck des gegenwärtigen ›Da-Seins‹, der die gesteigerte emotionale Partizipation des Zuschauers bewirkt. Morin bezeichnet dies als »Projektion-Identifikation«, als das Zusammenwirken der Projektion von Bedürfnissen und Leidenschaften

---

[18] Edgar Morin: *Der Mensch und das Kino. Eine anthropologische Untersuchung*. Stuttgart: Klett 1958, S. 29.

[19] Vgl. Roland Barthes: *Die helle Kammer. Bemerkungen zur Photographie*. Frankfurt/M.: Suhrkamp 1985.

auf Dinge und Lebewesen mit der gefühlsmäßigen Einverleibung der Umgebung in das Selbst[20]:

»Und es ist gut,
daß belichtetes Celluloid soviel Aufmerksamkeit erhält

keiner kann mit den
Titten Raquel Welchs
ernsthaft konkurrieren« (*V*, S. 109)

Die Literatur kann mit diesen voyeuristischen Qualitäten des Films natürlich nicht konkurrieren. Denn in literarischen Texten baut die ästhetische Expressivität auf dem inexpressiven System der Sprache auf, während sie im Film auf der an sich schon expressiven sichtbaren Realität basiert. Dennoch gibt es auch für die Literatur einen Ansatzpunkt, um diese ästhetische Expressivität im literarischen Text zu thematisieren. Genauso wie die Textlektüre in der Regel auch die Bildphantasie anregt, ja geradezu zur Ausgestaltung von subjektiven Bildserien führt, so kann umgekehrt der subjektive Eindruck des Films im Text dekodiert werden.

In Brinkmanns Pop-Gedichten ist das Kino der exemplarische Ort eines Wirklichkeitsempfindens, an dem das Individuum sich der gestiegenen Bedeutung der technischen Bilder bewußt werden kann. So wird in dem Gedicht *Cinemascope* zwar in den ersten beiden Strophen zunächst der Eindruck erweckt, es handele sich um die Beschreibung eines unverfälschten Naturerlebnisses:

»Der Himmel
heute
klarer als sonst
ein Himmel

ganz blau« usw.[21]

---

[20] Vgl. Edgar Morin: *Der Mensch und das Kino*, a.a.O., S. 98ff.

[21] Rolf Dieter Brinkmann: »Cinemascope«. In: ders., *Standphotos*. Duisburg: Hildebrandt 1969. – Eine leicht veränderte Fassung ist erschienen u.d.T. »Die Ferne, blau und weiß«. In: Hans Peter Keller (Hrsg.), *Satzbau. Poesie und Prosa aus Nordrhein-Westfalen*. Düsseldorf: Droste 1972, S. 241.

In der dritten Strophe wird jedoch klar, daß gerade dies nicht der Fall ist. Vielmehr erblickt das lyrische Subjekt nur das filmische Abbild des klaren blauen Himmels – in Cinemascope auf einer weißen Leinwand:

»– es sind die Bilder, die
wir sehen, nicht das, was
es wirklich ist –«[22]

Wenn Sibylle Späth mit Blick auf diese Dominanz der technischen Bilder über die subjektive Wirklichkeitswahrnehmung davon spricht, Brinkmann prangere hier die »Täuschung« und den »Betrug« des Zuschauers an[23], so wäre dies nur zutreffend, wenn alle ideologiekritischen Assoziationen ausgespart blieben und ›Täuschung‹ nicht in einem (ab-)wertenden, sondern in einem rein deskriptiven Sinne gemeint wäre. Denn zumindest in dieser Schaffensperiode läßt sich bei Brinkmann keine Klage über den Verlust von ›Natur‹ zugunsten einer hochtechnisierten ›Zivilisation‹ nachweisen. Im Gegenteil stürzt er sich geradezu euphorisch in die Beschäftigung mit dem Zeichenmaterial der Populärkultur:

> »Ein Blick auf die Gedichte zeigt, daß sie aus *Surrogaten* hergestellt sind: keine ›Natur‹ drängt sich auf, nichts Natürliches setzt sich in ihnen über die Gegenwart hinweg. Die ehemals ›Großen Empfindungen‹ sind der kleinen augenblicklichen Erregung gewichen. *Fernsehen*, *Kino*, ein *Schlager*, die Dose *Old Dutch-Reinigungsmittel* und *Shirley Temple*, umgeben von Löwen. *Jean Harlow* wird auf den Schultern ins All hinausgetragen. Das Wetter ist ein *Technicolor-Wetter*. [...] Alle Bilder und Landschaften sind *künstliche Bilder und Landschaften*, das Material ist die Dutzendware. Es kommt darauf an, wie es gebraucht wird.« (*N*, S. 25)

Der letzte Satz dieser Äußerung ist ein Schlüsselsatz für das Verständnis von Brinkmanns Pop-Gedichten. Ganz im Sinne de Certeaus geht es ihm um eine literarische ›Praktik des Umfunktionierens‹, welche die populärkulturellen

22 Ebd. – Vgl. auch das Gedicht *Für Paramounts Vollendung*, in dem ein Blick zum Himmel beschrieben wird, »um sich selbst // zu überzeugen, daß der Himmel, den man sieht, / jetzt auch aus Technicolor ist genauso / wie bei Jerry Lewis in dem Film.« (*P*, S. 56)

23 Sibylle Späth: *»Rettungsversuche aus dem Todesterritorium«. Zur Aktualität der Lyrik Rolf Dieter Brinkmanns.* Frankfurt/M., Bern, New York: Lang 1986, S. 214.

Signifikanten in den subjektiven Bedeutungshorizont des Autors einpaßt. Dabei kann ein beliebiger Film zu einem ›produzierbaren Text‹ werden, zu einem Mittel der ›Projektion-Identifikation‹, an dem sich diese Dekodierungen entzünden. Aufschlußreich sind in diesem Zusammenhang die zahlreichen Gedichte, in denen Brinkmann sich mit Personen aus der Filmwelt, vor allem mit den glamourösen Stars des amerikanischen Films, auseinandersetzt. Für ihn ist das Kino – wie im *Synthetischen Gedicht 7.2.68* beschrieben – ein Ort der Begegnung, »wo wir den Stars persönlich / entgegentreten« (*P*, S. 62).

In diesen ›Stargedichten‹ reflektiert Brinkmann die subjektive Bedeutung der importierten Trivialmythen, die er in den ›photogenen‹ Filmbildern findet. Dies deckt sich mit einer Beobachtung von Enno Patalas, der darauf hingewiesen hat, daß ein Star in den Augen des Zuschauers stets das Mittel zu einem ganz bestimmten Zweck sei: »sich selbst in Erscheinung treten zu lassen«.[24] Ein Star ist in diesem Sinne ein phantasieanregendes Produkt der Kulturindustrie, dessen Kenntnis bei einem großen Publikum als bekannt vorausgesetzt werden kann. Eine Einschränkung ist jedoch zu machen: Zum Star wird eine Schauspielerin oder ein Schauspieler nur auf der Leinwand. Nur im Medium des Films können sie überhaupt zu Projektions-/Identifikationsflächen werden, an die sich die Sehnsüchte und Obsessionen der Zuschauer heften. Denn nur hier verschmelzen ihre äußere Erscheinung mit den typisierten Charakteristika der Leinwandrollen zum Eindruck eines Persönlichkeitsbildes, das als schillerndes Identifikationsangebot von einem großen Publikum angenommen wird. Die Idole in den Massenmedien sind daher, wie Peter Gendolla betont hat, Personen »im genauen, nämlich altgriechischen Sinn des Wortes, wo *persona* eben die Maske des Schauspielers bezeichnet, die er trägt, die seine Rolle definiert«[25] – Masken, hinter denen die realen Personen nahezu verschwinden.

Wenn Brinkmann in seinen ›Stargedichten‹ auf diese Starmythen rekurrierte, so sah er sich mit dem seinerzeit gängigen Vorurteil konfrontiert, die amerikanischen Trivialmythen überstünden den Transfer nach Deutschland nicht. Allerdings verschlossen die Kritiker dabei die Augen vor der unübersehbaren Amerikanisierung der populären Kultur in Deutschland. Die Hol-

---

[24] Enno Patalas: *Sozialgeschichte der Stars.* Hamburg: Marion von Schröder Verlag 1963, S. 14. – Brinkmann hat dieses Buch im übrigen genau gekannt. Für seine Anmerkungen zu Frank O'Haras *Lunch Poems* hat er mehrfach aus Patalas' Arbeit zitiert, ohne diese Passagen jedoch als Zitate kenntlich zu machen.

[25] Peter Gendolla: *Idole in den Massenmedien.* Siegen: Universität-Gesamthochschule Siegen 1988, S. 11.

lywood-Stars waren eben nicht nur – wie etwa Michael Zeller meint[26] – für Amerikaner verständlich, sondern waren auf einem von den amerikanischen Major Companys beherrschten Filmmarkt auch hierzulande längst zu populären Leitbildern geworden.

Daher ist spätestens seit den sechziger Jahren auch das sexuelle Verhalten wesentlich stärker von den Insinuationen des Films und der Werbung, deren Starbilder die Schönheitsideale und das sexuelle Rollenverhalten zusehends definieren, geprägt worden als von den überkommenen Geschlechterrollen:

> »Aufgeklärtes Bewußtsein, auf das europäische Intellektuelle so lange stolz Monopolansprüche erhoben haben, nutzt allein nichts, es muß sich in Bildern ausdehnen, Oberfläche werden – am Beispiel der Sexualität erweist sich der geringe Effekt abendländisch-aufgeklärten Bewußtseins: die Reklame hat sich effektiver ausgewirkt... ein langer Zug von Bildern, die vor dem Produkt, für das sie werben, ihre Eigenbewegung durchgesetzt haben.« (*FiW*, S. 382)

Für Brinkmann ist diese ›Eigenbewegung‹ ein Anzeichen für den bevorstehenden Durchbruch einer neuen Sensibilität, zu deren zentralen Elementen er – das zeigen seine Texte immer wieder – eine ›freie‹, im vollen Wortsinne regellose Sexualität rechnet. In *Celluloid 1967/68* etwa steht daher gerade nicht die Deformation eines zuvor noch ›intakten‹ sexuellen Rollenverhaltens im Vordergrund, wie dies Sibylle Späth in ihrer Interpretation ausführt. Sie sieht in dem Gedicht ein Dokument der Bewußtseins- und Verhaltensmanipulation durch die Kulturindustrie.[27] Doch damit wirft sie ein allzu ideologiekritisches Raster auf Brinkmanns Text, der doch genau das Gegenteil anstrebt. Seine Dekodierung der importierten Sexualmythen zielt in eine andere Richtung. Zwar geht auch er davon aus, daß diese Mythen das sexuelle Verhalten nachhaltig beeinflussen. Allerdings, so unsere Gegenthese zu Späth, ist etwa in *Celluloid 1967/68* (*G*, [S. 11-14]) oder im *Synthetischen Ge-*

---

[26] Exemplarisch ist die Bewertung von Michael Zeller: »Brinkmanns Begeisterung für Batman, Tarzan und Buffalo Bill, für Humphrey Bogart, Jerry Lewis und Liz Taylor bleibt in den Versen hängen und kann auf den Leser nicht überspringen. Diese Namen mögen für einen Amerikaner, der mit ihnen aufgewachsen ist und in dessen Unterbewußtsein sie sich dabei festgesetzt haben, mythische Qualität haben; die Verpflanzung nach Deutschland aber überstehen sie nicht. Sie bleiben für einen deutschen Leser blasse, importierte Träume ohne evozierende Kraft, ihre Verbindlichkeit ist geliehen.« – Michael Zeller: *Gedichte haben Zeit*, a.a.O., S. 210.

[27] Vgl. Sibylle Späth: *»Rettungsversuche aus dem Todesterritorium«*, a.a.O., S. 169ff.

dicht 7.2.68 (*P*, S. 62-65) nichts von frustrierenden Rückwirkungen der heilen Scheinwelt auf den ereignisarmen Alltag des lyrischen Subjekts zu spüren, denn es heißt ausdrücklich: »die Projektionen« – und das Gleiche gilt, so ließe sich ergänzen, für die ›Identifikationen‹ – »hören zum Glück nicht auf«. (*P*, S. 64)

An den Muster-Bildern der weiblichen ›Traumfrauen‹ entwickelt das männliche (!) Subjekt seine sexuellen Obsessionen, die es in lustvollen Tagträumen imaginiert und die sich bis zu einem besitzergreifenden Fetischismus steigern:

> »Wenn es die Körperteile einzeln gäbe, würde ich
> sie sammeln und aufs Bücherbrett stellen statt
> Büchern. Ich würde sie jeden Abend vor dem Schlafengehen mit einem weichen Tuch abputzen und den
> Staub vorsichtig wegblasen. Das kann ich versprechen.« (*P*, S. 64f.)

In diese Phantasien werden dabei zahlreiche weibliche Idole der Filmgeschichte verstrickt – vor allem Hollywood-Berühmtheiten wie Kim Novak, Jayne Mansfield, Raquel Welch (*G*, [S. 11-14]), Theda Bara, Hedy Lamarr, Ursula Andress, Ava Gardner, Jane Russel, Marilyn Monroe, Zsa Zsa Gabor, Carroll Baker und Olivia de Havilland (*P*, S. 62f.), aber auch einige japanische Schauspielerinnen wie Tana Yoshida, Miku Kamizuki und Ona Katuzika (*P*, S. 62) sowie die deutschen Stars Heidelinde Weis und Senta Berger (*P*, S. 63). So entstehen Traum(frauen)bilder, die das Subjekt in einem weiteren Schritt auf seine eigene Umgebung projiziert:

> »(diese Figur [gemeint ist Hedy Lamarr, J.S.] möchte ich einmal nackt aus dem
> Wasser steigen sehen in dem Augenblick, da
> die beiden kleinen Zipfel vorne steif werden)
> [...]
> wir alle fallen in einen tiefen Schlaf und
> tragen unsere Augen vor uns her

oh Alexandra
oh Anita oh Eva
oh Sabine
oh Heidi
oh Helga oh Monica
et cetera
et cetera« (*P*, S. 63)

Sibylle Späth greift daher zu kurz, wenn sie meint, Brinkmann opponiere gegen die ›falschen‹ »verdinglichten Ausdrucksformen der Sexualität in der Warengesellschaft«.[28] Gewiß hat sich Brinkmann für ein literarisches Vorgehen ausgesprochen, das der »permanenten Hörighaltung mittels Sexualgeflitter à la Hollywoods Erfindung Jean Harlow und Carroll Baker als Jean Harlow« (*Sex*, S. 70) Widerstand zu leisten versucht. Dazu formuliert er jedoch in seinen Texten gerade keine explizite Kritik des ideologischen Gehalts, sondern setzt auf die Pop-Taktik der subversiven Umfunktionierung. In Hollywood-Blondinen wie Mae West, Jean Harlow oder Marilyn Monroe, auf die er sich häufig bezieht, sieht er nicht zwangsläufig Repräsentantinnen eines repressiven, von amerikanischen Männern entworfenen Frauenbildes. Denn obwohl sie in ihren Filmen häufig auf ihre körperlichen Attribute reduziert worden sind, erscheinen sie gerade dadurch als Frauenfiguren, die ihre Wünsche und Triebe auszuleben versuchten – und zwar möglichst *sofort*, ohne dabei einen größeren Aufschub zu dulden. Damit prägten die ›Vamps‹ oder ›Sexbomben‹ provokante Gegenbilder zum puritanischen Frauenbild, das für Amerika letztlich wesentlich repräsentativer ist.

Dies zeigen etwa Brinkmanns Gedichte über Ava Gardner, Liz Taylor, Sharon Tate und Mae West. So wird in *Der nackte Fuß von Ava Gardner* (*P*, S. 46f.) die subjektive Bedeutung der Anfangseinstellung des Mervyn-LeRoy-Films *East Side, West Side* (1949) thematisiert. Vor allem aber ist *Eine übergroße Photographie von Liz Taylor* (*P*, S. 40) ein Musterbeispiel für die subjektive Umfunktionierung von populären Bildern:

---

[28] Ebd., S. 161.

»Ich trinke meinen Kaffee wie jeder Kaffee trinkt
aber die Bilder sind anders.
Der eine denkt an irgendetwas

und ich denke
an irgendetwas, Liz Taylor lächelt immerzu.
Wenn es etwas gibt, das sich noch lohnt, dann

ist es das.
Die Krümmung einer Haarlocke und
die natürliche Kräuselung des

Schamhaars
wie Schamhaar sich in meinen
Träumen kräuselt, es ist schon

spät.
Und noch immer lächelt Liz Taylor
mich an. Was ist das? Nehmen wir an, es

ist nichts
was sich lohnt, dann bleibt dieses von allem übrig
nachdem ich meinen Kaffee ausgetrunken habe.« (*P*, S. 40)

Das Gedicht zeigt, wie die Bilder der Filmstars selbst den privaten Raum des Subjekts ausstaffieren. Als Posterbild an der Zimmerwand ist das Lächeln der Taylor stets präsent. Erst der Betrachter läßt Bedeutung entstehen. Die suggestive Bildwirkung, der er – eingebunden in die Gleichförmigkeit des Alltags – sich nicht entziehen kann, motiviert ihn zu seiner subjektiven Umfunktionierung der an sich bedeutungslosen Oberfläche.[29]

---

[29] Auch in *Oktober*, einem Gedicht aus dem 1970 veröffentlichten Band *Gras*, setzt sich Brinkmann mit einem Starbild auseinander, das ein integraler Bestandteil seines alltäglichen Lebensraums ist. Diesmal geht es um ein Kalenderblatt, das die Schauspielerin Sharon Tate zeigt, die im August 1969 einem brutalen Mord zum Opfer gefallen war: »›Eine Tote sieht / auf mich // herab‹ // vom Blatt des Star-Kalenders der Columbia / Film Ges., // es ist Sharon Tate, // die mit Dean Martin als Matt Helm / in *The Wrecking Crew* // aufgetreten ist. // Sie hat den ganzen Oktober 1969 für eine / Irving Allen Pro-

In *Mae West macht mit 75 immer noch weiter* (*Gr*, S. 33f.) bezieht sich Brinkmann auf jene Schauspielerin, die in den dreißiger Jahren den neuen Typus der selbstbewußten »Königin des Sex« (*Gr*, S. 34) überhaupt erst geprägt hatte. Mae West spielte immer wieder die Rolle der Kokotte, die sich die Freiheit der sexuellen Wahl nicht nehmen läßt. Als erste verkörperte sie den Typus des ›Vamps‹, der üppigen, wasserstoffgebleichten Blondine: »Wir / alle können es zugeben: ›sie brach das Eis.‹« (*Gr*, S. 34) Dennoch war sie keine makellose Schönheit: »(als sie ihre Karriere / begann, war sie 40 und wog 170 Pfund)« (*Gr*, S. 33). Ihr Erfolg setzt eine Haltung der Zuschauer voraus, die an Susan Sontags ›Camp‹ erinnert:

> »Ihr Motto:
> *Zuviel von einer guten Sache kann so wunderbar sein.*
> [...] Du kennst
> dich und gibst auf, dich dagegen zu wehren.« (*Gr*, S. 34)

Das ›Zuviel‹, das für West kennzeichnend war – sie trug »Perlenketten, / falsche Ringe und einen weißen Nerz« (*Gr*, S. 34) – machte sie zum Objekt einer ›campigen‹ Erlebnisweise, bei der es nicht um Schönheit, sondern um den Grad der *Stilisierung* geht: »Camp sieht alles in Anführungsstrichen«, hat Sontag geschrieben.[30] Für Brinkmann ist Mae West das Ur-Bild der weiblichen Hollywood-Starmythen, ein »glitzerndes Monument« (*Gr*, S. 34), das seine Träume seit seiner Kindheit besetzt hält:

> »[...] Ja, sie
> nimmt deine Hand und führt dich hinein
> in deinen alten Traum *(170 Pfund)*: [...]
> Überall ruhen Bouquets aus weißen
> Plastikblumen, und überall sind diese Spiegel, die alles
> noch einmal da sein lassen, was ihr gehört. Du gehörst dazu!
> Und das ist die Wirklichkeit eurer Kindheit, die
> ihr schon früh hinter euch gebracht habt...« (*Gr*, S. 33)

---

duktion // auf mich herabgesehen.« (*Gr*, S. 67) – Mit Sharon Tate hat sich auch Linda Pfeiffer auseinandergesetzt: »Meine Schwester Sharon Tate«. In: Der Gummibaum 1/1969, S. 15.

30 Susan Sontag: »Anmerkungen zu ›Camp‹«, a.a.O., S. 327.

Mae West hat das feminine Rollenmuster des Vamps jedoch nicht bloß dargestellt, sondern selbst maßgeblich mitproduziert. Denn sie war mehr als eine Schauspielerin; sie hat die meisten Drehbücher zu ihren Filmen selbst geschrieben, außerdem zahlreiche, häufig skandalumwitterte Theaterstücke. Mae West war also nicht die Ausgeburt einer männlichen Phantasie, sondern die Autorin ihrer eigenen Stilisierung:

> »Wir lachen, wenn wir Mae West sagen hören: ›Kultur ist eine große Sache!‹, denn wir begreifen plötzlich in dem Bild, daß sie, *Mae West,* wirklicher ist als das, was wir bislang als ›Kultur‹ verstehen *mußten.*« (*N*, S. 8)

Mit den changierenden Bedeutungen, die solche Starmythen annehmen, setzt sich Brinkmann in *Andy Harlot Andy* (*G*, [S. 7]) auseinander. Der Titel bezieht sich auf Warhols Film *Harlot* (1964), in dem der Transvestit Mario Montez die Schauspielerin Jean Harlow verkörpert. Die Filmhandlung ist auf ein Minimum reduziert: Montez-Harlow ißt eine Banane nach der anderen, ohne daß Warhol als Regisseur darauf irgendeinen Einfluß zu nehmen scheint. Es geht in dem Film letztlich um die Vorstellungen, die sich an einen Star wie Harlow heften. Dabei wird Harlow als Transvestit vorgeführt, als ›campige‹ Überstilisierung, welche die weiblichen Rollenmuster, wie sie auch die Monroe oder die West verkörpert haben, ins Absurde steigert. Auch die Bedeutung des unablässig wiederholten Bananenessens bleibt letztlich offen: Handelt es sich wirklich um den Verzehr einer Banane oder symbolisiert die Frucht einen Phallus? Ist Montez-Harlow ein Mann oder eine Frau, stellt er Jean Harlow dar oder nur einen Schauspieler, der Harlow darstellt? Das Gedicht liest sich vor diesem Hintergrund wie ein genaues Filmprotokoll, bei der die subjektiven Kodierungen der Filmbilder ständig wechseln:

> »Von einem bestimmten Augenblick
> an hört man auf, nur eine Banane
> zu essen. Er ist Jean Harlow in
> Verkleidung und sieht so scheu
>
> aus, wenn die Seide raschelt. Die
> Bedeutungen wechseln ständig hin
> und her. (Einmal ist es eine Banane, einmal nicht!)« usw. (*G*, [S. 7])

In *Tarzan* (*P*, S. 60f.) reflektiert Brinkmann die immense Bedeutung von Trivialmythen für die eigene Sozialisation. Dabei werden die eigene Lebensgeschichte und die Filmgeschichte ineinander verwoben; das lyrische Ich bemächtigt sich des Trivialmythos, um die eigene Lebensgeschichte zu formulieren. Tarzan, der ›edle Wilde‹, avanciert zum Leitbild männlicher Stärke und aufopferungsvollen Edelmuts:

»Ich erinnere mich
noch sehr gut
an mich selbst

und an die
verschiedenen Größen
der Lendenschürze
von Johnny
Weismüller
bis zu Lex Barker
in meiner Jugend
war ich Tarzan

Johnny Weismüller
war Berufsschwimmer
ich auch« (*P*, S. 60)

Zugleich thematisiert das Gedicht die ersten pubertären Sexualphantasien des Heranwachsenden. Er übernimmt die Beschützerpose des Tarzan, um seine ›Jane‹ vor den Gefahren des ›Urwalds‹ zu retten. Dabei thematisiert er seine Erinnerungen an die ›Entdeckung‹ des weiblichen Geschlechts an dem »See / in dem er schwamm« (*P*, S. 60):

»es gab Urwälder
wie haarige Löcher
und Jane rief um
Hilfe, Hilfe, Hilfe
aber da stand ich
auch schon im
Lendenschurz

als Lex Barker
oder Johnny
Weismüller
mitten im Licht
und das Krokodil
war tot

es gibt ganz kleine
haarige Löcher wie
Urwälder, die man nie
wieder vergißt.« (*P*, S. 60f.)

Film-Thematisierungen bestimmen jedoch nicht nur Brinkmanns *Piloten*-Gedichte. Auch in seinen Essays nehmen sie breiten Raum ein. Denn die Essays sind keineswegs nur Medien der theoretischen Reflexion über eine Literatur, die sich dann erst in Gedichten oder Erzählungen konkretisieren muß. Vielmehr nehmen sie selbst zahllose empirische Details in sich auf. So bricht Brinkmann immer wieder aus seinen diskursiven Überlegungen aus und schiebt unvermutet kurze Wahrnehmungsprotokolle ein, die einen Eindruck geben von dem kognitiven Wirrwarr aus Werbeslogans, Songfragmenten, Filmdialogen, Zeitungsschlagzeilen etc. Auch der theoretische Diskurs läßt sich nicht gegen die Attraktivität der unentwegt auf das Individuum eindringenden Signifikanten abschirmen und wird so um eine zusätzliche Bedeutungsebene erweitert. In diesem Sinne zitiert Brinkmann eine Äußerung Kerouacs: »›Gib dich jedem Eindruck hin... Sei immer blödsinnig geistesabwesend...‹« (*FiW*, S. 385).

Dazu gehören auch die assoziativen Eindrücke, die jene Filmbilder bei Brinkmann hinterlassen haben, die er zum Ausgangspunkt seiner ›Einübung‹ einer neuen Sensibilität machen will. So wird etwa an den Zusammenbruch von Lana Turner erinnert (*OH*, S. 64f.), ebenso an Steve McQueen, Senta

Berger, Liz Taylor, Billie Holiday, Mal Waldron (*OH*, S. 67), Johnny Weismüller und Lex Barker (*OH*, S. 75), Boris Karloff, Catherine Deneuve (*FiW*, S. 388), Zsa Zsa Gabor (*FiW*, S. 396) sowie Jean Harlow und Billy the Kid als Figuren in dem Michael-McClure-Stück *The Beard* (*FiW*, S. 397). Frank O'Haras Poetik wird mit dem Hinweis auf Billie Holiday, Giuletta Masina, Miles Davis und Errol Flynn erläutert (*OH*, S. 71). Und selbst Roy Black, Helga Anders und Uschi Glas, die Stars der deutschen Schlagerfilme der späten sechziger Jahre, werden einer Erwähnung wert befunden:

> »Dann springen wir ab [...] von der aufgeschlagenen Seite der ›Bravo‹, wo auf einem Farbfoto am 23. Drehtag um 12 h 30 Roy Black Helga Anders mit der Gabel einen Happen Rinderfilet in den Mund schiebt: seltsame, fremde Eindrücke, *als wäre das gewöhnliche Dasein noch nie vorhanden gewesen?*« (*N*, S. 8)

Mit dem ›gewöhnlichen Dasein‹ der Produktästhetik und deren Auswirkung auf das Stadtbild hat sich Brinkmann schon 1967 in dem Prosatext *London: Piccadilly Circus* auseinandergesetzt.[31] Wurde in den vorangegangenen Erzählungen aus der Perspektive eines personalen Erzählers zumindest noch ein rudimentäres Geschehen dargeboten, so verzichtet Brinkmann nun ganz auf eine Erzählhandlung. Statt dessen schweift ein anonymer Blick von einem unveränderten Standpunkt aus über den Piccadilly Circus, jenen Platz in der Londoner City, dessen visueller Eindruck ganz von den riesigen Werbetafeln der großen Markenartikel beherrscht wird. In Analogie zu Warhols fest installierter Kamera, die in *Empire* oder *Sleep* über Stunden hinweg lediglich eine einzige Einstellung festhält, wird auch in Brinkmanns Beschreibungsprosa der Blick auf die Reklametafeln von Firmen bzw. Produkten wie Wrigley's, BP, Max Factor, Schweppes, John Player's, Hennessy, Osram, BOAC oder schließlich das eingehend beschriebene Filmplakat zum James-Bond-Film *Thunderball* konzentriert.

Für Brinkmann ist das subjektive Wirklichkeitsempfinden stets schon von solchen Zeichen beeinflußt, ohne daß er darin eine unabwendbare Bewußtseinsmanipulation ausmachte. Im Gegenteil: Wenn das Individuum sich der ›Wirklichkeit‹ ohnehin nur noch durch eine subjektive Konstruktion aus den medialen Oberflächen versichern kann, so kann der literarische Autor nur dann über seinen aktuellen Erlebnisraum schreiben, wenn er sich unbefangen

---

[31] Vgl. Rolf Dieter Brinkmann: »London: Piccadilly Circus«. In: Manfred Franke (Hrsg.), *Straßen und Plätze*. Gütersloh: Sigbert Mohn Verlag 1967, S. 29-37.

auf den Warenschein einläßt. Thomas Groß hat dies treffend beschrieben: »Die der Warenform inhärente Enttraditionalisierung und Entoriginalisierung leistet einer neuen Unschuld Vorschub, einer sinnlichen Unschuld, die freilich paradoxes Resultat totaler Künstlichkeit ist. Die spätkapitalistische Atomisierung der Realität in wirre, taktile Einzelzeichen hat ein Moment von Befreiung, weil sie alle Barrieren, die sich aus der Geschichte des Dings und des Subjekts ergeben könnten, aus dem Weg räumt.«[32]

So heften sich die Hoffnungen auf die Beseitigung von solchen Barrieren in Brinkmanns Gedichten immer wieder auch an die Waren. In *Das Verschwinden eines Flugzeugs* (*P*, 20f.) wird eine Coca-Cola-Flugzeugreklame thematisiert, und in *Weißer Riese in der Luft* (*P*, 24) werden die Waschmittelproduktnamen ›All‹, ›Der weiße Riese‹ und ›Dixan‹ genannt. Das *Gedicht auf einen Lieferwagen u.a.* (*P*, S. 67-69) nimmt seinen Ausgang von der Beobachtung eines Getränketransporters:

»und unten auf der
Straße steht ein sauber gewaschener
Lieferwagen mit der
Aufschrift

Coke
ges. gesch.

die neue Form der Schrift
für eine alte Marke aus der
Nachkriegszeit mit Photos
von General Eisenhower, jetzt
Farmer in den

USA
ges. gesch.« (*P*, S. 67)

Dieser Eindruck konfrontiert die Langeweile eines Samstagnachmittags mit den Versprechungen der Werbung. Brinkmann hat sich ausdrücklich dazu bekannt, »gern ein Massenmensch« zu sein: »Es gilt, besser zu konsumie-

[32] Thomas Groß: *Alltagserkundungen*, a.a.O., S. 70.

ren.«[33] Als Verbraucher, der sich – ob er dies will oder nicht – ohnehin mit der Warenwelt konfrontiert sieht, versucht er, für die Attraktivität des Alltäglichen empfänglich zu sein. Im Gedicht *Weit entfernte Sachen* (*Gr*, S. 41-43) heißt es dazu:

»man muß ganz leer sein, um das von neuem zu begreifen und
schließlich dorthin zu gelangen,

wo alles wieder interessant wird,
was Leidenschaft erfordert
[...]
und es sind gerade die am weitesten von uns entfernten Sachen,
die uns gehören
sie *sind* schön!« (*Gr*, S. 41f.)

Solch eine ›schöne Sache‹ kann eine Dose Nivea-Creme sein, genauso aber »Kondome ›GH farbige 6‹ / Standardqualität // in der Psychofarbe ›Nachtschwarz‹ // Wandung aus reinstem Naturkautschuk, 12 Stück – DM 4,70 // ›für Männer‹, aus einem / Versandhaus« (*Gr*, S. 41) oder – in anderen Texten – die Gebrauchsanweisung von Avon-Hautcreme (*V*, S. 126), ein Päckchen Vanille-Pudding (*AV*, S. 142), eine Johnnie-Walker-Reklame (*FiW*, S. 393) oder »Reklametexte von Elizabeth Arden« (*FiW*, S. 396).

Neben den Werbebildern sind auch die Comic-strips in den späten sechziger Jahren zu einem Gegenstand der Literatur geworden. Dabei mag es auf den ersten Blick überraschen, daß in zahlreichen Brinkmann-Gedichten die Themenfelder Comic und Pornographie eng miteinander verbunden sind. Daß Brinkmann die gängigen (Vor-)Urteile gegen Comics nicht teilte, hatte bereits der Roman *Keiner weiß mehr* verraten, in dem der Erzähler eine Examensarbeit über die vermeintliche »Gefährdung der Kinder und Jugendlichen durch Comics« (*K*, S. 101) plant. In diesem Zusammenhang werden im Roman zunächst die gängigen Klischees über Comics referiert, um sie schließlich mit dem Verweis auf *Phoebe Zeit-Geist* zu entkräften (*K*, S. 102). *The Adventures of Phoebe Zeit-Geist* von Michael O'Donoghue und Frank Springer, eine Karikatur der Stereotypen aus den Superhelden-Comics, war seit 1964 als Comic-strip in der *Evergreen Review* erschienen. Hier und in zahllosen anderen ›Comix‹ aus dem Underground wurde das Lebensgefühl

[33] Rolf Dieter Brinkmann u.a.: »Interview mit einem Verleger«, a.a.O., S. 294.

der antiautoritären Bewegung zum Thema. Im Mittelpunkt stand dabei meist eine ausgesprochen libertäre Auffassung von Sexualität.

Auch für die *literarische* Auseinandersetzung mit Comics gab es Vorbilder in der amerikanischen Underground-Literatur. Brinkmann etwa hat sich für seine ›Comic‹-Gedichte an Lenore Kandels *IN THE COMICS* (dt. *COMICS*, 1967) angelehnt, das Ralf-Rainer Rygulla in seine *Fuck You*-Sammlung aufgenommen hatte. In Kandels Gedicht ist bereits das Triumvirat vertreten, das auch in nahezu allen deutschen Reflexen auf Comics thematisiert wird: Superman, Batman und Robin, die idealisierten ›reinen‹ Übermenschen, in denen sich die Hoffnung auf den Sieg des ›Guten‹ über das ›Böse‹ personifiziert. Und in Kandels Text ist außerdem auch die pornographische Dimension der deutschen Comic-Thematisierungen in den Texten von Brinkmann, aber auch von Friedemann Hahn, Ulf Miehe oder P.G. Hübsch vorweggenommen:

»BATMAN makes it with ROBIN
ROBIN makes it with eagles
SUPERMAN never does«[34]

Im Sinne von Barthes' Mythentheorie werden die sinnhaften Zeichen ›Batman‹, ›Superman‹ und ›Robin‹ zu leeren Formen, in welche die Autoren *ihre* subjektiven Lesarten einschreiben können. Dabei werden diese Comicfiguren weniger als die allmächtigen, weitgehend asexuellen Superhelden vorgeführt, die sie in den Comic-strips sind, sondern sie transformieren zu ausgesprochen libidinösen Akteuren.[35] Durch diesen Rollenwechsel werden etwa in Brinkmanns Gedichten *Comic No. 1* (*P*, S. 30f.) und *Comic No. 2* (*P*, S. 93-95) sexuelle Attribute auf solche Comicfiguren projiziert, die doch vermeintlich für das genaue Gegenteil stehen (Asexualität, Tugendhaftigkeit, Askese etc.):

---

[34] Ralf-Rainer Rygulla (Hrsg.): *Fuck You*, a.a.O., S. 64-69, hier: S. 66.

[35] Diese Transformation hat in der Comic-Historie eine eigene Vorgeschichte. Schon zu Zeiten der Weltwirtschaftskrise waren in den USA die sogenannten ›Eight Pagers‹ erschienen. Es handelte sich dabei um Porno-Comics, in denen bekannte Comic-Figuren wie Popeye, Little Orphan Annie, Buck Rogers oder Dick Tracy bei allen denkbaren sexuellen Handlungen vorgeführt werden. – Vgl. Andreas C. Knigge: *Sex im Comic*. Frankfurt/M., Berlin: Ullstein 1985, S. 135-137.

»Hinter den
Wänden von
Gotham-City

wird schwer
gewichst.
Jeder für sich
und Batman und
Robin für uns alle.
Doch noch ist der
Kampf nicht
entschieden.

Der Joker
tritt auf

mit einer neuen
Lutschtechnik.« usw. (*P*, S. 93)[36]

Die libidinöse Abweichung vom normierten Sexualverhalten, die diese Texte thematisieren, war in den späten sechziger Jahren ein wichtiges Moment des Protests gegen die repressive Sexualmoral. Theoretisch gestützt wurden diese literarischen Versuche durch Wilhelm Reichs Überlegungen zu den Auswirkungen der sexuellen Triebunterdrückung auf die Bildung von autoritären Charakterstrukturen, die zu den theoretischen Schlüsseltexten der antiautoritären Revolte avancierten. Nach Reich zwingt der in der bürgerlichen Fami-

---

[36] Deutlicher noch werden die Comic-Superhelden in Ulf Miehes *Torpedo Definitiv Nr. 309 675* in eine rauschhafte Orgie verwickelt: »Nacht fiel über Gotham City. Das Haus von Bruce Wayne lag ruhig in der Dunkelheit. Batman beugte sich tiefer über Robins Arsch und schnüffelte erregt. In der benachbarten Festung stieß Cat Woman Captain America mit einem schrillen Hohnlachen von sich. Resigniert griff sie zu einem Besenstiel. Superman keuchte ergebnislos auf Lois Lane. Vielleicht ist Clark Kent doch nicht so schlecht, dachte sie verdrossen. Die Fantastic Four wälzten sich, ein unentwirrbares Knäuel, durch ihr Laboratorium. Ein einzelner Penis ragte traurig in die Luft. Diese Frau des Dehnbaren schürzte vergeblich die Lippen. Plastic Man hatte es mal wieder am besten. Sergeant Rock versuchte, Micky Mouse in den Griff zu bekommen.« – Ulf Miehe: »Torpedo Definitiv Nr. 309 675«. In: Vagelis Tsakiridis (Hrsg.), *Supergarde*, a.a.O., S. 150-166, hier: S. 152.

lie und den Erziehungsinstitutionen eingeübte gesellschaftliche Druck das Individuum unter eine »künstliche Maske der Selbstbeherrschung«[37], die zwar die destruktive Schicht des Freud'schen Unbewußten verdeckt, ebenso aber den biologischen Kern des Menschen, der seine »*natürliche Sozialität* und Sexualität«[38] birgt. Fällt diese Schutzmaske, so brechen nach Reich die aufgestauten, nur mühsam unterdrückten Aggressionen eruptiv hervor und entladen sich in sadistischen Grausamkeiten.

Brinkmann hat sich bis zu seinem Unfalltod immer wieder ausdrücklich auf Reich berufen, erstmals in *Lebwohl Dr. Wilhelm Reich* (*P*, S. 84). Dieses Gedicht, das Brinkmann der Berliner Polizei gewidmet hat, weist anläßlich des brutalen Vorgehens gegen die Anti-Schah- und Anti-Springer-Demonstranten auf den von Reich untersuchten Zusammenhang zwischen Triebunterdrückung und sadistischen Gewaltausbrüchen hin:

»WARUM SCHLAGT IHR SIE NICHT TOT?

(Ihr könnt sie dann
ganz ausziehen und mühelos
ihre Beine auseinander-

biegen, um schnell noch
den Druck loszuwerden
ehe die Lautsprecher wieder
zum Sammeln rufen.)

WARUM SCHLAGT IHR SIE NICHT TOT?« (*P*, S. 84)

Solche Überlegungen haben die zahllosen ›obszönen‹ literarischen Texte der späten sechziger Jahre entscheidend motiviert. Vor allem vor dem Hintergrund der Film- und Fernsehbilder von den Massakern des Vietnamkriegs erhielten Reichs Thesen, die er in den vierziger Jahren unter dem Eindruck des Nationalsozialismus formuliert hatte, aktuelles Gewicht. Brinkmanns Gedicht *Ohne Rente* überträgt den Zusammenhang von sexueller Triebunterdrückung und sadistischer Gewalt auf die Comichelden Batman und Robin.

---

37 Wilhelm Reich: *Die Entdeckung des Orgons: Die Funktion des Orgasmus. Sexualökonomische Grundprobleme der biologischen Energie* (1942). Köln: Kiepenheuer & Witsch 1969, S. 202.

38 Ebd.

Die keusche Männerfreundschaft zwischen den beiden wird in Brinkmanns Gedicht zu einem homoerotischen Männerbund, der sich in seiner militärischen Aufgabe, dem »großen / amerikanischen Flimmern / in der Luft«, beweisen muß, »damit endlich / alles in Ordnung kommt.« (*P*, S. 44) Erst durch diese Aktionen gelangen die Figuren zur sexuellen Erregung:

»Wir aber reisen
immer weiter und haben
einen Harten in der Hand,

damit kommen wir beide
durch das ganze Land.« (*P*, S. 45)

Mit dem Themenbereich der Pornographie hat sich Brinkmann indes vor allem in dem Gedichtband *Godzilla* befaßt. Pornographische Motive bieten sich für ein literarisches Projekt, welches das Festhalten der Gegenwart zu seinem Programm macht, geradezu an, da in der pornographischen Literatur auf eine historische und psychologische Motivation des Geschehens verzichtet wird. Alle Aufmerksamkeit wird dem sexuellen Akt in seiner absoluten Gegenwärtigkeit gewidmet: »jetzt und jetzt und jetzt...« (*ES*, S. 154). Außerdem unterliegt die Pornographie von allen Genres der populären Kultur zweifellos den schärfsten Tabuisierungen. Die literarische Adaption von pornographischen Themen sowie die Verwendung einer obszönen Sprache in Brinkmanns *Godzilla*-Gedichten zielt daher auf einen Tabubruch:

»ganz weit weg
erscheint
die bessere
Möglichkeit

sich ihrer zu
bedienen
als Eier
die man selber hat

und kräftig schüttelt
für den
Frieden?« (*P*, S. 22)

In einer solchen Situation sollte die Thematisierung des Trieblebens, wie sie von der amerikanischen *Dirty-speech*-Bewegung vorexerziert worden war, ihre gegenkulturelle Stoßkraft entfalten, indem sie die Konventionen einer ›lustfeindlichen‹ Gesellschaft verkehrt. Dazu wird in der Kunst und Literatur zunächst vor allem eine Verletzung der Geschmacksstandards betrieben, die sich traditionellerweise der Koppelung von ästhetischen Qualitätskriterien an ethische Wertmaßstäbe verdankten. Danach galt grundsätzlich alles Pornographische als unseriöse, ja geradezu pathologische ›Nicht-Kunst‹. Es wurde behauptet, pornographische Literatur diene lediglich der sexuellen Erregung des Lesers, sie sei formal unstrukturiert und reflektiere ihren Charakter als sprachliches Kunstwerk nicht, vor allem aber zeichne sie sich durch eine Geringschätzung der Psychologie und der Schilderung der sozialen Umwelt aus.

Diese Kritikpunkte sind inhaltlich auch gar nicht falsch, sie werten jedoch zu pauschal *alle* Texte ab, die pornographische Elemente enthalten. Dagegen ging Susan Sontag seinerzeit davon aus, daß pornographische Literatur geradezu die Aufgabe habe, auch extreme menschliche Erfahrungen und Bewußtseinsformen zu thematisieren, »einen Schritt weiterzugehen in der Dialektik des Exzesses [...], *das* zu geben, was *nicht* gewünscht wird oder zu werden scheint«.[39]

Aus genau diesem Grunde haben sich in den späten sechziger Jahren Autoren wie Brinkmann, aber auch Friedemann Hahn, Ulf Miehe oder P.G. Hübsch der Pornographie als Sujet zugewendet:

»ein freund in schweden sagte mir: es ist
notwendig / daß ihr pornografie schreibt;
bei euch / ist sie noch verboten.«[40]

Dahinter steht die positive Bewertung einer ›freien‹ Sexualität, welche die lustvolle Triebbefriedigung, den Spaß am Geschlechtsakt, in den Vordergrund rückt. Daher schreibt auch Brinkmann mit den *Godzilla*-Gedichten bewußt keine *Liebes*lyrik. Statt sich auf die emotionale Seite des Sexualaktes zu beziehen, stellt er lediglich den körperlichen Vorgang dar: Es geht in diesen Gedichten stets um Wollust, um die sexuelle Enthemmung. Dabei tritt das weithin als unästhetisch abqualifizierte Obszöne in den Vordergrund.

---

[39] Susan Sontag: »Die pornographische Phantasie«. In: dies., *Kunst und Antikunst*, a.a.O., S. 48-87, hier: S. 58.

[40] Paul Gerhard Hübsch: »pornografie«. In: ders., *mach was du willst. gedichte*. Neuwied, Berlin: Luchterhand 1969, S. 28.

Und zwar geschieht dies bei Brinkmann ausdrücklich nicht mit dem »weichen, muffigen Trübsinn«, der »sich pelzig um konkrete Details« (*Sex*, S. 68) legt, d.h. nicht in den tradierten sublimierten Formen der literarischen Gestaltung, mit denen das Obszöne immer schon Eingang in die ›Hochkultur‹ gefunden hatte, sondern ganz bewußt durch die ›unästhetische‹ Vorführung der ›reinen‹ Pornographie. Denn:

> »Interessant ist die Tatsache, wie eine Gesellschaft auf literarische Produkte reagiert, die ›Lii-ii-iebe‹ *wört*-lich nimmt als ›ficken‹, ›abkauen‹, ›auslecken‹ [...], die Wörter verarbeitet haben wie: Arsch, Fotze, Schwanz.« (*Sex*, S. 70)

Brinkmanns *Godzilla*-Gedichte thematisieren daher auch nicht nur koitalen Sex, sondern in seiner *Meditation über Pornos* (*G*, [S. 4]) auch die Masturbation. Das Gedicht beginnt mit der vierfachen Wiederholung einer Verszeile:

> »Diese Fotze ist gut
> diese Fotze ist gut
> diese Fotze ist gut
> diese Fotze ist gut« (*G*, [S. 4])

Diese erste Strophe, soviel verrät schon der Gedichttitel, thematisiert die monotonen Gedanken eines Mannes, der beim Betrachten des Bildes einer offensichtlich rasierten Vagina in einem Pornoheft masturbiert. Späth hat darauf hingewiesen, daß Brinkmann seinen Text nicht zufällig als ›Meditation‹ ausgewiesen hat, sondern gezielt die Elemente der Meditation aufgegriffen hat: die tiefe innere Versenkung des Subjekts, die monotone Wiederholung, die zu einem Höhepunkt der Selbstkonzentration führt, und schließlich die Entspannungsphase.[41] Der Eindruck einer absoluten Kontemplation, die von einem pornographischen Bild ausgelöst wird, verstärkt sich durch die repetitive Struktur der ersten Strophe. Ausgelöst wird diese ›meditative‹ Versenkung durch eine Fotografie. Nach Barthes gibt es in einer pornographischen Fotografie nur ein ›studium‹, eine Art Hingabe an die dargestellte Sache, aber kein ›punctum‹, kein ›zufälliges‹ Detail, das den Betrachter unerwartet besticht.[42] Ein pornographisches Foto genügt sich stets in der Darbietung der Geschlechtsorgane, jedes ›punctum‹ würde vom Betrachter

---

[41] Vgl. Sibylle Späth: *»Rettungsversuche aus dem Todesterritorium«*, a.a.O., S. 169.

[42] Vgl. Roland Barthes: *Die helle Kammer*, a.a.O., S. 35f.

als störend empfunden. Brinkmanns Gedicht bestätigt dies in der zweiten Strophe, in der auf die Beschreibung der Ejakulation ein Blick auf die folgende Seite des Heftes beschrieben wird, auf dem nun eine behaarte Vagina zu sehen ist:

»und hier spritzen wir
ab (es ist der Blick
in ein endloses Loch
das nicht mehr mit

Haar überwachsen ist
wovon ist es aber dann
überwachsen? Ich weiß
es nicht) und blättre

um: langsam sprießt
wieder etwas Haar am
Rand einer Falte. Wir
ruhen uns in seinem

Schatten aus.« (*G*, [S. 4])

Schon dieses Gedicht hat ebenso wie *Celluloid 1967/68* gezeigt, daß die pornographischen Männerphantasien im wesentlichen durch fotografische Reproduktionen oder durch bewegte Filmbilder, also durch an den Rand gedrängte Formen der populären Unterhaltungskultur, angeregt werden. War es in *Meditation über Pornos* ein Pornoheft, so kommt in *Godzilla-Baby* (*G*, [S. 8f.]) eine Frau aus dem »weißen Zittern« des Fernsehgeräts; sie wechselt aus der fiktionalen Welt des Fernsehens in die reale des Wohnzimmers:

»[...] Das

schwarze Leder glänzt
darunter ist sie nackt.
Und sie
fängt ohne

abzuwarten an zu
lutschen: ooooooooooh,
stöhnt
der Mann auf« (*G*, [S. 9])

Die betont anti-romantische Haltung zum Geschlechtsverkehr, die aus all diesen Gedichten spricht, drückt in aller Deutlichkeit ein Text aus *Die Piloten* aus, Brinkmanns *Liedchen* (*P*, S. 35):

»O
fick mich
fick mich
schnell

und er
fickte sie
fickte sie
schnell

hinter
einem Busch?
Es gab keinen
Busch. Schien

der Mond?
Es gab kein
Licht. Die
Birne war

kaputt« (*P*, S. 35)

Brinkmann dekonstruiert in diesem Gedicht die »falsche Idyllik« (*Sex*, S. 67) der traditionellen Liebeslyrik. »Liebe als Inhalt« (*Sex*, S. 69) spielt hier keine Rolle, im Gegenteil: Brinkmann thematisiert in einer Art ›Kürzestgeschichte‹ lediglich den ›banalen‹ Fakt des Sexualakts. Die erste Strophe gibt nicht mehr als das deutlich ausgesprochene Verlangen einer Frau wieder, die unverzüglich ›gefickt‹ werden will. Und im unmittelbaren Anschluß wird in der zweiten Strophe der Koitus in knappster Diktion thematisiert. Die leidenschaftliche Wollust wird durch die Wiederholung des obszönen Verbs ›ficken‹ herausgestellt. Wie in der pornographischen Literatur, in Pornofilmen oder in Männermagazinen, so wird auch in Brinkmanns *Liedchen* auf jede psychologische oder emotionale Motivation des Dargestellten verzichtet.

Eine auktoriale Stimme befragt diese Situation daraufhin auf zwei stereotype Motive eines herkömmlichen Liebesgedichts. Dort müßte der Koitus im Gebüsch vollzogen werden, dazu müßte der Mond scheinen. Für Brinkmann sind dies jedoch nur Symptome einer Mystifizierung des Sexuellen, die er ablehnt. Wenn die beschriebene Situation nicht durch Licht aufgehellt wird, so liegt dies nicht etwa an einer bewußt herbeigeführten ›romantischen Stimmung‹, sondern lediglich daran, daß eine elektrische Glühbirne – ein Symbol der technologischen Gesellschaft – nicht funktioniert hat.

Bislang war stets die Rede von Texten, die sich auf einer Meta-Ebene auf populäre Vorlagen beziehen. Ein Text kann sich aber ebenso auf ein vorhandenes Bild eines Pop Artisten beziehen, wie dies Brinkmann z.B. in seinem *Politischen Gedicht nach einer schlaflosen Nacht* getan hat, das sich auf Mel Ramos' *Hippopotamus* (1967) bezieht.[43] Er ist dann gleichsam auf einer Meta-Meta-Ebene auf ein populärkulturelles Vor-Bild bezogen – hier auf eines der Pin-ups, wie sie in den amerikanischen Männermagazinen massenhaft verbreitet und von Ramos verarbeitet worden sind:

[43] Brinkmann hat Mel Ramos' Bilder schon 1967 in Köln kennenlernen können. Jedenfalls sorgte dessen Ausstellung vom 24.2.-31.3.1967 in der Galerie Tobiès & Silex in Köln für großen öffentlichen Wirbel. Weil auf Ramos' Bildern nackte Frauen zu sehen und die Ausstellungsräume zudem durch Schaufenster einzusehen waren, verfügte die Kölner Stadtverwaltung am 9. März 1967, »unverzüglich durch geeignete Maßnahmen, z.B. durch das Anbringen von Vorhängen in entsprechender Höhe und Stärke an den Schaufenstern und der Eingangstür der Galerie sicherzustellen, daß von der Albertusstr. her der Einblick auf die genannten Werke des Malers Mel Ramos verhindert wird.« – Vgl. Louise F. Peters: »Tatort Köln: Verbotene Kunst der sechziger Jahre«. In: Wulf Herzogenrath / Gabriele Lueg (Hrsg.), *Die 60er Jahre*, a.a.O., S. 556-571, hier: S. 566f.

»auf einem Bild gähnt

ein Nilpferd
und eine nackte
Frau stützt
sich auf dessen Rücken auf

und fängt an zu lächeln.« (*P*, S. 80)

In Brinkmanns Gedichten werden jedoch nicht nur populäre Vor-*Bilder* thematisiert. Von großer Bedeutung war für ihn auch die Popmusik. Schon im Roman *Keiner weiß mehr* und in den Essays hat sich angedeutet, daß die Popmusik auch in Brinkmanns Augen zur wichtigsten kulturellen Ausdrucksform seiner Generation geworden war. Immer wieder hat er in den Essays seinen Überdruß an der deutschen Gegenwartsliteratur mit dem Hinweis auf Platten von *Velvet Underground*, den *Doors* oder den *Rolling Stones*, von Frank Zappas »Mothers of Invention als Ruben & The Jets« (*FiW*, S. 383), den *Beatles* oder *Creedence Clearwater Revival*, ja selbst auf die Rock'n'Roll-Stars der fünfziger Jahre illustriert. So hat er etwa gegen den neoästhetizistischen Diskurs von Helmut Heißenbüttel oder Jürgen Becker mit einer Analogie zur Pop- und Rockmusik polemisiert:

> »... man stelle sich einmal vor, die Rolling Stones erklärten ihre Musik mit dem Hinweis, die Musik habe sich auf ihr erstes Material, die Töne besonnen, oder Jim Morrison gäbe bekannt, das schönste Musikstück sei doch eben nur ein Laut... hören Sie sich bitte einmal auf Verve Nr. FVS 9511 Talk About It von Harumi an...« (*OH*, S. 68)

Im Vergleich zur Popmusik schien das »Rückkopplungssystem der Wörter«, so Brinkmanns Fazit, längst nicht mehr tagtäglich zu machender sinnlicher Erfahrung« (*FiW*, S. 381) zu entsprechen. Anders als die Bildwelten von Film, Fernsehen, Comics und Werbung hat sich die sinnliche Erfahrung der Popmusik in seinen Gedichten jedoch kaum niedergeschlagen. Für Brinkmann ist die Popmusik nicht so sehr als thematisches Repertoire von Interesse; sie ist weniger Vor-Bild als vielmehr ein Vorbild, dessen Vitalität er auch für die Literatur einklagt.

Nur in dem Gedicht *Graham Bonney oder das komplizierte Gefühl* (*P*, S. 58f.) über den in den späten sechziger Jahren in Deutschland kurzzeitig populären Sänger sowie im dazugehörigen *Nachtrag zu dem Gedicht über Graham Bonney etc.* (*P*, S. 110-113) hat sich Brinkmann einmal mit einem Star der Popmusik befaßt. In diesem Falle thematisiert er jedoch nicht die mythischen Qualitäten eines glamourösen Stars, wie er dies im Falle von Liz Taylor oder Mae West getan hat. Es geht vielmehr um das ›komplizierte Gefühl‹, das eine zufällige Begegnung mit der *realen* Person auslöst, die sich hinter der Star-Maske verbirgt. Das Gedicht beginnt mit der Beschreibung einer ganz alltäglichen Situation, eines Spaziergangs, den das lyrische Ich eines Abends mit seinem Freund Helmut Pieper unternommen hat:

»Es war Samstagabend so um neun
als Helmut Pieper und ich die
Straße runtergingen, ohne uns was
dabei zu denken, und plötzlich Graham

Bonney vor uns herging in schwarzem
Anzug, von niemandem erkannt. Ich er-
kannte ihn aber sofort und sagte, da
vor uns geht Graham Bonney, und Helmut

Pieper erinnerte sich sofort an das
Girl mit dem La-La-La, aber beide
wußten wir nicht, was wir machen sollten
denn Graham Bonney war uns so nah [...].« (*P*, S. 58)

Das ›komplizierte Gefühl‹, von dem der Gedichttitel spricht, ist die Verhaltensunsicherheit, die das lyrische Ich just in dem Moment befällt, als ein nur aus den Medien, gleichsam nur als Oberfläche bekannter ›Star‹ als reale Person in seinen alltäglichen Lebensraum eindringt. Im *Nachtrag* erläutert Brinkmann, er sehe bei seinen täglichen Spaziergängen häufig eine lebensgroße Pappreproduktion Bonneys im Schaufenster eines Elektrogeschäfts. Dieses zweidimensionale, oberflächliche Bild ist ein Ausdruck der medialen Präsenz, der Graham Bonney jene mythische Qualität verdankt, die er sofort einbüßt, wenn er als reale Person wahrgenommen wird:

»Graham Bonney, mach dir nichts daraus, wir
machen uns schließlich auch nichts mehr
daraus, daß wir dich so gesehen haben, ohne

mit dir was anfangen zu können als Mensch« (*P*, S. 59)

Zeitgleich lassen sich bei anderen Autoren unzählige Anspielungen auf die Popmusik nachweisen. Um nur einige wenige Beispiele herauszugreifen: Wolf Wondratschek etwa erwähnt wiederholt Rock- und Popstars wie Mick Jagger, Bob Dylan oder Jim Morrison, und Helmut Salzinger nennt in *Das lange Gedicht* die *Rolling Stones*, die *Fugs* und die *Mothers of Invention*. Friedemann Hahns *Zelluloid im Hirn* beschreibt euphorisch einen Abend im ›London-Coffee-Club-Casino‹. Der Text ist gegliedert durch die Erwähnung der in dem Nachtclub gespielten Songs wie Dylans *I Want You*, *Light My Fire* von den *Doors* u.v.a.[44] Wolfgang Bauers Drama *Magic Afternoon* spielt in einem Raum, in dem überall Schallplattenhüllen herumliegen und die Figuren dauernd auf Rock- und Popmusik zu sprechen kommen.[45] Und P.G. Hübsch hat in *ich weiß von den tagen als JERRY LEE LEWIS* die Popmusik als zentrales Moment einer regelrechten Zeitenwende beschrieben, als wichtigste kulturelle Ausdrucksform der eigenen Generation. Dabei akzentuiert er die Wandlungen der Popmusik von den fünfziger Jahren, als Jerry Lee Lewis, Bill Haley, Buddy Holly, Ritchie Valens, Gene Vincent, Chuck Berry, Elvis Presley und Little Richard die Szene dominierten, zu einem wichtigen Medium der Gegenkulturen der sechziger Jahre, dem Jahrzehnt von Bob Dylan, den *Rolling Stones* und den *Beatles:*

---

[44] Helmut Salzinger: »Das lange Gedicht«. In: Vagelis Tsakiridis (Hrsg.), *Supergarde*, a.a.O., S. 167-191. – Friedemann Hahn: »Zelluloid im Hirn. London-Coffee-Club-Casino«. In: ders., *Fick in Gotham-City*, a.a.O., o.P.

[45] Wolfgang Bauer: *Magic Afternoon*. In: ders., *Werke*, Bd. 2: *Schauspiele 1967-1973*. Hrsg. von Gerhard Melzer. Graz, Wien: Droschl 1986, S. 9-40.

»heute
heute
sind wir anders
sind wir so anders
wie wir noch nie waren
HEH HEH HEH
TIME IS
ON MY SIDE
ON MY SIDE«[46]

Außerdem sind in den späten sechziger Jahren literarische Texte geschrieben worden, die reale oder fiktive Popsänger, Filmstars etc. oder deren Werke zum Gegenstand haben. So hat Ulf Miehe in der Erzählung *Beat* die Geschichte des Aufstiegs und Falls einer britischen Band geschrieben.[47] Im übrigen hat Rolf Dieter Brinkmann im April 1969 unter dem Titel *Der Abstieg* ein – allerdings nicht realisiertes – Fernsehspiel zum gleichen Thema geplant.

Neben den zahlreichen expliziten semantischen Bezugnahmen gibt es noch weitere, wenn auch für Brinkmanns Werk weniger wichtige thematisierende Wechselbeziehungen zwischen Literatur und Populärkultur. Einen Grenzfall zwischen Thematisierung und Realisierung stellt die Integration von *Zitaten* in den literarischen Text dar, ja genaugenommen betrifft die Zitatmontage stets beide Dimensionen der Intermedialität. Um einen *thematisierenden* Bezug handelt es sich, sofern durch das Zitat das semantische Potential des Prätextes aktiviert wird. Vor allem betrifft dies die Integration von Pop-Songfragmenten, wie Brinkmann dies etwa in dem Gedicht *Kälte* mit einem Song der *Soft Machine* vorführt:

[46] Paul Gerhard Hübsch: »ich weiß von den tagen als JERRY LEE LEWIS«. In ders., *mach was du willst*, a.a.O., S. 34-38, hier: S. 35.

[47] Ulf Miehe: »Beat«. In: ders., *Der Tag in W und anderswo*. Wuppertal: Hammer 1968, S. 79-102.

»die Soft Machine singt

and every day I like
an egg and some tea«[48]

Das Gleiche gilt für *Vage Luft*, das mit Zitaten aus *Street Fighting Man* von den *Rolling Stones* und *When the Music is Over* von den *Doors* einsetzt:

»›ev'rywhere I hear the sound
of marching, charging feet‹
The Rolling Stones

›Before I sink into the big sleep
I want to hear the scream of
the butterfly‹
The Doors«[49]

Ein weiterer Aspekt ist die ›*Verliterarisierung*‹ von populärkulturellen Stoffen. Eine Spielart einer solchen Transposition ist die bearbeitende Übersetzung von Pop-Songs, die im literarischen Publikationszusammenhang als originäre Produktion des Autors ausgewiesen wird. Dabei ist etwa an Wondratscheks *Das Geschenk* zu denken, das die wörtliche ›Übersetzung‹ des Textes des *Velvet Underground*-Songs *The Gift* (1967) ist. Peter Handke hingegen hat den *Rolling-Stones*-Song *Goin' Home* (1966) lediglich als Anregung für sein Gedicht *Der Text des rhythm-and-blues* genommen.[50]

Die literarische Nacherzählung von Filmen hat Brinkmann für das vierte Heft des *Gummibaum* geplant. Das Projekt ist zwar nicht realisiert worden[51],

---

[48] Rolf Dieter Brinkmann: »Kälte«. In: Akzente 18 (1971), H. 1, S. 1.

[49] Ders.: »Vage Luft«. In: Hans Peter Keller (Hrsg.), *Satzbau. Poesie und Prosa aus Nordrhein-Westfalen.* Düsseldorf: Droste 1972, S. 243-245.

[50] Vgl. Wolf Wondratschek: »Das Geschenk«. In: ders., *Chuck's Zimmer. Gedichte/ Lieder.* Frankfurt/M.: Zweitausendeins 1974, S. 59-63. Der Song *The Gift* befindet sich auf dem *Velvet Underground*-Album *White Light/White Heat* (MGM Records, 1969). – Peter Handke: *Die Innenwelt der Außenwelt der Innenwelt*, a.a.O., S. 36-38. Der von Mick Jagger und Keith Richards komponierte Song *Goin' Home* befindet sich auf dem *Stones*-Album *Aftermath* (Decca, 1966).

[51] Das vierte Heft des *Gummibaum* ist nicht mehr realisiert worden. Statt dessen erschien schließlich 1970 in Frankfurt/M. die ›2. Sonderausgabe‹ (eine 1. Sonderausgabe hat es je-

seine vorgesehenen Konturen lassen sich jedoch aus zwei jüngst veröffentlichten Brinkmann-Briefen an Hermann Peter Piwitt und Gerd Fuchs rekonstruieren:

> »Ich mache nun das Heft 4, das nur Prosa enthalten soll, und zwar Filmnacherzählungen. [...] Ich stelle es mir so vor, daß der Film einfach nacherzählt wird, grob oder genau, nur in Details, das bleibt jedem selbst überlassen. Es können die Filmnamen benutzt werden oder die Schauspielernamen, aber die Handlung sollte erzählt werden, ohne Kommentar, denn der Blick dessen, der nacherzählt, ist ja der Kommentar. [...] Der Titel des Films ist der Titel der Geschichte.«[52]

Ähnlich verhält es sich mit der Übernahme von Songtiteln als Anregung für die eigene literarische Produktion. Dies hat John Giorno mit seinem *Johnny Guitar* vorgeführt.[53] In Deutschland hat z.B. Wolf Wondratschek in seinem Gedicht *Supergirl,* das den Titel eines Songs der *Fugs* übernimmt, dieses Verfahren aufgegriffen.[54]

Einen letzten thematisierenden Bezug stellt die *Gattungsbezeichnung* von literarischen Texten durch populärkulturelle Genres dar. So hat Brinkmann zahlreiche seiner Gedichte als ›populäre Gedichte‹, als ›Cartoons‹ oder als ›Comics‹ ausgewiesen, um sie dadurch an ein Publikum zu adressieren, das der tradierten Lyrik eher skeptisch gegenübersteht: all jene, »die sich immer wieder von neuem gern auf den billigen Plätzen vor einer Leinwand zurücksinken lassen«. (*P*, S. 9)[55] Auch Wolf Wondratschek hat einigen Texten die Gattungsbezeichnung ›Cartoon‹ gegeben[56], und Uwe Brandner hat seine Erzählung *Am elften Tag* als ›Prosa-Song‹ ausgewiesen.[57]

---

doch nie gegeben), herausgegeben von Renate und Peter O. Chotjewitz. Brinkmann war an diesem Heft nicht mehr beteiligt.

52 Rolf Dieter Brinkmann: Brief an Hermann Peter Piwitt, 2.5.1970. In: Literaturmagazin 36/1995, S. 70.

53 Vgl. John Giorno: »Johnny Guitar«. In: ders., *Cunt.* Darmstadt: März 1969, S. 45-57.

54 Wolf Wondratschek: »Supergirl«. In: ders., *Chuck's Zimmer,* a.a.O., S. 13. - Der von Tuli Kupferberg komponierte Song befindet sich auf *The Fugs First Album* (Fugs Records, 1965).

55 Vgl. die Gedichte *Lift. Populäres Gedicht Nr. 9* (*P*, S. 34), *Wie ein Pilot. Populäres Gedicht Nr. 13* (*P*, S. 50), *Populäres Gedicht Nr. 17* (*P*, S. 82f.), *Cartoon: 29.8. mit x, y, z* (*P*, S. 13f.), *Comic No. 1* (*P*, S. 30f.) und *Comic No. 2* (*P*, S. 93-95).

56 Vgl. Wolf Wondratschek: *Omnibus.* München: Hanser 1972, S. 64-75.

57 Vgl. Uwe Brandner: *Am elften Tag. Prosa-Song.* Berlin: Literarisches Colloquium 1968.

»Gedichte sind irdischer Rock'n'Roll«: Brinkmanns literarische ›Realisierung‹ von Populärkultur

> »Wenn das Schreiben noch eine Zukunft haben soll, muß es [...] sich mit Techniken vertraut machen, wie sie Malerei, Musik & Film schon seit geraumer Zeit anwenden«
>
> William S. Burroughs[58]

Wie erwähnt, gibt es neben dem thematisierenden Bezug, der in der direkten Linie der traditionellen Stoff- und Motivgeschichte anzusiedeln ist, mit der *Realisierung* eine zweite intermediale Dimension im Verhältnis der Literatur zur Populärkultur, bei der es das Eindringen von strukturellen Prinzipien, Verfahren, Stilmitteln etc. aus den zumeist technischen Medien der populären Kultur in die Literatur zu untersuchen gilt. Dies verdeutlicht die gestiegene Bedeutung von medialen Dispositiven für die Konstruktion kultureller und sozialer Wirklichkeit. Häufig hat sich dies in einheitlichen theoretischen Modellen niedergeschlagen, die einen generellen Geltungsanspruch von bestimmten Verfahren für alle Kunstformen erheben. Solche Modelle werden entweder explizit in Form von Manifesten oder Kommentaren formuliert, oder aber sie müssen aus den konkreten künstlerischen Produkten in ihren unterschiedlichen medialen Filiationen herausgelesen werden. So ist etwa immer wieder versucht worden, in Analogie zu Techniken des Films eine Art *filmisches Schreiben* zu entwickeln.

Dennoch sind grundsätzliche Einschränkungen zu machen, wenn die Rede auf die Adaption von spezifischen Techniken des Films in der Literatur kommt. Es ist eine Binsenweisheit, daß die besonderen Verfahren des literarischen Schreibens mit den Produktionstechniken der technischen Medien nicht annähernd zur Deckung zu bringen sind. Die Übernahme von Begriffen aus der Film-, Musik- oder Kunstpraxis – allein Brinkmann spricht vom ›Film in Worten‹ und von ›Momentaufnahmen‹, von Comics, Songs und vielem anderen – kann nicht darüber hinwegtäuschen, daß genaugenommen von höchst unterschiedlichen Phänomenen die Rede ist und somit eine nicht aufzuhebende Differenz bleibt.

Auch diese intermedialen Bezugnahmen von Schriftstellern gehen letztlich auf eine durch und durch subjektive Selektion von künstlerischen Merkmalen der technischen Medien zurück. Wenn sich also ein Autor dem ›filmischen Schreiben‹ zuwendet, so kann er bestenfalls *analoge* Schreibwei-

[58] William S. Burroughs: »Die Zukunft des Romans«, a.a.O., S. 145.

sen entwickeln, denen er und seine Leser ›filmische‹ Eigenschaften, wie z.B. die Trennung und Montage von Einzelsegmenten, zuschreiben. So können literarische Texte etwa die Wahrnehmungsvorgänge beim Sehen eines Films auf dem Papier nur als Montage von typographisch hervorgehobenen ›geschnittenen‹ Textsegmenten veranschaulichen. Sie sind, wie Heinz-B. Heller es mit mehreren Vorbehalten formuliert hat, »als der vergegenständlichte Versuch zu begreifen und zu analysieren, bestimmte Wahrnehmungs- und Darstellungsformen, die Literaten in einer bestimmten geschichtlichen Situation subjektiv im Film ausmachten, auszumachen glaubten oder ausmachen wollten, mit solchen der Literatur intentional zu synthetisieren«.[59] Der intermediale Bezug von der Literatur auf den Film läßt sich demnach nur als Simulation der besonderen Eigenheiten der Filmproduktion, wie sie dem filmsehenden Autor erscheinen, unter den strukturellen Bedingungen des literarischen Textes definieren. Dabei war sich Brinkmann etwa der Defizite des Schreibens durchaus bewußt, wenn er bekannte, daß im literarischen Text – »trotz wilder Typographie« – nicht gezeigt werden könne, »was 1 Filmbild macht und was Film, unabhängig vom Inhalt, zeigt: Bewegung«. Und fragend fügt er hinzu: »Vielleicht liegt darin die Faszination Film überhaupt und ist es das gewesen, weswegen ich das Thema Film so oft benutzt habe?«[60]

Zwangsläufig übernimmt ein Autor eine veränderte Handlungsrolle, wenn er die Verfahren des Films und anderer technischer Medien zu imitieren versucht, und tatsächlich läßt sich ein bemerkenswertes Spektrum der literarischen Bezugnahmen auf die diversen Formen der populären Kultur abstecken. Zunächst fallen die genannten literarischen *Simulationen bzw. Simulationsversuche* von strukturellen Prinzipien aus anderen Medien ins Auge. So hat Brinkmann versucht, literarische Analogien zu Kamera-Einstellungen oder zur Schnittechnik des Films zu finden. In dem bezeichnenderweise *Der Film in Worten* betitelten programmatischen Essay hat er ein Schreibprogramm entwickelt, das ausdrücklich an Überlegungen anknüpft, die Jack Kerouac bereits 1959 in der *Evergreen Review* veröffentlicht hatte:

---

[59] Heinz-B. Heller: »Historizität als Problem der Analyse intermedialer Beziehungen«, a.a.O.,
S. 281.

[60] Rolf Dieter Brinkmann: Brief an Hartmut Schnell, 23.12.1974. Zit. nach Hans-Thies Lehmann: »SCHRIFT / BILD / SCHNITT. Graphismus und die Erkundung der Sprachgrenzen bei Rolf Dieter Brinkmann«. In: Literaturmagazin 36/1995,S. 182-197, hier: S. 189f.

»Dem Anwachsen von Bildern = Vorstellungen (nicht von Wörtern) entspricht die Empfindlichkeit für konkret Mögliches, das realisiert sein will. Für die Literatur heißt das: tradiertes Verständnis von Formen mittels Erweiterung dieser vorhandenen Formen aufzulösen und damit die bisher übliche Addition von Wörtern hinter sich zu lassen, statt dessen Vorstellungen zu projizieren – ›Das Buch in Drehbuchform ist der Film in Worten‹ (Kerouac)... ein Film, also Bilder, also Vorstellungen, nicht die Reproduktion abstrakter, bilderloser syntaktischer Muster...« (*FiW*, S. 381)

In dieser Poetik wird der Einfluß der amerikanischen Literatur auf Brinkmanns Werk deutlich. Vor allem die Arbeiten von Burroughs haben ihn beeindruckt und beeinflußt. In dem Interviewbuch *Der Job* hatte Burroughs gefordert, die Schriftsteller müßten literarische Techniken entwickeln, welche die gleiche Wirkung wie ein ›Actionfoto‹ hervorrufen, um mit den technischen visuellen Medien konkurrieren zu können.[61] Diese Forderung basiert auf der Einsicht, daß die Darstellungsformen von Film und Fotografie einen nachhaltigen Einfluß auf die allgemeine Wahrnehmung des Menschen haben und die Literatur daher literarische Äquivalente für die Arbeitsweise einer Kamera finden muß, sofern sie nicht jeden Gegenwartsbezug verlieren und hinter die Entdeckung von »neuen sinnlichen Ausdrucksmustern« (*FiW*, S. 390) durch die technischen Medien zurückfallen will.

Dies ist zwar in der Literatur des 20. Jahrhunderts nichts Neues, denn schon in der Literatur der klassischen Moderne und – spezifisch zugespitzt – in den literarischen Montage- bzw. Collage-Experimenten der Avantgardebewegungen der zehner und zwanziger Jahre waren ›filmische‹ Verfahren zum Anhaltspunkt für das literarische Arbeiten geworden. Allerdings wurden die Montage- und Collagetechniken in dem Brückenschlag der amerikanischen Postmodernisten und Underground-Autoren zur europäischen Vorkriegsavantgarde gerade in den sechziger Jahren reaktualisiert und gewannen so – vermittelt z.B. über die bereits erwähnten Arbeiten von Burroughs, über Giornos Projekt einer ›Found Poetry‹ oder Andy Warhols *a. A Novel* (1969), über die Verfahren des Plagiats oder der ›Oberflächenübersetzung‹ – erneut Vorbildcharakter für deutsche Autoren. Dabei ist nicht nur an sprachliche Zitate, sondern ausdrücklich auch an die Integration von Bildmaterial wie Fotografien, Filmbilder, Plakate, Werbeanzeigen, Comics etc. zu denken.

---

61 William S. Burroughs: *Der Job. Gespräche mit Daniel Odier* (1969). Frankfurt/M., Berlin: Ullstein 1986, S. 11.

Brinkmanns Faszination für Film und Fotografie drückt sich auch in der Metaphorik seiner poetologischen Terminologie aus, in der er mehrmals die Analogie zu den technischen Reproduktionsmedien betont. So charakterisiert er wiederholt Gedichte als »Blitzlicht-« bzw. »Momentaufnahmen«, einem Lyrikband gibt er den Titel *Standphotos*, und auch in der einleitenden Notiz zum Gedichtband *Die Piloten* spricht er vom Gedicht als »snap-shot«.

Schon diese Indizien deuten darauf hin, daß in seinen Texten die Wahrnehmungsstrukturen der technischen Medien unter den medialen Bedingungen der Literatur nachvollzogen werden sollen, um so die »*negative Programmierung* der Sprache« (*N*, S. 30), d.h. den unweigerlichen Reflexionszwang, den der traditionelle literarische Text dem Leser auferlegt, zu durchbrechen. Dadurch glaubt Brinkmann, auch in der Literatur ein Erleben zu ermöglichen, das mehrere Sinne zugleich anspricht und dadurch die Grenzen des Bewußtseins überschreitet. Dabei geht er von augenblicklichen sinnlichen Erfahrungen aus, die sich an den Oberflächenreizen entzünden und zu ›Sprachbildern‹ bündeln lassen, welche eben jene sinnliche Präsenz der beschriebenen Phänomene wiedergeben.

Der Bezug des Schreibens zur gegenwärtigen Realität ist – wie Thomas Groß betont hat – *die* wesentliche Konstante in Brinkmanns Gesamtwerk, die sowohl seine Arbeiten in allen literarischen Gattungen (Essays, Erzählungen, Gedichte) als auch in sämtlichen Werkphasen bestimmt, also auch noch für die postum veröffentlichten Tagebuch- und Materialbände der frühen siebziger Jahre gilt, die gemeinhin als totaler Bruch mit der Poetik der Pop-Phase angesehen werden. Literatur wird zur »empirischen Verschriftung von Sinnesdaten«[62], die der Schriftsteller mit einer Präzision aufnimmt, die am Ideal der Kamera orientiert ist:

> »Die eigene *Optik* wird durchgesetzt, *Zooms* auf winzige, banale Gegenstände ohne Rücksicht darauf, ob es ein ›kulturell‹ angemessenes Verfahren ist, *Überbelichtungen, Doppelbelichtungen* [...], unvorhersehbare *Schwenks* (Gedanken-Schwenks), *Schnitte:* ein image-track.« (*N*, S. 29f.)

Zum Schreibanlaß kann eine beliebige alltägliche Handlung oder Beobachtung werden, und alles, was während des Schreibens sinnlich präsent ist, eignet sich zum literarischen Sujet: »Man braucht nur skrupellos zu sein, das als Gedicht aufzuschreiben.« (*P*, S. 7) Der Akt des Schreibens ist daher ein prinzipiell offener, möglichst ungefilterter Wahrnehmungs- und Verschriftungs-

---

62 Thomas Groß: *Alltagserkundungen*, a.a.O., S. 30.

prozeß, dem ›Aufschreiben‹ wichtiger ist als ›Dichten‹ in jenem emphatischen Wortsinne, den die Tradition der ›hohen‹ Literatur suggeriert. Vor allem in der *Lyrik,* die er zur »flexibelsten literarischen Ausdrucksform« (*FiW,* S. 388) umzufunktionieren versucht, hat Brinkmann in den späten sechziger Jahren diese Registration von Sinneseindrücken in einer »ikonographischen Poesie«[63] auf zwei verschiedene Weisen realisiert, in denen sich der Einfluß von Fotografie und Film erweist. Die erste Variante ist die sprachliche *›Momentaufnahme‹,* ein statisches ›Sprachbild‹, das deutlich an die Fotografie angelehnt ist:

> »Ich denke, daß das Gedicht die geeignetste Form ist, spontan erfaßte Vorgänge und Bewegungen, eine nur in einem Augenblick sich deutlich zeigende Empfindlichkeit konkret als snap-shot festzuhalten.« (*P,* S. 6)

Obwohl Bild und Text aus unterschiedlichen Zeichensystemen hervorgehen, die sich nicht so leicht ins andere System übertragen lassen, versucht Brinkmann in seinen ›Momentaufnahmen‹ im Medium der Schrift einen zwar kontingenten, dennoch aber zumindest im subjektiven Empfinden präzisen Blick auf alltägliche Dinge oder Vorgänge einzufangen. Dabei evozieren die Wörter einen instantanen Bildeindruck, der sich gewissermaßen selbst genügt. Dies geschieht vor allem deshalb, weil auf jede Metaphorik verzichtet wird. Es wird damit im Text eine *gegenständliche,* nicht etwa eine metaphorische Bildlichkeit konstituiert.

Allerdings kann der literarische Text dem Leser nur dann eine solche gegenständliche Wahrnehmung plausibel machen, wenn die selbstreferentiellen sprachlichen Operationen, gleichsam die semiotischen Eigentendenzen der Sprache, in den Hintergrund gedrängt werden. Eckhard Lobsien hat darauf hingewiesen, daß das Leserbewußtsein nur dann auf die Gegenstandsreferenz konzentriert werden kann, wenn der Leser sein alltägliches Wahrnehmungswissen in die Rezeption einbringt: »Das Vorstellungsobjekt inkorporiert jenes Wissen, das sich aus den unzähligen Akten der Wahrnehmung sedimentiert hat; und genau dies ist seine Bildlichkeit. Bildlichkeit also ist die durch die Vorstellung bewirkte Amalgamierung von vorgegebenen Zeichen in Re-

[63] Götz Großklaus: »Nähe und Ferne. Wahrnehmungswandel im Übergang zum elektronischen Zeitalter«. In: ders. / Eberhard Lämmert (Hrsg.), *Literatur in einer industriellen Kultur.* Stuttgart: Cotta 1989, S. 489-520, hier: S. 512.

präsentationsfunktion mit einem vorgängigen Wahrnehmungswissen zu einem Bewußtseinsobjekt.«[64]

Gelingt dies, so erweckt das Gedicht den Eindruck, wie die Fotografie von einer enormen Detailgenauigkeit an der Oberfläche geprägt zu sein, die sich in der bloßen ›Anwesenheit‹ der Dinge genügt: »Die Gedichte sind viel weniger, und das ist ihr ›mehr‹. Sie sind einfach da.« (*N*, S. 31) Im Hinblick auf Brinkmanns Gedichte gibt Lobsien wichtige Hinweise zum Funktionieren der subjektiven Wahrnehmung. Im Wahrnehmungsvorgang, so Lobsien, werde das wahrgenommene Objekt als »unmittelbar präsente Einheit von Ausdruck (Erscheinung) und Sinn« rezipiert, als jene »nur in einem Augenblick sich deutlich zeigende Empfindlichkeit« (*P*, S. 6), von der Brinkmann gesprochen hat. Der Sinn ist dabei in der Zeichenmaterie enthalten. Dieses Zusammenwirken von Signifikant und Signifikat vollzieht sich jedoch unbewußt, so daß der wahrgenommene Gegenstand immer schon eine Einheit von Erscheinung und Sinn bildet. In diesem Sinne sind für Brinkmann die ›tiefen‹ Bedeutungen – vor allem angesichts der Dominanz des Visuellen – gleichgültig geworden. Seine ›Momentaufnahmen‹ führen lediglich vor, wie sich der Autor auf die sinnliche Wahrnehmung dieser Oberflächen beschränkt:

> »Denn je konkreter in der subjektiven Verwendung der Bilder das einzelne Bild = Image, Vorstellung, Eindruck, die sinnliche Erfahrung als Blitzlichtaufnahme in einem literarischen Text da ist, desto leerer wird der vorgegebene Bedeutungsgehalt, und das wiederum bewirkt, wie leicht einzusehen ist, ein Ansprechen größerer Einheiten als nur die des Verstandes.« (*ES*, S. 154)

Eine erste, extrem reduzierte intermediale Realisierung dieses Programms hat Brinkmann schon 1964 mit dem Gedicht *Photographie* vorgelegt. Dabei wird offen gelassen, ob mit dem Titel an eine Fotografie im Sinne einer chemisch fixierten materiellen Abbildung, also an einen ästhetischen Gegenstand, gedacht ist, oder ob in einem Analogieschluß zur ›fotografischen‹ Bildproduktion der Modus der ästhetischen Erfahrung umschrieben wird:

[64] Eckhard Lobsien: »Bildlichkeit, Imagination, Wissen: Zur Phänomenologie der Vorstellungsbildung in literarischen Texten«. In: Volker Bohn (Hrsg.), *Bildlichkeit. Internationale Beiträge zur Poetik.* Frankfurt/M.: Suhrkamp 1990, S. 89-114, hier: S. 101f.

»Mitten
auf der Straße
die Frau
in dem
blauen
Mantel.«[65]

Auch in *Gras* finden sich zahlreiche literarische ›Momentaufnahmen‹. So wird etwa in *Bild* lediglich auf zwei Tauben hingewiesen, die auf einem Dach ›ficken‹ (*Gr*, S. 24), und die ›Kürzestgeschichten‹ *Kaffee trinken (1)* und *Kaffee trinken (2)* halten in knapper Diktion den Vorgang des Kaffeetrinkens fest:

> »Ich nehme etwas Milch und zwei Löffel Zucker und rühre in der Tasse, die vor mir steht. Dann nehme ich die Tasse hoch, trinke und setze sie wieder ab.« (*Gr*, S. 13)

Das Gedicht *Samstagmittag* schließlich beschreibt in vier Wahrnehmungssegmenten den Blick aus einem Wohnungsfenster auf die gegenüberliegende Häuserfassade:

»Ein Männerarm (nackt) mit einem
Stückchen Unterhemd
zieht die Gardine wieder zu.
*
Vor ein anderes Fenster ist
ein Stück Pappe geheftet.
*
Ein großer grüner Kaktus ist
nach draußen gestellt worden.
Er soll noch größer werden.
*
Weil es regnet; hier... und da.« (*Gr*, S. 15)

Diese Aneinanderreihung von – noch deutlich in vier Strophen separierten – ›Einzelaufnahmen‹ deutet schon auf das zweite von Brinkmann verwendete literarische Verfahren hin: auf eben jenen *›Film in Worten‹*, von dem er in

---

[65] Rolf Dieter Brinkmann: *Le Chant du Monde*, a.a.O., [S. 27].

Anlehnung an Kerouacs Ideen spricht. Im Unterschied zur ›Momentaufnahme‹ sind die literarischen, bisweilen mit Bildelementen angereicherten Montagen in den meist langzeiligen Gedichten stärker an bewegten Filmbildern oder auch an den »kleinen überschaubaren Szenen« (*OH*, S. 70) der Comic-strips orientiert.[66]

Wir haben mehrfach gesehen, daß unter postmodernistischen Vorzeichen das ›*Inter*‹(-textuelle und -mediale), das zwar die Darstellungsdifferenz zwischen verschiedenen Zeichensystemen markiert, zugleich aber deren Verbindung gewährleistet, zu einem wichtigen Konstitutionsprinzip von Literatur geworden ist. Yvonne Spielmann hat Intermedialität in diesem pointierten Sinne als formales Verfahren beschrieben, das die Materialität und die Struktur von zwei verschiedenen Medien zueinander in Beziehung setzt. Die Schnittstellen sind in diesem Kontext als symbolische Formen zu begreifen, welche die Reibungspunkte der aufeinander bezogenen Medien deutlich machen: »Damit wird sogleich evident, daß zwischen einem Medium und seiner Potenz als symbolische Form eine Darstellungsdifferenz klafft, die man in diesem Diskurs durchaus ›Inter‹ nennen könnte. Sicht- oder wahrnehmbar kann die symbolische Form überhaupt nur dann werden, wenn das *Inter* der Medialität zur Gestaltung kommt. [...] Man könnte also sagen: die Erfüllung der symbolischen Form aus einer intermedialen Gestaltung enthebt das Medium dem Strudel der Selbstreferentialität.«[67]

In der literarischen ›Momentaufnahme‹ entkommt der literarische Text diesem ›Strudel‹ durch die Konstitution einer gegenständlichen Bildlichkeit; in der literarischen Montage wird die Selbstreferentialität des Textes vor allem durch die fragmentierte Darstellung des Wahrgenommenen vermieden, die das Leserbewußtsein immer wieder über die Selbstpräsentationstendenzen des Sprachmaterials hinauszwingt. Dies setzt auf seiten des Textproduzenten eine besondere Arbeitsweise voraus: das Montieren von ›Einzelteilen‹.

---

[66] Die Begriffe ›Montage‹ und ›Collage‹ werden in der Literaturwissenschaft nach wie vor äußerst unheitlich verwendet. Mit Blick auf Brinkmanns Texte jedoch werden wir den Montage-Begriff vorziehen, denn er betont den Prozeß des Zusammensetzens von disparaten Äußerungen, ohne daß das Material – wie es der Begriff der Collage stärker nahelegt – als zitierter Fremdtext erkennbar sein müßte. Dazu Volker Hage: »Die literarische Collage ist also eine Form der Textmontage: nämlich der wie auch immer gearteten Montage von Zitaten. [...] Eine Collage ist immer zugleich eine Montage, doch nicht jede Form von Montage ist auch eine Collage.« – Vgl. Volker Hage: *Collagen in der deutschen Literatur. Zur Praxis und Theorie eines Schreibverfahrens.* Frankfurt/M., Bern, New York, Nancy: Lang 1984, S. 68f.

[67] Yvonne Spielmann: »Intermedialität als symbolische Form«. In: Ästhetik & Kommunikation 24 (1995), H. 88, S. 112-117, hier: S. 113f.

Ein Autor, der sich der Kontingenz des Alltags stellt, nimmt heterogene Realitätspartikel wahr, die ihm zwangsläufig in der Regel bereits in medialisierter Form begegnen. Nicht nur das Vorbild der historischen Avantgardebewegungen, die ja die diversen Möglichkeiten der Montage- und Collagetechniken ausführlich durchexerziert hatten, hat Brinkmann in dieser Hinsicht nachhaltig beeinflußt, sondern vor allem auch seine genaue Beobachtung der filmischen Schnittechniken.

Im Film löst die Schnittechnik eine doppelte Metamorphose der Zeit und des Raumes aus. Der Film hört auf, lediglich eine bewegte Fotografie zu sein und zerfällt in eine Abfolge von vielen unzusammenhängenden Einzelaufnahmen, die erst durch den Schnitt wieder ›geordnet‹ werden. Die Montage ist im Film also eine Zeitdeformationstechnik, und es ist dieses Zerschneiden des Zelluloidstreifens und die anschließende Montage der Fragmente, die Brinkmann zu seinem Programm des ›Films in Worten‹ angeregt haben. Denn in Analogie zum Film hat er in zahlreichen Gedichten – freilich stets in der (selten offen thematisierten) Nachfolge der Avantgarden – nach literarischen Verfahren gesucht, in denen sich das Durch- und Nebeneinander von Einzelwahrnehmungen und assoziativen Gedanken in einem Wechselspiel der Zeitebenen darstellen läßt.

Für die Literatur hatte eben dies auch schon Walter Höllerer im Blick, wenn er vom ›langen Gedicht‹ forderte, es müsse aus den unterschiedlichsten Wahrnehmungen die Vielfalt der Realität konstruieren. Dies sei jedoch nur möglich »mit freierem Atem, der im Versbau, im Schriftbild Gestalt annimmt«.[68] Das ›lange Gedicht‹ reagiert darauf, indem es in seinem typographischen Bild die lineare Ordnung aufhebt und ›Cross-Readings‹ ermöglicht, ja geradezu verlangt.

Brinkmanns Montageverfahren läßt sich – gerade im Hinblick auf die starke Bildlichkeit seiner Texte – an eine Äußerung von Jean-Luc Godard anschließen: Ein ›Bild‹, so Godard mit Blick auf seine eigenen Filme, solle an ein anderes ›Bild‹ anstoßen und *dazwischen* ein ›Bild‹ im Kopf des Zuschauers entstehen lassen. Durch ›filmische‹ Schnittechniken kombiniert auch Brinkmann die wahrgenommenen Partikel miteinander und formiert sie zu *»künstlich hergestellten Bild-Reihen«* (*N*, S. 17), deren ›Zwischenräume‹ der Leser füllen muß:

[68] Walter Höllerer: »Thesen zum langen Gedicht«, a.a.O., S. 128.

»Die fragmentarische Form, die ich verschiedentlich benutzt habe, ist für mich eine Möglichkeit gewesen, den Zwang, jede Einzelheit, jedes Wort, jeden Satz, hintereinander zu lesen, und damit auch logische Abfolgen zu machen, wenigstens für einen Moment nicht zu folgen. [...] Die springende Form, mit den Zwischenräumen, die vorhanden sind, Gedankensprünge, Abbrüche, Risse, und neu ansetzen, nach dem zuletzt Geschriebenen, hat mir jedenfalls die Gelegenheit mehrerer Abflüge gegeben.« (*UN*, S. 234f.)

Für Brinkmanns literarische Montagetechnik lassen sich in *Godzilla*, den *Piloten*, *Gras*, diversen Einzelveröffentlichungen und auch in den späten Lyrikbänden *Eiswasser an der Guadelupe Str.* (1974/85) und *Westwärts 1 & 2* (1975) sowie im *Fragment zu einigen populären Songs* (1975)[69] zahlreiche Beispiele finden. Am deutlichsten jedoch hat Brinkmann in seinem Zitatenmosaik *Vanille* (1969), in dem sich Beschreibungen von ganz alltäglichen Vorgängen mit Dekodierungen des populärkulturellen Zeichenmaterials überlagern, mit diesem Schreibverfahren experimentiert. Er orientiert sich dabei an der im amerikanischen Underground gängigen Praxis, Gedichte als »persönliche Tagebücher«[70] zu verfassen, wie dies vor allem Frank O'Hara und Ted Berrigan, die Brinkmann ja beide ins Deutsche übersetzt hat, getan haben. Wenn das Gedicht also den Anspruch erhebt, die vielfältigen Ereignisse des Tagesablaufs festzuhalten, so werden zwangsläufig fragmentierte Eindrücke und Vorgänge zum Gegenstand des Textes. Die literarische Montage – mit all den Eigenheiten der Typographie und des Satzspiegels – ist dann eine schlüssige Reaktion auf die Erfahrung des Nebeneinanders von zahllosen nicht zusammengehörigen Phänomenen, zugleich aber auch Ausdruck der »Unmöglichkeit, etwas ›Großes‹ zustandezubringen«: Es komme vielmehr darauf an, »die banalen Ereignisse mit gesteigerter Aufmerksamkeit zu beachten«. (*Gr*, S. 19)

---

69 Vgl. Rolf Dieter Brinkmann: »Fragment zu einigen populären Songs«. In: Literaturmagazin 3/1975, S. 105-122.

70 Zit. nach Rolf Dieter Brinkmann (Hrsg.): *Silverscreen*, a.a.O., S. 41. – Ein anderes Beispiel in Brinkmanns Werk: Auch im *Gedicht »Für Frank O'Hara«* (*Gr*, S. 16-22), einer lyrischen Hommage an sein amerikanisches Vorbild, knüpft Brinkmann an diese Methode an. Sogar der Tag, auf den sich das Gedicht bezieht, ist genau angegeben: »Das ›persönliche‹ Datum / dieses Gedichts: Sonntag, / der 22. Juli 1969, 2 Uhr / nachmittags und ganz ver- / schlafen – ›Guten Tag!‹« (*Gr*, S. 20).

Daneben schlägt sich in diesem vergleichsweise spontanen Schreibverfahren aber auch Brinkmanns Ansicht nieder, »daß sich lange Arbeitszeiten für ein literarisches Produkt gewöhnlich nicht ›lohnen‹« (*A V*, S. 141)[71]:

»Man kann soviel besseres machen, als beispielsweise lange an einem Gedicht herumzubosseln – in der Stadt herumgehen, Zeitung lesen, ins Kino gehen, ficken, in der Nase bohren, Schallplatten hören, mit Leuten dumm herumreden... die berühmten ›langen, quälenden‹ Arbeitsstunden an einer Prosa- oder Gedichtsequenz halte ich für eine Mystifikation, die dem Autor von der Gesellschaft aufgedrängt worden ist und die er nicht durchschaut.« (*A V*, S. 141)

Statt auf diese attraktiven Möglichkeiten der Lebensgestaltung zu verzichten, bloß um intensiv an jedem Wort eines Textes zu feilen, versucht Brinkmann das alltägliche Material in den Text zu integrieren. Für ihn wird dabei buchstäblich *alles* »zu einem ›Bild‹ / und im Gedächtnis / gespeichert« (*V*, S. 122). Dieses Anlegen von Speichern ist überhaupt erst die Voraussetzung, daß der Autor die Überfülle der Zeichen noch in – wenn auch rudimentäre – subjektive Bedeutungshorizonte einpassen kann:

»Die ›Bilder‹ kommen
in kleinen Rucken

ich habe meinen
Kaffee ausgetrun-

ken und leg mir
eine Platte auf

die Balkontür steht
offen, es ist Sams-

71 So hat Brinkmann *Vanille* in mehreren Arbeitsschritten am 12.10.1968, am 26./27. und 29./30.3.1969 sowie am 1.4.1969 geschrieben (*V*, S. 140): »ich hatte an diese Arbeit gar nicht mehr gedacht, bis ich in der vergangenen Woche mit Jörg Schröder vom März-Verlag wegen der Anthologie ›Acid‹ telefonierte. Danach redeten wir noch über die Bücher, die er nun in seinem eigenen Verlag herausbringen wird und also auch [über] den vorliegenden Marginalienband. Schröder bat mich, ihm dafür einen Text zu liefern.« (*A V*, S. 141f.)

tagvormittag, gleich
gehe ich nach drau-

ßen, es gibt reiz-
volleres als Gedichte

etwa: die Frage nach
der Farbe der Scham-

haare Elizabeth Tay-
lors [...]« (*V*, S. 111)

Ein Textgeflecht wie *Vanille* dokumentiert in diesem Sinne das Wieder- und Weiterschreiben, für das der Autor den ›Wort- und Bildmüll‹ der Mediengesellschaft nutzt. Auch in diesem Stimmen- und Bildergewirr ist zwar noch in vielen Passagen ein lyrisches Ich auszumachen, die Autorsubjektivität äußert sich jedoch im Vergleich zu anderen Brinkmann-Texten auf eine andere Weise. Denn in die Beschreibungen von alltäglichen Vorgängen (»ich gehe jetzt / wirklich nach draußen und hole mir eine Zeitung, um nachzusehen / was im Kino läuft«, *V*, S. 114), Reflexionen, Träumen und Beobachtungen des lyrischen Ichs sowie seinen subjektiven Dekodierungen von populärkulturellen Vorlagen dringen zum einen immer wieder Erzählpassagen ein, die sich an dem einmontierten Material entzünden, zum anderen auch unverändertes Sprach- und Bildmaterial – und zwar als deutlich auszumachendes Sprach- bzw. Bild-*Zitat*. Der Text dokumentiert daher vielmehr die ›bricolage‹ des Autors mit den verfügbaren Prä- und Kontexten, mit den ›objets trouvés‹, die sich im Augenblick des Auf-Schreibens anbieten:

»Und das Gedicht geht
›weiter‹, weil ich weiter

gehe, oder ich gehe ›weiter‹
weil das Gedicht weiter

geht« (*V*, S. 124)

Brinkmann versucht in *Vanille* gar nicht mehr, das überbordende Material noch zu bändigen: »meine Einstellung ist: wenn es [das Material, J.S.] sich in seiner Attraktivität für mich als etwas derartiges anbietet, so benutze ich es, wenn nicht - dann nicht.« (*A V*, S. 144) Die Vielfalt und Vielzahl der Quellen legt zugleich die montierende Schreibweise nahe. Brinkmann hat dies z.B. durch die Fettung sowie die Variation der Schriftgrößen und Schriftarten, durch das Aufbrechen des Blocksatzes und durch die Verschiebung von Textzeilen betont. Dadurch wird das Augenmerk auf die zahlreichen Wort- und Bildzitate konzentriert:

> »Es ist die Energie des Abfalls, die mich antreibt! Ich
> bin irritiert, ich bin entzückt.« (*V*, S. 121)

Aus nahezu allen Bereichen des alltäglichen Lebens wird der ›Abfall‹ des vorgefundenen Sprach- und Bildmaterials zusammengetragen - ganz im Sinne von Flussers epizyklischem Kulturmodell - und mit verschiedenen typographischen Mitteln präsentiert. So sind in den Text zahlreiche Zeitungsmeldungen einmontiert: Von Berichten über die Versteigerung eines Renoir-Gemäldes und die Ausstattung eines Rolls Royce (*V*, S. 107), einen Wetterbericht (*V*, S. 112) und eine Meldung über den Mord an dem türkischen Starkoch Ilyas (*V*, S. 125) bis hin zu einer Äußerung des Fortuna-Trainers Jupp Schmidt zur Niederlage seiner Mannschaft gegen Hamborn 07 (*V*, S. 129). Genauso wie ein Lexikonartikel zum Eisprung (*V*, S. 123) und der Text einer Gebrauchsanweisung von Avon-Hautcreme (*V*, S. 126) werden Passagen von Briefen verwertet, die Brinkmann von dem Kölner Germanisten Walter Hinck (*V*, S. 108), von seinem Freund Henning John von Freyend (*V*, S. 133) und von *Merkur*-Herausgeber Hans Paeschke (*V*, S. 127) erhalten hat. Brinkmanns ›Maschinengewehr-Attacke‹ gegen seine Kritiker nach einer Lesung in Berlin spiegelt sich in einer zitierten Erinnerung von Horst Bienek (*V*, S. 129), und außerdem wird aus dem Gedicht *Our Youth* von John Ashbery zitiert (*V*, S. 128), weil »ich Ashbery erst vor kurzem gelesen habe und einige seiner Gedichte sogleich mochte« (*A V*, S. 144).

Neben solchen Textzitaten hat Brinkmann auch Bildmaterial in den Text einmontiert. So wird etwa ein Aktselbstporträt - sitzend mit Getränkedose, neben ihm stehend (s)eine ebenfalls unbekleidete Frau -, das zuvor bereits als Autorenporträt für *Godzilla* gedient hatte, wiederverwertet (*V*, S. 115). Außerdem ist ein Plakat »So kriegt man mehr Rente« (*V*, S. 117) reproduziert, des weiteren Pin-up-Zeichnungen (»Laura Pennington war ein attraktives junges Weib, rothaarig und verdammt sexy«, *V*, S. 120), Comic-Sprechblasen mit der Zeichnung eines Frauenoberkörpers mit entblößter Brust (*V*, S. 137), zwei pornographische Fotografien (*V*, S. 139) sowie eine Todesanzeige (*V*, S. 140).

Eine andere Form der Montage sind Gemeinschaftstexte, bei denen die Textelemente von kooperierenden Autoren ineinander montiert werden. Solche künstlerisch-literarischen Kooperationen waren schon eine verbreitete Eigenheit der europäischen Avantgardebewegungen und sind nach dem Zweiten Weltkrieg im deutschen Sprachraum außerdem zuerst von der *Wiener Gruppe* um H.C. Artmann, Konrad Bayer, Gerhard Rühm und Oswald Wiener aufgegriffen worden. In allen diesen Anläufen zu einer kooperativen literarischen Produktion geht es um den Versuch, einen Text nicht mehr als individuelle Äußerung einer Einzelperson aufzufassen, sondern als ein gemeinsam ›fabriziertes‹ Produkt. Das hypertrophe Bild vom genialen ›Dichter‹, das in der tradierten Literaturkritik eine wesentliche Rolle in der Bewertung von literarischen Texten gespielt hat, wird dadurch bewußt außer Kraft gesetzt.

Brinkmann hat 1969/70 vor allem mit Ralf-Rainer Rygulla, in Einzelfällen aber auch mit Rolf Eckart John und seiner Frau Maleen zahlreiche ›Kollaborationen‹ geschrieben. Sie hatten auch hier konkrete Vorbilder aus dem amerikanischen Underground vor Augen. Schon in *Silverscreen* hat Brinkmann einige Kollaborationen von Ron Padgett mit Tom Clark, Ted Berrigan und Peter Schjeldahl vorgestellt.[72] Rygulla hat den kooperativen Arbeitsprozeß an den fünfzig bis sechzig Texten beschrieben, die eigentlich für die (nie erschienene) Sammlung *Frank Xerox' wüster Traum und andere Kollaborationen* vorgesehen waren[73]:

> »Die Kollaborationen waren zum einen die Fortsetzung der Schreibarbeit im Dialog, zum anderen ausgelassene Pausen, die zu einer Art Formulier- und Schreib-Party gerieten. Im Laufe der Zeit kamen Methoden dazu, es fing an mit Absprachen, ich in die Engelbertstraße

[72] Rolf Dieter Brinkmann (Hrsg.): *Silverscreen*, a.a.O., S. 173-183.

[73] Veröffentlicht liegen jedoch nur wenige Kollaborationen vor. Mit Ralf-Rainer Rygulla hat Brinkmann die folgenden Texte vorgelegt: »Einmal«. In: Der Gummibaum 2/1969, S. 2-3. – »Zehn Münzen aus Albanien«, ebd., S. 4. – »Gaston ans Knie«. In: Lit 3/1969, S. 8. – »Frank Xerox' ›wüster Traum‹«. In: Merkur 24 (1970), S. 747 (vgl. dazu auch seine »Notizen zu ›Frank Xerox‹«. In: Literaturmagazin 36/1995, S. 56. – »Der längste Zug der Welt«. In: Literaturmagazin 36/1995, S. 57-64). – »Zugluft«, ebd., S. 65. – »Sein Album«, ebd., S. 66-69. – Mit Maleen Brinkmann: »Aus unserer Küche«. In: Der Gummibaum 1/1969, S. 8. – Mit Ralf-Rainer Rygulla & Rolf Eckart John: »Gedicht über 4 Fische«. In: Akzente 17 (1970), H. 2, S. 103-106.

oder bei mir am Brüsseler Platz, dann die Form, jeder eine Zeile blind, ausgesparte Stellen, in die der andere schrieb, synchron schreiben, ›Haikus‹, cut ups, fold ins, Oberflächenübersetzungen, bei denen wir Gedichte, deren Originalsprache wir nicht mächtig waren, assoziativ ins Deutsche brachten, Fundstücke aus Zeitungen, die wir umschrieben.«[74]

Angeregt wurden die Kollaborationen durch die unterschiedlichsten Situationen. Auch wenn Brinkmann entgegen einem landläufigen Urteil nur vorsichtig und in geringen Dosen halluzinogene Drogen konsumiert hat, so sind doch zahlreiche Kollaborationen unter dem Einfluß von Haschisch entstanden.[75] Eine der wichtigsten Kollaborationen jedoch, das Langgedicht *Der längste Zug der Welt,* ist am 29. November 1969 während einer Bahnfahrt nach Darmstadt zum Melzer Verlag entstanden.[76] Die beiden ›Kollaborateure‹ »assoziierten frei aus der Situation heraus, nach dem, was wir durch die Fensterscheiben sahen, nach Stichwörtern, die wir uns zuspielten«.[77] Auf diese Weise kombinieren sie etwa Landschaftsbeschreibungen und Erinnerungen an andere Gegenden, z.B. ans »Museumsdorf ›Cloppenburg‹« mit Zitaten aus einem - womöglich im Abteil herumliegenden - touristischen Prospekt, oder sie montieren die Beschreibung von eigenen Handlungen und den Vorgängen im Zugabteil, die Reflexionen über das persönliche Befinden und die flüchtige Wahrnehmung von Werbetafeln in den durchfahrenen Ortschaften miteinander. Eine willkürlich ausgewählte Textpassage gibt einen Eindruck von einer solchen Kollaborationsmontage:

---

[74] Ralf-Rainer Rygulla: »Frank Xerox' wüster Traum und andere Kollaborationen«, a.a.O., S. 55.

[75] Vgl. die Aussagen von Rygulla: »Unter Haschisch ist eine Anzahl der sogenannten Kollaborationen entstanden. [...] Rolf Dieter stand immer in einer Art interessierter, neugieriger Distanz zu diesen Dingen. Er war sehr vorsichtig, was den eigenen Konsum betraf. [...] Ich meine, er hat eher Drogen nehmen *lassen.*« - Zit. nach Wolfgang Rüger: »Direkt aus der Mitte von Nirgendwo«, a.a.O., S. 80f.

[76] Rolf Dieter Brinkmann / Ralf-Rainer Rygulla: »Der längste Zug der Welt vom 28. bis 29. Nov. 1969 über Köln-Darmstadt-Stuttgart-Frankfurt-zurück nach Köln«. In: Literaturmagazin 36/1995, S. 57-64, hier: S. 62f.

[77] Gunter Geduldig / Marco Sagurna: »›Es genügten ihm seine Empfindungen der Welt gegenüber‹«, a.a.O., S. 103.

»Die Landschaft ist
anständig genug von
Zeit zu Zeit ihr Gesicht
zu wechseln. Ich bin anständig genug mich
ihr zu widmen und mich für Ein-
drücke zu öffnen, die so alt wie
die Menschheit sind:

Feld
Baum
Schnee
ein Klumpen, der
sich als ›Vogel‹ entpuppt

(ewige Metamorphose! an welche Grenzen
hast du uns gebracht!)

Trotzdem
wünsche ich mir
bessere
Sitzgelegenheiten
und nicht diesen grünen Plüsch, der
Sack und Eier einklemmt. Doch
bevor ich es wieder vergesse:
dort liegt eine Kapelle
in halber Höhe am Hang und
›zierliche
Schneestürme
hausen zu dieser Jahreszeit in den
entlaubten Gärten Weinheims
an der Bergstraße,‹

das nun schon eine Weile hinter mir liegt.
(Gleichzeitig flammt vor mir im Gang
rot ein ›WC‹ auf!)«

Burroughs hat mit Blick auf seine Cut-up-Kompositionsmethode prognostiziert, sie könne »in viel größerem Umfang als bisher zu Kollaborationen zwischen Schriftstellern führen, und es würden Werke entstehen, die das Ergebnis gemeinsamer Bemühungen einer ganzen Anzahl von lebenden und toten Autoren wären.«[78] Eine solche Kooperation von lebenden und toten Autoren stellen auch die ›Oberflächenübersetzungen‹ dar, mit denen Brinkmann und Rygulla ihre Kollaboration auf eine kuriose Weise variiert haben. Auch diese Schreibmethode - vorhandene Texte als Vor- bzw. Unterlage für einen neuen zu benutzen - haben sie aus der amerikanischen Lyrikszene übernommen.[79] Bei der ›Oberflächenübersetzung‹ werden fremdsprachliche Worte assoziativ durch ähnlich klingende oder ähnlich geschriebene deutsche ersetzt – gleichsam über-*schrieben,* nicht übersetzt –, die semantisch in keinem Zusammenhang zur ›richtigen‹ Übersetzung stehen müssen. Die Methode stellt den Versuch dar, »ohne Kenntnis der Fremdsprache [...] ein Gedicht zu übertragen nach dem im Augenblick des Lesens sich einstellenden *Oberflächenverständnis*«.[80] Dieses im Doppelsinne des Wortes oberflächliche Verständnis stellt als Resultat einer produktiven ›Fehllektüre‹ ein Zwischenstadium zwischen dem Prätext und dem ›neuen‹ Gedicht dar.

Brinkmann und Rygulla haben dieses Verfahren z.B. an Apollinaires Gedicht *La jolie rousse* (1918) realisiert, das in ihrer ›Übersetzung‹ aus dem Französischen zu *Der joviale Russe* geworden ist – und nicht etwa zu *Die hübsche Rothaarige,* wie in der kanonisierten Übersetzung von Fritz Usinger.[81] Die personelle Konstellation wird damit um einen dritten ›Co-Autor‹ erweitert, nämlich den abwesenden, im konkreten Falle sogar seit Jahrzehnten verstorbenen Verfasser des Prätextes. Insofern ist der ›übersetzte‹ Text tatsächlich das Ergebnis einer »*Zusammenarbeit* zwischen GUILLAUME APOLLINAIRE, RALF-RAINER RYGULLA und ROLF DIETER BRINKMANN.«[82]

---

[78] William S. Burroughs: »Die Zukunft des Romans«, a.a.O., S. 21f.

[79] So hat Brinkmann schon in *Silverscreen* aus einem Statement von Kenward Elmslie zitiert, der darauf hinweist, er habe durch die Bekanntschaft mit O'Hara, Kenneth Koch, Joe Brainard, Ron Padgett zahlreiche Methoden des Gedichteschreibens kennengelernt, z.B. »die Ungezwungenheit in dem ›Falsch-Übersetzten‹ – man nimmt einen fremdsprachigen Text und macht eine willkürliche Übersetzung«. – Zit. nach Rolf Dieter Brinkmann (Hrsg.), *Silverscreen,* a.a.O., S. 41.

[80] März Texte 1, a.a.O., S. 304, Anm. 12.

[81] Vgl. Ralf-Rainer Rygulla / Rolf Dieter Brinkmann: »Der joviale Russe«. In: März-Texte 1, a.a.O., S. 70-73. – Im übrigen hatte Brinkmann für die Veröffentlichung der Sammlung *Frank Xerox' wüster Traum* geplant, neben den Oberflächenübersetzungen auch die fremdsprachlichen Originale und eine vorliegende deutsche Übersetzung abzudrucken. Vgl. Rolf Dieter Brinkmann: »Notizen zu ›Frank Xerox‹«, a.a.O., S. 56.

[82] März Texte 1, a.a.O., S. 304, Anm. 12.

Allerdings realisieren Brinkmann und Rygulla die deutsche Version ihres Ausgangstextes nicht ausschließlich als phonetische Transkription, wie dies etwa Ernst Jandl kurz zuvor mit seiner *Oberflächenübersetzung* von Wordsworths *My heart leaps up* getan hat.[83] Zwar steht auch bei ihnen die ›falsche‹ Phonetik im Vordergrund, wenn etwa französische Wörter ohne – oder zumindest mit nur bruchstückhaften – Kenntnissen der französischen Phonetik nach dem flüchtigen graphischen Eindruck ins Deutsche übertragen werden. So wird aus der Verszeile »Ayant su quelquefois imposer ses idées« der deutsche Vers »Ahja so kelchweiß in Pose deiner Idee«. Daneben jedoch finden sich häufig auch korrekte Übersetzungen, wie z.B. ›vie‹ in ›Leben‹, ›mort‹ in ›Tod‹ oder ›ami‹ in ›Freund‹. Auch den assoziativen Umweg über die englische Sprache gehen die beiden ›Übersetzer‹: So wird das französische ›voici‹ über die bloße Ähnlichkeit der Schreibweise mit dem englischen Substantiv ›voice‹ zum deutschen ›Stimme‹.

*

Unsere monographische Herangehensweise mag den Eindruck erwecken, Brinkmann sei an der Schwelle von den sechziger zu den siebziger Jahren der einzige Autor gewesen, der für seine Arbeiten zahlreiche Pop-Zitate verwendet hat. Ein paar zusätzliche Hinweise sollen an dieser Stelle genügen, um dies ein wenig zu korrigieren. So beruhen vor allem die Texte von Cut-up-Autoren, die – wie z.B. Jürgen Ploog in *Cola Hinterland*, Alfred Behrens in *Gesellschaftsausweis* oder Uwe Brandner in *Drei Uhr Angst* – an die von Burroughs und Brion Gysin entwickelte Cut-up- bzw. Fold-in-Methode angeknüpft haben, auf dem Zitieren u.a. von populärkulturellen Materialien.[84]

Eine Extremform des Zitats sind die sprachlichen Ready-mades bzw. ›Plagiate‹, die etwa Peter Handke und Horst Bienek veröffentlicht haben. So hat Handke die Aufstellung des 1. FC Nürnberg vom 27.1.1968[85], die japanische Hitparade vom 25. Mai 1968, eine Traueranzeige, ein Kreuzworträtsel oder den Vorspann des Arthur-Penn-Films *Bonnie and Clyde* mit Warren

---

83 Vgl. Ernst Jandl: »Oberflächenübersetzung«. In: ders., *Sprechblasen*. Neuwied, Berlin: Luchterhand 1968, S. 51.

84 Jürgen Ploog: *Cola Hinterland*. Darmstadt: Melzer 1969. – Alfred Behrens: *Gesellschaftsausweis. SocialScienceFiction*. Frankfurt/M.: Suhrkamp 1971. – Uwe Brandner: *Drei Uhr Angst*. München: Hanser 1969.

85 Eine Variation, diesmal mit der Aufstellung von Bayern München – von Maier im Tor bis Brenninger als Linksaußen –, findet sich in Wolf Wondratschek: *Paul oder die Zerstörung eines Hörbeispiels. Hörspiele*. München: Hanser 1971, S. 49.

Beatty und Faye Dunaway als Gedicht deklariert und unkommentiert in seinen Lyrikband *Die Innenwelt der Außenwelt der Innenwelt* aufgenommen.[86] Hingegen geben bei Bieneks *Vorgefundenen Gedichten* zumindest die Gedichttitel rezeptionssteuernde Hinweise, und im Anhang wird zudem die Herkunft der Textzitate akribisch nachgewiesen.[87]

Popmusik-Zitate im Hörspiel finden sich etwa in Wolf Wondratscheks *Paul oder die Zerstörung eines Hörbeispiels* (1969/71), das - neben Nachrichtenmeldungen, einer Rede von Franz Josef Strauß und anderen ›Geräuschen‹ - den *Beatles*-Song *I'm So Tired* in voller Länge reproduziert[88], oder in Alfred Behrens' Pop-Kriminalhörspiel *Als Nowhere Man den Fall erledigt hatte, legte er den ›Street Fighting Man‹ von den Rolling Stones auf* (1972), wo nicht nur im Titel auf *Nowhere Man* von den *Beatles* und *Street Fighting Man* von den *Rolling Stones* angespielt wird, sondern in das Hörspiel Ausschnitte aus insgesamt 35 Pop-Songs der späten sechziger und frühen siebziger Jahre einmontiert sind.

Pop-Songs werden jedoch nicht nur im Hörspiel, sondern auch auf dem Theater eingesetzt. So legen die Figuren in Wolfgang Bauers bereits erwähntem Stück *Magic Afternoon* z.B. *Penny Lane* und *Sergeant Pepper's Lonely Hearts Club Band* von den *Beatles, Back Street Girl* und *Play With Fire* von den *Rolling Stones* sowie mehrere ungenannte Songs von Wilson Pickett auf[89] - und diese Songs gewinnen eine solche Bedeutung, daß Peter Handke in seiner Besprechung schreiben konnte:

---

[86] Vgl. Peter Handke: *Die Innenwelt der Außenwelt der Innenwelt.* Frankfurt/M.: Suhrkamp 1969, S. 59, 78-80, 98, 106-108, 119-121.

[87] Vgl. Horst Bienek: *Vorgefundene Gedichte.* München: Hanser 1969. - Vgl. auch Wolf Wondratschek: »Abschrift einer Zeitungsmeldung 1/2«. In: ders., *Omnibus,* a.a.O., S. 51-54.

[88] Vgl. Wolf Wondratschek: *Paul oder die Zerstörung eines Hörbeispiels,* a.a.O., S. 48.

[89] Vgl. Wolfgang Bauer: *Magic Afternoon,* a.a.O., S. 13f., 21, 30f., 39 (vgl. Helmut Schmiedt: »*Penny Lane* und *Back Street Girl* in *Magic Afternoon.* Die Musik in einem Schauspiel von Wolfgang Bauer«. In: Ursula Hassel / Herbert Herzmann (Hrsg.), *Das zeitgenössische deutschsprachige Volksstück. Akten des internationalen Symposions, University College Dublin.* Tübingen: Stauffenberg 1992, S. 167-175). - Auch in anderen Stücken setzt Bauer gezielt Pop-Songs ein (vgl. z.B. *Change.* In: Wolfgang Bauer: *Werke,* Bd. 2, a.a.O., S. 41-98).

»Ich habe noch kein Theaterstück und keinen Film gesehen, wo Musikstücke ähnlich wichtig waren. Daß der Akteur gerade an dieser Stelle die Platte auflegt, das ist geradeso wichtig wie das zweimalige Herunterfallen der Zigarette, und auch, daß es gerade diese Platte ist, mit diesem Anfang.«[90]

*

Außerdem hat seit den sechziger Jahren auch die *Popmusik* eine unmittelbare Vorbildfunktion für die literarische Produktion, insbesondere für das lyrische Schreiben, übernommen:

»*Roll over, Chuck Berry!* Rückgriffe, die keine sind. Roll over, Beethoven. Und Jerry Lee Lewis. Schöne *Dichtung!*« (*N*, S. 28)[91]

Die Einfachheit von Pop-Songs verdankt sich nicht zuletzt dem (ein-)gängigen Strophe-Chorus-Schema, das auch von Paul Gerhard Hübsch und Wolf Wondratschek in zahlreichen Gedichten adaptiert worden ist. So ist etwa Wondratscheks bereits erwähntes Gedicht *Supergirl* durch den viermal wiederholten Refrain »Es ist soo schön / Das ist verboten« strukturiert. Auch die Repetition von unveränderten bzw. leicht variierten Textzeilen ist ein Verfahren, das die rhythmische Struktur von Pop-Songs zu simulieren versucht. Dieses Verfahren hat z.B. Paul Gerhard Hübsch in seinem Gedicht *you are the buddah* verwendet.

---

90 Peter Handke: »Zu Wolfgang Bauer, ›Magic Afternoon‹«. In: ders., *Ich bin ein Bewohner des Elfenbeinturms.* Frankfurt/M.: Suhrkamp 1972, S. 195-198, hier: S. 197.

91 Noch in der Vorbemerkung zu seinem letzten Gedichtband *Westwärts 1&2* (1975) – also zu einem Zeitpunkt, zu dem er seine ›Pop-Phase‹ längst abgeschlossen hatte – hat Brinkmann auf die Vorbildfunktion der Popmusik hingewiesen: »Ich hätte gern viele Gedichte so einfach geschrieben wie Songs. Leider kann ich nicht Gitarre spielen, ich kann nur Schreibmaschine schreiben, dazu nur stotternd, mit zwei Fingern. Vielleicht ist es mir aber manchmal gelungen, die Gedichte einfach genug zu machen, wie Songs, wie eine Tür aufzumachen, aus der Sprache, aus den Festlegungen raus.« (*W*, S. 7)

»es ist zeit
es ist zeit
es ist zeit
für ein neues sommerkleid
seid bereit
seid bereit
seid bereit
für die neue sommerzeit
es ist zeit
seid bereit
für die neue wirklichkeit
tragt das neue sommerkleid
in der neuen sommerzeit
seid bereit
es ist zeit
sommerzeit
sommerzeit«[92]

Eine ähnliche Anknüpfung an das serielle Moment vieler Pop-Refrains hat Brinkmann in seiner *Meditation über Pornos* (*G*, [S. 4]) vollzogen. Dieses Gedicht ist auch im Hinblick auf die Verwendung von alltagssprachlichen und obszönen Sprachformen von Interesse, die Brinkmann immer wieder aufgegriffen hat, um so die »verdrehte Sprache« (*Sex*, S. 67) der Lyrik zu konterkarieren:

> »Während bereits in Filmen und auf Reklamebildern zaghaft Schamhaar gezeigt wird, von Brustwarzen ganz zu schweigen, wagt es der Lyriker offensichtlich nicht, sein zartes, kunstvoll-apartes Sprach- und Gedankengebilde durch das Wort *Schamhaar* zu bereichern, schon gar nicht durch solche Wörter wie Schwanz, Fotze, auslecken, abkauen, blasen, – Wörter, die zumindest ›das Gedicht‹ trivialisieren würden, den Modell-Charakter zerstören, eine falsche Idyllik entlarven.« (*Sex*, S. 66f.)

[92] Paul Gerhard Hübsch: »you are the buddah«. In: ders., *mach was du willst*, a.a.O., S. 58-59, hier: S. 58.

Die Vulgarisierung der literaturfähigen Sprache war eine bewußte künstlerische Normverletzung, eine ›taktische‹ Verweigerung gegenüber den allgemeinen sprachlichen und insbesondere den *literatur*sprachlichen Konventionen.[93] Die gezielte Verwendung von subliterarischen Sprachformen diente damit der Konstitution einer Literatur, die sich bewußt gegen die anerkannte ›hohe‹ Literatur stellte. Gerade im Zuge der Thematisierung von pornographischen Sujets hat somit eine provokative Subsprache Eingang in literarische Texte gefunden. Damit ist ein Impuls der amerikanischen Dirty-Speech-Bewegung auch in Deutschland aufgegriffen worden – schärfer noch als bei Brinkmann z.B. in Ulf Miehes ›Politpornographie‹ *Ab sofort liefern wir folgende Artikel auf Teilzahlung* oder den Büchern von Friedemann Hahn.[94] Ralf-Rainer Rygulla hat auf dieses Phänomen am Beispiel der Gedichte von Michael McClure hingewiesen:

> »Die obszöne Sprache der McClureschen Gedichte ist im Zusammenhang mit der Dirty Speech Bewegung in Amerika zu verstehen, die aus der Suche nach einer Anti-Sprache des Protests entstanden ist. Mit dem Insistieren auf dem Vulgär-Idiom wollen die Hauptvertreter der Bewegung, wie die New Yorker Lyriker Ed Sanders, Tuli Kupferberg, John Giorno und die East Coast Dichterin Lenore Kandel, die verordnete gesellschaftliche Verkettung von moralischen und politischen Dogmen mit literarischen Belangen durchbrechen.«[95]

Die grassierende Verwendung der ›dirty speech‹ in der deutschen Literatur der späten sechziger Jahre läßt sich mit zahllosen Textstellen belegen; vielleicht am deutlichsten hat Friedemann Hahn obszönes Vokabular in seinem mit Pop-, Film-, Comic- und Pornoanspielungen prall gefüllten Lyrik- und Prosaband *Fick in Gotham-City* verarbeitet. So vermischt sich gleich im Ti-

---

93 Klaus Theweleit hat darauf hingewiesen, daß ein Autor dadurch den Pol des ›bösen Buben‹ einnimmt: »Rolf Dieter Brinkmann, wenn er unbeirrt ›Fotze‹ schreibt, wo auch ›Frau‹ stehen könnte und ›demokratische Fotze‹, wo auch stehen könnte ›Hebamme, die unser Kind beschädigt hat bei der Geburt‹. Er ist dabei nicht einfach Feind seiner Frau; auch nicht der ›Frauen‹, (aber am Satz: ›denk bloß nicht, ich bin ein verschleimter Softie, du gehirnkastrierte Feministin‹ darf nicht gerüttelt werden). Er beschreibt eine Produktions-, eine Schreibposition.« – Klaus Theweleit: *Buch der Könige*, Bd. 1: *Orpheus ~~und~~ Eurydike.* Basel, Frankfurt/M.: Stroemfeld/ Roter Stern 1988, S. 398f.

94 Vgl. Ulf Miehe: *Ab sofort liefern wir folgende Artikel auf Teilzahlung. Eine Politpornographie.* Berlin: Verlag Klaus Bär 1970.

95 Ralf-Rainer Rygulla: »McClures pornographische Revolution«. In: Streit-Zeit-Schrift VII/1 (1969), S. 63-65, hier: S. 65.

telgedicht, das einen Geschlechtsakt thematisiert, das Porno-Vokabular mit der spezifischen Lautsprache der Comics:

»komm baby komm mein Schwanz
in deiner Sprechblase WOODY
nicht so wild TONK sie platzt
OH MUVIE ein absolutes Gefühl
total CHNAK ja, baby jaaaaa
aaaaahhh es kommt OUAAAH!
ich kann immer meine Eier
ZOOOOOOM! baby ZOOOOOOOM!
oh du hast Schenkel wie Pravda
Brüste wie Barbarella eine
Möse wie Humphrey Bogart
und einen Arsch wie Robin
mit dir OH! SUPER kann ich
immer die elfte Nummer
GRAHHRRRRR ZOFFF BLANG
WOOOOOWOOOOOWOOOOOWAING
GARRRHR WROM WROM WROM
YAOU! YAOU! GOGOGOGO
CHLAF CRASH HOWI RAAAAAAR
oh baby du bist wunderbar«[96]

Die comictypische Lautsprache hat auch Brinkmann bisweilen aufgegriffen. So heißt etwa ein Gedicht *Ra-ta-ta-ta für Bonnie & Cylde etc.* (*P*, S. 71), und in das *Populäre Gedicht Nr. 17* (*P*, S. 82f.) sind die Lautzeichen ›POW‹ und ›WOW‹ einmontiert. Dies verweist zudem auf eine weitere strukturelle Bezugnahme auf die Populärkultur. In direktem Zusammenhang mit der Thematisierung von Banalitäten und Trivialmythen steht die *symbiotische Verbindung* von literarischem Text und populärkulturellen Gattungen. Dabei ist vor allem an die zahlreichen Spielarten der Fusion von ›hoher‹ Literatur und den ›niederen‹ Comic-strips zu denken, die unmittelbar vom Vorbild der amerikanischen Pop Art, aber auch von den Underground-Comix angestoßen ist.

Aber die Symbiose von literarischem Text und Comic-strip geht über die bloße Integration von Comic-Elementen ins literarische Buch, wo sie ja nicht

96 Friedemann Hahn: »Fick in Gotham-City«. In: ders., *Fick in Gotham-City*, a.a.O., o.P.

zwangsläufig unmittelbar auf den Text bezogen sind, in mehrere Richtungen hinaus. So wurden die Comics in Zeitschriften wie *pardon,* vor allem aber in den zeichnerisch von Roy Lichtensteins Pop-Bildern beeinflußten Arbeiten Alfred von Meysenbugs zu Seh-Text-Geschichten umfunktioniert[97], und in Heinz von Cramers Roman *Der Paralleldenker* sind ganze Kapitel als Wort-Bild-Sequenzen ausgeführt.[98] Friedemann Hahn hat in *Fick in Gotham City* ebenso zahlreiche Comic-Sequenzen einmontiert wie Ulf Miehe in *Torpedo Definitiv Nr. 309 675.* Bei Brinkmann beschränkt sich dies auf einen programmatischen Text in dem Gedichtband *Die Piloten,* in dem das Verhältnis von Literatur und Populärkultur als dreiteiliger Comic-strip präsentiert wird, der jeweils die Kapitel einleitet.[99] Eine weitere Spielart stellt die Literarisierung des Fotoromans, einer gewöhnlich nur in Boulevard- und Teenager-Zeitschriften verbreiteten Gattung, in Rosa von Praunheims *Oh Muvie* dar.[100]

Einen anderen Weg der Transposition von literarischen Texten ins Comic hat Brinkmann in der Zusammenarbeit mit dem Zeichner und Graphiker Berndt Höppner, einem Mitglied der Kölner Künstlergruppe *Exit,* entwickelt. Orientiert am Vorbild des New Yorker Zeichners Joe Brainard, der in Kooperation mit O'Hara, Berrigan, Padgett u.a. deren Texte in Comic-Bildsequenzen – in »lustige, billige ›schlechte‹ Kunst«[101] – übertragen hat, sind im Arbeitszusammenhang des Kölner Kreises um den *Gummibaum* einige zeichnerische Ausgestaltungen von literarischen Vorlagen entstanden. Wenn hier der literarische Text im Medium der Zeichnung, gleichsam als Werk der bildenden Kunst präsentiert wird, so partizipieren Brinkmann und Höppner damit an dem doppelten Phänomen der der ›Lingualisierung‹ der bildenden Kunst und ›Ikonisierung‹ der Literatur, das Wolfgang Max Faust als eines der zentralen Charakteristika der Kunst des 20. Jahrhunderts ausführlich beschrieben hat.[102]

---

97 Meysenbugs bekannteste Comics sind *Mini-Faust, Glamour-Girl* (beide 1968), *Super-Mädchen. Das Ende der Verkäuferin Jolly Boom* (1969) und *Lucy's Lustbuch* (1971).

98 Vgl. Heinz von Cramer: *Der Paralleldenker. Zombies Roman.* Hamburg: Hoffmann & Campe 1968.

99 Vgl. *P*, S. 10, 39, 74.

100 Vgl. Rosa von Praunheim: *Oh Muvie. Fotoroman.* Frankfurt/M.: Heinrich Heine Verlag 1969.

101 Rolf Dieter Brinkmann: »Anmerkungen zu den Gedichten«. In: Frank O'Hara, *Lunch Poems und andere Gedichte,* a.a.O., S. 76-81, hier: S. 81.

102 Vgl. Wolfgang Max Faust: *Bilder werden Worte. Zum Verhältnis von bildender Kunst und Literatur vom Kubismus bis zur Gegenwart.* Erw. Neuausgabe. Köln: DuMont 1987.

In gewissem Sinne gehören diese Arbeiten auch in den Komplex ›Kollaborationen‹[103], wenngleich eine Einschränkung zu machen ist: Höppner hat in der Regel bereits vorliegende und häufig schon in anderen Publikationen erstveröffentlichte Brinkmann-Gedichte im nachhinein illustriert. Es handelt sich also bei den Produkten der Zusammenarbeit zwischen Brinkmann und Höppner um *Bildgedichte*, in denen die illustrative Bildebene stets auf den Text bezogen ist und nicht umgekehrt. So wird etwa in *Liedchen* und in *Lebenslauf einer Frau*, die beide schon in *Die Piloten* (*P*, S. 35, 77) aufgenommen worden waren und dann im dritten Heft des *Gummibaum* in der illustrierten Version erschienen sind, lediglich die gegenständliche Dimension des Textes in eine stark reduzierte Comic-Sequenz umgesetzt, die dem Text jedoch keine weitere semantische Ebene hinzufügt. Am deutlichsten mit Comic-Elementen haben Brinkmann und Höppner in dem dreiseitigen Bildgedicht *Ohne Titel* gearbeitet, das den Text dieses Erzählgedichts in einen mehrteiligen Comic-strip transformiert.[104]

Von Brinkmann ist auch die Präsentation von Gedichten auf Fotounterlagen vorgeführt worden. Sämtliche Gedichte des Bandes *Godzilla* (1968) sind auf farbige Werbefotografien für Damen-Bademode gedruckt. Als Vorbild dienten Arbeiten von Tom Clark und Norman H. Hoegberg, die Brinkmann und Rygulla auch in *Acid* präsentierten.[105] Daß Brinkmann gerade Reklamefotos für Damenwäsche als ›Unterlagen‹ gewählt hat, überrascht keineswegs. Schon in seinem kritischen Leserbrief an die Zeitschrift *konkret* vom Juni 1966, in dem er die »oft überflüssige Papierverschwendung bei gewissen Serien« moniert, hat Brinkmann die hohe Zahl an Sexbildern ausdrücklich begrüßt: »das ist gut, ausgezeichnet sogar, mehr davon, mehr davon, meine ich, auch Unterwäschereklamebilder!«[106]

---

[103] Höppners Bildgedichte sollten teilweise in den Kollaborationsband *Frank Xerox' wüster Traum* aufgenommen werden. Vgl. Maleen Brinkmanns editorische Notiz in: Literaturmagazin 36/1995, S. 216-219, hier: S. 217.

[104] Rolf Dieter Brinkmann / Berndt Höppner: »Lebenslauf einer Frau«. In: Der Gummibaum 3/1970, S. 11. – Dies.: »Liedchen«, ebd., S. 31. – »Ohne Titel«. In: Akzente 18 (1971), H. 1, S. 8-10.

[105] Vgl. Rolf Dieter Brinkmann / Ralf-Rainer Rygulla (Hrsg.): *Acid*, a.a.O., S. 63, 111.

[106] Rolf Dieter Brinkmann: »Sex und Politik« [Leserbrief]. In: konkret 6/1966. – Diese Äußerung ist kein Einzelfall. Brinkmann hat des öfteren angeregt, das seriöse Erscheinungsbild von Zeitschriften zu ändern. So erinnert sich Hans Bender, seinerzeit Herausgeber der *Akzente*, Brinkmann sei mit dem Umschlag der *Akzente* äußerst unzufrieden gewesen: »Ich müsse ihn aufregender gestalten, sagte er im Gespräch: mit Bildern, Busen und Büstenhaltern!« – Hans Bender: »›Vielleicht erinnern Sie sich meiner‹«, a.a.O., S. 34.

Am Rande gehören zu Brinkmanns symbiotischen Arbeiten, die Verfahren der Populärkultur auf die ›hohe‹ Kunst und Literatur übertragen, auch die Pop-Art-Collagen, die er für den Umschlag zu *Die Piloten* angefertigt hat.[107] Bisweilen ist auch der literarische Text vollständig durch Fotografien ersetzt worden. So hat Brinkmann in *Wie ich lebe und warum*, seinem Beitrag zur Anthologie *Trivialmythen*, lediglich eine unkommentierte Serie von Schnappschüssen aus seiner Wohnung reproduziert.[108]

»Was ich schreiben will, ist nicht mehr das, was ich geschrieben habe«: Brinkmanns Gedicht- und Materialbände der siebziger Jahre

»: physisch war ich gesund, aber im Kopf saß die Panik / eines Tages war mir total der Sinn meines Tuns (schreibens) abhanden gekommen, für wen schrieb ich und was schrieb ich und warum? / Die Panik sitzt im Kopf, in den Gedanken, und vom Kopf aus sickerte sie in den Körper / zerfetzte den Stoffwechsel, betrieb die Angst / WOVOR??? / WEGEN WAS??? [...] : dachte, nichts von dem geschafft, was ich für mich programmiert hatte / also noch einmal aufschreiben und versuchen / : ich war in den vergangenen 3 Jahren permanent zerbrochen, was zerbrach in mir, alle Voreingenommenheiten, und dann war die Panik da, [...] und das setzte eines Tages einfach ein, eines Vormittags

---

107 Eine direkte Fusion von Pop Art und Literatur hat Ferdinand Kriwet in seinen ›Seh-Texten‹ wie *Apollo Amerika* realisiert, in denen er die Flut des Bild- und Wortmaterials zum amerikanischen Apollo-Raumfahrtprogramm gesammelt, aufbereitet und als monumentale Buch-Collage präsentiert hat. Kriwets Arbeiten erinnern dabei an die italienische *poesia visiva*, die – darin der Pop Art ähnlich – Wort-Bild-›Zentauren‹ (Jochen Gerz) aus dem Zeichenmaterial der Massenmedien zusammengestellt hat. Dabei verschwimmen für Kriwet die Grenzen zwischen Wort und Bild zu Elementen einer einheitlichen ›Schrift‹.

108 Rolf Dieter Brinkmann: »Wie ich lebe und warum (1970)«. In: Renate Matthaei (Hrsg.), *Trivalmythen*, a.a.O., S. 67-73. – Interessant sind in diesem Zusammenhang die Arbeiten von Gunter Rambow, dessen Buch *Doris* aus einer Folge von Aufnahmen einer Vagina aus allen Blickwinkeln besteht. Auch für *Roman*, sein Gemeinschaftsprojekt mit Peter O. Chotjewitz, hat Rambow eine Fotoserie zwischen die Buchdeckel gebracht. – Gunter Rambow: *Doris*. Frankfurt/M.: März 1970. – Peter O. Chotjewitz / Gunter Rambow: *Roman*. Darmstadt: Melzer 1968.

saß ich in meinem Zimmer und verstand mich nicht mehr / was ist vorausgegangen??« (*Erk*, S. 190)

»: : und in dem Augenblick sehe ich meine Großbewegung in den vergangenen 3 Jahren: zuerst Aktivieren / dann sehe ich, in wessen Hals das kommt (z.B. Acid, und erschrecke) / herumhängen, kiffen, und totale Absage an Leute / schaffe Bekannte ab / schaffe Bücher weg / Platten weg / kein TV mehr, keine Filme mehr« (*Erk*, S. 217)

Plötzlich, gleichsam von einem Augenblick auf den anderen, scheint Brinkmann in seinem bisherigen literarischen Schaffen keinen Sinn mehr gesehen zu haben. Die Notizen vom November 1971 – die sich durch zahlreiche ähnliche Gedankennotate ergänzen ließen – verraten die Orientierungs- und Perspektivlosigkeit, in die er zu Beginn der siebziger Jahre gefallen war, gegen die er jedoch in den Materialbänden mit schonungslosen ›Erkundungen‹ der eigenen Situation anzuschreiben versuchte. Gerade seine Pop-Literatur der vorangegangenen Jahre erschien ihm nun als Irrweg, den er dann auch abrupt verließ. Selbst seine engsten Freundschaften in der Kölner Szene – vor allem zu Ralf-Rainer Rygulla – brach er ab, sofern sie mit seiner Arbeit der Pop-Phase in Verbindung standen. Rygulla hat sich sogar erinnert, Brinkmanns Kritik an seiner Person habe sich vor allem darauf bezogen, daß er es gewesen sei, der ihn zur Auseinandersetzung mit der amerikanischen Pop- und Underground-Literatur angeregt habe, ihn also geradezu in eine rückblickend strikt abgelehnte Sackgasse geleitet zu haben[109]:

»wieviele Mißverständnisse hat es in Situationen dort [in Köln, J.S.] gegeben, die mich betreffen, als ich dort war? [...] Ich muß lachen, wenn ich daran denke – der Schwulen-Hokuspokus, der Pop-Hokuspokus (ich stellte mir darunter etwas sehr anderes vor als wie es sich gezeigt hat in den Auswirkungen, das betrifft auch meine Publikationen zu der Zeit – es hat mich ungeheuer erschreckt, als ich sah, welche Typen meine Bücher unterm Arm hatten oder bei sich liegen hatten – jetzt, da ich es sagen kann, ist es mir gleichgültig – damals wollte ich etwas damit, doch nicht den Abfall erreichen, die halben verstümmelten unfähigen Kerle, die sich modern gaben.« (*RB*, S. 325)

---

[109] Vgl. Gunter Geduldig / Marco Sagurna: »›Es genügten ihm seine Empfindungen der Welt gegenüber‹«, a.a.O., S. 99.

Nach der Veröffentlichung seines Gedichtbandes *Gras* (1970) hatte sich Brinkmann aus dem Literaturbetrieb zurückgezogen. Auch wenn sich diese Wende in seinem Werk kaum derart spontan vollzogen hat, wie er dies rückblickend darstellt, so war dies gleichwohl eine einschneidende Zäsur. Während Brinkmann, bis 1970 eine vielbeachtete Reizfigur der deutschen Literaturszene, zuvor seine Arbeiten in rascher Folge veröffentlicht hatte, ja geradezu als literarischer ›Workaholic‹ erschienen war, so schien er nun nahezu verstummt zu sein. Er trat lediglich mit den Hörspielen *Auf der Schwelle* (1971), *Der Tierplanet* (1972) und *Besuch in einer sterbenden Stadt* (1973) an die Öffentlichkeit, außerdem hielt er sich als Stipendiat der Deutschen Akademie in der Villa Massimo in Rom auf, woraus die schmale Veröffentlichung *Aus dem Notizbuch 1972/73 Rom »Worlds End«* (1973) hervorging.[110] Brinkmann schien mit großen Arbeitsblockaden zu kämpfen; er mag, so Jörg Schröder, auch in dieser Zeit »viel geschrieben haben, aber dann hatte er wohl Textabnabelungsprobleme.«[111]

Erst 1975, im Jahr seines Unfalltodes, legte er mit dem Gedichtband *Westwärts 1 & 2* sein erstes umfangreicheres Buch seit Jahren vor, das überraschend auch zu einem kommerziellen Erfolg wurde. Daneben war er seit 1969 mit den Vorarbeiten zu »einer Art Entwicklungsroman« (*Erk*, S. 250) über seine Generation und die Vorgeschichte der 68er-Revolte beschäftigt, hatte jedoch »Schiß davor!den zu schreiben« (*Erk*, S. 189). Der spontanistische Impuls des ›Einfach-Anfangens‹, den Brinkmann noch in den Essays propagiert hatte, schien verflogen:

> »Ja, ich schreibe seit ganz langer Zeit an einem Buch, aber ich bin so hilflos, daß ich nicht weiß, wie ich alle die Sachen, die Einzelnen Fotos, Erlebnisse Gedanken, Projektionen, Halluzinationen, Ängste zusammenbündeln kann. [...] Und ich kann Dich jetzt hören, wie Du sagst, einfach anfangen. Ja, das kannst Du leicht sagen. Nur Wie??« (*Erk*, S. 209)

Und doch war Brinkmann auch in diesem Zeitraum, in dem ihn die literarisch interessierte Öffentlichkeit aus den Augen verloren hatte, außerordentlich produktiv. In wenigen Jahren entstanden die zahlreichen Tagebuch- und

---

[110] Diese Arbeiten wurden aufgenommen in den Sammelband *Der Film in Worten*, a.a.O., S. 5-22 (*Auf der Schwelle*), S. 95-118 (*Aus dem Notizbuch 1972/73 Rom »Worlds End«*), S. 150-200 (*Der Tierplanet, Besuch in einer sterbenden Stadt*).

[111] Jörg Schröder: *Zum harten Kern*, a.a.O., S. 25.

Materialalben, von denen bislang *Rom, Blicke, Erkundungen für die Präzisierung des Gefühls für einen Aufstand: Reise Zeit Magazin (Tagebuch)* und *Schnitte* postum veröffentlicht worden sind. Diese Bände sind im wesentlichen als Medium der Prüfung des eigenen Lebens und Schaffens zu verstehen, obgleich Brinkmann bereits während der Arbeit zumindest mit dem Gedanken gespielt hat, diese Bände irgendwann zu veröffentlichen.[112]

In den Materialbänden sowie den Lyrikbänden *Eiswasser an der Guadelupe Str.* und *Westwärts 1 & 2* verwarf Brinkmann seine eigenen Werke der Pop-Phase mit der ihm eigenen Radikalität und Kompromißlosigkeit. Hatte er sich in den Essays und den Lyrikbänden der späten sechziger Jahre noch für ein emphatisches ›Involvement‹ an das alltägliche Material ausgesprochen und vehement für eine postmodernistische ›Neue Sensibilität‹ plädiert, so versuchte er nun, »eine Technik zu entwickeln, wie man sich inmitten dieser heruntergekommenen Kulisse, die rotiert und rotiert, in einen halbwegs vernünftigen Abstand bringen kann.«[113] Von seinen zuvor veröffentlichten Texten schien er keinen mehr gelten zu lassen:

> »Alles in den Ofen stecken? – Weg müßten sie schon! Mir aus dem Kopf, vor den Augen weg – – – die USA-Dinger hätte ich gar nicht machen dürfen, [...] – und dann, je mehr ich davon sah, kennenlernte, desto mehr habe ich mich auch erschrocken, was meine eigene Umgebung anbetraf, das literarische zeitgenössische Umweltfeld hier auf deutsch – wie steril, blaß, leblos, entsinnlicht, unlebendig das ist [...] sowas Uninteressantes bis nach Born, Buch, Piwitt – bei den Linken Brüdern ist sowieso alles flau und flach, da braucht man gar nicht erst nachzusehen – und Chotjewitz? Geschwätzig und banal. Und Brandner? Verdreht, wuselig. Ach, das macht doch gar keinen Spaß. Also mich abwenden.« (*RB*, S. 385f.)

---

[112] In den *Erkundungen...* warnt Brinkmann sich selbst, die zahlreichen Tippfehler zu korrigieren, »ssollte [sic!] jemals dieses Tagebuch herauskommen, was ich auf Grund der bestehenden kulturgesinnig [sic!] in 20, 30 Jahren annahme [sic!]« (*Erk*, S. 241).

[113] Rolf Dieter Brinkmann: Brief an Hermann Peter Piwitt, 22.7.1972, a.a.O., S. 96f. – Die veränderte Bewertung der Alltagsrealität in den spätkapitalistischen westlichen Gesellschaften verrät im übrigen auch der Titel eines bislang unveröffentlichten Bandes, der in Ludwig Brundiers' Fernsehfilm *Als ich ohne Wörter im Kopf war, begann ich zu sehen* kurz zu sehen ist: *Der alltägliche Albtraum in Wort und Bild (Presse). Tagebuch, 2. Teil. Dreams.* Brinkmann hat noch mehrere solche Materialalben angelegt. Maleen Brinkmann, die Witwe und Nachlaßverwalterin, hat in ihrer editorischen Notiz zu *Erkundungen...* einen Überblick über Brinkmanns Arbeit gegeben. Vgl. *Erk*, S. 411ff.

Obwohl diese Distanzierung wie eine definitive Abrechnung erscheint – was sie *qualitativ* zweifelsohne ist! –, so verraten die Materialbände doch in *strukturelle*r Hinsicht eine gewisse Kontinuität zu den Pop-Arbeiten der vorangegangenen Jahre. Thomas Groß hat in seiner Studie im einzelnen dargelegt, daß Brinkmanns *gesamtes* Werk – von den ersten Veröffentlichungen im Jahre 1962 bis zu den drei Bänden aus dem Nachlaß, welche die Witwe und Rechteinhaberin Maleen Brinkmann bislang zur Veröffentlichung freigegeben hat – auf einem geradezu emphatischen Realitätsbezug basiert.[114] Für ihn zeichnen sich Brinkmanns literarische Arbeiten als Modell eines empirischen Schreibens aus, das eine regelrechte ›Lebensmitschrift‹ anzulegen versucht. Dieses Schreibprogramm war – wie wir ausführlich nachgewiesen haben – schon in seinen Essays, Gedichten und Erzählungen der sechziger Jahre angelegt, in denen Brinkmann noch den Durchbruch zu einer Neuen Sensibilität erwartet hatte. Auch wenn sich dies, so Groß' treffende These, in den Materialbänden der siebziger Jahre in das Leiden an der ›Verhäßlichung‹ der Welt verkehrt hat, so bleiben doch auch diese Arbeiten von der Unausweichlichkeit der gegenwärtigen Wirklichkeit geprägt.[115]

Brinkmann versucht also, sich in seinen »Feldstudien« (*Erk*, S. 227) ohne Rücksicht auf formale Konventionen, die sich zwischen die spontane Erfahrung und die schriftliche Fixierung hätten schieben können, der Flut von Eindrücken und Reflexionen zu stellen und somit seinen ›Erfahrungshunger‹ zu stillen. Wie Groß gezeigt hat, dokumentiert Brinkmann so die behavioristische Fremdsteuerung des Individuums durch die mediale Usurpation der Sinne, die sich als Kehrseite der zuvor euphorisch bejahten Zeichenwelten der spätkapitalistischen Gesellschaft herausgestellt hat. Und dennoch hofft er zugleich, durch das An-Schreiben gegen eine solche Realität einen Rest von Subjektivität behaupten zu können:

> »Wenn heute schreiben noch einen Sinn hat, dann den, gegen den von außen einem aufgedrängten psychosomatischen Selbstmord zu schreiben.« (*Erk*, S. 180)

---

[114] Thomas Groß: *Alltagserkundungen*, a.a.O., passim.

[115] Brinkmann selbst hat dies in einem Brief an den befreundeten Schriftsteller Helmut Pieper vom 24. Dezember 1972 bestätigt: »ich denke aber nicht wie Du, daß dadurch etwas bei mir grundlegend geändert wird, überhaupt glaube ich nicht an Veränderung so hin, hoffe nur, daß durch das Vergehen von Zeit das, was sowieso in einem steckt, stärker, deutlicher hervortritt.« (*RB*, S. 220).

Diese Textstelle ist gleich in zweierlei Hinsicht aufschlußreich. Zum einen belegt sie, daß der Autor sich als Spielball von externen Faktoren begreift, zum anderen wird deutlich, daß diese ›Steuerung‹ einen psychischen *und* einen körperlichen Effekt hat. Das Zusammenwirken von Körper und Intellekt im ›Involvement‹, das in den Sinnlichkeitsutopien der sechziger Jahre programmatisch gefordert worden war, wurde mit der Preisgabe der rationalen Kontrollmöglichkeiten erkauft. Was Brinkmann, der ›neue Mutant‹, als hedonistische Flucht vor den Zwängen des zweckrationalen Denkens und dem tradierten bürgerlichen Wertekanon selbst mitinitiiert hatte, erscheint ihm nun als Unterwerfung des Individuums unter eine externe Verhaltenssteuerung durch die Kulturindustrie. Die Rebellion gegen soziale und kulturelle Herrschaftsmechanismen und Verhaltensweisen scheiterte also in Brinkmanns Augen nicht zuletzt daran, daß die Medien der Rebellion – Rockmusik und Underground-Literatur, alternative Lebensformen und Drogenkonsum – sich keineswegs dem kapitalistischen Verwertungsinteresse widersetzen konnten.

Damit jedoch offenbarte sich der ›geheime Behaviorismus der Utopie‹ (Groß) einer postmodernistischen ›einheitlichen Sensibilität‹. Wenn sich das Individuum uneingeschränkt der Vielfalt der sinnlichen Reize öffnet und alles aufnimmt, was auf es eindringt[116], so droht es zu einem ›außengeleiteten Charakter‹ im Sinne des amerikanischen Soziologen David Riesman zu werden. Statt durch einen Gesellschaftsplaner, der in B.F. Skinners behavioristischer Gesellschaftstheorie durch effiziente Verhaltenssteuerung das Überleben der Gesellschaft sichern soll, scheint die Außensteuerung, der sich die postmodernistischen Gegenkulturen in ihrer Abwendung von der puritanischen Innenleitung unfreiwillig unterworfen haben, durch eine Medien- bzw. Kulturindustrie zu erfolgen, die sukzessive ihre Wirklichkeitsdefinitionen durchsetzt.

Die vorbehaltlose Aufmerksamkeit und Offenheit, die Brinkmann in den sechziger Jahren für die sinnlichen Reize der Konsum- und Unterhaltungswelt gefordert hat, haben ihn eben nicht nur zu intensiven Befreiungserlebnissen geführt. Zugleich haben sie das Subjekt als letztlich passiven Rezipien-

---

116 In den *Anmerkungen zu meinem Gedicht ›Vanille‹* schreibt Brinkmann: »*Keine Gedanken zu haben, ist schön: das Gedicht füllt sich!* – Worauf es ankommt, ist, sich den ›Fakt‹ anzuschauen, das vorhandene Material aufzunehmen, *sich das ›Bild‹ zu beschaffen,* also: in der Stadt herumzugehen, Zeitung zu lesen, ins Kino zu gehen, zu ficken, sich in der Nase zu bohren, Schallplatten zu hören, dumm mit Leuten zu reden... sich selbst und anderen auf die Nerven zu fallen! ›Wir lieben wirklich nicht Ideen, nicht wahr?‹ (Frank O'Hara).« (*A V*, S. 141).

ten, der zu einer distanziert-rationalen Bewertung der beobachteten und erlebten Phänomene nicht mehr in der Lage ist, auch an die – von Brinkmann nun als manipulativ empfundenen – Mechanismen der sozialen Kontrolle gekoppelt, welche die Medien und die Politik über das Individuum ausüben. Brinkmanns pessimistische Bewertung der Medien- und Kulturindustrie ist mehr als ein individuelles Phänomen. Sie ist zugleich auch ein Indiz für einen tiefgreifenden Stimmungswechsel in den westlichen Industriegesellschaften, der sich schlagwortartig mit zwei äußerst erfolgreichen amerikanischen Sachbuchtiteln illustrieren läßt: McLuhans euphorische Utopie eines befreiten Alltags im Medienzeitalter verkehrt sich in Postmans Anti-Utopie einer vom Showbusiness dominierten Gesellschaft[117]:

> »Sie haben alle
> die Fernsehwellen
> geschluckt. Sie
> sind doof.« (*Eis*, [S. 29])

Zum Verhängnis wird dem Individuum nun, daß es die Erfahrung von Sinnlichkeit an die Stelle der Produktion von Sinn gesetzt hat. Es verliert sich nun im totalen Environment, von dem die Sinnlichkeitsutopien sich doch den befreiten Augenblick versprochen hatten: »gerade der Versuch, die *ganze* Person zu involvieren, Subjektivität im versöhnenden Übergriff auf die Dinge zu verwirklichen, reduziert das Subjekt unter den gegebenen Bedingungen auch zum Objekt, zum Körper, der manipulativ durchdrungen wird; das Ich wird zu einer Art Medium der sinnlichen Welt.«[118] Brinkmann spürt dafür in den Beschreibungen seiner Umwelt in den Materialbänden zahlreiche Symptome auf, ohne jedoch zu einer strukturierten Analyse zu gelangen. Zu sehr fühlt er sich als Objekt, ja als Opfer der sinnlichen Welt, das sich in der simultanen Flut der medialen Reize verfangen hat:

> »Richtig leer im Kopf, körperlich taub und ohne Empfinden bis auf eine graue, poröse Müdigkeit, die mit körperlicher Erschöpfung nichts zu tun hatte, sondern mit einem Zustand des Ausgewrungenseins – und ich begriff, daß dann also jeder von neuem angeheizt werden muß mittels TV, Illustrierten, Kino, Sex und so kommt es dann zu dem blöden

---

[117] Vgl. Neil Postman: *Wir amüsieren uns zu Tode. Urteilsbildung im Zeitalter der Unterhaltungsindustrie.* Frankfurt/M.: Fischer 1985.

[118] Thomas Groß: *Alltagserkundungen*, a.a.O., S. 125f.

Idiotenkarussell eines jeden Tages. [...] Die Sinne werden verstümmelt, der Geschmack wird verstümmelt, der Blick und das Empfinden, jede zarte oder zärtliche Regung. Nach der Verstümmelung der Landschaft die Selbstverstümmelung des Menschen, auch folgerichtig und irrwitzig, witzig.« (*RB*, S. 34)

Von der einstigen Emphase für das sensitive Potential der technischen Massenmedien ist in den Materialbänden jedenfalls nichts mehr zu spüren, und überdies sind auch die subkulturellen Hoffnungen, die Brinkmann (und andere) mit der Subversion des Pop verbunden hatte(n), unerfüllt geblieben. Verdankte sich Brinkmanns Begeisterung für Pop, die neue amerikanische Literatur und die Sinnlichkeitsutopien des Postmodernismus der Globalisierung der amerikanischen Zivilisation, so tritt mit seiner Abwendung von diesen Phänomenen bisweilen ein unverblümter Antiamerikanismus zutage. Brinkmann äußert nun seinen Überdruß an der »amerikanischen Abfall-Kultur«, die sein Bewußtsein gleichsam kolonisiert und »sich wie Mitesser über das ganze Land« (*Erk*, S. 173f.) ausgebreitet habe: »Fack Amerika. Amerika ist längst hier in Köln. Jedenfalls haben sie clever den Dreck hierher importiert seit 45.« (*Erk*, S. 369)

Besonders in *Eiswasser an der Guadelupe Str.*, seinem langen Prosagedicht, das er im Frühjahr 1974 während seines Gastaufenthaltes am German Department der University of Texas in Austin geschrieben hat, finden sich unzählige Belege für sein verändertes Amerikabild. Die USA, wenige Jahre zuvor noch das beispielhafte Herkunftsland von Pop und Underground, wird nach dem eigenen Aufenthalt zum Exempel seiner Kritik an der westlichen »Ziviehlisation« (*W*, S. 164). In den USA stößt er auf Entfremdungssymptome, die sich zu einer rigorosen Anti-Haltung verfestigen. So tritt etwa neben einen affektiven Antikapitalismus (»In den / Büros bewegt sich der auto / matische Dollar, riesige // Summen über der Tasse / Kaffee, die ein Pappbecher / ist«, *Eis*, [S. 3]) ein ebenso entschiedener Antiurbanismus: »*Die Städte / sind Auto / Garagen*« (*Eis*, [S. 9]). Als Ursache macht Brinkmann die puritanische Mentalität großer Teile der amerikanischen Gesellschaft aus:

»Das amerikanische USA-Schulsystem?
Ein puritanischer Rotz, als Reaktion
auf das europäische Drecksuntertanensystem:

kriegen hier alle, jeder, egal wie doof, gesagt,
er sei gut, er sei Klasse, er sei gross (kein Tadel)

so ziehen sie mit ihrer dumpfen Mentalität
durch die Welt, ihrem miesen Anspruch: Sei Gross!
Keiner sagte ihnen was richtig, diesen Bauern!

So glauben sie irre an sich als Erlöser:
In God we Trust: 1 Dollar
Liberty: 25 cents.

Das ist die durchschnittliche amerikanische Mentalität,
das Ergebnis der wahnhaften religiösen Auswanderer,
: der Sackabklemmer, der Kastraten, der miesen Europäer.« (*Eis*, [S. 28])

Eine solche pessimistische Gegenwartsanalyse, die überall nur noch Verfallssymptome ausmacht, läßt auch den ehemals so überschwenglich gefeierten Produkten der Populärkultur keinen Raum mehr. Zwar hat Brinkmann sich auch nach 1970 noch für Rockmusik interessiert, doch war dies nun eher eine ›private‹ Vorliebe.[119] Als Garantin der postmodernen Sinnlichkeitsutopien, die einen Durchbruch zu neuen Lebensformen zu versprechen schien, sah er die Popmusik nun jedenfalls nicht mehr an. Im Gegenteil: Brinkmann glaubt sich vom »durchschnittlichen spätvergammelten Pop-Muff der braven kleinkarierten Bürgerkinder« (*RB*, S. 322) ›verseucht‹. Statt im einst ersehnten weltweiten ›Großraum‹ der ›einheitlichen Sensibilität‹ meint er sich in »Diskotheken gleich Gaskammern voll Musik« (*Erk*, S. 38f.) wiederzufinden.

Die Gefahr der Desillusionierung über die Möglichkeiten des Pop wird jedoch gar nicht erst in Brinkmanns Texten der siebziger Jahre deutlich, sondern war schon zuvor im Kontext der Pop-Literatur auch in narrativen und

[119] Vgl. Hartmut Schnells Erinnerung an die gemeinsame Zeit in Austin 1974/75: »Seine Liebe zur Rockmusik war ein weiterer Berührungspunkt für uns, und wir ließen die ›großen Boxen‹, wie er meine Lautsprecher nannte, schon öfter mit einer Lou Reed-Platte dröhnen.« – Zit. nach Literaturmagazin 36/1995, S. 123.

lyrischen Texten thematisiert worden. So war etwa schon in Paul Gerhard Hübschs Gedichtband *mach was du willst* ausdrücklich die Fragilität der Popkulturen, ihre Bedrohung durch die biographische Konversion von Mitgliedern von Subkulturen zu Angehörigen des ›Establishments‹ in den Blickpunkt gerückt. In dem Gedicht *it's all over now* heißt es zunächst:

»BILLY
von nebenan
war ein irrer vogel

hat den lehrern in der schule manche widerworte vor den latz geknallt
hat scheißeltern gesagt zu seinem verknöcherten vater seiner vertrockneten mutter
hat trotzdem MAMA gebrüllt und die von den PAPAS gemeint

HAT DIE BEATLES VEREHRT«

In den folgenden Versen werden weitere antiautoritäre Aktivitäten thematisiert, und nach *The Mamas and the Papas* und den *Beatles* werden mit den *Rolling Stones,* den *Rattles* und den *Monkees* noch weitere Rock- und Popgruppen erwähnt – wobei schon die Nennung der *Monkees* eine Distanzierung vom gegenkulturellen Gestus signalisiert, der dann auch in den Schlußstrophen bestätigt wird:

»hat CDU gewählt
hat kreuzworträtsel gelöst
hat sich gelangweilt
hat 99 liebesspiele in wort und bild gekauft

HAT DIE MONKEES VEREHRT

hat die beatschuppen verlassen
hat sich die fransen abgeschnitten
trägt nun teure hemden
und liest die FAZ
verdient jetzt 20 pfennig mehr die stunde
das hat er nun davon

der arme irre«[120]

---

[120] Paul Gerhard Hübsch: »it's all over now«. In: ders., *mach was du willst,* a.a.O., S. 39f.

Um die Jahrzehntwende büßte die Rockmusik einen Großteil der subversiven Kraft ein, die sie in den sechziger Jahren ausgezeichnet hatte. Mit dem Übergang ins neue Jahrzehnt war die Ära der antibürgerlichen Pop-Revolten (zunächst) an ein (vorläufiges) Ende gekommen. Dies hatte mehrere Gründe. Mit Brian Jones (*Rolling Stones,* 1942-1969), Jimi Hendrix (1942-1970), Janis Joplin (1943-1970) und Jim Morrison (*The Doors,* 1943-1971) waren kurz nacheinander gleich mehrere der kreativsten Musikerinnen und Musiker der sechziger Jahre an den Folgen ihrer Drogen- bzw. Alkoholsucht gestorben, und auch die anhaltende Drogenabhängigkeit von zahlreichen anderen Rockmusikern hatte schlagartig die selbstdestruktiven Schattenseiten der Drogeneuphorien der Beatniks und Hippies offenbart und weniger zu einer Befreiung der künstlerischen Möglichkeiten als vielmehr in eine kreative Sackgasse geführt. Überdies lösten sich wegweisende Bands wie die *Beatles* auf, welche die Rockszene der sechziger Jahre wesentlich geprägt hatten. Und obendrein war im blutigen Fiasko des Altamont-Festivals im Dezember 1969 auch die Euphorie der ›Woodstock Nation‹ gedämpft worden. Brinkmann hat diese Enttäuschung in dem Gedicht *Vage Luft* thematisiert, das auch seine persönliche Abwendung von der Popmusik belegt:

»[...] In

der Tageszeitung steht die Nachricht
vom Tod des Sängers Jim Morrison, USA, der
in einer Badewanne in Paris gestorben ist

und dem ich gerne zugehört habe, Otis
Redding schon lange tot, Jimie Hendrix
an der eigenen Kotze erstickt und Brian

Jones schwimmt kühl und ohne Gefühl
im Planschbecken seines Landhauses. Das
ist das elektronische Zeitalter. Der

Schmerz wird auf sechzehn Spuren
verzerrt, die Schizophrenie ist eine
Sache des Gehörs. Was mich betrifft

nichts.

[...] Ich

stecke mir Ohropax ins Ohr, um die
Gegenwart des 20. Jahrhunderts ertragen
zu können. Das nennt man die persönliche

Flucht.«[121]

Daneben hat sich in dieser Phase auch die ökonomische Struktur der Musikindustrie geändert. Zahlreiche große Schallplattenfirmen fusionierten, was zu einer Konzentration der Musikindustrie in wenigen Medienkonzernen sowie zum Verschwinden von kleineren Labels führte. Eine bis dato beispiellose Kommerzialisierung und Professionalisierung der Rockmusik, die erst mit dem Aufkommen des Punk sowie einer Szene von kleinen Independent-Labels in der zweiten Hälfte des Jahrzehnts wieder unterlaufen wurde, versperrte den für die Dynamik der Rock- und Popmusik unentbehrlichen kreativen Austausch zwischen der musikalischen Entwicklung im subkulturellen Underground und der kommerziellen Verwertung durch die Musikindustrie. Natürlich spitzte sich damit lediglich ein Zug zu, der die Popmusik, die ja stets eine kommerziell ungemein erfolgreiche Sparte der Unterhaltungsindustrie war, ohnehin von Beginn an gekennzeichnet hatte. In Brinkmanns *Ein gewöhnliches Lied* heißt es:

[121] Rolf Dieter Brinkmann: »Vage Luft«, a.a.O., S. 244f. – Vgl. auch Brinkmanns *Westwärts, Teil 2*, in dem es im Rückblick auf die – nun als gescheitert angesehenen – symbolischen Gesten von Rock- und Popstars der fünfziger und sechziger Jahre wie Chuck Berry, Jim Morrison, Jimi Hendrix, Pete Townshend, Keith Moon u.a. heißt: »Einer zündete das Klavier an, einer / zertrampelte seine Gitarre. Einer machte den Entengang. / einer masturbierte auf der Bühne, einer verschenkte / die Glitterkleidung, einer schlug mit den Schuhen auf / die Noten. Einer zersägte den Flügel, einer zerbiß ein Huhn. / Einer sprang im Scherenschritt in die Luft, einer trat in das / Schlagzeug. Einer schlug mit dem Kopf gegen / die Pappwand, einer leckte die Saiten. [...] Einer schwirrte ab, einer ging in // die Knie und weinte. Einer warf eine Fotze / von der Bühne, einer verzerrte den Körper. / Einer sagte, ich küsse das Glasauge meiner / Liebe, ehe das elektrische Licht / wieder angeschaltet wird. Einer stellte die / Stühle zusammen, einer lief durch die Reihen. Einer / schrie, Sonnenblumen, Sonnenblumen, warum / habt ihr vergessen, daß ihr Sonnenblumen / seid und seid kaputt?« (*W*, S. 57)

»Wenn er sie aufforderte zu singen, sangen sie,
was er gesungen hatte, noch einmal, bevor er

weiter sang: ›Mein Lied ist
gewöhnlich, mein Lied ist
ein Dreck, und ihr sitzt da
und seid ganz weg.
[...]
Also gebt mir das Geld, ich muß den
Flug bezahlen, das Hotel
und die Band.‹« (*W*, S. 9)[122]

Es ist diese soziale Etablierung des Pop, der Verlust seiner Verwurzelung in den diversen Subkulturen, die in den frühen siebziger Jahren unübersehbar wurde und Brinkmann auf Distanz gehen ließ. Wenn er noch im Vorwort zu seinem Gedichtband *Westwärts 1 & 2* schreibt, seine Gedichte sollten so ›einfach‹ wirken wie Songs, bezieht er sich zwar noch auf die in den sechziger Jahren bewunderte Popmusik. Unter dem Eindruck der hemmungslosen Kommerzialisierung des Pop jedoch, so sein Befund, seien die Sinnlichkeitsutopien der sechziger Jahre nicht mehr einzulösen, und überdies hätten die kulturellen Importe im deutschen Underground keine originären Trends anregen können, sondern seien lediglich unreflektiert absorbiert worden:

»also wieder Importe, wieder eine neue Welle, so rotten sie hier das Bewußtsein aus, das gar nicht merkt, wie vergammelt amerikanisch es wird/: also wieder farbloser Stil, wieder Gemachtes an Stelle von gesehenem, nie eine Rebellion der sogen. Avantgarde, weder in den 50ern (Beat Generation, noch in den 60ern Nouveau Roman, noch Ende der 60er Pop, alles bloß importiert)« (*Erk*, S. 213)

[122] Auch Hadayat-Ullah pg Hübsch hat in seinem *gedicht über poster-zappa auf dem poster-klo* die Kritik an der ausufernden Kommerzialisierung des Pop und dem damit verbundenen Verlust des gegenkulturellen Impetus formuliert: »die letzten MOTHERS kamen von BAIER. BASF / konterte mit ROLLING STONES LIFE HYDE PARK & einer / neuen BEATLES doppel-LP. weit abgeschlagen die farb / werke HOECHST mit ausgelaugten DOORS JIM MORRISON mastur / bationen auschwitz THE CREAM LAST CONCERT resten«. – Vgl. Hadayat-Ullah pg Hübsch: »ein gedicht über poster-zappa auf dem poster-klo«. In: ders., In: ders., *ausgeflippt*. Neuwied, Berlin: Luchterhand 1971, S. 29-31, hier: S. 30.

Der immanente Konformitätsdruck, ja der regelrechte ›Lebensformdruck‹ (Ziehe) einer ›importierten‹ Rebellion, der sich auch in der Subkultur breitgemacht hatte und eine der Ursachen für ihre irreversible Fraktionierung war, ließ sich mit Brinkmanns fundamentalem Nonkonformismus nicht mehr versöhnen. Obendrein hatte sich die Überzeugung verflüchtigt, der Gestus der Spätsechziger-Revolte drücke sich wesentlich in den symbolischen Verweigerungen einer jungen Generation aus. In einem Brief an Henning John von Freyend vom 16. November 1972 bezieht sich Brinkmann auf die vielbeschworene ›Deadline‹ von Jugendkulturen, der zufolge man mit dem dreißigsten Geburtstag zum gesellschaftlichen ›Establishment‹ zu rechnen sei:

> »Es gibt kein ›zurück‹, es gibt nur das 20. Jahrhundert mit seiner Häßlichkeit – das zu erfahren & es so zu sehen, macht mich ›über 30‹ – nicht die Fragwürdigkeit alles Gesehenen, wie Du schreibst, sondern die Beschränktheit & der biologische Zwang der Welt – Der fade Humanismus, die Blödheit & Unwissenheit der Revolutionäre ekelt mich an!/Warum läßt Du Dir nicht normal die Haare schneiden auf mich wirkt sowas inzwischen so abstoßend & blöde: ist alles, die langen Haare, nur noch häßlich + doof! So angeberisch wie Mode & genauso pervertiert, hier wie dort./Daß sie alle es nicht sehen!« (*RB*, S. 220)[123]

Brinkmann versucht zwar in den Materialbänden die emphatische Oberflächenfixierung seiner Pop-Texte zu überwinden: »ich muß unbedingt aus meinen Erfahrungen ein Gesetz heraus finden.« (*Erk*, S. 254). Sein manisches Auf-Schreiben soll die Augenblicksfixierung der Sinnlichkeitsutopien überwinden und einen Blick *hinter* die Oberfläche der Bilder ermöglichen. Doch zwangsläufig bleibt Brinkmann auch in seinem revidierten Schreibprojekt ausweglos in die simultane Reizvielfalt seines urbanen Lebensraums ver-

[123] Seine scharfe Kritik an den neuen Rigorismen, die sich in den frühen siebziger Jahren in den Subkulturen ausgebildet haben, ist ein ständig wiederkehrendes Motiv in Brinkmanns Gedichten, Materialbänden und Briefen: »da befiel mich so ein zäher Ekel, als ich mich umsah und die Gesten der Leute wahrnahm, ihre ›Natürlichkeit‹, die ein andressierter Schmarren war, ihre großen Ansprüche, mit der sie dasaßen ganz wie die Grafen Rotz mit weitem Schlag in der Hose, Dauerwellen im langen Beatles-Haar, die Mädchen mit gelben Plastik-Jacken und Marlene-Dietrich-Hosen, rausgestreckte Hintern und Titten wie die Venus von Wilmersdorf aus der Steinzeit, ein hingelungertes Volk, die Herren dieser Erde, zum Lachen, Medien-Abfall mit der Information im Kopf, Mick Jagger hat einen ungeschliffenen Diamanten in die Erbsensuppe von Marianne Faithful plumpsen lassen. Pack, das die Musikbox drückt, die neue Generation – schlicht zum Kotzen.« – Rolf Dieter Brinkmann: Brief an Henning John von Freyend, 19.9.1972, a.a.O., S. 80.

strickt. Einen distanzierten Überblick vermag er auch hier nicht herzustellen. Auch wenn der Autor für seine Lebensmitschrift auf die tradierten Formen des Tagebuchs, des Reiseberichts oder des Briefromans zurückgreift, so gelingt ihm damit jedoch keineswegs die Darstellung seines Lebens als kontinuierliche Entwicklung, gleichsam als fortschreitende Konstruktion einer spezifischen Identität, die sich in einem linearen Diskurs darstellen ließe.

Dies scheitert immer wieder daran, daß ihm die (urbane) Wirklichkeit sowie alle sozialen Kontakte fremd und damit zum Problem geworden sind, ohne daß er sich ihnen vollständig zu entziehen vermag: »ich sehe, was ich sehe, und nicht was ich sehen will« (*RB*, S. 279). Einen Ausweg bietet ihm lediglich noch das unentwegte Notieren und ›Archivieren‹ von persönlichen Erfahrungen und Assoziationen sowie von alltäglichem Bild- und Textmaterial. Die Indifferenz dieses Archivierens führt zu einer vollständigen Enthierarchisierung des disparaten Materials – und damit letztlich auch zur Strukturlosigkeit des Textes. Exzessive Beschreibungen von Einkäufen, Kinoprogrammen, Faksimiles aus Zeitschriften und Büchern, Reflexionen über den Zustand der gegenwärtigen Gesellschaft, schonungslose Analysen der Beziehung zu seiner Frau und seinem unmittelbaren sozialen Umfeld usw. stehen unverbunden nebeneinander. Die unterschiedlichsten Details werden vom Autor unablässig wahrgenommen und umgehend entweder verbalisiert oder als ›objets trouvés‹ ins Buch übernommen. Brinkmann sammelt, wie Thomas Groß es formuliert hat, »die Spuren einer undurchsichtig gewordenen Realität in sich ein; nicht um sie zu versöhnen, sondern um sie ohnmächtig als solche zu exponieren«.[124]

In einem solchen Prozeß der unablässigen Niederschrift des Wahrgenommenen greift Brinkmann unvermeidlich zum Verfahren der literarischen Collage, zumal er ja bereits in seinen Langgedichten mit collagenhaften Formen gearbeitet hatte. Seine Text-Bild-Collagen stellen daher ein formales Experiment dar, das es ihm ermöglicht, eine Realität festzuhalten, die den traditionellen literarischen Verfahren zu entgleiten droht. Sie weisen eine erstaunliche Ähnlichkeit mit den ›Scrapbooks‹ und der Drei-Spalten-Technik auf, die William S. Burroughs in den sechziger Jahren entwickelt hatte.[125] Seit

[124] Thomas Groß: *Alltagserkundungen*, a.a.O., S. 216.

[125] Burroughs war – neben Frank O'Hara – der einzige von Brinkmanns amerikanischen Vorbildern der späten sechziger Jahre, der ihn auch in den frühen siebziger Jahren noch nachhaltig beeinflußte. Daneben ist jedoch beim Blick in Brinkmanns Materialbände auch noch an ein Vorbild in der *deutschen* Literatur zu denken, an Arno Schmidt: »...wenn man auf die hochgelobte Literatur der fünfziger Jahre bei uns zurückblickt, so fällt nur noch wenig Interessantes in dem ausgetrockneten Terrain auf, Arno Schmidt al-

1964 hatte Burroughs zahlreiche Mappen mit Tagebuch- und Traumnotizen, Zeitungsausschnitten und Fotografien angelegt. Diese Mappen waren in erster Linie Sammlungen von Text- und Bildmaterialien für künftige Projekte, doch wurden Ausschnitte aus einigen ›Scrapbooks‹ auch in Kleinverlagen publiziert und in den Sammelband *The Burroughs File* (1984) aufgenommen. Im Februar 1964 hatte Burroughs zudem ein Tagebuch in der Drei-Spalten-Technik begonnen. In der ersten Spalte führte er ein konventionelles Tagebuch, in dem er schlicht die Tagesereignisse festhielt. Die zweite Spalte enthielt Erinnerungen und Assoziationen, die sich an diesen Ereignissen entzündeten, und in die dritte Spalte trug er Zitate aus seiner jeweiligen Lektüre ein. Die Textpassagen ergänzte er um Fotografien: »I've been interested in precisely how word and image get around on very, very complex association lines.«[126] Überdies experimentierte Burroughs mit Texten im Zeitungs- bzw. Zeitschriftenformat, z.B. in *Dead Star,* einer 1965 veröffentlichten Ausgabe der in London von Jeff Nuttall herausgegebenen Zeitschrift *My Own Mag.*

In der literarischen Collage finden Burroughs und Brinkmann ein formales Verfahren, um die fragmentierte, zunächst visuelle Wahrnehmung des realen Gesellschaftsraums möglichst präzise versprachlichen zu können. In der immer schmerzhafteren ›Lektüre‹ der äußeren Realität versucht Brinkmann, die Realitätspartikel, die er noch zu benennen vermag, zu fixieren, ohne daß es ihm dabei gelänge, sie zu einem Sinnzusammenhang zu bündeln: »Wie kann auch einer das in eine Reihe, in eine Ordnung bekommen?« (*RB*, S. 285) Daher bleiben auch ›Reste‹, die sich gegen die Verbalisierung sperren und nur als Foto- und Bildelemente noch in den Text ›geschnitten‹ werden können.

Obwohl alle Pop-Euphorie unwiderruflich verflogen ist, so realisiert sich dennoch gerade in den Materialbänden – wenn auch unter negativem Vorzeichen – noch der ›Film in Worten‹, den Brinkmann einige Jahre zuvor propagiert hatte: als Collage aus sprachlichen und bildlichen Wahrnehmungs-, Reflexions- und Assoziationsbruchstücken, die – in Analogie zu jenem Programm, das Brinkmann in Anlehnung an Kerouacs Überlegungen formu-

---

lenthalben, weil da jemand war, der sich selber und seine persönlichen Macken in seinen verschiedenen Publikationen realisiert hat.« (*ES*, S. 149)

126 Vgl. Conrad Knickerbocker: »William Burroughs. An Interview«. In: Paris Review 35/1965, S. 13-49, hier: S. 21. Auf den Seiten 22, 44 und 50 finden sich überdies einige Beispielseiten aus Burroughs' ›Scrapbooks‹. Zum dauerhaften Einfluß von Burroughs auf Brinkmanns Werk vgl. Andreas Kramer: »Schnittpunkte in der Stille. Rolf Dieter Brinkmann und William S. Burroughs«. In: Marcel Beyer / Andreas Kramer (Hrsg.), *William S. Burroughs.* Eggingen: Isele 1995, S. 153-166.

liert hatte - spontan wahrgenommen und fixiert werden. Dies rechtfertigt auch die Editionsweise der Materialbände: Während *Rom, Blicke* noch im konventionellen Satz erschien, wurden *Erkundungen* und *Schnitte* als Faksimiles der Text-Bild-Collagen veröffentlicht - mit allen orthographischen und grammatikalischen Fehlern, die dem Autor im Eifer der unablässigen Materialverarbeitung unterlaufen sind.

Die Form der Materialbände entspricht somit einer Wahrnehmung der gesellschaftlichen Realität, die in einer ›Feldstudie‹ wenn nicht eine Kohärenz der registrierten Phänomene zustande zu bringen, so doch die als beunruhigend empfundene Zusammenhanglosigkeit der alltäglichen Umwelt festzuhalten versucht. Nur im Zusammenschnitt von segmentierten Beobachtungen kann noch so etwas wie eine Rekonstruktion des konkreten Alltags gelingen: »Auf einer weitergefaßten, einer ›Makroebene‹ des Textes werden all die punktuell erfahrenen Wirklichkeitsmomente in ein Spurengesamtkonvolut eingelesen, ohne sie dabei den Synthesen eines sinnorientierten Bewußtseins zu unterwerfen.«[127]

In *Schnitte,* dem bislang letzten Materialband aus dem Nachlaß, hat Brinkmann dies am intensivsten erprobt. Dabei drängen die bildlichen Elemente, die in *Rom, Blicke* und *Erkundungen...* noch vorrangig der illustrativen Ergänzung des Textes dienten, in den Vordergrund und verdrängen die Schrift als primäres Medium. Das ›Sprachbild‹ wird vom fotografischen Bild verdrängt, und die Fotocollage, die im übrigen schon in Brinkmanns Beitrag *Wie ich lebe und warum* (1970) zur Anthologie *Trivialmythen* an die Stelle des literarischen Textes getreten war[128], avanciert nun zum Leitmedium der künstlerischen Wirklichkeitsrepräsentation.

Wenn dies auf der einen Seite den ›Abschied‹ von der Schrift und somit von der Literatur im tradierten Sinne bedeutet - wodurch Brinkmann das immer wieder beklagte Scheitern seiner schriftstellerischen Bemühungen auch formal nachvollzieht -, so eröffnet es ihm doch zugleich den ›Durchbruch‹ zu einer collagierenden Form, die es einzig noch ermöglicht, seinen ›Erfahrungshunger‹ zu stillen und die gesellschaftliche Realität, der er unwiderruflich ausgeliefert ist, künstlerisch zu erkunden. Daß dabei das Schreiben weitgehend auf der Strecke bleibt, liegt dabei durchaus in der Konsequenz von Brinkmanns ästhetischen Vorstellungen eines ›Films in Worten‹.

---

[127] Thomas Groß: *Alltagserkundungen,* a.a.O., S. 260.
[128] Vgl. Rolf Dieter Brinkmann: »Wie ich lebe und warum«, a.a.O.

Kontinuität und Diskontinuität greifen in Brinkmanns Werk der siebziger Jahre somit immer wieder ineinander. Den vollständigen biographischen Bruch mit seiner Vergangenheit, nämlich den nicht nur zeitweiligen, sondern endgültigen Rückzug aus »der von verwirrten Tötungsinstinkten verwüsteten Stadtgegend«[129] in die Stille des Landlebens, hat er jedoch de facto nicht mehr vollzogen. Daß Brinkmann, der sich in den siebziger Jahren immer wieder massiv gegen die unaufhaltsame Massenmotorisierung gewandt hat, ja den Motorrad- und Autofahrern, »diesen knatternden Heinis«, regelrecht gewünscht hat, »sie möchten gegen die nächste Hauswand knallen und dann weg sein«[130], ausgerechnet durch einen Autounfall ums Leben gekommen ist, hat in diesem Zusammenhang eine fast schon tragische Konsequenz.

Die Flucht auf das Land blieb der unerfüllte Wunschtraum eines Autors, der sich noch 1969 provokativ zu einem Dasein als ›Massenmensch‹ bekannt hatte, sich jedoch wenige Jahre später nach einem eremitischen Leben »in einer Gegend mit Heide, Moor, wildem nordeuropäischen Oktoberlicht, ohne viel andere menschliche Anwesenheit« (*RB*, S. 35) sehnte. In einem Brief an seine Frau Maleen vom 7. Dezember 1971 versucht Brinkmann, diese private Utopie eines funktionierenden Zusammenlebens und einer solitären Schriftstellerexistenz »ohne diese andauernden Einmischungen einer häßlicher werdenden, auch psychisch häßlicher und verrotteter werdenden Umwelt« (*RB*, S. 26) näher auszumalen:

> »Ein ruhiges, gleichmäßiges Milieu ist zum arbeiten unbedingt wichtig, ich brauche das, wie ich jetzt wieder entdeckt habe.
> Vergiß auch nicht, daß die ganze Rebellion mit Pop, Untergrund, den Leuten dort, den Linken usw. usw. und damit den verschiedenen Versuchen und Verhaltensweisen vorbei ist für mich, und mein Ärger mich oft selber meint, weil ich naiv in vielem gewesen bin [...]. Da ist eine Menge Verwirrung bei mir auch passiert, und die geht jetzt weg.« (*Erk*, S. 321)

[129] Ders.: Brief an Ulf Miehe, 4.6.1972, a.a.O., S. 103.
[130] Ebd.

Literatur

Primärliteratur

Rolf Dieter Brinkmann

AM »Angriff aufs Monopol: Ich hasse alte Dichter«. In: Christ und Welt, 15.11.1968, S. 14f.

AV »Anmerkungen zu meinem Gedicht ›Vanille‹«. In: *März Texte 1.* Darmstadt: März 1969, S. 141-144.

Eis *Eiswasser an der Guadelupe Str.* (1974). Reinbek: Rowohlt 1985.

Erk *Erkundungen für die Präzisierung des Gefühls für einen Aufstand: Reise Zeit Magazin (Tagebuch).* Reinbek: Rowohlt 1987.

ES »Einübung einer neuen Sensibilität« (1969). In: Literaturmagazin 36/ 1995: *Sonderheft Rolf Dieter Brinkmann,* S. 147-155.

FiW »Der Film in Worten«. In: ders. / Ralf-Rainer Rygulla (Hrsg.), *Acid. Neue amerikanische Szene.* Darmstadt: März 1969, S. 381-399.

G *Godzilla.* Köln: Hake 1968.

Gr *Gras. Gedichte.* Köln: Kiepenheuer & Witsch 1970.

K *Keiner weiß mehr.* Köln, Berlin: Kiepenheuer & Witsch 1968.

N »Notizen 1969 zu amerikanischen Gedichten und zu dieser Anthologie«. In: ders. (Hrsg.), *Silverscreen. Neue amerikanische Lyrik.* Köln: Kiepenheuer & Witsch 1969, S. 7-32.

NB »Notizen und Beobachtungen vor dem Schreiben eines zweiten Romans« (1970/74). In: ders., *Der Film in Worten. Prosa, Erzählungen, Essays, Hörspiele, Fotos, Collagen 1965-1974.* Reinbek: Rowohlt 1982, S. 275-295.

OH »Die Lyrik Frank O'Haras«. In: Frank O'Hara, *Lunch Poems und andere Gedichte.* Köln: Kiepenheuer & Witsch 1969, S. 62-75.

P *Die Piloten. Neue Gedichte.* Köln: Kiepenheuer & Witsch 1968.

RB *Rom, Blicke.* Reinbek: Rowohlt 1979.

Sex »Über Lyrik und Sexualität«. In: Streit-Zeit-Schrift 7 (1969), H. 1, S. 65-70.

UN »Ein unkontrolliertes Nachwort zu meinen Gedichten«. In: Literaturmagazin 5/1976, S. 228-248.
V »Vanille«. In: *März Texte 1.* Darmstadt: März 1969, S. 106-140.
W *Westwärts 1 & 2. Gedichte.* Reinbek: Rowohlt 1975.

*

–: *Ihr nennt es Sprache.* Leverkusen: Willbrand 1962.
–: *Le Chant du Monde. Gedichte 1963-1964.* Olef: Olefer Hagarpresse 1964.
–: *Raupenbahn.* Köln, Berlin: Kiepenheuer & Witsch 1966.
–: *Was fraglich ist wofür. Gedichte.* Köln: Kiepenheuer & Witsch 1967.
–: *Aus dem Notizbuch Rom 1972/73 »Worlds End«.* Rom: Villa Massimo Druck 1973.
–: *Standphotos.* Duisburg: Hildebrandt 1969.
–: *Standphotos. Gedichte 1962-1970.* Reinbek: Rowohlt 1980.
–: *Der Film in Worten. Prosa, Erzählungen, Essays, Hörspiele, Fotos, Collagen 1965-1974.* Reinbek: Rowohlt 1982.
–: *Erzählungen.* Reinbek: Rowohlt 1985.
–: *Schnitte.* Reinbek: Rowohlt 1988.
– (Hrsg.): *Silverscreen. Neue amerikanische Lyrik.* Köln: Kiepenheuer & Witsch 1969.

*

–: »Sex und Politik«. [Leserbrief]. In: konkret 6/1966.
–: »Nichts weiter«. In: Merkur 20 (1966), S. 550-555.
–: »Strip«. In: Hans Dollinger (Hrsg.), *außerdem. Deutsche Literatur minus Gruppe 47 = wieviel?* München, Bern, Wien: Scherz 1967, S. 377-382.
–: »London: Piccadilly Circus«. In: Manfred Franke (Hrsg.), *Straßen und Plätze.* Gütersloh: Sigbert Mohn Verlag 1967, S. 29-37.
–: Brief an Hartmut Sander. In: *Oberbaum Linkeck Almanach 1965-1968.* Berlin: RKL Presse 1968, o.P.
–: »Kunst in Köln?« (1968). In: Wulf Herzogenrath / Gabriele Lueg (Hrsg.), *Die 60er Jahre. Kölns Weg zur Kunstmetropole. Vom Happening zum Kunstmarkt.* Köln: Kölnischer Kunstverein 1986, S. 552.
–: »Chelsea Girls«. In: Kölner Stadt-Anzeiger, 28.12.1968.
–: »BILDER. 28.6.-29.6. (aus einem in Arbeit befindlichen Roman)«. In: Lit 1/1968-69, S. 11-15.
–: »Flickermaschine«. In: Vagelis Tsakiridis (Hrsg.), *Supergarde. Prosa der Beat- und Pop-Generation.* Düsseldorf: Droste 1969, S. 31-42.
–: »Ein paar Hinweise«. In: Der Gummibaum 1/1969, S. 41-43.
–: »Lebenslauf einer Frau«. In: Der Gummibaum 3/1970, S. 11.
–: »Liedchen«. In: Der Gummibaum 3/1970, S. 31.

–: »Wie ich lebe und warum (1970)«. In: Renate Matthaei (Hrsg.), *Trivialmythen.* Frankfurt/M.: März 1970, S. 67-73.
–: »Vage Luft«. In: Hans Peter Keller (Hrsg.), *Satzbau. Poesie und Prosa aus Nordrhein-Westfalen.* Düsseldorf: Droste 1972, S. 243-245.
–: »›To a world filled with compromise, we make no contribution‹«. In: Manuskripte 12 (1972), H. 36, S. 38-45.
–: »Fragment zu einigen populären Songs«. In: Literaturmagazin 3/1975, S. 105-122.

*

–: Brief an Hartmut Sander. In: *Oberbaum Linkeck Almanach 1965-1968.* Berlin: RKL Presse 1968, o.P.
–: Brief an Hermann Peter Piwitt, 2.5.1970. In: Literaturmagazin 36/1995, S. 70.
–: Brief an Ulf Miehe, 4.6.1972. In: Literaturmagazin 36/1995, S. 102-109.
–: Brief an Hermann Peter Piwitt, 11.7.1972. In: Literaturmagazin 36/1995, S. 84-89.
–: Brief an Hermann Peter Piwitt, 22.7.1972. In: Literaturmagazin 36/1995, S. 92-101.
–: Brief an Alfred Kolleritsch, 10.9.1972. In: Literaturmagazin 36/1995, S. 114f.
–: Brief an Henning John von Freyend, 19.9.1972. In: Literaturmagazin 36/1995, S. 77-82.
–: »Vita (Aus einem Brief an Hartmut Schnell vom 23.2.1974)«. In: Literaturmagazin 36/1995, S. 210-213.
–: Brief an Hartmut Schnell, 3.6.1974. In: Literaturmagazin 36/1995, S. 124-144.

*

Brinkmann, Rolf Dieter / Maleen Brinkmann: »Aus unserer Küche«. In: Der Gummibaum 1/1969, S. 8.
Brinkmann, Rolf Dieter / Ralf-Rainer Rygulla: »Einmal«. In: Der Gummibaum 2/1969, S. 2-3.
–: »Zehn Münzen aus Albanien«. In: Der Gummibaum 2/1969, S. 4.
–: »Frank Xerox' ›wüster Traum‹«. In: Merkur 24 (1970), S. 747.
–: »Der längste Zug der Welt vom 28. bis 29. Nov. 1969 über Köln–Darmstadt–Stuttgart–Frankfurt–zurück nach Köln«. In: Literaturmagazin 36/1995, S. 57-64.
– (Hrsg.): *Acid. Neue amerikanische Szene.* Darmstadt: März 1969.

Sonstige Texte

Artmann, H. C.: *Das suchen nach dem gestrigen tag oder schnee auf einem heißen brotwecken.* Olten: Walter 1964.

Bauer, Wolfgang: *Werke,* Bd. 2: *Schauspiele 1967-1973.* Hrsg. von Gerhard Melzer. Graz, Wien: Droschl 1986.

Baumgart, Reinhard: »Die Fünfte Kolonne der Literatur. Der Prediger Leslie A. Fiedler streichelt die Furien der Nach-Moderne«. In: Christ und Welt, 11.10.1968, S. 16f.

Becker, Jürgen: »Der Schrei«. In: Christ und Welt, 4.10.1968, S. 11.

Behrens, Alfred: *Gesellschaftsausweis. SocialScienceFiction.* Frankfurt/M.: Suhrkamp 1971.

Benn, Gottfried: *Probleme der Lyrik.* Wiesbaden: Limes 1951.

Bienek, Horst: *Vorgefundene Gedichte. Poèmes trouvés.* München: Hanser 1969.

Berrigan, Ted: *Guillaume Apollinaire ist tot. Und anderes.* Hrsg. von Rolf Dieter Brinkmann. Frankfurt/M.: März 1970.

Brandner, Uwe: *Innerungen. Ein Abenteuer-, Liebes-, Kriminal-, Zukunfts- und Tatsachenroman.* München: Hanser 1968.

–: *Am elften Tag. Prosa-Song.* Berlin: LCB 1968.

–: *Drei Uhr Angst.* München: Hanser 1969.

Brecht, Bertolt: »Der Dreigroschenprozeß«. In: ders., *Werke. Große kommentierte Berliner und Frankfurter Ausgabe,* Bd. 21: *Schriften 1.* Hrsg. von Werner Hecht, Jan Knopf, Werner Mittenzwei und Klaus-Detlef Müller. Berlin, Weimar, Frankfurt/M.: Aufbau/Suhrkamp 1992, S. 448-514.

Breton, André: *Die Manifeste des Surrealismus.* Reinbek: Rowohlt 1986.

Brock, Bazon: *Ästhetik als Vermittlung. Arbeitsbiographie eines Generalisten.* Hrsg. von Karla Fohrbeck. Köln: DuMont Buchverlag 1977.

–: *Ästhetik gegen erzwungene Unmittelbarkeit. Schriften 1978-1986.* Köln: DuMont Buchverlag 1986.

Burroughs, William S.: *Naked Lunch* (1953). New York: Grove Press 1966.

–: »Die Zukunft des Romans«. In: Carl Weissner (Hrsg.), *Cut up. Der sezierte Bildschirm der Worte.* Darmstadt: Melzer 1969, S. 19-23.

–: *Electronic Revolution.* Göttingen: expanded media editions 1972.

–: *Der Job.* Köln: Kiepenheuer & Witsch 1973.

Buselmeier, Michael (für den ›Arbeitskreis Kulturrevolution‹ Heidelberg): »Gesellschaftliche Arbeit statt Kunst. Schluß der Diskussion«. In: Die Zeit, 31.1.1969, S. 11f.

Charters, Ann (Hrsg.): *The Portable Beat Reader.* Harmondsworth: Penguin 1992.
Chotjewitz, Peter O.: *Vom Leben und Lernen. Stereotexte.* Darmstadt: März 1969.
–: »Feuerlöscher für Aufgebratenes. Was Fiedler ›dufte‹ findet, stinkt und ist bürgerlich«. In: Christ und Welt, 8.11.1968, S. 15+21.
Chotjewitz, Peter O. / Gunter Rambow: *Roman.* Darmstadt: Melzer 1968.
Corso, Gregory / Walter Höllerer (Hrsg.): *Junge amerikanische Lyrik.* München: Hanser 1961.
Cramer, Heinz von: *Der Paralleldenker. Zombies Roman.* Hamburg: Hoffmann & Campe 1968.
Enzensberger, Hans Magnus: »Gemeinplätze, die Neueste Literatur betreffend«. In: Kursbuch 15/1968, S. 187-197.
–: *Einzelheiten II: Poesie und Politik.* Frankfurt/M.: Suhrkamp 1984.
– (Hrsg.): *Museum der modernen Poesie.* Frankfurt/M.: Suhrkamp 1960.
Giorno, John: *Cunt.* Darmstadt: März 1969.
Goetz, Rainald: *Hirn.* Frankfurt/M.: Suhrkamp 1986.
Hahn, Friedemann: *Fick in Gotham-City.* Berlin: Verlag Klaus Bär 1970.
–: *Anarcho. Er kannte kein Gesetz (Der Italo-Western).* Berlin: Verlag Klaus Bär 1970.
Hädecke, Wolfgang: »Fossil mit Vernunft«. In: Christ und Welt, 18.10.1968, S. 17.
Handke, Peter: »Totgeborene Sätze«. In: Die Zeit, 6.12.1968, S. 17f.
–: »John Lennon sagte: Revolutionäre sollen sich selber ändern«. In: Kölner Stadt-Anzeiger, Weihnachten 1968.
–: *Die Innenwelt der Außenwelt der Innenwelt.* Frankfurt/M.: Suhrkamp 1969.
Heißenbüttel, Helmut: *Über Literatur. Texte und Dokumente zur Literatur.* Olten, Freiburg i. Br.: Walter 1966.
–: »Tote Aura«. In: Christ und Welt, 4.10.1968, S. 11.
Herburger, Günter: »Dogmatisches über Gedichte«. In: Kursbuch 10/1967, S. 150-161.
–: *Training.* Neuwied, Berlin: Luchterhand 1969.
Höllerer, Walter: »Thesen zum langen Gedicht«. In: Akzente 12 (1965), H. 2, S. 128-130.
– (Hrsg.): *Transit. Lyrikbuch der Jahrhundertmitte.* Frankfurt/M.: Suhrkamp 1956.
Holthusen, Hans Egon: »Anti-Helden gegen Troja. Leslie A. Fiedlers seltsame Katzensprünge«. In: Christ und Welt, 25.10.1968, S. 15.

Hübsch, Paul Gerhard: *mach was du willst.* Neuwied, Berlin: Luchterhand 1969.
–: *ausgeflippt. gedichte.* Neuwied, Berlin: Luchterhand 1971.
Jandl, Ernst: *Sprechblasen.* Neuwied, Berlin: Luchterhand 1968.
Jelinek, Elfriede: *wir sind lockvögel baby!* Reinbek: Rowohlt 1970.
–: *bukolit. hörroman* (1968). Wien: Rhombus 1979.
John, Rolf Eckart (Hrsg.): *Mondstrip. Neue englische Prosa.* Frankfurt/M.: März 1971.
›Kultur und Revolution‹: »Kunst als Ware der Bewußtseinsindustrie«. In: Die Zeit, 29.11.1968, S. 22.
–: »Aktionen statt Argumente. Eine Antwort der SDS-Projektgruppe ›Kultur und Revolution‹ Berlin«. In: Die Zeit, 20.12.1968, S. 17.
Link, Heiner (Hrsg.): *Trash-Piloten. Texte für die 90er.* Leipzig: Reclam 1997.
März Texte 1. Darmstadt: März 1969.
Mailer, Norman: *The White Negro* (1957). San Francisco: City Lights Books 1970.
Matthaei, Renate (Hrsg.): *Grenzverschiebung. Neue Tendenzen in der deutschen Literatur der 60er Jahre.* Köln: Kiepenheuer & Witsch 1970.
– (Hrsg.): *Trivialmythen.* Frankfurt/M.: März 1970.
Michel, Karl Markus: »Ein Kranz für die Literatur. Fünf Variationen über eine These«. In: Kursbuch 15/1968, S. 169-186.
Miehe, Ulf: *Ab sofort liefern wir folgende Artikel auf Teilzahlung. Eine Politpornographie.* Berlin: Verlag Klaus Bär 1970.
–: »Beat«. In: ders., *Der Tag in W und anderswo.* Wuppertal: Hammer 1968, S. 79-102.
–: »Torpedo Definitiv Nr. 309 675«. In: Vagelis Tsakiridis (Hrsg.), *Supergarde. Prosa der Beat- und Pop-Generation.* Düsseldorf: Droste 1969, S. 150-166.
Neumeister, Andreas / Marcel Hartges (Hrsg.): *Poetry!* Slam! *Texte der Pop-Fraktion.* Reinbek: Rowohlt 1996.
Nyssen, Ute (Hrsg.): *Radikales Theater.* Köln 1969.
O'Hara, Frank: *Lunch Poems und andere Gedichte.* Hrsg. von Rolf Dieter Brinkmann. Köln: Kiepenheuer & Witsch 1969.
–: *The Collected Poems of Frank O'Hara.* Hrsg. von Donald Allen. New York: Knopf 1979.
Paetel, Karl O.: *Beat. Eine Anthologie.* Reinbek: Rowohlt 1962.
Ploog, Jürgen: *Cola-Hinterland.* Darmstadt: Melzer 1969.
Praunheim, Rosa von: *Oh Muvie. Fotoroman.* Frankfurt/M.: Heinrich Heine Verlag 1969.
Rambow, Gunter: *Doris.* Frankfurt/M.: März 1970.

Robbe-Grillet, Alain: *Argumente für einen neuen Roman. Essays.* München: Hanser 1965.

Rygulla, Ralf-Rainer: »McClures pornographische Revolution«. In: Streit-Zeit-Schrift 7 (1969), H. 1, S. 63-65.

–: »Frank Xerox' wüster Traum und andere Kollaborationen«. In: Literaturmagazin 36/1995, S. 51-55.

– (Hrsg.): *Fuck you! Underground-Gedichte.* Darmstadt: Melzer 1968.

Salzinger, Helmut: »Das lange Gedicht«. In: Vagelis Tsakiridis (Hrsg.), *Supergarde. Prosa der Beat- und Pop-Generation.* Düsseldorf: Droste 1969, S. 167-191.

Schneider, Peter: »Die Phantasie im Spätkapitalismus und die Kulturrevolution«. In: Kursbuch 16/1969, S. 1-37.

–: *Atempause. Versuch, meine Gedanken über Literatur und Kunst zu ordnen.* Reinbek: Rowohlt 1977.

Scholl, Sabine: *Wie komme ich dazu?* Graz, Wien: Droschl 1994.

Schröder, Jörg (Hrsg.): *Mammut. März-Texte 1 & 2, 1969-1984.* Herbstein: März 1984.

Tsakiridis, Vagelis (Hrsg.): *Supergarde. Prosa der Beat- und Pop-Generation.* Düsseldorf: Droste 1969.

Warhol, Andy / Pat Hackett: *POPism: The Warhol 60s.* New York, London: Harcourt Brace Jovanovich 1980.

Walser, Martin: »Mythen, Milch und Mut«. In: Christ und Welt, 18.10.1968, S. 17.

–: »Über die Neueste Stimmung im Westen«. In: Kursbuch 20/1970, S. 19-41.

Weissner, Carl (Hrsg.): *Cut up. Der sezierte Bildschirm der Worte.* Darmstadt: Melzer 1969.

Wellershoff, Dieter: »Neuer Realismus« (1965). In: Eike H. Vollmuth, *Dieter Wellershoff – Romanproduktion und anthropologische Literaturtheorie. Zu den Romanen ›Ein schöner Tag‹ und ›Die Schattengrenze‹.* München: Fink 1979, S. 22-23.

–: »Puritaner, Konsumenten und die Kritik«. In: Die Zeit, 3.1.1969, S. 9-11.

–: »Sind das überhaupt noch Gedichte?«. In: Der Gummibaum 1/1969, S. 18-19.

–: *Literatur und Veränderung. Versuche zu einer Metakritik der Literatur.* Köln: Kiepenheuer & Witsch 1969, S. 180.

–: »Realistisch schreiben«. In: Peter Laemmle (Hrsg.), *Realismus – welcher? Sechzehn Autoren auf der Suche nach einem literarischen Begriff.* München: edition text + kritik 1976, S. 13-18.

Winkler, Gerd: *Mike Blaubart.* Frankfurt/M.: Heinrich Heine-Verlag 1969.

Wondratschek, Wolf: *Früher begann der Tag mit einer Schußwunde.* München: Hanser 1969.
–: *Ein Bauer zeugt mit einer Bäuerin einen Bauernjungen, der unbedingt Knecht werden will.* München: Hanser 1970.
–: *Paul oder die Zerstörung eines Hörbeispiels.* München: Hanser 1971.
–: *Omnibus.* München: Hanser 1972.

Sekundärliteratur

Adler, Hans: »Mediating the Mediation: Rolf Dieter Brinkmann's Concept of the Aesthetic Subject«. In: Reinhold Grimm / Jost Hermand (Hrsg.), *High and Low Cultures: German Attempts at Mediation.* Madison, London: University of Wisconsin Press 1994, S. 95-105.
Adorno, Theodor W.: *Gesammelte Schriften,* Bd. 7: *Ästhetische Theorie.* Hrsg. von Gretel Adorno und Rolf Tiedemann. Frankfurt/M.: Suhrkamp 1970.
–: »Résumé über Kulturindustrie« (1963). In: ders., *Gesammelte Schriften,* Bd. 10/1: *Kulturkritik und Gesellschaft I.* Hrsg. von Rolf Tiedemann. Frankfurt/M.: Suhrkamp 1977, S. 337-345.
–: »Wissenschaftliche Erfahrungen in Amerika« (1968). In: ders., *Gesammelte Schriften,* Bd. 10/2: *Kulturkritik und Gesellschaft II.* Hrsg. von Rolf Tiedemann. Frankfurt/M.: Suhrkamp 1977, S. 702-738.
Bachtin, Michail: *Literatur und Karneval. Zur Romantheorie und Lachkultur.* München: Hanser 1969.
–: *Die Ästhetik des Wortes.* Hrsg. von Rainer Grübel. Frankfurt/M.: Suhrkamp 1979.
–: *Rabelais und seine Welt. Volkskultur als Gegenkultur.* Hrsg. von Renate Lachmann. Frankfurt/M.: Suhrkamp 1987.
Barthes, Roland: *Mythen des Alltags.* Frankfurt/M.: Suhrkamp 1964.
–: *Die Lust am Text.* Frankfurt/M.: Suhrkamp 1974.
–: *S/Z.* Frankfurt/M.: Suhrkamp 1976.
–: *Die helle Kammer. Bemerkungen zur Photographie.* Frankfurt/M.: Suhrkamp 1985.
Baumgart, Reinhard: *Deutsche Literatur der Gegenwart.* München, Wien: Hanser 1994.
Becker, Jürgen / Wolf Vostell (Hrsg.): *Happenings. Fluxus, Pop Art, Nouveau Réalisme. Eine Dokumentation.* Reinbek: Rowohlt 1965.
Bender, Hans: »›Vielleicht erinnern Sie sich meiner.‹ Rolf Dieter Brinkmann und die ›Akzente‹«. In: Literaturmagazin 36/1995, S. 28-37.

Bertens, Hans: »Die Postmoderne und ihr Verhältnis zum Modernismus. Eine Übersicht«. In: Dietmar Kamper / Willem van Reijen (Hrsg.), *Die unvollendete Vernunft: Moderne versus Postmoderne.* Frankfurt/M.: Suhrkamp 1987, S. 46-98.

Bezzola, Tobia: »Massenboheme. Das Lachen der Beatles und das Schweigen von Marcel Duchamp«. In: Kunstforum international 134/1996, S. 177-182.

Bianchi, Paolo: »Subversion der Selbstbestimmung. Assoziationen im Spiegel von Kunst, Subkultur, Pop und Realwelt«. In: Kunstforum international 134/ 1996, S. 56-75.

Bingel, Horst: Literarische Messe 1968. Handpressen, Flugblätter, Zeitschriften der Avantgarde. Frankfurt/M.: Metopen-Verlag 1968.

Bloom, Harold: *A Map of Misreading.* New York: Oxford University Press 1975.

Bohrer, Karl Heinz: *Die gefährdete Phantasie, oder Surrealismus und Terror.* München: Hanser 1970.

Bourdieu, Pierre: *Die feinen Unterschiede. Kritik der gesellschaftlichen Urteilskraft.* Frankfurt/M.: Suhrkamp 1982.

Briegleb, Klaus: *1968 – Literatur in der antiautoritären Bewegung.* Frankfurt/M.: Suhrkamp 1993.

Briegleb, Klaus / Sigrid Weigel (Hrsg.): *Hansers Sozialgeschichte der deutschen Literatur vom 16. Jahrhundert bis zur Gegenwart*, Bd. 12: *Gegenwartsliteratur seit 1968.* München, Wien: Hanser 1992.

Brinkmann, Maleen (Hrsg.): Literaturmagazin 36/1995: *Sonderheft Rolf Dieter Brinkmann.* Reinbek: Rowohlt 1995.

Broich, Ulrich / Manfred Pfister (Hrsg.): *Intertextualität. Formen, Funktionen, anglistische Fallstudien.* Tübingen: Niemeyer 1985.

Bürger, Christa / Peter Bürger (Hrsg.): *Postmoderne: Alltag, Allegorie und Avantgarde.* Frankfurt/M.: Suhrkamp 1987.

Bürger, Peter: *Theorie der Avantgarde.* Frankfurt/M.: Suhrkamp 1974.

Certeau, Michel de: *Kunst des Handelns.* Berlin: Merve 1988.

Cohn, Nik: *A WopBopaLooBop ALopBam Boom. Pop History.* Reinbek: Rowohlt 1971.

Daum, Thomas: *Die 2. Kultur. Alternativliteratur in der Bundesrepublik.* Mainz: NewLit 1981.

Deleuze, Gilles / Félix Guattari: *Rhizom.* Berlin: Merve 1977.

–: *Tausend Plateaus.* Berlin: Merve 1992.

Dencker, Klaus Peter: »Sprache als ornamentaler Protest. Drei Kapitel zum Vorverständnis der Pop-Literatur unter besonderer Berücksichtigung von

Rolf Dieter Brinkmanns Gedichten«. In: Hermann Glaser (Hrsg.), *Jugend-Stil. Stil der Jugend.* München: Manz 1971, S. 79-101.
Diederichsen, Diedrich: *Freiheit macht arm. Das Leben nach Rock'n'Roll 1990-93.* Köln: Kiepenheuer & Witsch 1993.
–: »Wer fürchtet sich vor dem Cop Killer? Zehn Thesen zu Pop und Politik«. In: Spiegel Spezial 2/1994: Pop & Politik, S. 23-27.
–: »Pop – deskriptiv, normativ, emphatisch«. In: Literaturmagazin 37/1996: *Pop Technik Poesie. Die nächste Generation,* S. 36-44.
Dubiel, Helmut: »Kulturtheorie der Frankfurter Schule«. In: Helmut Brakkert / Fritz Wefelmeyer (Hrsg.), *Kultur. Bestimmungen im 20. Jahrhundert.* Frankfurt/M.: Suhrkamp 1990, S. 255-275.
Eco, Umberto: *Nachschrift zum ›Namen der Rose‹.* München, Wien: Hanser 1984.
–: *Apokalyptiker und Integrierte. Zur kritischen Kritik der Massenkultur.* Frankfurt/M.: Fischer 1986.
Engel, Peter / Christian W. Schmitt: *Klitzekleine Bertelsmänner. Literarisch-publizistische Alternativen 1965-1973.* Scheden: Gauke 1974.
Enzensberger, Hans Magnus: »Baukasten zu einer Theorie der Medien«. In: Kursbuch 20/1970, S. 159-186.
Faust, Wolfgang Max: *Bilder werden Worte. Zum Verhältnis von bildender Kunst und Literatur vom Kubismus bis zur Gegenwart.* Erw. Neuausgabe. Köln: DuMont 1987.
Fiedler, Leslie A.: »The New Mutants«. In: The Partisan Review 32 (1965), H. 4, S. 505-525.
–: »Das Zeitalter der neuen Literatur. Die Wiedergeburt der Kritik«. In: Christ und Welt, 13.9.1968, S. 9-10.
– »Das Zeitalter der neuen Literatur. Indianer, Science Fiction und Pornographie: die Zukunft des Romans hat schon begonnen«. In: Christ und Welt, 20.9.1968, S. 14-16.
–: *Cross the Border – Close the Gap.* New York: Stein & Day 1971.
Fiske, John: *Television Culture.* London, New York: Methuen 1987.
–: *Understanding Popular Culture.* Boston: Unwin Hyman 1989.
Flusser, Vilém: »Gespräch, Gerede, Kitsch. Zum Problem des unvollkommenen Informationskonsums«. In: Harry Pross (Hg.), *Kitsch. Soziale und politische Aspekte einer Geschmacksfrage.* München: List 1985, S. 47-62.
Foucault, Michel: *Sexualität und Wahrheit I: Der Wille zum Wissen.* Frankfurt/M.: Suhrkamp 1977.
–: *Von der Freundschaft als Lebensweise. Michel Foucault im Gespräch.* Berlin: Merve 1985.

Frith, Simon: *Jugendkultur und Rockmusik. Soziologie der englischen Musikszene.* Reinbek: Rowohlt 1981.

Frith, Simon / Howard Home: *Art Into Pop.* London, New York: Routledge 1989.

Geduldig, Gunter: »Rolf Dieter Brinkmann - auch eine Rezeptionsgeschichte«. In: Joachim Kuropka / Willigis Eckermann (Hrsg.), *Oldenburger Profile.* Cloppenburg: Runge 1989, S. 209-234.

Geduldig, Gunter / Marco Sagurna (Hrsg.): *Too much - das lange Leben des Rolf Dieter Brinkmann.* Aachen: Alano 1994.

Geduldig, Gunter / Ursula Schüssler (Hrsg.): */: Vechta! Eine Fiktion!/ Der Dichter Rolf Dieter Brinkmann.* Osnabrück: secolo 1995.

Gemünden, Gerd: »The Depth of the Surface, or, What Rolf Dieter Brinkmann Learned from Andy Warhol«. In: The German Quarterly 68 (1995), S. 236-250.

Gendolla, Peter: *Idole in den Massenmedien.* Siegen: Universität-Gesamthochschule Siegen 1988.

Glessing, Robert J.: *The Underground Press in America.* Bloomington, London: Indiana University Press 1970.

Gorsen, Peter: *Das Prinzip Obszön. Kunst, Pornographie und Gesellschaft.* Reinbek: Rowohlt 1969.

Groß, Thomas: *Alltagserkundungen. Empirisches Schreiben in der Ästhetik und in den späten Materialbänden Rolf Dieter Brinkmanns.* Stuttgart, Weimar: Metzler 1993.

Großklaus, Götz: »Nähe und Ferne. Wahrnehmungswandel im Übergang zum elektronischen Zeitalter«. In: ders. / Eberhard Lämmert (Hrsg.), *Literatur in einer industriellen Kultur.* Stuttgart: Cotta 1989, S. 489-520.

Grzimek, Martin: »Über den Verlust der Verantwortlichkeit. Zu Rolf Dieter Brinkmanns poetischen Texten«. In: Arbeitskreis Linker Germanisten (Hrsg.), *Neue Deutsche Lyrik. Beiträge zu Born, Brinkmann, Krechel, Theobaldy, Zahl u.a.* Heidelberg: Selbstverlag 1977, S. 98-129.

Hage, Volker: *Collagen in der deutschen Literatur. Zur Praxis und Theorie eines Schreibverfahrens.* Frankfurt/M., Bern, New York, Nancy: Lang 1984.

Hall, Stuart: »Encoding / decoding«. In: Stuart Hall / Dorothy Hobson / Andrew Lowe / Paul Willis (Hrsg.), *Culture, Media, Language. Working Papers in Cultural Studies, 1972-79.* London [u.a.]: Hutchinson 1980, S. 129-138.

Hansen-Löve, Aage A.: »Karnevalisierung der Literatur. Zur Romantheorie Michail Bachtins«. In: Wort und Wahrheit 6 (1972), S. 522-531.

Hansen-Löve, Aage A.: »Intermedialität und Intertextualität. Probleme der Korrelation von Wort- und Bildkunst – Am Beispiel der russischen Moderne«. In: Wolf Schmid / Wolf-Dieter Stempel (Hrsg.), *Dialog der Texte. Hamburger Kolloquium zur Intertextualität.* Wien 1983, S. 291-360.

Hartung, Harald: »Pop als ›postmoderne‹ Literatur. Die deutsche Szene: Brinkmann und andere«. In: Neue Rundschau 82 (1971), S. 723-742.

–: *Deutsche Lyrik seit 1965. Tendenzen – Beispiele – Porträts.* München, Zürich: Piper 1985.

Hassan, Ihab: »Joyce, Beckett und die post-moderne Imagination«. In: Hans Mayer / Uwe Johnson (Hrsg.), *Das Werk von Samuel Beckett. Berliner Colloquium.* Frankfurt/M.: Suhrkamp 1975.

Hebdige, Dick: *Subculture. The Meaning of Style.* London: Methuen 1979.

Hecken, Thomas (Hrsg.): *Der Reiz des Trivialen. Künstler, Intellektuelle und die Popkultur.* Opladen: Westdeutscher Verlag 1997.

Hein, W + B: *Dokumente 1967-1985. Fotos, Briefe, Texte.* Frankfurt/M.: Deutsches Filmmuseum 1985.

Hein, W & B / Christian Michelis / Rolf Wiest (Hrsg.): *XSCREEN. Materialien über den Underground-Film.* Köln: Phaidon 1971.

Heller, Heinz-B.: »Historizität als Problem der Analyse intermedialer Beziehungen. Die ›Technifizierung der literarischen Produktion‹ und ›filmische‹ Literatur«. In: Albrecht Schöne (Hrsg.), *Kontroversen, alte und neue.* Tübingen: Niemeyer 1986, S. 277-285.

Herhaus, Ernst / Jörg Schröder: *Siegfried.* Jossa: März o.J.

Hermand, Jost: *Pop International. Eine kritische Analyse.* Frankfurt/M.: Athenäum 1971.

Herzogenrath, Wulf / Gabriele Lueg (Hrsg.): *Die 60er Jahre. Kölns Weg zur Kunstmetropole. Vom Happening zum Kunstmarkt.* Köln: Kölnischer Kunstverein 1986.

Höller, Christian: »Widerstandsrituale und Pop-Plateaus. Birmingham School, Deleuze/Guattari und Popkultur heute«. In: Tom Holert / Mark Terkessidis (Hrsg.), *Mainstream der Minderheiten. Pop in der Kontrollgesellschaft.* Berlin: Edition ID-Archiv 1996, S. 55-71.

Horkheimer, Max / Theodor W. Adorno: *Gesammelte Schriften,* Bd. 3: *Dialektik der Aufklärung. Philosophische Fragmente.* Hrsg. von Rolf Tiedemann. Frankfurt/M.: Suhrkamp 1969.

Hoy, Mikita: »Bakhtin and Popular Culture«. In: New Literary History 23 (1992), S. 765-782.

Hubert, Martin: *Politisierung der Literatur – Ästhetisierung der Politik. Eine Studie zur literaturgeschichtlichen Bedeutung der 68er Bewegung in der Bundesrepublik Deutschland.* Frankfurt/M., Bern, New York, Paris: Lang 1992.

Huder, Walther: »Die Pop-, Beat-, Hippie- und Underground-Generation und ihre Literatur. Frage, Antwort und Bericht«. In: Welt und Wort 24 (1969), S. 139-145.

Huyssen, Andreas: »The Cultural Politics of Pop: Reception and Critique of US Pop Art in the Federal Republic of Germany«. In: New German Critique 4/1975, S. 77-97.

–: *After the Great Divide: Modernism, Mass Culture, Postmodernism.* Houndmills, London: Macmillan Press 1986.

–: »Postmoderne – eine amerikanische Internationale?«. In: ders. / Klaus R. Scherpe (Hrsg.), *Postmoderne. Zeichen eines kulturellen Wandels.* Reinbek: Rowohlt 1986, S. 13-44.

Huyssen, Andreas / Klaus R. Scherpe (Hrsg.): *Postmoderne. Zeichen eines kulturellen Wandels.* Reinbek: Rowohlt 1986.

Jameson, Fredric: *Postmodernism, or, The Cultural Logic of Late Capitalism.* Durham: Duke University Press 1991.

Jordan, Lothar: *Europäische und amerikanische Gegenwartslyrik im deutschen Sprachraum 1920-1970. Studien zu ihrer Vermittlung und Wirkung.* Tübingen: Niemeyer 1994.

Käsmayr, Benno: *Die sogenannte ›Alternativpresse‹. Ein Beispiel für Gegenöffentlichkeit in der BRD und im deutschsprachigen Ausland seit 1968.* Gersthofen: Maro 1974.

Kausch, Michael: *Kulturindustrie und Populärkultur. Kritische Theorie der Massenmedien.* Frankfurt/M.: Fischer 1988.

Kellner, Douglas: »Kulturindustrie und Massenkommunikation. Die Kritische Theorie und ihre Folgen«. In: Wolfgang Bonß / Axel Honneth (Hrsg.), *Sozialforschung als Kritik. Zum sozialwissenschaftlichen Potential der Kritischen Theorie.* Frankfurt/M.: Suhrkamp 1982, S. 482-515.

Knigge, Andreas C.: *Sex im Comic.* Frankfurt/M., Berlin: Ullstein 1985.

Köhler, Michael: »›Postmodernismus‹: Ein begriffsgeschichtlicher Überblick«. In: Amerikastudien 22 (1977), S. 8-18.

Kopfermann, Thomas (Hrsg.): *Theoretische Positionen zur konkreten Poesie.* Tübingen: Niemeyer 1974.

Kracauer, Siegfried: »Die Photographie« (1927). In: ders., *Das Ornament der Masse. Essays.* Frankfurt/M.: Suhrkamp 1977, S. 21-39.

Kramer, Andreas: »Schnittpunkte in der Stille. Rolf Dieter Brinkmann und William S. Burroughs«. In: Marcel Beyer / Andreas Kramer (Hrsg.), *William S. Burroughs.* Eggingen: Isele 1995, S. 153-166.

Kristeva, Julia: »Probleme der Textstrukturation«. In: Jens Ihwe (Hrsg.), *Literaturwissenschaft und Linguistik: Ergebnisse und Perspektiven.* Frankfurt/M.: Athenäum 1971, S. 854-506.

–: »Bachtin, das Wort, der Dialog und der Roman«. In: Jens Ihwe (Hrsg.), *Literaturwissenschaft und Linguistik: Ergebnisse und Perspektiven.* Frankfurt/M.: Athenäum 1972, S. 1317-1347.

Kunstforum international 134/1996: *Art & Pop & Crossover.*

Kunstforum international 135/1996: *Cool Club Cultures.*

Kureishi, Hanif / Jon Savage (Hrsg.): *The Faber Book of Pop.* London: Faber & Faber 1995.

Kurz, Paul Konrad: »Beat – Pop – Underground«. In: ders., *Über moderne Literatur III. Standorte und Deutungen.* Frankfurt/M.: Knecht 1971, S. 233-279.

Lampe, Gerhard: *Ohne Subjektivität. Interpretationen zur Lyrik Rolf Dieter Brinkmanns vor dem Hintergrund der ›Studentenbewegung‹.* Tübingen: Niemeyer 1983.

Lehmann, Hans-Thies: »SCHRIFT / BILD / SCHNITT. Graphismus und die Erkundung der Sprachgrenzen bei Rolf Dieter Brinkmann«. In: Literaturmagazin 36/1995, S. 182-197.

Lippard, Lucy R.: *Pop Art.* München, Zürich: Knaur 1969.

Livingstone, Marco: *Pop Art: A Continuing History.* London: Thames & Hudson 1990.

– (Hrsg.): *Pop Art.* London: Weidenfeld & Nicolson 1991.

Lobsien, Eckhard: »Bildlichkeit, Imagination, Wissen: Zur Phänomenologie der Vorstellungsbildung in literarischen Texten«. In: Volker Bohn (Hrsg.), *Bildlichkeit.* Frankfurt/M.: Suhrkamp 1990, S. 89-114.

Luhmann, Niklas: »Kultur als historischer Begriff«. In: ders., *Gesellschaftsstruktur und Semantik. Studien zur Wissenssoziologie der modernen Gesellschaft,* Bd. 4. Frankfurt/M.: Suhrkamp 1995, S. 31-54.

Lyotard, Jean-François: *Dérive à partir de Marx et Freud.* Paris: Union Générale d'Éditions 1973.

–: *Das Patchwork der Minderheiten. Für eine herrenlose Politik.* Berlin: Merve 1977.

–: *Intensitäten.* Berlin: Merve 1978.

–: *Grabmal des Intellektuellen.* Graz, Wien: Böhlau 1985.

–: *Das postmoderne Wissen. Ein Bericht.* Graz, Wien: Böhlau 1986.

Maase, Kaspar: *BRAVO Amerika. Erkundungen zur Jugendkultur der Bundesrepublik in den fünfziger Jahren.* Hamburg: Junius 1992.

Marcus, Greil: *Lipstick Traces. Von Dada bis Punk – kulturelle Avantgarden und ihre Wege aus dem 20. Jahrhundert.* Hamburg: Rogner & Bernhard 1992.

Marcuse, Herbert: *Versuch über die Befreiung.* Frankfurt/M.: Suhrkamp 1969.

McLuhan, Marshall: *Die magischen Kanäle. Understanding Media.* Düsseldorf [u.a.]: Econ 1992.

Metz, Christian: *Semiologie des Films.* München: Fink 1972.

Michel, Matthias: »Anmerkungen zu ›Pop‹«. In: Kunstforum international 134/ 1996, S. 114-118.

Modleski, Tania (Hrsg.): *Studies in Entertainment. Critical Approaches to Mass Culture.* Bloomington, Indianapolis: Indiana University Press 1986.

Morin, Edgar: *Der Mensch und das Kino. Eine anthropologische Untersuchung.* Stuttgart: Klett 1958.

Müller, Eggo: »Populärkultur: Erfahrungshorizont im 20. Jahrhundert. Ein Gespräch mit John Fiske«. In: montage/av 2/1/1993, S. 5-18.

–: »›Pleasure and Resistance‹. John Fiskes Beitrag zur Populärkulturtheorie«. In: montage/av 2/1/1993, S. 52-66.

Müller, Jürgen E.: »Intermedialität und Medienwissenschaft. Thesen zum State of the art«. In: montage/ av 3/2/1994, S. 110-138.

Münch, Richard: *Die Kultur der Moderne,* Bd. 2: *Ihre Entwicklung in Frankreich und Deutschland.* Frankfurt/M.: Suhrkamp 1986.

Oberbaum Linkeck Almanach 1965-68. Berlin: RKL Presse 1968.

Ohff, Heinz: *Pop und die Folgen! oder die Kunst, Kunst auf der Straße zu finden.* Düsseldorf: Droste 1969.

Paech, Joachim: *Literatur und Film.* Stuttgart: Metzler 1988.

Patalas, Enno: *Sozialgeschichte der Stars.* Hamburg: Marion von Schröder Verlag 1963.

Peitsch, Helmut: »›Kleine Schritte‹ zum Neuen Realismus. Dieter Wellershoff als Leser und Lektor«. In: Manfred Durzak / Hartmut Steinecke / Keith Bullivant (Hrsg.), *Dieter Wellershoff – Studien zu seinem Werk.* Köln: Kiepenheuer & Witsch 1990, S. 58-88.

Peper, Jürgen: »Der heruntergekommene Surrealismus oder Regression als Fortschritt: Amerikas Youth Counter Culture in zwei Manifesten«. In: Amerikastudien 19 (1974), S. 9-29.

–: »Postmodernismus: *Unitary Sensibility* (Von der geschichtlichen Ordnung zum synchron-environmentalen System)«. In: Amerikastudien 22 (1977), S. 65-89.

Perloff, Marjorie: *Frank O'Hara: Poet among Painters.* Austin, London: University of Texas Press 1977.

Pickerodt, Gerhart: »›Der Film in Worten‹. Rolf Dieter Brinkmanns Provokation der Literatur«. In: Weimarer Beiträge 37 (1991), S. 1028-1042.

Plumpe, Gerhard: *Epochen moderner Literatur. Ein systemtheoretischer Entwurf.* Opladen: Westdeutscher Verlag 1995.

Polster, Bernd (Hrsg.): *Westwind. Die Amerikanisierung Europas.* Köln: DuMont 1995.

Poschardt, Ulf: *DJ-Culture.* Hamburg: Rogner & Bernhard 1995.

Prümm, Karl: »Intermedialität und Multimedialität. Eine Skizze medienwissenschaftlicher Forschungsfelder«. In: Rainer Bohn / Eggo Müller / Rainer Ruppert (Hrsg.), *Ansichten einer künftigen Medienwissenschaft.* Berlin: Ed. Sigma 1988, S. 195-200.

Reese, Karin (Hrsg.): *DIG. Neue Bewußtseinsmodelle.* Frankfurt/M.: März 1970.

Reich, Wilhelm: *Die Entdeckung des Orgons: Die Funktion des Orgasmus. Sexualökonomische Grundprobleme der biologischen Energie* (1942). Köln: Kiepenheuer & Witsch 1969.

Riha, Karl: *Zok Roarr Wumm. Zur Geschichte der Comics-Literatur.* Steinbach: Anabas 1970.

–: *Cross-Reading und Cross-Talking. Zitat-Collagen als poetische und satirische Technik.* Stuttgart: Metzler 1971.

Rubin, Jerry: *Do it! Scenarios of the Revolution.* New York: Simon & Schuster 1970.

Rüger, Wolfgang: *Brinkmann: Der Dichter im elektrischen Versuchslabyrinth der Städte.* Frankfurt/M.: Paria 1990.

Rüger, Wolfgang / Jürgen Ploog: »Der Schnitt als Augenblick der Wirklichkeit« [Interview]. In: Flugasche 9 (1988), H. 25, S. 28-32.

Sartorius, Joachim: »Die Oberfläche des Sommers oder Was Brinkmann mit Ashbery machte«. In: Akzente 32 (1985), S. 196-198.

Scheer, Thorsten: *Postmoderne als kritisches Konzept. Die Konkurrenz der Paradigmen in der Kunst seit 1960.* München: Fink 1992.

Schmid, Wolf / Wolf-Dieter Stempel (Hrsg.): *Dialog der Texte. Hamburger Kolloquium zur Intertextualität.* Wien 1983.

Schmiedt, Helmut: »Peter Handke, Franz Beckenbauer, John Lennon und andere Künstler. Zum Verhältnis von Popularkultur und Gegenwartsliteratur«. In: Text + Kritik 24/24a: Peter Handke. 4. Aufl., München 1978, S. 87-114.

Schmiedt, Helmut: »No satisfaction oder Keiner weiß mehr: Rockmusik und Gegenwartsliteratur«. In: Zeitschrift für Literaturwissenschaft und Linguistik 9 (1979), H. 34, S. 11-23.
–: »Penny Lane und Back Street Girl in Magic Afternoon. Die Musik in einem Schauspiel von Wolfgang Bauer«. In: Ursula Hassel / Herbert Herzmann (Hrsg.), *Das zeitgenössische deutschsprachige Volksstück. Akten des internationalen Symposions, University College Dublin.* Tübingen: Stauffenberg 1992, S. 167-175.
–: *Ringo in Weimar. Begegnungen zwischen Hochliteratur und Popularkultur.* Würzburg: Königshausen & Neumann 1996.
Schneider, Irmela: »Hybridkultur. Eine Spurensuche«. In: Christian W. Thomsen (Hrsg.), *Hybridkultur. Bildschirmmedien und Evoliutionsformen der Künste.* Siegen 1994, S. 9-24.
Schröder, Jörg: *Zum harten Kern. Über Rolf Dieter Brinkmann.* Fuchstal: MÄRZ Desktop Verlag 1992.
–: »erzählt: SO-JA-BOHNEN«. In: ders. (Hrsg.), *Mammut. März-Texte 1 & 2, 1969-1984.* Herbstein: März 1984, S. 439-453.
Schulte, Bernd: *Die Dynamik des Interkulturellen in den postkolonialen Literaturen englischer Sprache.* Heidelberg: Winter 1993.
Schulz, Genia: »Brandblasen der Seele. Zur frühen Prosa und späten Lyrik Rolf Dieter Brinkmanns«. In: Merkur 39 (1985), S. 1015-1020.
Schulze, Gerhard: *Die Erlebnisgesellschaft. Kultursoziologie der Gegenwart.* Frankfurt/M., New York: Campus 1992.
Schweikert, Uwe: »›Sehen heißt heute erleben‹. Notizen bei der Lektüre von Rolf Dieter Brinkmann«. In: Literaturmagazin 36/1995, S. 198-207.
Schwendter, Rolf: *Theorie der Subkultur.* Köln: Kiepenheuer & Witsch 1973.
Shusterman, Richard: *Kunst leben. Die Ästhetik des Pragmatismus.* Frankfurt/M.: Fischer 1994.
Sontag, Susan: *Kunst und Antikunst. 24 literarische Analysen.* Frankfurt/M.: Fischer 1982.
Späth, Sibylle: *»Rettungsversuche aus dem Todesterritorium«. Zur Aktualität der Lyrik Rolf Dieter Brinkmanns.* Frankfurt/M., Bern, New York: Lang 1986.
–: *Rolf Dieter Brinkmann.* Stuttgart: Metzler 1989.
Spielmann, Yvonne: »Intermedialität als symbolische Form«. In: Ästhetik & Kommunikation 24 (1995), H. 88, S. 112-117.
Stanzel, Franz K.: »Zur poetischen Wiederverwertung von Texten. Found Poems, Metatranslation, Oberflächenübersetzung«. In: Renate Haas /

Christine Klein-Braley (Hrsg.), *Literatur im Kontext. Festschrift für Helmut Schrey zum 65. Geburtstag.* St. Augustin: Richarz 1985, S. 39-50.

Stich, Sidra: *Made in U.S.A. An Americanization in Modern Art, the '50s & '60s.* Berkeley, Los Angeles, London: University of California Press 1987.

Theobaldy, Jürgen: »It was nice to see You, doch wir haben noch Wichtiges vor. Eine Nachbemerkung zur Poplyrik«. In: Benzin 4/1973, S. 18-23.

–: »Bevor die Musik vorbei ist. Zu Rolf Dieter Brinkmann«. In: Literaturmagazin 15/1985, S. 10-21.

Theobaldy, Jürgen / Gustav Zürcher: *Veränderung der Lyrik. Über westdeutsche Gedichte seit 1965.* München: edition text + kritik 1976.

Theweleit, Klaus: *Buch der Könige,* Bd. 1: *Orpheus und Eurydike.* Basel, Frankfurt/M.: Stroemfeld/ Roter Stern 1988.

Thomas, R. Hinton / Keith Bullivant: *Westdeutsche Literatur der sechziger Jahre.* München: dtv 1975.

Tytell, John: *Propheten der Apokalypse. William Burroughs, Jack Kerouac, Allen Ginsberg.* Wien, München, Zürich: Europaverlag 1979.

Ullmaier, Johannes: *Pop Shoot Pop. Über Historisierung und Kanonbildung in der Popmusik.* Rüsselsheim: Verlag Frank Hofmann 1995.

Urbe, Burglind: *Lyrik, Fotografie und Massenkultur bei Rolf Dieter Brinkmann.* Frankfurt/M., Bern, New York: Lang 1985.

Varnedoe, Kirk / Adam Gopnik: *High & Low. Moderne Kunst und Trivialkultur.* München: Prestel 1990.

Vormweg, Heinrich: »Die strahlende Finsternis unserer Städte. Ein Porträt«. In: Literaturmagazin 36/1995, S. 14-27.

Waine, Anthony: »Recent German Writing and the Influence of Popular Culture«. In: Keith Bullivant (Hrsg.), *After the ›Death of Literature‹. West German Writing of the 1970s.* Oxford, New York, München: Wolff 1989, S. 69-87.

–: »Fatal Attractions: Rolf Dieter Brinkmann and British Life and Culture«. In: Modern Language Review 87 (1992), S. 376-392.

Waine, Anthony / Andreas Döring: »British Popular Culture und die deutsche Literatur. Oder: Pop will eat itself – aber noch ist kein Ende in Sicht«. In: Zeitschrift für Literaturwissenschaft und Linguistik 68 (1987), S. 122-128.

Weiss, Christina: *Seh-Texte. Zur Erweiterung des Textbegriffes in konkreten und nach-konkreten visuellen Texten.* Zirndorf: Verlag für moderne Kunst 1984.

Wellershoff, Dieter: »Destruktion als Befreiungsversuch. Über Rolf Dieter Brinkmann«. In: Akzente 23 (1976), S. 277-286.

Welsch, Wolfgang: *Unsere postmoderne Moderne.* 3. Aufl., Weinheim: VCH, Acta humaniora 1991.
– (Hrsg.): *Wege aus der Moderne. Schlüsseltexte der Postmoderne-Diskussion.* Weinheim: VCH, Acta humaniora 1988.
– (Hrsg.): *Die Aktualität des Ästhetischen.* München: Fink 1993.
Werner, Katharina: »Pop Art und die deutschen Folgen«. In: die horen 19 (1974), H. 94, S. 45-51.
Winkels, Hubert: *Einschnitte. Zur Literatur der 80er Jahre.* Köln: Kiepenheuer & Witsch 1988.
Wittstock, Uwe (Hrsg.): *Roman oder Leben. Postmoderne in der deutschen Literatur.* Leipzig: Reclam 1994.
Zeller, Michael: »Die Zärtlichkeit der Gewalt. Zehn Anmerkungen zu Rolf Dieter Brinkmann«. In: ders. (Hrsg.), *Aufbrüche: Abschiede. Studien zur deutschen Literatur seit 1968.* Stuttgart: Klett 1979, S. 47-59.
–: *Gedichte haben Zeit. Aufriß einer zeitgenössischen Poetik.* Stuttgart: Klett 1982.
Ziehe, Thomas: *Zeitvergleiche. Jugend in kulturellen Modernisierungen.* Weinheim, München: Juventa 1991.

GPSR Compliance

The European Union's (EU) General Product Safety Regulation (GPSR) is a set of rules that requires consumer products to be safe and our obligations to ensure this.

If you have any concerns about our products, you can contact us on ProductSafety@springernature.com

In case Publisher is established outside the EU, the EU authorized representative is:

Springer Nature Customer Service Center GmbH
Europaplatz 3
69115 Heidelberg, Germany

Batch number: 10578188

Printed by Printforce, the Netherlands